가야컨설팅 토지시리즈 제7권

토지투자로 성공하는 좋은 땅 버릴 땅

토지투자로 성공하는 좋은 땅 버릴 땅

© (주)가야컨설팅

2015년   4월 24일 초판 1쇄 인쇄
2016년   8월 20일 초판 2쇄 발행
2018년   2월 1일 초판 3쇄 발행
2019년   6월 15일 초판 4쇄 발행
2020년 10월 15일 수정 2판 발행
2024년   6월 1일 수정 3판 발행

등   록   제 396-2006-19호
발 행 처   (주)가야컨설팅
저   자   이승진
주   소   경기도 용인시 처인구 백암면 백암로 217
전   화   031-902-0036
이 메 일   tojipro@naver.com
홈 페 이 지   http://www.higaya.net

ISBN 978-89-959031-9-3 14320
ISBN 978-89-959031-6-2 세트
35,000원

저작권자의 허락없이 이 책의 일부 또는 전체를
무단 복제, 전재, 발췌하면 저작권법에 의해 처벌을 받습니다.

「이 도서의 국립중앙도서관 출판예정도서목록(CIP)은 서지정보유통지원시스템 홈페이지
(http://seoji.nl.go.kr)와 국가자료공동목록시스템(http://www.nl.go.kr/kolisnet)
에서 이용하실 수 있습니다.(CIP제어번호: CIP2015008552)」

가야컨설팅 토지시리즈 제7권

토지 투자로 성공하는 좋은 땅 버릴 땅

저 자
토지컨설턴트 이승진(李承進)
행정사

Gaya 가야컨설팅

프롤로그

　가야토지시리즈 제1권인 **땅 보는 눈 높이고 좋은 땅 고르는 비법**을 집필 발간한 것이 2007년 1월 5일로서 지금으로부터 만 8년이 넘었다. 그 동안 가야토지시리즈 여섯권을 연속하여 발간하였다. 특히 2013년에 발간한 **제5권(토지개발과 리모델링으로 돈 버는 현장실무)**과 **제6권(농지 임야 활용으로 돈 버는 현장실무)**은 토지개발 전문서적으로 지금도 많은 독자들이 들이 찾고 있다. 이제 2015년에 들어서서 토지투자에 관한 제7권(**토지투자로 성공하는 좋은 땅 버릴 땅**)과 제8권(**토지투자 귀농으로 돈 버는 현장실무**)을 함께 출간하면서, 만 8년이 넘는 세월을 되돌아보면 참으로 감회가 깊다.

　10년이 채 안 되는 세월 속에서도 국 내외의 정치 경제 사회 특히 부동산과 토지시장에는 많은 변화가 있었다.

　필자가 처음 토지 책을 낸 2007년은 국내 토지시장이 비교적 안정세를 찾아가던 시절이었다. 그러나 곧 이어 미국발 서브 프라임에 의한 부동산 위기가 우리나라에 까지 닥쳐오고, 국내 참여정부에서는 지방균형발전을 추진하면서 수도권에 대한 강도 높은 견제와 규제로부터 출발하여, 부동산 투기근절이라는 미명 아래 전대미문의 융단폭격식의 토지거래 죽이기 살육이 시작되었다.

　소위 8.31조치라는 긴급조치로 각종 부동산 중과세가 신설되었으며, 토지거래허가구역이 전국의 1/4에 달하게 되었고, 무차별적인 투기지역 투지과열지구 부재지주 비사업용토지 중과 등의 신설 확대로 토지거래를 고사 직전으로 몰아넣었다. 교각살우(矯角殺牛)의 우(愚)는 전국의 수많은 공인중개사를 실직과 적자의 늪으로 추락시켰다. 땅을 보유한 자는 무조건 지주 재산가이고, 땅을 거래하는 자는 이유없이 부도덕한 투기범으로 매도했던 시절이 수년간 이어졌다. 결과적으로 1998년에 비롯한 금융위기에서 갓 벗어나려던 우리 부동산 경기는 순식간에 땅바닥으로 곤두박질 쳤고, 이후 현재에 이르기까지 심각한 경기침체의 늪에서 헤어나지 못하고 있는 실정이다.

국내 토지시장의 트렌드와 패러다임의 변화

 이제 2010년도의 중반인 2015년으로 들어서고 있다.
 오늘의 우리나라 부동산 시장 특히 토지시장은 사회 경제의 격변하는 물결 속에서, 서서히 그러나 때로는 급하게 변화해 가고 있다. 자영업자 가처분소득의 감소, 가계부채의 증가, 저출산 고령화 지속, 수명연장과 고령시대의 급속한 진행, 전통 가치관념의 파괴와 일인 가구의 증가는 국내 토지시장에도 큰 변화를 주고 있다. 그리고 사회적 약자의 복지비 마련을 위한 보이지 않는 재산세 및 양도소득세 등 부동산 세금 및 각종 부담금의 가중 부과와, 이로 인한 랜드 푸어(Land Poor)족의 증가가 토지에 대한 사람들의 땅에 대한 인식과 접근방식을 변화시키고 있다. 거기다가 세계적인 원전노출의 공포 확산, 지구온난화로 인한 기후변화와 해양오염의 위협 등 지구촌 환경 악화에 따라 사람들은 환경 건강 레저를 추구하는 슬로우 라이프(Slow-Life)에의 관심이 증가하고, 도시를 떠나는 귀농 귀촌인구의 증가 속도가 빨라져 가고 있다.

지주 투자자 연령층의 하향
 지주의 상속자나 투자자의 수준도 그 이전보다 한결 높아졌다. 가장 큰 원인은 투자자의 연령층이 젊어진데다, 인터넷과 스마트폰의 등장과 발달에 기인한다. 2000년 초부터 보급되기 시작한 핸드폰 인터넷과 스마트폰은 15년 만에 우리나라 사회 전반을 송두리째 변화시켰고, 부동산 토지분야도 예외는 아니다. 토지의 필지 지번만 알면 바로 위치나 위성사진을 볼 수 있고, 토지이용규제확인서와 지적도 토지대장 토지등기부를 스마트폰으로 바로 검색할 수 있다. 내비게이션 보급으로 현장답사는 더욱 수월해졌다. 궁금한 민원사항은 관공서에 인터넷으로 정보공개를 요구하거나, 주무관청 및 법제처에 인터넷 질의응답으로 신속한 회신을 받을 수 있다. 토지 관련 많은 전문적인 블로그와 까페가 있어 방문자나 회원들은 부동산 전문지식과 경험 등 거의 모든 정보를 공유한다. 토지에 관한 많은 부분이 인터넷에 공개되고 있는 것이다. 그래서 불과 10년 전에 전문지식이라고 보여 진 것은 이제는 일반 상식화되고 있다. 여기에 1960년대 이후에 출생한 지주2세의 등장도 주요 변화 중의 하나다. 젊은 상속자와 투자자는 공개된 정보를 잘 받아들이며 토지에 관한 한 모두 합리적이고 이성적인 사고를 가지고 있다고 보여진다.

수익형 부동산투자에의 관심 증대
 또 근래 토지시장에서는 수익형부동산에의 관심이 급격하게 증대되고 있다.

　토지는 과거 아파트나 상가류 등 다른 부동산에 비하여 비교적 장기투자대상 혹은 단기 투기대상으로 인식하여 금리변동의 영향을 비교적 적게 받고 있었다. 과거 몇 년 동안에는 수도권 임야의 대규모 전원주택지 조성이나 당진 새만금 세종시 여수 등 지방의 개발사업지 주변 그리고 거가대교 등 도로개통지를 중심으로 국지적 산발적인 투자양상을 보여 왔다.

　그러나 2006년 이후 10년 가까이 지속되고 있는 경기침체로 인하여 부동산 거래가 뜸해지고 땅값이 수년째 제 자리 걸음을 하고 있기 때문에, 토지에 대한 기업과 지주 및 투자자의 관심도 장기투자 보다는 단기 수익성 추구와 유동성 확보 위주로 전환되고 있는 경향을 보이고 있다.

　근래 유행하고 있는 수익형 토지투자의 전형적인 예로서는 인구가 늘어나는 화성 평택 안산 용인 파주 등 수도권 도시지역의 도시형생활주택이나 고시원 원룸 다가구 신축부지, 경기권의 공장 및 창고 신축 이전지 수요, 레저인구에 대비한 오토캠핑장 승마장과 동호인 운동장 등 체육시설 개설, 지방의 귀농용 조림용 건강식품 재배용 농지 임야 토지수요 등을 들 수 있을 것이다. 아울러 지주나 실수요자의 자연휴양림, 수목원이나 수목장 요양병원 등에 대한 관심도 증대되고 있다.

가야토지시리즈 제7권 제8권 발간 배경

　이러한 흐름 속에서도 필자는 토지에 관한 끊임없는 애정과 미련으로 가야토지시리즈를 연속 발간하였다. 제2권으로 2007년3월에 발간한 **토지리모델링과 주말농장 재테크**는 토지개발의 기초지식과 농지 임야의 활용을 주제로 한 귀농 귀촌 등 실수요자를 대상으로 한 책이었다. 국내 최초로 토지리모델링이라는 개념을 도입하여, 지주가 본격적인 토지개발단계가 아니더라도 보유한 땅을 작은 투자로 유용하게 활용할 수 있는 실용적인 방법을 제시하여, 이후 몇 년 간 제1권과 함께 독자들의 많은 호응을 받았다.

　2008년2월에 나온 제3권인 **사례로 헤쳐보는 토지투지의 맥**은 당시 한창 출강하면서 작성한 토지투자 관련 전문지식을 테마별 사례로 꾸며 본 책이었다. 이어서 1년 후인 2009년2월에 네 번째로 발간한 **토지투자 36계**는 토지투자에 관한 기본이론부터 기초법규를 비교적 평이하고 충실하게 해설한 토지투자의 안내서라고 할 수 있다.

그간 이 네 권의 가야토지시리즈는 전국에서 토지에 관심이 있거나 관련 분야에 종사하는 많은 분들로부터 뜨거운 호응을 받아 재판과 3판 모두 매진이라는 성과를 거두었다. 2011년이 지나면서도 계속 이 책들을 찾는 독자들의 문의가 많아, 이제는 새로운 책을 내야 하겠다는 생각을 하던 중 그간 법령도 많이 바뀌었고, 또 분야별로 특화하여 보다 전문적인 내용으로 업그레이드할 필요성을 느꼈다. 그래서 2013년 3월에 새로 나온 것이 토지개발에 관한 제5권과 제6권이다.

이 책들은 종전 제2권 **토지리모델링과 농가주택 주말농장 재테크**를 업그레이드시키고 방대한 분량을 두권으로 나누어 좀 더 전문화하고, 실무에 있어 실제로 활용할 수 있는 지식과 노하우를 대폭 수정 보강한 책이다. 이 중 제5권인 **토지개발과 리모델링으로 돈 버는 현장실무**는 토지개발의 총론에 해당하며, 제6권인 **농지 임야 활용으로 돈 버는 현장실무**는 그 각론에 해당한다고 보면 틀림없다.

2년 후인 이번에 나오는 제7권 **토지투자로 성공하는 좋은 땅 버릴 땅**과 제8권 **토지투자 귀농으로 돈 버는 현장실무**는 토지투자 분야의 전문서적이다. 제7권은 토지투자 총론이라고 보면 되고, 제8권은 각론이라고 보면 된다. 이 두 권의 책은 토지투자에 관련된 기존 가야토지시리즈 제1권 제3권과 제4권을 망라하여 토지투자에 관련된 입지, 법규와 개발지식을 총정리한 것이다. 그러나 기존 책의 내용을 인용한 것은 절반도 안 되며, 근래의 새로운 많은 내용이 추가 혹은 수정 보완되어, 전혀 다른 차원의 토지투자 전문서적이 되었다고 할 수 있을 것이다. 특히 도로경매 공장경매 인허가 승계 등 토지경매에 관련된 전문지식도 많이 삽입되었다.

제7권 제8권 집필 기본방침

이번에 발간하는 제7권과 제8권 집필의 기본방침은 다음과 같다.

첫째, 본서는 세미프로(Semi-Pro)를 위한 책이요, 토지투자에 관한 좀 더 많은 지식과 노하우를 습득하려는 독자를 대상으로 하였다. 그러나 토지투자 초보자라 할지라도 알기 쉽도록 평이하게 풀어 쓰도록 노력하였다. 쉬우면서도 전문성을 잃지 않는 것이 본서의 특징이다.

둘째, 본서는 토지투자의 상식적이고 막연한 가이드라인이나 단순한 법규해설이 아닌, 실전에 바로 활용할 수 있는 세부적이고 실용적인 방법 절차 등을 위주로 하였다.

셋째, 본서는 토지투자의 각종 사례를 중심으로 하되, 관련 기본법규에서 출발하여. 시행령 시행규칙은 물론 실무에 꼭 필요한 주무관청의 예규 지침 절차 및 질의응답 등을 망라하고, 지방자치단체의 조례와 관련 판례까지 참조 수록하였다. 독자여러분은 이러한 생생한 자료를 통하여 법집행의 현실을 파악하고, 문제해결의 실마리를 찾을 수 있을 것으로 믿는다.

넷째, 우리나라 토지정책의 기본은 국가주도의 공개념이지만, 토지투자에 있어서는 토지가 소재하는 지방자치단체의 지역적 규제 분위기와 개발의지도 매우 중요한 요소로 되어 있다. 예컨대 토지경사도 제한, 토지분할제한, 비오톱1등급규제, 토지거래허가구역, 수산자원보호구역 등은 지역에 따라 다르다. 따라서 토지투자에 있어서는 이러한 토지의 지역적 국지성과 제한성을 미리 감안해야 할 것을 강조하였다.

다섯째, 본서는 집필일 현재의 국내 모든 법령을 법제처 법령현황이나, 시행 조례에 따라 정확히 서술하였다. 토지투자에 있어서 토지 관련 법령과 세법 등의 정확한 파악은 매우 중요하기 때문이다.

여섯째, 분서의 주 독자층은 토지투자를 하려거나 하고 있는 분은 불론, 귀농 귀촌으로 토지 관련 지식이 필요한 분, 상속 등으로 토지를 취득한 단순 토지보유자이지만 세금 부담의 경감이나 장래 개발가능성을 검토해 보려는 분, 그리고 토지경매를 전문으로 하시는 분과 토지중개를 하거나 하시려는 공인중개사 및 토지개발업을 하시는 분들을 모두 고려하였다. 토지투자는 모든 토지 관련사업의 기본이 된다고 믿기 때문이다.

제7권과 제8권의 주요 내용

제7권 토지투자로 성공하는 좋은 땅 버릴 땅
제7권은 토지투자의 총론으로 우선 초보자를 위한 토지투자의 기초로서 토지투자를 하기 위해 지도를 보고, 토지서류를 검토하며, 규제를 파악하고, 현장답사를 하는 실무요령을 소개한다. 이어서 제2부에서는 토지투자의 체크리스트에 따라 입지, 규제, 땅값, 전망 순으로 땅 보는 눈 높이고 좋은 땅 고르는 비법을 상세히 설명한다. 다음 제3부에서는 토지투자의 유형과 전략이 소개되는데, 전략에는 전매차익을 보는 일반투자전략 외에 개발전략, 보상전략, 교환전략, 공동구매전략, 경매전략 등 전문가들의 숨은 비법 전략이 소개된다. 특히 절세전략의 하나로 부재지주와 비사업용토지에 관한 상세한 설명이 전개된다. 이어서 일반인들이 가장 궁금해 하는 좋은 땅, 돈 되는 땅과 버릴 땅이 사례별로 소개 설명되며, 다음으로는 토지투자 시에 실패하거나 손해 보기 쉬운 지적불부합지 비오톱1등급토지 등 함정사례를 본다. 끝으로 토지매입계약의 위험한 경우를 사례별로 살펴본다.

제7권 목차
제1부 토지투자의 기초를 다진다
제2부 땅 보는 눈 높이고 좋은 땅 고르는 비법
제3부 토지투자의 유형과 전략
제4부 좋은 땅 돈 되는 땅
제5부 나쁜 땅 버릴 땅 기피할 땅
제6부 토지투자의 함정
제7부 토지매매계약의 덫

제8권 토지투자 귀농으로 돈 버는 현장실무
제8권은 토지투자의 각론으로 먼저 귀농자를 위한 농지 임야와 전원주택 선정요령을 설명하였다. 이어서 지목 중 특이한 도로와 하천 구거 도로 등 물에 관한 상세한 투자요령을 사례별로 알아보고, 도로부문에서는 예정도로 도로저촉과 도로연결 등 도로의 중요 문제점을 다루었다. 다음에 농지 임야 목장용지 대지 잡종지 유원지 공장용지 창고용지 등 지목별로 투자요령를 살펴본다. 이어서 제4부에서는 자연녹지지역이나 계획관리지역 등 투자자들이 가장 많이 찾는 용도지역 땅의 투자방법을 소개한다. 제5부에서는 알박기 투자, 쩌투리 땅의 투자요령과 도로경매, 공장경매, 지분경매 등과 국공유지 불하, 그린벨트 이축권, 부재지주의 사업용토지 전환방법 등 토지 전문지식을 활용하여 틈새시장을 공략하는 특별한 사례를 공개한다. 끝으로 토지투자에 유용한 격언을 수록하였다.

제8권 목차
제1부 귀농지 전원주택지 선정요령
제2부 고향땅 물 도로 투자요령
제3부 농지 임야 공장용지 투자 요령
제4부 용도지역별 투자요령
제5부 토지 틈새시장을 공략하는 고급투자전략
제6부 격언으로 정리하는 토지투자요령

끝으로

이번 가야토지시리즈 제7권과 제8권을 발간함에 있어서 새삼 감사를 드려야 할 분들이 많다. 지금까지 필자의 부족한 책을 계속 구입하여 읽어 주시고, 늘 새로운 책을 격려해 주신 전국의 애독자 여러분께 우선 감사드린다.

이제 창설 13년이 되는 가야컨설팅의 홈페이지 3,000여 회원여러분과, 개설 10년에 누적 방문자수 2백만명이 넘어선 가야컨설팅 공식블러그인 네이버 주말농가주택의 이웃들과 방문객들, 그리고 저의 강의를 재미있게 들어 주신 한국공인중개협회 토지개발과정 수강생과 사전교육 수강생들, 서울 경기 부산 창원 울산 전북지역의 토지수강생 및 여러 대학 평생교육원에서 토지특강을 수강하신 분들에게 모두 모두 깊은 감사를 드리고 싶다.

앞으로도 이 모든 분들에게 항상 새롭고 정확하며 유용한 토지전문지식으로 보답하고자 한다.

2015년 3월1일
늦은 겨울 용인문화원에서 멀리 석성산을 바라보며

저자 이 승 진

차례

제1부 | 토지투자의 기초를 다진다 · 25

제1장 땅 투자 요령 · 027
1. 땅 투자할 때의 요령과 주의할 점은?
2. 소액토지투자자를 위한 몇 가지 조언
3. 토지관련 사업분야

제2장 토지의 체계적 학습방법 · 033
1. 땅을 공부하는 요령
2. 토지투자자의 체계적 학습요령
3. 토지관련 유용한 사이트 법령 예규

제3장 지적의 기초와 지적공부 · 044
1. 지적의 8가지 기초
2. 지적공부에는 어떤 것이 있는가?
3. 지적공부와 토지등기부의 구별과 관계

제4장 지적도 임야도 보는 요령 · 053
1. 아파트는 등기부, 토지는 지적공부
2. 토지대장과 임야대장
3. 지적도와 임야도

제5장 토지규제이용확인서 보는 법 · 058
1. 토지이용규제확인서
2. 토지규제 현황

3. 토지공법 규제에 있어서 유의해야 할 사항

제6장 토지현장답사요령 • 064
   1. 토지현장답사는 왜 필요한가?
   2. 토지현장답사에서 무엇을 볼 것인가?
   3. 토지현장답사 시 필요한 준비물
   4. 토지현장답사요령

제7장 토지경공매의 기초지식 • 076
   1. 토지경매입찰 전에 필히 검토해야 할 사항
   2. 법원경매의 장점과 단점
   3. 입찰참여 시 분석해야 할 4가지 사항
   4. 경매의 함정
   5. 자산관리공사의 공매
   6. 경매와 공매의 차이점

 | 땅 보는 눈 높이고 좋은 땅 고르는 비법 • 93

제8장 땅 보는 요령과 체크리스트 • 095
   1. 땅, 어떤 요령으로 볼 것인가?
   2. 땅, 무엇을 볼 것인가?
   3. 토지구입 시 점검사항
   4. 토지취득 시 유용한 땅 보는 눈 높이는 10가지 체크리스트

    5. 땅 보는 5가지 핵심요령

제9장 입지분석은 토지투자의 출발점 • 106
    1. 부동산은 입지에서 출발한다
    2. 부동산의 가격결정요인과 입지
    3. 전통적 토지입지이론

제10장 진입도로 없는 땅은 투자기피물건 • 111
    1. 진입도로 확인은 토지매입의 필수과정
    2. 진입도로는 건축허가의 기본요건
    3. 건축법 상 도로의 요건
    4. 도로의 지정과 폐지
    5. 진입도로 관련 국토교통부 질의응답

제11장 지목과 용도지역 • 118
    1. 국토면적에서 각 지목의 비중
    2. 지목설정의 원칙
    3. 지목분류의 변천
    4. 국토계획법 상 용도지역
    5. 개별법 상 특별한 용도지역
    6. 지목과 용도지역의 구별과 차이

제12장 특별법에 의한 개발규제 사례 • 135
    1. 우리나라 토지공법의 체계
    2. 토지이용규제 현황
    3. 현행 주요 토지공법과 규제내용 총정리

제13장 토지취득과 양도가 제한되는 경우 • 144
1. 토지의 취득이 제한되는 경우
2. 법인토지의 양도 처분이 제한되는 경우
3. 건축행위가 일정기간 제한 금지되는 경우

제14장 개발가능성과 사업타당성 검토 방법 • 159
1. 땅의 개발가능성과 사업타당성 분석요령
2. [사례 1]보유한 땅의 개발가능행위를 알아보는 방법
3. [사례 2]고객이 원하는 용도의 땅을 찾는 방법

제15장 땅값을 파악하는 요령 • 169
1. 정확한 시세파악의 중요성
2. 땅값을 파악하는 요령
3. 땅값의 종류는?
4. 땅값은 어떻게 결정되는가?

제16장 개발비용 세금 부담금 • 174
1. 토지 취득 보유 처분시 세금
2. 토지개발 시 개발비용
3. 계획관리지역 3천평 토목개발비용(사례)

제17장 땅의 미래가치와 전망을 짚어라 • 182
1. 토지는 미래가치다
2. 미래예측(Projection)의 여러 가법
3. 땅의 미래를 보는 방법

제3부 | 토지투자의 유형과 전략 • 187

제18장 토지투자의 특성 • 192
　　1. 부동산 3분법
　　2. 토지의 특성
　　3. 토지투자의 특성

제19장 토지투자의 유형과 전략 • 199
　　1. 전매차익 목적의 투자전략
　　2. 개발차익 목적의 개발전략
　　3. 토지보상금을 노리는 보상전략
　　4. 토지리모델링으로 땅값 높이기 전략
　　5. 우회활용전략
　　6. 장기보유전략
　　7. 절세전략

제20장 땅을 잘 사고 파는 요령 • 210
　　1. 매매계약은 본인의 확인과 책임으로
　　2. 땅을 잘 사는 5가지 포인트
　　3. 땅을 싸게 사는 방법
　　4. 잘 안 팔리는 땅을 잘 파는 요령
　　5. 땅을 쪼개서 판다

제21장 땅을 사고 파는 타이밍 • 219

제22장 신 토지투자 10계명 • 225

제23장 좋은 임야 고르는 6가지 핵심요령 • 234
   1. 산지구분과 활용도 규제의 검토
   2. 산지의 입지 접근성 주변환경
   3. 산지의 경계와 진입도로
   4. 산지의 경사도
   5. 산지의 입목과 지상물 분묘
   6. 불법으로 산지 일부가 훼손된 경우

제4부 | 좋은 땅 돈 되는 땅 • 247

제24장 개발지와 개발예정지는 최대 호재 • 254
   1. 개발은 땅값의 단기상승요인
   2. 개발지 땅값은 왜 오르는가?
   3. 호재가 많은 곳을 타겟으로 하라
   4. 개발정보의 신빙성을 확인하라
   5. 개발정보 입수에 앞장서라
   6. 인구흡입력

제25장 개발인접지를 공략하라 • 262
   1. 개발지 주변지역을 미리 잡아 놓는다
   2. 연담화효과
   3. 후광효과 곁불효과

4. 개발지 인접지역 투자요령
5. 개발지 인근지역 투자성공사례
6. 개발지 인근지역 투자실패사례

제26장 도로개통지로 돈이 흐른다 • 269
1. 길이 아니면 가지마라
2. 돈은 길을 따라 움직인다
3. 토지삼승의 원칙
4. 도로개통지 투자요령

제27장 고속도로 IC 인근을 노려라 • 275
1. 고속도로의 장점
2. 고속도로 IC 및 주변지역
3. 고속도로 IC 인근지역 투자요령

제28장 역세권 토지는 황금알인가 • 278
1. 역세권의 개념
2. 역세권의 유형과 범위
3. 역세권 개발절차
4. 역세권 투자요령

제29장 인구가 증가하는 지역에 묻어라 • 288
1. 아기울음소리가 들려야 땅값이 오른다
2. 인구의 자연증가율과 순이동증가율
3. 인구유입력과 도시의 팽창속도를 보라
4. [사례연구] 2010 수도권/시도별 인구현황 및 증가 추이

제30장 시가화예정용지 개발은 시간문제 • 297
    1. 도시확산의 필요성
    2. 시가화예정용지의 지정
    3. 수도권 시가화예정용지
    4. 시가화예정용지 투자요령

제31장 규제가 해제되는 지역은 땅값이 오른다? • 304
    1. 규제완화는 땅값의 변수
    2. 토지규제완화 시기의 투자전략
    3. [사례연구]규제완화에도 땅값이 오르지 않은 사례

제32장 토지리모델링이 가능한 땅은 몸값이 오른다 • 309
    1. 토지리모델링으로 돈되는 땅 만들기
    2. 토지형질변경
    3. 토지분할과 합병
    4. 토지 용도변경
    5. 토지 지목변경
    6. 농지전용 산지전용 건축허가
    7. 토지의 용도지역변경

제33장 묵은 땅과 버려진 땅도 다시 보자[사례] • 316

제5부 | 나쁜땅 버릴 땅 기피할 땅 • 321

제34장 땅모양 주변환경이 나쁜 땅 • 326
1. 땅의 입지 지세 모양이 나쁜 땅
2. 땅의 기반과 지질
3. 입지 상 용도가 극히 제한된 땅
4. 개발비용이 많이 드는 땅
5. 위험지역 소음지역
6. 기피시설 혐오시설 주변 땅

제35장 접근성과 진입도로가 나쁜 땅 • 329
1. 접근성은 땅값을 좌우한다
2. 진입도로가 없거나 새로 내기 어려운 땅

제36장 공법적 제한으로 개발이 어려운 땅 • 331
1. 공법적 제한으로 개발이 어려운 땅
2. 개발이 불가능한 땅은 투자해서는 안된다
3. 용도가 극히 제한되거나 입지적 지형적으로 개발이 어려운 땅

제37장 사법상 제약으로 취득 사용에 지장이 예상되는 땅 • 336
1. 분쟁이 예상되는 땅
2. 사법상 제약으로 취득 사용에 지장이 예상되는 땅

제6부 | 토지투자의 함정 • 339

제38장 지적불부합지 • 342
1. 지적불부합지란?
2. 지적불부합지의 유형
3. 지적불부합지의 매매계약시 유의사항
4. 지적불부합지 사례와 대책

제39장 비오톱1등급토지 • 351
1. 비오톱1등급토지란?
2. 비오톱과 도시생태현황도
3. 서울시의 비오톱규제 내용
4. 비오톱의 지정 변경 및 해제
5. 비오톱지정 토지에 대한 대책
6. [사례]서울시 비오톱1등급 토지

제40장 맹지 • 362
1. 맹지 땅값 평가
2. 맹지에 투자해도 괜찮은 경우
3. 맹지탈출 9가지 전략

제41장 토지사용승락서의 위험성 • 374
1. 토지사용승락서 용도
2. 토지사용승락서의 성격과 유의사항
3. 진입도로개설에 필요한 토지사용승락의 근거

4. 토지개발인허가를 위한 토지사용승락의 위험성

제42장 토지분할 제한 토지 • 380
1. 토지분할 사례
2. 토지분할허가제
3. 토지분할절차
4. 토지분할이 금지 제한되는 경우
5. 기획부동산과 토지분할 금지
6. 확정판결과 토지분할

제43장 종중 땅 • 394
1. 종중과의 토지거래시 유의사항
2. 종중은 농지를 취득할 수 없다
3. 종중과의 토지거래 시 확인해야 할 서류
4. 교회의 재산소유관계

제44장 명의신탁 투자신탁된 땅 • 402
1. 신탁이란?
2. 부동산신탁과 토지신탁의 종류
3. 명의신탁의 종류
4. 명의신탁의 유효성
5. 상호명의신탁6. 부동산실명제

제45장 그린벨트 땅 • 409
1. 전국 그린벨트 지정범위
2. 수도권 그린벨트 현황

   3. 그린벨트에서의 개발행위제한
   4. 그린벨트 땅의 투자요령

제46장 지상권주택 • 419
   1. 지상권주택 미등기주택 무허가주택
   2. 케이스별 사례 검토
   3. 지상권주택 매입시 유의사항

제47장 경사도가 심한 산 • 427
   1. 임야 경사도조사서는 산지전용 허가서류
   2. 개발가능한 임야의 평균경사도는 25도
   3. 경사도 제한적용 특칙
   4. 지자체 조례에서 평균경사도 요건을 강화하는 사례
   5. 경사도를 표시하는 두가지 방법
   6. 평균경사도 산출방법

제48장 연접개발제한을 받는 임야 • 434
   1. 연접개발 제한을 받는 임야는 개발허가가 나지 않는다
   2. 현행법 상 연접개발 제한의 종류
   3. 산지관리법 상 임야의 연접개발제한
   4. 임야연접개발제한 적용 배제

제49장 장기미집행 도시계획시설 • 438
   1. 도시계획시설이란?
   2. 장기미집행 도시계획시설의 현황과 문제점
   3. 장기미집행 도시계획시설의 대응책

4. 장기미집행 도시계획시설 해제 가이드라인

제7부 | 토지매매계약의 덫 • 447

1. 공인중개사 배제(당사자 직접) 계약
2. 매수의향서
3. 매도의향서
4. 계약서상 매수인측 외 1인의 정체
5. 교환계약의 활용
6. 인감증명서의 필요성과 유효기간
7. 특약조항의 유용성과 활용

부록 | • 465

부록1. 지목의 구분
부록2. 용도별 건축물의 종류

제1부

토지투자의 기초를 다진다

제1장 땅 투자 요령

제2장 토지의 체계적 학습방법

제3장 지적의 기초와 지적공부

제4장 지적도 임야도 보는 요령

제5장 토지규제이용확인서 보는 법

제6장 토지현장답사요령

제7장 토지경공매의 기초지식

제1장
땅 투자의 요령

1. 땅 투자할 때의 요령과 주의할 점은?

땅 투자 시 일반적으로 유의해야 할 사항으로는

첫째, 투자대상 토지의 **현장답사**를 반드시 해야 한다는 것입니다.
경매로 땅을 살 때에는 대개 현장을 보겠지만, 친척이나 지인을 통해서 사는 경우 말만 듣고 현장을 보지 않는 경우가 있는데, 이것은 후일 큰 화근을 낳는 경우가 있습니다. 현장답사로 토지의 사용현황과 경계, 진입도로 등이 지적도와 실제로 일치하는가, 주변에 고압송전선이나 대규모 축사, 공동묘지, 하수처리장 등의 기피시설이 있는지를 꼭 확인해야 합니다. 산을 사는 경우에는 이외에도 경사도와 묘지를 체크하는 것도 필수적입니다.

둘째, **토지관련 서류**를 꼭 챙겨 보아야 합니다.
토지관련 서류로는 지적공부로 토지대장, 임야대장, 토지이용규제확인서, 지적도, 임야도 등이 있으며, 권리공시에 관한 토지등기부등본이 있습니다. 지적공부는 아파트나 상가와 달리 토지에서는 꼭 보아야 할 서류입니다.

토지대장과 토지등기부를 보아, 거래계약의 당사자가 진정한 토지소유자인지를 확인해야 합니다. 만일 매매계약 시 대리로 타인이 나왔다면, 지주의 인감증명과 위임장, 대리인 신분증을 반드시 확인하고, 계약금 기타 매매대금은 소유자 명의의 통장으로 입금하도록 해야 합니다. 이러한 절차는 공인중개사를 통해 매매계약을 할 때에는 중개사가 알아서 다 챙겨 주겠지만, 만일 당사자끼리 직접 계약을 하는 경우에는 꼭 유의해야 할 중요한 사항입니다.

특히 토지이용규제확인서(http://www.luris.go.kr/국토부)를 꼼꼼히 읽어 보고, 규제내용을 모두 살펴보아 이 땅에는 어떤 규제가 있는지, 어떤 용도로의 활용이 가능한지를 파악해야 할 것입니다.

세째, **토지의 현황과 지상물**을 챙겨 보아야 합니다.

지목상 전 답 과수원 등 농지이지만 실제 현황이 농사를 짓지 않고 방치되어 임야처럼 수목이 자라는 경우도 있고, 반대로 지목이 임야지만, 밭으로 쓰이는 경우도 있습니다. 또 농지인 경우 지상에 농작물이 한창 경작 중인 경우도 있습니다. 농작물은 불법인 경우에도 경작자의 것이라는 판례가 있으므로, 당장 쓸 땅이라면 사전에 이에 대한 특약이 필요합니다.

또 농지나 임야 지상에 묘지가 있으면, 이는 특약이 없는 한 매수자의 책임으로, 이장비용 등 추가부담이 되므로 사전에 이에 대한 협상이 필요합니다. 그리고 간혹 무허가창고나 축사 혹은 농가주택이 있는 경우에는 소위 법정지상권이 있는지 여부를 전문가에게 미리 확인해 두어야 후일 되파는 경우에 탈이 없습니다.

넷째, **공유지분**으로 토지를 사는 것은 특별한 경우가 아니면 피하는 것이 좋습니다.

공유지분으로 토지를 소유하는 경우 내 마음대로 토지를 사용할 수도 없고, 팔려고 하는 경우 사는 사람이 기피하기 때문에 공유지분 매입은 바람직하지 못합니다. 토지보상을 노리거나 경매의 경우 단기적인 투자수단으로 지분매입을 하는 경우도 있으나, 이것은 전문가들의 투자기법이지 일반인들이 할 것은 아니라고 봅니다. 또 공유지분과 유사한 것으로 종중땅의 매입 시에도 위험요소가 너무나 많으므로, 특히 유의해야 할 것입니다.

다섯째, 땅을 매입하기 전에 **대상지의 땅값을 충분히 조사**하고, 미리 팔 때를 예상하면서, 예상수익을 계산해 보는 것이 좋습니다.

투자의 조건은 살 때에는 좋은 땅을 싸고, 안전하게 사고, 팔 때에는 좋은 값으로 적기에 파는 것입니다. 성공적인 투자의 첫걸음은 좋은 땅을 시세 대비 싸게 사는 것입니다. 당연한 이야기지만 그래야 팔기도 쉽고, 매매차익도 커지겠지요.....
그래서 대상지가 물색되면, 대상지 주변의 토지시세와 거래상황을 면밀히 조사하여, 그 지역의 유사한 다른 땅보다는 최소한 같은 값이거나 싸게 살 수 있도록 협상하여야 할 것입니다. 또 투자자라면 매입시점에서의 취등록세 등과 팔 때의 양도세 추정은 필수적이겠지요.........세금을 공제한 전매차익과 예상 목표수익율을 잡아보는 것이 좋습니다.

여섯째, 매입하는 **땅의 장래를 예측(프로젝션)**하고, 미리 팔 때를 예상하면서, 예상수익을 계산해 보는 것이 좋습니다.

땅은 미래가치라고 합니다. 땅을 볼 때에 지금을 기준으로 하는 것이 아니고, 미래를 가정하여 사두는 것입니다. 미래는 단기인 경우에는 3년으로 보고, 중기는 5년 내지 7년, 장기로는 10년 이후를 내다보게 됩니다. 땅값은 특별한 이슈가 없는 한 최소 5년 정도는 기다려야 하기 때문입니다. 땅값은 정부와 지자체 정책과 세제, 그리고 주변환경에 따라 움직이기 때문입니다. 부동산경기의 변동에도 직접적인 영향을 받지요……그래서 5년이라고 하는 것입니다.

일반인으로서 어느 땅과 그 지역의 5년 뒤를 내다본다는 것은 웬만한 노력없이는 대단히 어려운 일이라고 봅니다. 그러나 전혀 불가능한 것은 아닙니다. 정부의 개발계획, 장기도시계획, 도로와 인구, 규제변동 등을 종합적으로 조사 검토하면 큰 그림이 그려질 수 있습니다.

일곱째, 투자자에게는 **땅을 사고 파는 타이밍과 결단력**이 중요합니다.

이론상으로는 땅을 바닥에 사고, 최고가에 파는 것이 가장 이상적이겠지만, 누구라도 그 원칙에 맞출 수는 없습니다. 특히 땅값은 실거래가 공개되지 않고 있고(현실적으로 불가능함), 대체성이 없으므로 바닥이라는 개념이 없습니다. 그래서 충분한 조사 끝에 감(感)으로라도 사야 할 시기라고 판단되면, 결단을 내려 과감하게 사 두어야 합니다.

특히 좋은 땅은 금방 팔려 나가는 경우가 많습니다. 증권투자 공식에 나오듯 무릎에 사서 어깨에 판다는 생각을 가지고, 팔 때라고 생각이 들면 미련없이 결단력있게 밀고 나가야 할 것입니다. 만일 손실을 보았다면, 대체투자로 예상차익이 큰 지역의 물건에 재투자 하는 것이 현명한 수순이라고 봅니다.

2. 소액토지투자자를 위한 몇 가지 조언

5,000만원 미만의 소액 투자자인 경우 사실상 단독으로 쓸 만한 토지를 취득하는 것이 어렵지마는, 다음의 요령으로 시도해 보는 방법도 있다.

첫째, 소액단기투자에서 맹지는 금물이다.
　맹지는 지적상 도로가 없는 땅으로서, 건축법 상 진입도로의 요건을 갖추지 못하여 건축이 불가능하다. 따라서 맹지는 통상 도로변의 땅에 비해 70%의 수준으로 매매가 이루어진다. 그럼에도 불구하고 실제로는 거래가 힘들어 일반인에게는 투자가치가 없는 물건으로 치부되어 있다. 맹지가 이처럼 외면당하는 결과로 경매에 나오는 많은 작은 규모의 맹지가 응찰자가 별로 없어, 몇 차례 유찰 뒤에 시가의 절반도 안되는 헐값으로 인수되는 경우가 있다. 맹지 낙찰자의 통상적인 사고는 대부분 먼 후일 주변이 개발되거나 도로가 뚫리던지 아니면 옆의 지주에게 매각할 의사로 싼값에 그냥 묻어 둔다는 생각인 경우가 많다. 수도권에서는 실제로 이러한 요행 사례가 없지 않지만, 비수도권 비도시역에서의 맹지투자는 현명한 투자요령은 아닌 듯하다.

둘째, 소액토지투자는 단독으로 경매를 이용하면 좋다.
　경매가는 유찰 한번에 20%내지 30%씩 다운되어 몇 번 유찰이 되면 시세의 절반 가까운 가격으로 떨어지므로, 소액일수록 경매를 이용하는 방법이 좋을 것이다.

세째, 몇 명이서 공동투자로 경매 혹은 중개로 토지를 취득하여 이익을 분배한다.
　소액으로 원하는 규모의 토지를 취득하기 어려운 경우에는 수인이 공동으로 경매에 입찰하는 방법이 있다. 그러나 공동투자는 두명 혹은 세명이 적당하고, 그 이상이 되면 의견이 나뉘어져 통일적인 행동이 어려운 것이 현실이다. 특히 십여명 이상의 공동투자(소위 공투)는 의사결정과정이 복잡하여 문제가 많이 발생하고 있다.

네째, 장기투자의 목적으로 역세권 혹은 수도권 도시지역 인근의 농지를 지분경매로 취득하는 방법도 있다.
　수도권이나 광역시 도시지역 인근 자연녹지나 계획관리지역인 경우 도시팽창의 개발압력으로 주거단지나 산업단지, 행정타운 등이 새로 들어 설 가능성이 많으므로, 보상을 노려 지분으로 투자해 두는 방법도 있다.

다섯째, 소액투자는 경치가 좋은 소규모 전원주택지가 팔리기 쉽다.
　소액투자자는 공장 창고 등 특수목적 용지나 용도가 불확실한 넓은 규모의 땅보다는, 산 밑의 공기좋고 분위기가 좋은 수도권의 소규모 전원주택지나 주말농장용 농지나 임야를 대상으로 하는 것이 바람직하다.

3. 토지관련 사업분야

토지 관련 사업분야는 대단히 광범위하다. 토지중개업과 컨설팅업, 토지경매, 부동산매매업, 부동산임대업 그리고 그 중앙에 토지개발업이 있다. 토지개발은 토지사업의 핵심이요 꽃이다. 땅은 개발 활용하려고 보유한다. 토지투자의 궁극 목적은 결국 개발인 것이다. 그런데 토지개발은 현행법 상 복잡하고 정교한 국가법령과 정책 그리고 사법(私法)의 틈새에서 이루어진다. 토지중개도 이런 투자자나 개발자가 원하는 물건을 정확하게 찾아 주고 팔아 주는 전문인이다. 실무 상 토지에 관한 사업분야는 대체로 다음과 같은 7개의 분야로 나누어 볼 수 있다.

1. 토지투자 : 전매차익/시세차익
2. 토지개발 : 개발차익
3. 토지중개 : 중개수수료
4. 토지컨설팅 : 컨설팅수수료
5. 토지경매 : 목적에 따라 시세 이하로 취득
6. 토지활용 : 용도에 적합한 토지
7. 귀농 귀촌 농림사업 : 수익성

토지투자, 토지중개, 토지개발, 토지경매, 토지컨설팅 등 토지 관련 분야에 종사하려면, 입지이론, 진입도로 이론, 공법규제와 개발이론 및 법규, 땅값과 전망이론은 물론, 땅을 사고 팔 때에 흔히 일어날 수 있는 사법상 분쟁에 관한 지식으로 무장해 두는 것이 바람직하다.

토지사업분야와 필수 이론

사업분야/ 토지이론	입지이론	진입도로이론	공법규제/ 개발이론 [개발가능성 활용]	사법상 분쟁 이론	땅값/전망 이론 [세금]
1. 토지투자	○	○	○	○	○
2. 토지중계		○	○	○	○
3. 토지개발	○	○	○	○	○
4. 토지경매	○	○	○		○
5. 토지컨설팅 부동산컨설팅	○	○	○	○	○
6. 귀농 귀촌 주말농장 전원주택 실수요지		○	○	○	

제2장
토지의 체계적 학습방법

1. 땅을 공부하는 요령

토지는 전형적인 재테크 수단

땅은 우리나라에서 전통적으로 부의 상징이며, 가장 좋은 재테크 방법으로 인정되어 왔다. 실제 통계를 보면 부자들은 재산의 85% 이상을 부동산의 형태로 보유한다고 한다. 부동산에는 통상 아파트로 대표되는 거주용 건물과 상가와 임대창고를 비롯한 수익형 건물, 그리고 토지가 있다. 이 세 가지 부동산의 형태에서도 가장 보편적인 것이 바로 땅이다. 그리고 토지에는 일반인이 좋아하는 농가주택, 전원주택이 포함된다.

우리가 토지에 관심을 가지는 이유

우리가 토지에 관심을 가지는 이유는, 토지는 이와 같이 가장 유용한 재테크 수단으로 인정하기 때문이다. 다만 투지대상으로서 토지에 있어서 단점은, 현금회수가 용이하지 않다는 것과, 땅값이 유연성이 없다는 것, 그리고 일반적으로 땅은 고가라는 점일 것이다. 그리고 더욱 중요한 것은 땅은 일반인이 접근하기 어렵고 복잡하다는 사실이다. 실제 우리나라에서 땅은 전문적인 상품이다. 복잡한 부동산 법규와 규제, 그리고 수시로 바뀌는 세금에 둘러 싸여, 정부정책의 영향을 직격탄으로 바로 받는 것이 토지다.

그럼에도 불구하고 땅이 매력이 있는 것은, 일단 땅값이 탄력을 받으면 급상승한다는 것, 세월에 따라 결코 하락하지 않는다는 것, 그리고 땅값은 튀는 폭이 매우 크다는 점이다. 아파트나 상가에 비교하여, 관리유지비가 전혀 들지 않고, 경기변동에 바로 영향을 받지는 않는다는 땅값의 경직성 때문일 것이다.

토지를 공부하는 목적

우리가 토지에 관심을 가지고 공부하려는 이유는, 단지 전매차익을 노리는 투자목적이나 재테크의 좋은 방법이라는 이유만이 아니다. 땅은 누구라도 농사를 지을 수 있고, 나무를 키울 수 있으며, 동물을 사육할 수 있다. 집을 짓고 살 수도 있다. 실제 땅은 활용하기가 용이하다는 것이다. 그 뿐 아니라 땅은 개발하면, 그냥 팔아넘기는 것보다 더 많은 수익을 올릴 수 있다. 소위 막대한 개발이익을 얻을 수 있다는 것이다. 그래서 땅의 활용방안은 무궁무진하며, 사람들에게 말할 수 없는 매력을 주는 것이 사실이다. 땅의 진정한 가치는 다양한 개발가능성에 있다고 보아야 할 것이다.

토지는 무엇을 공부할 것인가?

땅을 공부하는 이유를 다시 요약하면, 투자, 개발, 활용, 중개, 컨설팅, 경매, 귀농 등 목적별로 나누어 볼 수 있다. 그러나 어떤 경우이던지 간에, 땅의 공통적인 기본지식을 배워야 하는 것은 마찬가지다. 그리고 나서 각기 분야에 필요한 추가적인 전문지식을 익혀야 하는 것이다.

그러면 땅의 공통적인 기본공부는 무엇일까?
필자가 그 간의 경험으로 본다면, 땅은 크게 **입지**, **규제**와 **전망**이라고 본다.

우선 땅 공부에 있어 소홀하기 쉬운 **입지** 부분도 만만치 않다. 원래 "**부동산은 입지**"라는 말도 있지 않은가? 조선시대의 풍수지리도 바로 입지로서, 묘자리(음택)나 양택을 봐주는 지관을 귀히 여겼다. 실무상 입지에서 가장 중요하게 다루는 것이 바로 건축 시 요구되는 **진입도로** 문제다. 지적도 상 도로가 없는 땅을 맹지(盲地)라고 한다. 맹지에는 집을 지을 수 없으니 이로 인한 투자실패와 분쟁이 적지 않다.

땅의 **규제**는 토지공부에서 가장 어려운 핵심부분이다. 우리나라에는 약 120여개의 법률이 토지에 직 간접으로 관련이 있고, 420여개의 쟁쟁한 규제가 거미줄처럼 얽혀 있는 것이 바로 토지다. 관련 근거법을 정확하게 알고, 찾아보는 것 만해도 결코 쉬운 일이 아니다. 대부분의 시중 토지강의는 규제공부에 머무르게 된다.

전망에는 땅의 개발가능성과 땅값을 가늠해 보면서, 땅의 미래가치를 점치는 것으로 아파트나 상가에는 없는 땅 만의 독특한 분야다. 입지와 규제를 검토하여 이 땅에 적합한 최적 개발방안을 모색하는 훈련을 쌓아야 한다. 그리고 5년 후, 10년 후에 전개될 이 땅의 장래를 예측해 본다. 땅이 어려운 것은, 땅은 이처럼 장기적인 미래가치를 내다 볼 줄 알아야 하기 때문이다. 미래는 부정확하며 불확실하다. 그래서 땅이 더욱 어려워지는 것이다.

땅을 공부하는 요령

초보자가 제대로 땅의 기초를 공부하려면, 시중에서 지기 수준에 맞는 좋은 토지책을 골라 읽은 후, 좋은 과정을 갖춘 교육기관이나 체계적인 이론을 갖춘 학원에서 현장경험이 많은 교수에게 배우는 것이 좋다.

우선 입지 규제 전망에 관한 땅의 기초이론과 땅서류를 두루 익힌 다음, 개별토지를 놓고 현장답사의 경험을 많이 쌓아야 한다. 그리고 대상지 땅의 보이지 않는 미래를 내다보고, 땅의 숨겨진 함정을 찾을 줄 아는 지혜를 배워야 한다. 땅은 미래가치이기 때문이다.

이러한 세 단계 공부에 걸리는 시간은 짧으면 6개월에서, 길게는 1년 이상이 소요될 수도 있을 것이다.

땅에 관한 이론과 실무는 매우 광범위하고, 복잡하므로, 너무 서두르지 말고 하나씩 정확하게 습득하도록 한다. 근거가 되는 법률 이름 하나, 토지용어 하나도 정확히 쓸 줄 알아야 하며, 실무경험이 많다고 지금은 바뀌어버린 오래된 지식을 고집하거나, 어설프게 알고 떠벌리는 것은 절대 금물이다. 잘못된 법률지식이나, 그릇된 해석은 돌이킬 수 없는 토지거래 대형사고로 이어질 수 있다.

공통적인 토지 공부 요령
땅 보는 눈 높이는 비법

[1단계] 토지서류와 지도 검토
 - 지적공부
 - 토지등기부
 - 건축물대장
 - 각종 지도 찾고 보는 법

[2단계] 현장답사
 - 출발하기 전 도상 훈련
 - 토지현장답사요령

[3단계] 보이지 않는 함정과 전망을 찾는다
 - 인터넷 활용
 - 탐문조사 및 관공서 방문

2. 토지투자자의 체계적 학습요령

　토지공부를 하려는 목적은 다양하다. 토지중개업이나 토지개발 등 토지관련 업종에 종사하려는 직장인이 많을 것이고, 토지투자를 해보려는 자영업자나 일반시민도 적지 않다. 토지를 처음으로 공부하려는 이에게 꼭 들려주고 싶은 것이 토지는 가급적 체계적으로 배워야 한다는 말이다.

　토지에 관련된 공부는 대단히 광범위하다. 법규와 세무는 물론 입지를 공부해야 하고, 또 재테크에 대한 기본원리를 터득해야 한다. 혼자서도 지번을 가지고 토지서류를 제대로 떼어 읽을 줄 알아야 하고, 현장답사도 할 줄 알아야 한다.

　하여튼 토지공부는 간단한 것이 아니다. 오랜 기간 동안 기초공부를 한 후, 기회있을 때마다 현장을 다니면서 땅을 많이 보는 것이 중요하다. 그 중 내가 특히 관심이 있는 지역의 물건에 대하여는 그 지역, 땅값, 지목, 개발가능성, 전망 등을 집중적으로 연구하고 검토하면서 실력을 쌓아 나가야 할 것이다. 이하 초보 토지투자자가 꼭 숙지해야 할 12가지 체계적 학습요령을 설명한다.

(1) 토지 재테크의 기본서를 읽어라

　토지재테크는 토지특성, 토지법규, 토지세금, 토지정책과 지역 입지를 포함하는 하드웨어와, 실제 재테크에 필요한 땅값과 평가방법에 대한 지식이 필요하다. 따라서 이런 모든 것을 광범위하게 터치해 주는 알기쉬운 기본서를 읽은 다음 각론으로 들어가서 부분별로 깊이 들어가는 것이 좋다. 흔히 토지는 "법"이라는 강박관념에서 "토지공법"에 올 인(All-In)하는 경우도 있으나 토지재테크는 토지공법만이 아니다. 토지에 대한 전체적인 윤곽을 잡은 다음에 하나씩 다져 나가도록 하자.

(2) 토지지적과 공시제도에 대한 기초를 다져라

　토지는 필지에서 출발하여 경계가 확정된 다음에 면적이 산정되고 지번이 부여되며 일정한 행정구역에 소속되어 관리하게 된다. 이것이 지적행정의 기본이며 이에 관한 법으로 지적법(정확하게는 측량 수로조사 및 지적에 관한 법률)이 있다. 이외에도 부동산권리관계를 공시하여 거래의 안전과 활성화를 도모하기 위한 부동산등기제도가 있으며 이에 관한 법이 "부동산등기법"이다. 지적법상의 토지대장(임야대장), 지적도(임야도)는 사실관계를 공시하는 "지적공시"라고 하며 토지등기는 "권리공시"라고 할 수 있다. 이외에 토지에 붙은 공법상규제를 파악하기 위하여 토지이용규제확인서가 있는데, 지금은 인터넷전자정보시스템에 접속해 지번만 알면 무료로 24시간 열람할 수 있다. 이에 관한 법이 "토지이용규제기본법"이다. 초보 토지투자자는 이러한 서류들을 어떻게 검색하고 발급받는가와 이러한 서류를 어떻게 읽고 무엇을 파악해야 하는지부터 배워야 한다.

(3) 토지에 관한 공법(公法)적 규제의 개요를 파악한다.

토지를 규제하는 토지공법은 현재 120여개 법령에 400여개의 각종 용도지역, 지구, 구역이 존재한다. 1개의 땅에 평균 5개 이상의 규제가 붙어 있는 셈이다. 이 규제는 모두 중복적으로 적용되므로 어느 땅의 용도를 파악하려면 관련 규제의 내용을 모두 파악하여야 한다. 이러한 규제가 땅값의 기본 중의 하나를 이룬다. 따라서 토지투자자는 어느 땅에 대한 투자결심을 하기 전에 반드시 그 땅의 공법적 규제에 대한 전모를 알아야 한다. 그러려면 규제의 근거 및 내용과 영향 등을 대강이라도 공부해 두고, 실제 닥쳐서는 현행법규를 찾으면서 세밀히 점검할 줄 아는 요령의 습득이 필요한 것이다.

(4) 토지의 사법(私法)관계에 관한 기본지식을 갖춘다

토지에 있어서 사법(私法)관계는 주로 토지소유권과 저당권에 관련되어 있다. 토지는 아파트나 상가와 달리 임대차관계가 적다. 따라서 토지공부를 함에 있어서는 토지소유권이 기본이다. 매도인인 계약당사자가 진정한 등기부상 토지소유자인 지주(地主)인가? 다른 사람이 매매계약을 대리한다면 정당한 대리권을 가진 자인가? 자손인 경우 진정한 상속인인가? 하는 것들이 문제된다. 특히 종종소유의 땅을 매입하는 경우에 많이 일어날 수 있는 사고다.

이외에 저당권이 설정되어 있는 경우도 종종 있다. 토지경매 등에 있어서는 금융기관 기타 채권자의 저당권이겠지만, 간혹 토지거래허가구역 내에서는 토지구입 시 명의신탁을 해서 토지 원소유자 명의를 그대로 둔 채 저당권을 설정해 둔다거나, 처분금지가처분을 달아 놓는 경우도 있다. 가압류, 가처분, 가등기 등이 붙어 있는 토지물건은 거래에 특히 유의하여야 한다. 또 토지에는 공동구매로 인한 공유관계, 입목, 지상권, 지역권, 종물 등의 개념이 간혹 나오는데 이것은 모두 민법에 나오는 것들이다. 이외에도 토지경매에서 흔히 나오는 공유지분, 법정지상권, 제시 외 물건(부합물 여부), 분묘기지권, 유치권 등은 모두 민법에 대한 기본지식을 필요로 하는 것들이다.

(5) 토지거래와 관련된 세금을 이해한다

토지거래에는 취득 시부터 보유, 양도 시에 각종 세금이 많다. 땅값이 배로 오른 경우 매도가격에서 매입가격을 뺀 매매차익으로 보면 분명히 100%가 넘겠지마는, 관련 세금을 빼고 나면 실제 손에 쥐는 것은 30%에도 미치지 못하는 경우도 있다.

토지는 취득 시에는 취득세와 등록세, 보유 시에는 재산세와 종합소득세, 처분 시에는 양도소득세를 낸다. 따라서 토지는 매각 시는 물론 매입단계에서부터 이 세금을 계산해 보고, 실제 내 손에 떨어지는 순수익률을 예상한 후에 그에 대한 대책을 세워야 한다.

(6) 토지 현장답사를 지주하라

토지는 단순히 서류만 가지고 평가할 것은 아니다. 서류에 나오는 것들이 물론 중요하고 기본적인 것이지만, 실제 땅값과 땅의 활용에 있어서 서류만 가지고 판단할 수 없는 것이 많다. 현장까지의 접근성이나 그 지역과 땅의 주변환경, 땅의 높낮이 등은 서류만 가지고는 도저히 알 수 없는 것들이다. 특히 땅이 함몰되어 있거나 붕궤되어 토사가 방출된 경우 등에는 땅으로서 사용 불가능한 경우도 있다. 그래서 토지는 반드시 현장답사를 해야 하는 것이다.

현장답사는 혼자 할 수도 있고, 단체로 할 수도 있다. 어느 경우던지 서류와 다른 점이 있는지 또 주변환경이 어떤지 등을 주의깊게 관찰하여야 한다. 그리고 기회가 있을 때마다 현장을 자주 방문하여야 한다. 현장을 많이 다니다 보면 그 지역과 가는 길은 물론 땅에 대한 감각을 익힐 수 있고, 점차 좋은 땅이 무엇인가를 스스로 깨달을 수 있을 것이다.

(7) 행정구역, 지도, 지형, 도로에 대한 개념을 갖추어라

우리나라는 현재 15개 광역시·도와 230개의 기초 자치단체 시. 군. 구로 되어 있다. 모든 토지규제와 통계는 이 행정구역 단위로 되어 있다. 따라서 토지에서 행정구역의 개념은 대단히 중요하다. 어느 땅이 있다면 우선 그 지역의 면적, 인구 등 일반현황은 물론 기후, 특산물 이라든가 개발계획을 점검하여야 할 것이다. 도로 등 접근성은 물론 지자체의 개발방향, 도시기본계획을 살펴보아야 한다. 그 지역의 역사며 산과 평야, 강, 바다 등 지형도 중요한 참고사항이 된다. 지도를 항상 손에서 떼지 말고, 그 지역의 구. 동, 읍, 면, 리 별로 특징과 분위기며 장래전망을 살펴보는 것도 큰 도움이 된다. 땅을 하려면 지리, 지도, 방향에 대한 감각이 좋아야 빨리 발전할 수 있다.

(8) 각종 토지관련 사업의 연관성을 파악한다

토지에 관련된 사업은 가장 잘 알려진 토지중개업과 토지개발업, 건설업을 비롯하여

부동산투자자문업, 토지매매업, 토지금융업, 토지컨설팅, 토지경매 등 그 분야가 무수히 많다. 토지투자에 있어서는 이러한 여러 연관업종에 대한 포괄적인 이해를 해두면 매우 유익하다. 특히 토지중개업을 하다가 다른 업종으로 확장하거나 다각화하려는 경우에 각 사업의 특징과 요건을 파악해 두면 쉽게 업종전환을 할 수 있다. 이러한 업종들 간에는 토지투자가 공통적인 기본사항이므로 어느 업종이던지 깊이 들어가면 토지투자의 맥을 잡을 수 있다.

(9) 토지리모델링과 토지개발의 기본프로세스를 익힌다

토지투자에 토지리모델링과 토지개발이 무슨 연관이 있겠는가 의문이 들 수도 있다. 토지에 투자하는 것은 실수요자인 경우도 있겠으나 대부분은 투자자로서 전매차익과 시세차익을 얻고자 하는데 있다. 그래서 다시 내 땅을 사려는 사람은 분명히 토지의 장래와 활용가능성을 볼 것이다.

이 땅을 개간할 수 있는지, 이 땅에 후일 상가나 아파트를 지을 수 있는지, 공장과 창고건설이 가능한 지를 분명히 가늠할 것이다. 그렇다면 토지투자자의 입장에 서있는 현재에서도 향후 이 땅의 전개과정을 어렴풋하게나마 예상해 보는 지혜가 필요할 것이다. 내가 쓸모없다고 보는 땅은 대부분 남도 쓸모없다고 판단할 것이고, 내가 좋다고 보는 땅은 남도 좋게 보는 것이 일반적인 경향이다. 비록 내가 토지개발을 하지 않는다 하여도 대상토지를 무엇으로 활용할 수 있을까? 하는 의문과 답을 생각해 보자. 그러려면 토지리모델링과 토지개발의 개념과 프로세스를 대강이라도 이해하고 있을 필요가 생기는 것이다.

(10) 하위 토지법규를 잘 활용하라

법의 체계는 그 효력의 강도와 우선순위에 따라 헌법-법률-시행령-시행규칙의 순으로 정리되어 있다. 법령집에서는 대개 여기까지 나와 있는 것이 보통이다. 그러나 실무상 더 중요한 것은 그 이후의 하위법규들일 수 도 있다. 시행규칙 밑으로는 다시 조례와 고시, 지침, 요령, 예규, 선례 등이 있다.

조례는 지방자치단체에서 법령에서 위임받은 사항을 상세히 규정하고 있는데, 법령에서 허용하는 이상으로 허용하는 경우도 있고, 반대로 그 이하로 규제하는 경우도 있다. 따라서 구체적인 개발과정에서는 각 시. 군. 구의 자치단체조례를 꼭 보아야 한다. 지방자치단체조례는 시. 군. 구의 홈페이지를 보아도 되지만 인터넷으로 자치법규정보시스템을 이용하며 전국의 모든 자치단체 조례를 볼 수 있어 편리하다.

자치법규정보시스템(ELIS)   http://elis.go.kr

그 외에 예컨대 농지취득에 대하여는 농지취득자격증명발급심사요령, 토지거래허가 업무에 대하여는 토지거래업무처리규정등 관련 주무부서의 규정, 고시, 예규, 지침, 절차, 요령 등을 참조하면 대단히 편리하다. 토지공부에 있어서는 기초적인 법령사항은 물론 이러한 조례. 고시 등을 다 훑어보아야 하기 때문에 더욱 어렵고 복잡하게 느껴지는 것이다.

(11) 인터넷에 친숙하여 최신 개발정보를 수집한다

토지투자에 있어서 개발정보는 매우 중요하다. 개발정보의 유출. 발표와 함께 땅값이 급격히 오르게 되기 때문이다. 따라서 남보다 앞선 개발정보의 입수는 큰 전매차익을 보장한다. 최근에 우리나라의 인터넷 정보는 거의 모든 분야에서 신속하게 공급되고 있다. 인터넷에 친숙하여 수시 또는 정기적으로 관심있는 지역의 개발정보를 검색하면 때로는 뜻하지 않은 대어를 낚을 수 있다. 개발정보는 확정적인 공식발표보다는 제안단계나 협상단계의 정보가 더 유용할 수 있다. 다만 개발정보는 그 개발의 주체와 이행의지 및 조달자금 등을 잘 살펴보아 신뢰성을 검토해 보아야 한다. 지자체나 개발업체, 기회부동산에서 의도적으로 실현성 없는 청사진만을 제시하는 경우도 적지 않기 때문이다.

(12) 모의투자 혹은 실전투자의 경험을 쌓는다

토지공부가 어느 정도 진행되면 어느 지역 어느 물건을 가정하여 모의투자를 해 보는 방법도 좋다. 토지경매물건인 경우 현장답사가 용이하고, 이미 경매정보로 권리분석까지 되어 있고, 가격도 제시되어 있어 모의실습으로 적합하다. 그러나 어느 정도 실력과 경험이 갖추어 졌다고 생각되면 소액이라도 실제 투자를 시도해 본다. 초기에 3,000만원이라도 가능하며 때로는 몇 백만원짜리도 있기 때문이다.

초기 실전투자에는 반드시 투자전문가나 경매전문가의 도움과 조언을 받는 것이 필요하다. 토지는 단지 권리분석만으로 되는 것은 아니기 때문이다.

3. 토지관련 유용한 사이트 법령 예규 [가야컨설팅]

현행법령 판례 조례
국가법령정보센터 http://www.law.go.kr/main.html

국세법령정보센터 http://taxinfo.nts.go.kr/index.jsp
대법원인터넷등기소 http://www.iros.go.kr/PMainJ.jsp
온나라 http://www.onnara.go.kr
토지이용규제정보서비스 http://luris.go.kr
산지정보시스템 http://www.forestland.go.kr/efmis
자치법규정보시스템(전국 조례 규칙) http://www.elis.go.kr
대법원판례 http://glaw.scourt.go.kr/wsjo/intesrch/sjo022.do

국토교통부
개발부담금 부과ㆍ징수 업무처리규정
개발행위허가운영지침
광역교통개선대책수립지침
도시ㆍ주거환경 정비계획 수립 지침
도시개발업무지침
도시관리계획수립지침
도시주거환경정비기본계획수립지침
연안관리지역계획수립지침
유통단지개발지침
택지개발업무처리지침
토지거래업무처리규정
토지거래허가를 받은 토지의 사후이용관리지침
토지의적성평가에관한지침
2011 토지관련 주요 법령 해설 PDF
국토의 계획 및 이용에 관한 법률 질의회신 사례집(e-Book)

농림축산식품부 산림청
농지취득자격증명발급 심사요령
농지원부 작성 및 관리지침
농업인 확인서 발급규정
농지전용업무 처리규정
개간업무지침
농업경영에 이용하지 않는 농지 등의 처분관련 업무처리요령
농림축산식품부 민원사무처리요령
농어촌도로의구조ㆍ시설기준에관한규칙
농업진흥지역 관리규정

농업법인 관련 업무안내서
농업회사법인 주식회사 정관
영농조합법인 정관(예)
농지 민원사례집[농지관련 법령해석 및 질의응답 100문 100답]
http://blog.naver.com/sjlee0242/220282879929
농지연금 Q&A 자료
불법전용산지의 지목변경에 필요한 세부절차 규정
산지전용 등에 따른 경관영향 검토 및 운영지침
산지전용 허가기준 등의 세부 검토기준에 관한 규정
산지전용 등에 따른 경관영향 검토 및 운영지침
보전산지지정, 변경지정 및 해제지침

정부기관 사이트
농림축산식품부 http://www.mafra.go.kr
농림축산사업시행지침서 http://www.agrix.go.kr
농촌진흥청 http://www.rda.go.kr
국립농산물품질관리원 http://www.naqs.go.kr
농지은행 http://www.fbo.or.kr/
귀농귀촌종합센터 http://www.returnfarm.com
농지연금포탈 http://www.fplove.or.kr
산림청 http://www.forest.go.kr
토양환경정보시스템 http://soil.rda.go.kr
환경지리정보서비스 http://egis.me.go.kr/egis
국토공간영상정보서비스 http://air.ngii.go.kr
환경부 http://www.me.go.kr
보건복지부 http://www.mw.go.kr/
국토부 건설사업정보 https://www.calspia.go.kr/com/mainForm.do
상권분석시스템 http://sg.sbiz.or.kr/

인·허가 관련 시스템 현황

	주요내용	보유정보
건축행정시스템 (세움터)	· 건축허가부터 착공, 사용승인에 이르는 건축행정업무정보화(주택건설 사업계획 승인, 착공, 사용검사, 행위허가) · 건축 관련업자 및 통계정보	· 건축물 인허가/관리대장 DB 및 설계도 등
한국토지 정보시스템 (KLIS)	· 기존 토지정보서비스(LMIS)와 필지중심토지정보시스템(PBLIS) 통합, 시군구 지적행정시스템 통합 · 토지행정업무 처리, 도면 검색서비스, 용도지역에 대한 정책지원서비스, 인터넷 토지포탈서비스 제공	· 필지별 속성정보, 필지정보 · 토지대장정보 등
산업입지 정보시스템 (ILIS)	· 국내외 기업의 공장입지 선정 관련정보제공 · 산업단지조성, 분양, 입지환경, 산업입지 수치도면 등 정보제공 · 산업입지 지정, 개발, 분양 관련 통계 및 수치지도 제공	· 산업단지의 지정·조성·분양, 입지환경, 산업입지 수치도면(GIS) 등 · 공장용지찾기, 공장찾기
토지이용규제 정보시스템 (LURIS)	· 토지이용규제 관련 법률을 체계적으로 제공 · 토지이용계획, 지역·지구, 조건, 지번별 행위제한, 규제안내서 열람 등의 서비스 제공	· 토지이용규제 관련 법률 및 규제정보
시군구 전자결재시스템	· 지방자치단체의 주요 민원 행정서비스 업무 처리 · 시군구 행정 업무의 전자 처리 및 전자문서의 이동	· 인허가 관련 민원 및 행정 문서
행정정보 공유시스템 (e하나로 민원)	· 정부가 봉한 공부(公簿)에 대해 민원신청시 필요한 공부 제공 · 민원인이 직접 발급/제출하던 구비서류를 관공서간 전자적으로 공동이용(71종)하며, 민원담당자가 확인하여 민원처리	· 건축물대장, 토지대장, 업자등록증, 토지이용계획확인서 등
시군구 행정정보 고도화 시스템 (새올행정 시스템)	· 단일화된 행정업무 통합창구로써 관내·외 유관기관시스템과의 정보 공동 활용(약 2,000여종) · 234개 시군구와 17개 시도가 같은 형태로 정보기반환경이 설계, 구축	· 지자체 수행 행정업무 관련 정보 및 문서
서울시 OPEN SYSTEM	· 민원처리의 접수부터 최종처리까지의 전 과정을 실시간으로 인터넷을 통하여 공개 · 건설, 교통, 도시계획, 문화관광, 보건복지, 산업경제, 상수도, 소방, 정보화, 주택건축, 행정, 환경, 위원회관리 등의 분야에서의 민원처리	· 서울시 민원 및 행정업무 관련 정보

제3장
지적의 기초와 지적공부

▷ **지적공부별 표시사항 구분**

지적공부 종류	소재	지번	지목	축적	면적	경계	소유자	고유번호	도면번호
토지대장	O	O	O	O	O		O	O	O
임야대장	O	O	O	O	O		O	O	O
공유지연명부	O	O					O	O	
대지권등록부	O	O					O	O	
지적도	O	O	O	O		O			O
임야도	O	O	O	O		O			O
경계점좌표등록부	O	O							O

1. 지적의 8가지 기초

지적의 8가지 기초는 지적법에 따른 지적공시제도와 지적행정의 8가지 요소에 대한 이해에서 출발한다. 지적의 8가지 기초는 필지, 소재, 지번, 지목, 면적, 경계, 축적, 좌표 등이다. 이 중 특히 중요하고 일반인이 자주 사용하는 것은 필지, 지번, 지목, 면적, 축적이다.

(1) 필지(筆地)

지구상의 토지는 연이어 있으므로 국가에서는 이를 관리하기 위하여 연속된 토지에 인위적으로 경계선을 그어 구별함으로써 각기 1개의 등록단위로 만든다. 이것을 필지라고 한다. 1개 필지는 다음과 같은 요건을 모두 충족한 상태에서 구분한다.
  ① 지반이 연속될 것
  ② 지번 부여지역이 같을 것
  ③ 소유자가 같을 것
  ④ 지목이 같을 것
  ⑤ 지적공부의 축적이 같을 것

필지는 토지행정의 출발점이며 모든 관리는 필지를 기본으로 하고 있다. 즉 토지등기, 토지평가, 토지과세, 토지거래, 토지이용계획, 토지수용, 토지보상, 토지 주소표기 등 모든 토지행정은 필지에 의해 등록된 후에 이루어진다. 2개 이상의 필지를 합치는 것을 합필(토지합병)이라고 하며, 2 이상으로 나누는 것을 분필(토지분할)이라고 한다.

양입지(量入地)
양입지란 주된 토지와 용도가 다른 토지로서 주된 토지에 편입되는 종된 토지를 말한다. 원칙적으로 동일 지번부여지역 안에 있는 토지로서 소유자와 용도가 동일하고 지반이 연속된 토지만을 1필지로 확정할 수 있지만, 예외적으로 용도가 다른 경우라도 다음의 요건을 갖춘 토지는 주된 토지에 편입되어 1필지로 할 수 있다. 이처럼 주된 토지에 편입되어 1필지로 획정되는 종된 토지를 양입지라 한다. 예컨대 넓은 임야 한가운데에 있는 100평 미만의 작은 천수답의 경우, 주용도는 다르지만 임야 필지에 함께 포함시키는 경우에 이를 양입지라고 볼 수 있다. 고속도로 휴게소 부지의 경우에는 휴게소 자체가 도로의 이용편익을 도모하는 것으로 그 주용도가 도로와 동일하므로, 양입지가 아니다.
양입지의 근거 : 측량 수로조사 및 지적에 관한 법률시행령 제5조제2항

(1) 양입지의 요건

① 주된 용도의 토지의 편의를 위하여 설치된 도로·구거 등의 부지
② 주된 용도의 토지에 접속되거나 주된 용도의 토지로 둘러싸인 토지로서 다른 용도로 사용되고 있는 토지

(2) 양입지 제한
다만, 다음의 경우에는 양입되지 아니한다.
① 종된 용도의 토지의 지목이 대(垈)인 경우
② 종된 용도의 토지면적이 주된 용도의 토지면적의 10%를 초과하는 경우
③ 종된 용도의 토지면적이 330m^2를 초과하는 경우

(2) 소재지

소재란 특정한 1필지가 속한 행정구역(특별시, 광역시, 도, 시, 군, 구, 읍, 면, 동, 리)의 단위로 표시하는 것을 말한다. 사람에 있어서 주소지와 같은 것으로 보면 된다.

○○도 ○○군 ○○면 ○○리
○○광역시 ○○구 ○○동

(3) 지번(地番)

필지로 구분된 토지마다 국가가 공시와 관리의 편의를 위하여 아라비아 숫자로 된 지번이 부여 된다. 지번은 통상 북서에서 남동으로 순차적으로 부여한다(북서기번법). 지번은 본번과 부번으로 행하며 그 사이는 "-"표시로 연결하고, 읽을 때는 "~ 의"로 읽는다. 그리고 임야대장 및 임야도에 등록하는 임야의 지번은 숫자 앞에 "산(山)"자를 붙인다. 다만 토림(土林, 토지임야)의 경우에는 임야지만 앞에 "산"자가 붙지 않는다.

토지대장 : ○○리 7 - 3 (칠의 삼)
　　　　　　　(본번) (부번)

임야대장 : ○○리 산 3 - 2 (산 삼의 이)
　　　　　　　　(본번) (부번)

분할지번은 분할 후의 지번 중 1필지의 지번은 분할 전의 지번으로 하고, 나머지 필지는 다음 부번으로 부여한다.

토지대장 : ○○리 100 이 대지와 기타 지목으로 분할 된 경우
　　　　　 ○○리 100 (건물이 있는 필지)
　　　　　 ○○리 100-1 (여타 필지)

(4) 지목(地目)

토지는 필지마다 그 주된 용도에 따라 토지의 종류를 구분하여 지적공부에 등록하는 것으로 현행 지적법(측량 수로조사 및 지적에 관한 법률)은 28개의 지목으로 분류하고 있다. 지목설정의 원칙으로는 지목국정주의, 지목법정주의, 1필지1지목주의, 주용도 추종의 원칙, 용도경중의 원칙, 등록선후의 원칙, 영속성의 원칙(일시변경 불변의 원칙), 사용목적 주종의 원칙 등이 있다, 이러한 지목설정의 원칙은 지목병경의 중요한 기준이 된다.

- **지적법상 28개 지목**

번호	지목	부호	번호	지목	보호
1	전	전	15	철도용지	철
2	답	답	16	제방	제
3	과수원	과	17	하천	천
4	목장용지	목	18	구거	구
5	임야	임	19	유지	유
6	광천지	광	20	양어장	양
7	염전	염	21	수도용지	수
8	대	대	22	공원	공
9	공장용지	장	23	체육용지	체
10	학교용지	학	24	유원지	원
11	주차장	차	25	종교용지	종
12	주유소용지	주	26	사적지	사
13	창고용지	창	27	묘지	묘
14	도로	도	28	잡종지	잡

(5) 면적

토지의 면적은 농지와 임야 및 건축물 공통으로 m²로 표기한다. 그러나 현행법 이전에는 농지와 건축물은 평(坪)을 써 왔고, 밭은 단보와 정보를, 임야는 ha을 써 왔기 때문에 일반거래에서는 습관상 아직도 m²보다는 평 단위가 더 많이 쓰인다.

환 산 기 준 표
1평 = 3.3058m² = 3.31m²
1m² = 0.3025평
1ha = 3,000평
1단보 = 300평
1정보 = 3,000평

(6) 경계

경계란 필지 별로 경계점간을 직선으로 연결하여 지적공부에 등록한 선을 말하며, 경계점 및 좌표는 지적 측량에 의하여 결정한다. 전통적으로 우리나라는 도(道)간의 경계는 높은 산과 산맥의 능선으로, 군(郡)간의 경계는 넓은 강으로 나누고, 리(里)간은 산이나 언덕 하천 등으로 나누어 왔다. 이점은 지적도 임야도를 볼 때 참고가 된다.

(7) 축적

지적도와 임야도에 있어서는 실물의 거리를 일정 축적으로 나눈 지도를 사용하게 된다. 지적도는 임야를 제외한 대지, 농지, 하천, 구거, 도로 등을 표시하여 통상 축적 1/1,200로 작성한다. 임야도는 임야에 대해서만 축적 1/6,000 로 작성한다. 따라서 축적이 다른 지적도와 임야도를 그냥 합쳐서 볼 수는 없는 문제점이 있으며 농지와 임야가 섞여 있을 때에는 두개를 다 보아야 한다. 그러나 요즈음에는 전자지적도가 나와서 함께 볼 수 있어서 편리하다. 또 종이지적도로는 이 두 가지를 다 합친 1/5,000 축적의 시 군별 지적도가 전국적으로 발간되고 있어 이를 이용하면 매우 편리하다.

2. 지적공부에는 어떤 것이 있는가?

일반토지의 지적공부에는 토지대장과 지적도, 임야에는 임야대장과 임야도가 있다. 또 토지의 공법상 이용관계를 확인해 주는 토지이용계획인서기 있고, 기타 구획정리지구에는 수치지적부가 있다.

지적공부

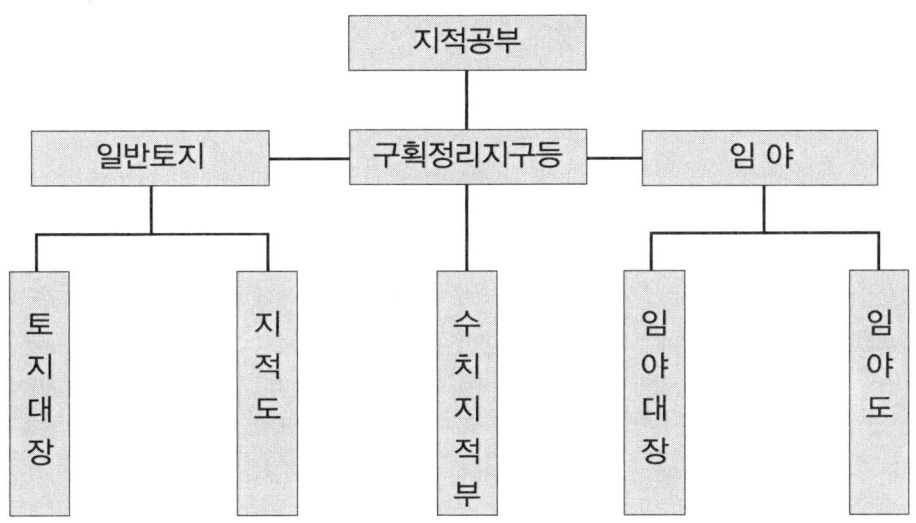

토지 관련 서류

관련공부	분석내용
등기부등본	부동산의 권리관계(목적물 표시, 소유권, 소유권외 권리)
국토이용계획확인원	부동산 공법상 제한(국토이용, 도시계획, 기타 용도)
지적도(임야도)	지적 형태에 관한 사항
토지대장(임야대장)	면적, 지목 등 사실에 관한 사항
건축물관리대장	건물의 소재, 구조, 용도 등 사실에 관한 사항
공시지가확인원	공시지가 확인

이중 토지에서 특히 중요하고 또 유용하게 쓰이는 것이 "토지이용계획확인서"다.
토지이용계획확인서는 토지의 공법적 규제를 쉽게 알 수 있는 서류이며, 이것으로서 기초적인 토지의 이용가능성을 검토할 수 있는 중요한 서류이다.

현재 우리나라에서 토지이용을 제한하는 법률은 모두 120여개나 되며, 이를 주무 정부부처에서 나누어 관리, 운영하고 있다. 또 법으로 토지사용을 금지, 제한하는 용도지역, 용도지구 등의 수는 총 400여개로서, 국토계획법에 69개가 있고, 개별법에 의한 것이 300여개에 달한다. 이러한 지역, 지구로 지정된 모든 면적을 합치면 우리나라 땅의 5.7배에 달한다. 전국의 토지가 평균 1개 필지에 최소 5개 이상의 중복규제가 붙어 있는 셈이 되는 것이다. 그만큼 우리나라의 토지이용은 까다로우며, 실제 토지를 개발, 이용하기 위해 거쳐야 할 과정도 복잡하다.

일반국민으로서는 토지거래 시에 이러한 규제를 모두 이해할리는 없고 심지어 자기가 소유한 땅에 대한 규제의 종류와 내용조차 알기 어렵게 되어 있다. 그래서 이런 400여개의 지역, 지구 중에서 가장 중요하다는 것만 뽑아 필지별 신청 시 중요한 규제내용을 확인을 해주는 것이 바로 토지이용계획확인서인 것이다.

토지이용계획확인서는 2007년 이전에는 국토계획법에 따라 12개 중요 항목을 나열하여 별정의 신청서에 필지별로 신청하여 발급받았다. 그러나 2005년에 **토지이용규제기본법**을 제정하여 토지의 공법규제에 대한 투명한 관리를 하도록 하면서, 토지이용계획확인서 제도가 이 법에 의해 새로운 형태로 시행되게 되었다. 즉 이 법은 지역의 개발사업이 성행하여 지자체별로 무차별한 규제가 남발됨으로서 이를 억제하고, 또 규제를 신설하는 경우 사전에 주민의 공람을 거치며, 토지규제에 대하여는 사전에 지역 지구 등의 내용과 행위제한의 내용 등을 포함한 규제안내서를 제공하도록 하였다. 그리고 종전의 토지이용계획확인서 양식도 현행과 같이 변경 시행하도록 하였다.

지적공부와 관련하여 하나 더 설명할 것은 토지의 현황은 4가지 지적공부나 등기부 등본 등 토지관련 서류에 의해서만 다 판단할 수는 없다는 것이다.

지적공부로 확인할 수 있는 것은 땅의 소재지, 지번, 지목, 면적, 소유자, 취득일자, 공시지가 등이다. 또 지적도에 의해 토지의 방향과 경계 그리고 지적상 도로를 확인할 수는 있다. 그러나 토지의 물리적 현황은 현장에 직접 가보지 않으면 알 수 없다. 지질이라든가 묘지의 존재 여부, 이웃 토지와의 자연적 경계, 현황도로의 유무, 도로의 상태 그리고 현재의 구체적인 이용현황 등은 가서 확인하지 않으면 전혀 알 수 없다. 더욱 중요한 것은 토지의 높낮이며, 이웃 토지와의 사이에 절벽이나 절개지가 있느냐 하는 것이다. 간혹 강가나 냇가의 땅은 홍수 때 그 일부가 홍수에 쓸려 나간 땅이 있기도 하고, 개울에 절개지를 이루는 경우도 있다. 산 밑의 땅인 경우 산에 절벽이 있을 수도 있고, 이웃 토지와의 사이에 높은 언덕이 되어 있는 경우도 적지 않다. 이러한 이유로 땅은 반드시 현장을 답사한 후에 매입결정을 해야 한다고 하는 것이다.

3. 지적공부와 토지등기부의 구별과 관계

(1) 토지등기부

토지의 현 소유권자를 확인하거나, 저당권 설정 등 사법적 권리관계를 보려면 토지등기부를 보아야 한다. 우리나라는 물권변동에 있어서 공시주의를 채택하고, 공시장부로 부동산등기제도를 운영하고 있기 때문이다.

등기가 되는 권리는 부동산물건으로서 소유권과 지상권, 지역권, 전세권(용익물권), 저당권(담보물권)등이다. 그리고 소유권에 관련된 보전조치로서 가등기, 가압류, 가처분 등이 있으며, 소송 중이라는 경고성 예고등기도 있다. 반면 점유권, 유치권 등 사실관계가 중요한 권리라던가, 질권, 양도담보 등 동산에 관한 권리로서 등기대상이 되지 않는 것도 있다. 등기부는 표제부와 "갑"구 및 "을"구 등 세부분으로 편성된다. 다만 등본 발급 시 "을"구에 기재된 사항이 아예 없거나, 기재되었던 사항이 모두 말소되어 효력있는 부분이 전혀 없으면 "을"구를 제외한 표제부와 "갑"구만으로 등본이 구성되어 발급된다.

(2) 지적공부와 등기부의 관계

토지대장과 지적도 등 지적공부에 기재된 사항과 토지등기부등본에 기재된 사항의 내용은 모두 일치하는 것이 원칙이다. 최초 소유권보존등기 시에 토지등기부는 토지대장을 근거로 하기 때문이다. 그러나 실무상 간혹 지번, 지목, 면적 등이 다르게 나오거나 소유자가 상이한 경우도 있다.

이것은 토지구획정리, 농지정리, 도로편입, 분합필 등의 사유가 발생하고 있거나 완료되었음에도 불구하고, 아직 그에 맞추어 등기부정리가 안 되었기 때문이다. 등기사항 기재 시의 오기나 탈루인 경우도 있을 수 있다. 따라서 최종 토지계약단계에서는 반드시 토지대장과 토지등기부등본을 대조하여 지번, 지목, 면적, 소유자 등이 완전히 일치하는지를 확인해 보아야 한다.

만일 두 서류 간에 차이가 있을 때에는 무엇을 기준으로 해야 하는가?
　토지의 사실관계(지번, 지목, 면적)는 토지대장을 기준으로 해야 할 것이고, 토지소유자 변동사항은 토지등기부를 기준으로 해야 할 것이다. 토지소유권에 대하여 등기부를 우선시키는 것은 부동산 물권변동에 있어서는 등기부의 공시적효력이 있기 때문이다. 다만 우리나라 부동산등기에는 공신력이 인정되지 않으므로 등기부만을 믿었더라도 진정한 소유자로부터 소송을 당해 소유권을 상실하는 경우도 있다. 아주 드문 일이지만 접경지역의 수복지구(6.25 사변 후 회복한 지역)인 경기도 연천, 철원, 화천지역에서 간혹 있는 일이다. 조상 땅 찾기로 소유권을 잃는 경우도 이따금 있다.

(3) 지적제도와 등기제도의 비교

구 분	지적제도	등기제도
기 능	토지표시사항(물리적 현황)을 등록공시	부동산에 대한 소유권 및 기타 권리관계를 등록공시
근거법령	지적법(측량 수로조사 및 지적에 관한 법률)	부동산등기법
등록대상	토지	토지와 건물
등록사항	토지소재, 지번, 지목, 면적, 경계 좌표 등	소유권, 지상권, 지역권, 전세권, 당권, 권리질권, 임차권 등
기본이념	ㅇ 국정주의 ㅇ 형식주의 ㅇ 공개주의 ㅇ 지적등록주의	ㅇ 사적자치의 원칙 ㅇ 성립요건주의 ㅇ 공개주의 ㅇ 당사자신청주의
등록심사	실질적 심사주의	형식적 심사주의
등록주체	국가(국정주의)	당사자(등기권리자 및 의무자)
신청방법	단독(소유자)신청주의	공동(등기권리자 및 의무자) 신청주의
담당기관 담당기관	행정부(행정자치부, 시. 도, 시. 군. 구)	사법부(법원행정처, 지방법원, 등기소, 지방법원지원)
공신력	불인정	불인정

제4장
지적도 임야도 보는 요령

1. 아파트는 등기부, 토지는 지적공부

아파트의 매매 혹은 임대에서, 입주자가 꼭 보아야 할 서류는 아파트 등기부등본이다. 계약 당일의 것을 떼어 아파트의 전유면적, 소유자 이름과 저당권설정현황을 확인한다. 그리고 계약에 들어 갈 수 있다. 땅도 토지등기부만 보면 될까? 전혀 그렇지 않다고 할 수 있다. 땅 거래에서는 등기부등본 이전에 보아야 할 서류들이 있다. 토지대장, 지적도, 토지이용규제확인서 들이다. 이런 것들은 지적공부라고 한다. 지적공부는 토지학습의 출발점이다. 이번 장에서는 지적공부의 종류와 지적공부에서 확인해야 하는 사항들을 알아보자.

2. 토지대장과 임야대장

(1) 토지대장

토지대장은 토지의 기본적인 서류로서, 최초로 토지를 장부에 올리고, 그 후 변동사항을 기록한다. 예컨대 바다를 매립하여 새로 농경지를 조성하게 되면 새로 지목 지번을 붙이고, 면적을 산정하여 토지대장을 작성한다. 이후 소유자가 바뀌면 소유자를 변경해 나간다. 만일 토지가 분할되면 새로운 지번을 붙여서 토지대장을 새로 만들고, 변동사항과 변하지 않은 모든 사항을 정리하여 둔다. 토지대장에 올리는 것은 토지의 소재지, 지번, 지목, 면적(㎡로 표시), 소유자의 성명, 주소, 주민등록번호, 도면번호와 필지별 대장의 장, 번호 및 축적, 토지이동사유, 소유권변동일자 및 변동사유, 토지의 등급, 개별공시지가 등이다. 토지의 기본사항은 거의 망라되어 있다. 다만 토지권리관계는 소유권만을 표시하므로 저당권, 지상권, 가압류, 가처분 등의 제한은 토지등기부를 보아야 알 수 있다. 토지소유권에는 공유자와 공유지분이 표시되며, 공유자명부가 붙어 있는 경우도 있다. 토지지목 28개중 임야를 제외한 27개 지목은 모두 토지대장을 작성한다.

① 지번

지번은 지적국정주의에 의하여 지적공사가 각 필지별로 부여하며, 인접지역에서 출발하여 북서에서 남동 방향으로 메긴다. 토지분할 시에는 분할 수의 필지 중 1필지의 지번을 분할전의 지번으로 하고, 나머지 지번은 부번(-)으로 표시하는데, 주거나 사무실 등 건물이 있는 필지에 대하여는 분할 전의 지번을 우선하여 부여한다.

② 면적

면적은 공식적으로는 ㎡로 표시하므로, 통상 사용하는 평(坪)으로 환산하려면 대강 3.3058로 나누거나 0.3025를 곱하면 평으로 환산된다. 거래 시에는 쉽게 알아볼 수 있도록 면적다음 (괄호)안에 평을 넣어 주는 것이 좋다.

③ 토지등급

토지등급은 토지등급가액표에 따라 1등급(1원)에서 365등급(2억원)까지 세분하여 등급율 표시하고 원/㎡을 기재한다. 통상 무심히 보고 넘어가지만, 이 토지등급은 과거 양도 또는 취득 당시의 거래가를 추산하여 양도세 계산을 할 때에 유용하게 쓰인다. 만일 이 토지등급조차 없는 경우에는 과거 재산세과세대장 상에 등재된 토지등급, 유사 토지등급, 인접 토지등급, 당해 지역 최하등급 순으로 토지등급을 추정 적용한다.(소득세법기본통칙 99-1, 1997.4.8 양도 또는 취득당시의 토지등급이 없는 경우에 적용할 가액)

④ 개별공시지가

개별공시지가는 2002년 지적법령 개정으로 기재하기 시작하였으며 시가의 추정자료와 과세의 기준으로 활용되고 있다.

⑤ 토지소유자

토지대장에 나오는 토지소유자는 반드시 정확한 것이 아니므로, 정확한 현재의 소유자를 보려면 토지등기부를 떼어 보아야 한다.

(2) 임야대장

임야에 대해서는 별도로 임야대장을 만들어 관리한다. 임야대장의 양식과 기재사항은 토지대장과 같다. 임야만 유독 따로 관리하는 이유는 임야는 면적이 넓으므로, 별도로 임야조사작업을 하여 임야도를 만들어 두기 때문이다. 임야대장의 기재사항도 지번을 빼고는 지적도와 동일하다. 임야의 표시는 임야지번 앞에 산(山)이라고 표시된다. 다만 토지임야라고 부르는 토림(土林)은 지목은 임야지만 지번 앞에 산(山)자가 붙지 않는다. 이런 임야는 임야대장과 임야도를 떼면 안되고, 토지대장과 지적도를 발급받아야 한다. 임야지만 일반토지로 등록전환되었기 때문이다.

3. 지적도와 임야도

지적도에는 토지의 소재지, 지번, 지목, 경계, 도면의 색인도와 도면의 제명 및 축적, 도곽선 및 도곽선 수치, 건축물 및 구조물의 위치가 표시되어 있다. 소재지, 지번, 지목 등 토지현황은 토지대장과 공통이나 토지의 면적과 소유권은 토지대장을 보아야 하고, 반면 땅의 모양과 방향, 주변토지와의 경계선 등은 지적도를 보아야 알 수 있다. 땅은 주변의 땅과 어우러져 있으므로 이웃 땅과의 경계선 등은 대단히 중요하다. 땅이 앉은 방향, 땅의 모양, 도로에 접해 있는가 여부 등은 지적도를 보면 대강을 알 수 있다.

따라서 지적도를 들고 현장을 방문할 경우에는 토지의 지번과 지적도의 상단의 지번과 일치하는가, 토지의 경계와 지적도의 경계가 일치하는가, 토지의 도로가 지적도와 일치하는가, 토지의 향이나 방위가 어떻게 되어 있는가를 꼭 살펴보아야 한다.

(1) 지적도에서 보는 사항

① 거리 지적도의 축적은 통상 1/1200로 되어 있다. 지적도에 1cm로 나와 있다면, 실제거리는 1,200cm=12m인 것이다.

② 지적도에서 가장 눈여겨보아야 할 것이 진입도로와 구거일 것이다. 대상토지가 진입도로에 접해 있는지 여부와 구거에 접했는지를 확인하여야 한다. 그러나 진입도로의 폭이 몇 m가 되는 지는 산정하기 어려운데, 그럴 경우에는 일반 지도회사(한일지도, 우리지도 등)에서 나온 1/5,000 지역상세도를 참조하면 좋다. 전국 거의 모든 지역의 지역도가 나와 있기 때문에, 진입도로 유무와 진입도로의 폭, 구거 유무 등을 확인할 수 있다. 1/5,000지도에서 1cm는 실제로는 5,000cm=50m이기 때문에 도면상 도로폭이 0.1cm 이상이면 폭 5m는 된다고 보면 되는 것이다. 일단 지적도상 진입도로가 없다면 맹지일 테지만 현황도로가 있는 지 여부는 현장답사를 해 보아야 알 수 있다.

③ 지적도를 보고 땅이 앉은 모양과 방향도 알 수 있다. 땅의 모양은 반듯한 정사각형보다는 길에 더 많이 접한 직사각형 모양이 더 쓸모가 있다. 기타 모양에 따라 타원형,

뱀형, 자루형, 울퉁불퉁한 부정형 등으로 부르기도 하는데, 이럴 경우에는 현실의 경계가 애매하여 경계를 접한 이웃 토지의 지목과 소유자를 살펴보는 것도 좋다. 그리고 전원주택지 등에서는 절대적으로 남향을 선호하기 때문에 땅이 정남향이 아니더라도 동남향, 서남향 등이 되면 좋다. 다만 공장, 창고 아울렛, 연수원, 기도원, 모델 등은 북향이라도 전망만 좋으면 상관없다.

(2) 임야도를 보는 요령

임야의 경우에는 임야도를 보아야 한다. 임야도의 경우 별도로 작성, 관리하는 이유는 축적 때문이다. 지적도의 축적은 통상 1/1,200인데, 임야도의 축적은 1/6,000이므로 둘을 합쳐 놓을 수 없다. 임야도에서 1cm는 실제는 60m가 된다.

$1cm \times 6,000 = 6,000cm = 60m$

임야도의 지번표시는 항상 동과 동, 리와 경계의 맨 끝 부분 즉 산 정상을 산1번지로 하여 북서에서 남동으로 순서대로 붙여 나간다. 일반적으로 봉우리를 중심으로 돌아가면서 순서대로 지번을 부여하기 때문에 임야도의 지번표시로도 대체적인 능선과 계곡을 구분하여 볼 수 있다.

지적도에서는 임야가 표시가 안 되어 경계도 없이 하얗게 나타나고, 반대로 임야도에서는 일반 토지는 표시되지 않는다. 임야는 지적도에는 지번표시를 하지 않기 때문에 지적도에서 지번표시가 없는 부분이 임야가 된다. 따라서 주변의 지목과 경계들을 모두 보려면 아무래도 지도업체가 종이로 발간한 1/5,000 지역도를 보는 것이 편리하다. 1/5,000 종이지역도에서는 주변 땅의 모든 지목이 나오고, 용도지역까지 나오기 때문에 매우 편리하다. 다만 요즈음의 전자지적도는 지적도와 임야도가 함께 나오고, 축적을 마음대로 조정할 수 있기 때문에 임야도에도 지적도에 나오는 모든 지목이 표시되어, 지적도와 임야도의 구별은 별 의미가 없어졌다.

4. 지적도와 임야도로도 알 수 없는 것들

현장 답사 전에 필히 검토해야 할 것은 토지관련 지적공부인 토지(임야)대장, 지적도(임야도)와 토지이용계획확인서의 세 가지라고 할 수 있다. 그러나 앉아서 이 세 가지 서류만 가지고 검토했다고 대상 토지에 대한 것을 모두 파악할 수 있는 것은 절대 아니다. 토지는 건축물과 달리 땅의 접근성과 도로 및 입지를 알아야 하고, 지질 등 현재 상태를 꼭 보아야 하며, 주변환경에 대한 현장감각이 매우 중요하기 때문이다. 사무실에서 매도자의 이야기나 서류만을 가지고 하는 도상훈련으로만은 도저히 알 수 없는 것이 많다. 그래서 아무리 전문가라 할지라도 토지는 반드시 현장을 본 다음에야 비로소 토지의 진정한 가치와 개발가능성을 말할 수 있는 것이라고 하는 것이다.

제5장
토지규제를 보는 방법

1. 토지이용규제확인서

토지대장과 지적도가 토지의 현황에 대한 서류라고 한다면, 토지이용규제확인서는 토지의 공법적규제에 대한 서류라고 할 수 있다. 토지의 이용과 개발에 있어서는 토지에 붙어있는 규제가 대단히 중요하다. 규제에서 금지 또는 제한되어 있는 땅은 그 규제가 해제 또는 완화되지 않는 한은 개발이 불가능한 것이다. 말하자면 땅의 운명과 장래를 거머쥐고 있는 것이 토지규제다.

토지에 대한 우리나라의 공법상 규제는 대단히 복잡하고 중첩적(重疊的)이기 때문에, 어느 땅을 완전하 파악하려면 그 땅에 붙어있는 규제의 전모를 파악하지 않으면 안된다. 현행법 상 그런 법규가 120개에 용도지역이 400개에 달하고, 어느 한 토지에 평균 5개의 규제가 달려 있다. 경기도 광주시의 땅 같은 경우 10여개가 중복적으로 주렁주렁 달린 것도 있다.(도시지역, 토지거래허가구역, 자연보전권역, 특별대책1권역, 그린벨트, 개발행위제한구역 등등)

따라서 땅을 거래할 때 토지이용규제확인서는 필수적이다. 그리고 그 내용의 파악도 또한 필수적이다. 그러나 유의할 것은 토지이용규제확인서에 나온 제한이 규제의 전부는 아니라는 사실이다. 나타나지 않은 특별한 공법규제도 있고 지침, 예규나 지자체의 조례 등이 있다. 지금 토지이용규제확인서는 별도의 양식은 있어도, 지번만 알면 인터넷으로 바로 확인하여 떼어 볼 수 있다.

온나라 부동산정보 http://www.onnara.go.kr
토지이용규제서비스 http://luris.go.kr

이 화면에서는 토지기본현황과 지적도 및 중요한 토지이용규제가 바로 출력된다.(무료) 토지초보자나 전문가나 실시간으로 확인할 수 있는 매우 편리한 제도라고 할 수 있다.

2. 토지규제 현황

토지투자환경을 형성하고 있는 것은 국가의 토지정책을 비롯하여 토지공법상의 규제와 그에 따른 구체적인 토지거래 제한, 토지관련 각종 조세와 부담금등이 있다. 국가의 토지정책이란 헌법상 자유경제의 틀 안에서 토지에 관한 소유와 보존 및 개발과 활용에 대한 기본적인 운용 방향을 말한다.

헌법에서는 개인의 사유재산권을 보장하고(제23조) 경제질서는 개인의 창의와 자유를 존중함을 기본으로 하는(제119조) 자유경제질서를 기본으로 한다. 따라서 우리나라는 토지를 포함한 개인의 재산권을 인정하고 있다. 사회주의 국가에서는 토지는 국가소유이며, 일부 자유주의 국가에서는 토지의 공개념을 도입하여 토지에 관한 소유권을 부인하는 경우도 있다. 우리나라의 토지정책의 기본은 자유경제질서를 기본으로 하며 각종 토지의 규제를 가하고 있다. 때로는 **"토지의 공개념"**을 도입하여 개인의 토지소유와 활용에 많은 규제를 당연시하는 경향도 있으나 이는 헌법상 기본이념의 해석차이로 논란의 여지가 있다.

여하튼 우리나라의 법제처 홈페이지에 따르면 우리나라의 2014년도 총 시행 법률은 1,300여개이며 이 중 토지규제에 관련된 법률은 120여개에 달한다. 법률의 약 10% 정도가 직접 간접으로 토지에 관련된 법률인 셈이다. 토지규제에 관한 법률은 정부의 각 주무부처가 분야별로 관리 운영한다. 이러한 토지공법에서 규정하는 대표적인 규제지역인 각종 지역, 지구는 총 400여개에 달하며 그중 국토계획법에 의한 용도지역 용도지구 및 용도구역은 69개이고 나머지는 개별법에 의해 지정되는 특별법 상 용도지역이다.

전국적으로 우리나라의 땅은 규제면적으로 볼 때 한 필지 당 평균 5개 이상의 지역 지구로 지정되어 있으므로 각종 규제가 그만큼 중복되어 있다고 볼 수 있다. 특히 수도권의 땅은 대부분 7개 내지 8개의 규제대상으로 중복되어 지정된 것으로 나타났다. 수도권 집중억제를 위한 각종 규제에다가 군사보호시설 개발제한구역 상수원보호구역 등의 명목으로 규제가 겹쳐 농사를 짓는 경우를 빼면 다른 용도로 토지를 이용하기가 매우 어렵게 되어 있는 현실이다.

3. 토지공법에 규제에 있어서 유의해야 할 사항

어떤 지역의 구체적인 토지를 놓고 개발가능성이나 인 허가절차 등 토지규제를 이해함에 있어서는 다음 몇 가지 기본적인 사항을 유의하여야 한다.

(1) 수도권에서는 수도권정비계획법이 우선한다.

국토의 계획 및 관리에 관한 법률(국토계획법)은 토지의 이용 관리 및 규제에 관한 일반법으로 전국의 모든 토지에 적용되는 기본법이다. 전국의 모든 땅은 기본적으로 이 법의 규제를 받는다. 필지로 구분되는 개별토지는 이 법에 의하여 가장 먼저 용도지역이 결정될 것이다.

그러나 수도권에 있어서는 이 법 위에 수도권정비계획법이 우선 적용됨을 유의하여야 한다. 그리고 군사시설 관련 법률은 수도권정비계획법에 우선한다. 수도권에 있어서는 군사시설보호법 〉 수도권정비계획법 〉 국토계획법의 순으로 그 적용순위가 메겨진다고 볼 수 있다. 따라서 수도권 토지를 거래함에 있어서는 가장 먼저 그 지역이 수도권정비계획법 상 어느 권역에 속해 있는지를 파악하고 시작해야 한다.

(2) 대상토지에 붙어 있는 토지공법의 중복규제를 모두 파악해야 한다

어느 한 개의 필지는 반드시 한 개의 토지공법 규제만을 받는 것은 아니다. 토지공법은 각기 주무 중앙부처가 있고, 그 제정목적에 따라 보호하려는 취지가 다르기 때문에 그 규제의 범위와 규제대상 토지를 모두 달리한다. 따라서 전국 어디서나 하나의 토지에는 여러 개의 토지공법규제가 중복되어 존재한다.

예를 들어 경기도 광주시 중부면 검복리 신123번지의 임야 6천평을 개발하고자 한다. 이 땅의 토지이용계획확인서를 떼어 보면 기본적으로는 도시지역으로 자연녹지지역에 속한다. 그러나 이 토지는 지목이 임야인 관계로 국토계획법은 물론 산지관리법의 적용을 받는다(공익용산지). 동시에 이 토지는 자연공원구역, 통제보호구역이며 개발제한구역으로 지정되어 있다. 수도권정비계획법 상 자연보전권역, 특별대책1권역이며 문화재보호구역이다. 이 경우 이러한 모든 규제는 한 토지에 동시에 중복하여 적용되므로, 관련법의 행위제한의 검토와 그에 필요한 인허가를 모두 받아야 비로소 이 땅에 대한 개발이 가능한 것이다.

■ 중복규제사례

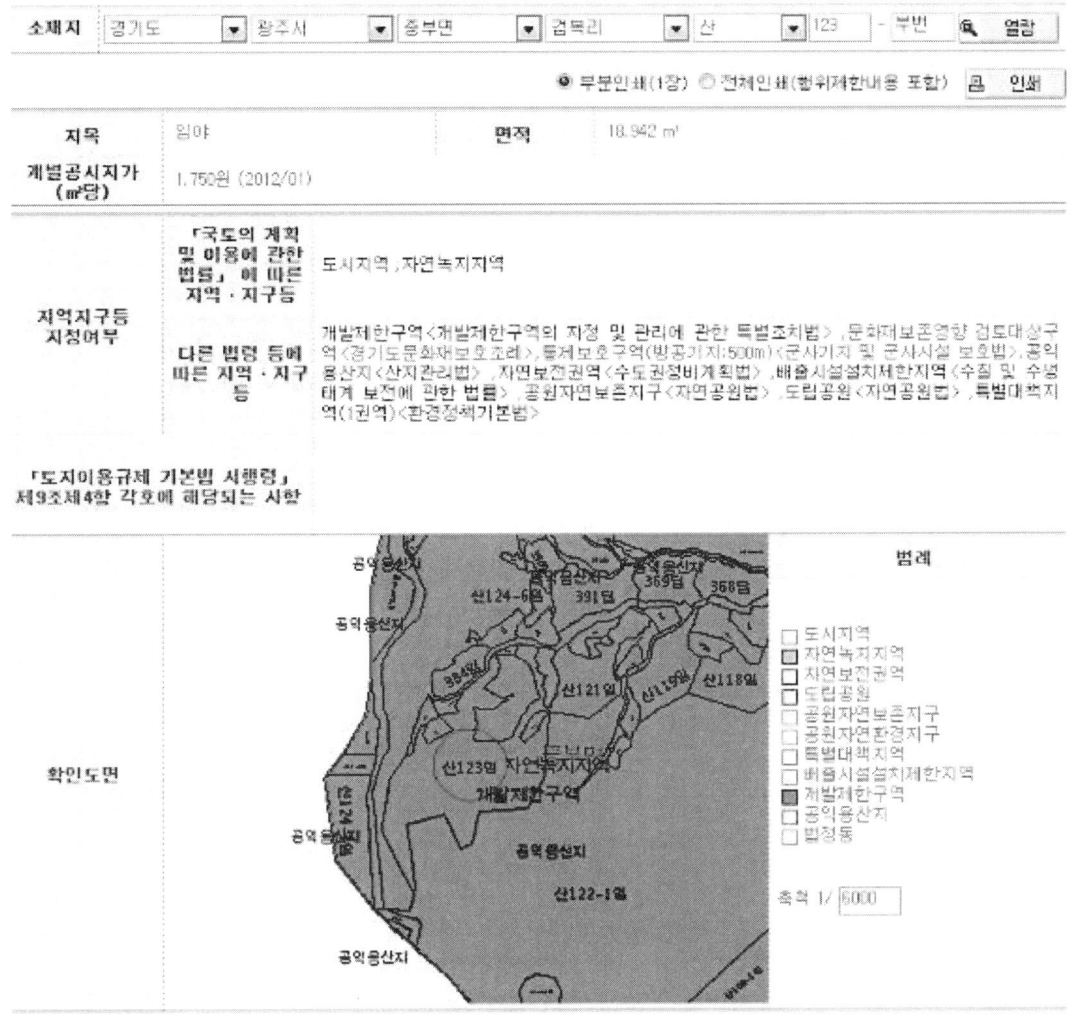

(3) 조례 등 토지공법 하위 자치법규의 참조는 필수

모든 국내법은 헌법을 정점으로 하여 그 효력에 있어서 상하관계를 가진다.
즉 헌법 – 법률 – 대통령령 – 각 부처 령(시행규칙) – 조례 조례시행규칙(지방자치단체)의 순으로 효력상 우월관계를 가진다. 토지공법은 해석과 적용에 있어서는 시행령과 시행규칙 뿐 아니라 조례 등 하위법령까지를 다 파악해야 하는 경우가 많다. 왜냐하면 토지가 소재하는 지방자치단체(행정구역)에 따라 조례에서 정한 허가 등의 세부기준이 달라질 수 있기 때문이다. 인·허가조건이 법령보다 약화되는 경우도 있으나 반대로 엄격하게 강화되는 경우도 있다.

예를 들어 보자.

산지전용에 대하여는 허가권자 허가요건 등은 산지관리법에서 규정하며, 산지전용의 구체적인 허가기준은 산지관리법시행령 별표로 규정한다. 별표에 의하면 산지전용허가의 일반적 기준으로써 경사도 25도 미만일 것을 요건으로 규정한다. 따라서 선뜻 생각하기에는 경사도가 20도인 산의 전용허가를 받을 때는 국내 어느 지역에서도 허가가 가능한 것처럼 보인다.

그러나 실제로 용인에서는 경사도가 21도인 산지의 전용허가가 쉽지 않다. 반면 양평이나 안성에서는 가능하다. 그것은 각 지방자치단체 조례에서 허가받을 수 있는 경사도를 달리하고 있으며, 산지전용이 허가되는 산지의 경사도를 용인에서는 17.5도-20도 (용인시 도시계획조례 제20조)로 규정하여 산지관리법 시행령상의 25도 보다 더욱 엄격하게 규정하고 있기 때문이다.

따라서 구체적인 인허가를 진행함에 있어서는 물론 사전에 인허가가 가능한지 여부는 관련법과 시행령 뿐 아니라 그 지역의 조례까지 반드시 조사해 보아야 한다.

지자체별 평균경사도 제한(2015.4.1현재)

임야 평균경사도 제한

임야 경사도	적용 지자체
10도	광주광역시, 수원(녹지)
11도	김포(보전용도)
15도	서울(녹지지역), 고양, 시흥, 화성, 평택
30%(16.7도)	인천, 부산, 대구, 울산, 대전
17.5도	용인(수지, 기흥구)
18도	김포(시가화 및 유보용도)
20도	세종시, 남양주, 포천, 광주, 용인(처인구)
21도	서울
23도	파주
25도(산지관리법)	양평, 여주, 이천, 안성, 연천

(4) 예규 훈령 지침 고시 등 행정규칙을 잘 활용하면 실무에 크게 도움이 된다.

국토교통부, 농림축산식품부, 산림청, 환경부 등 중앙행정기관의 시행규칙 내에는 공무원의 구체적인 업무처리 절차에 적용할 기준으로서 예규, 훈령, 절차, 지침. 고시 등의 명칭으로 나오는 세부적인 행정 가이드라인이 있다.

예컨대 농지취득 시에 반드시 요구하는 농지취득자격증명의 발급 심사 및 절차에 관하여는 농림축산식품부 훈령 "농지취득자격증명 발급요령"이 있다. 또한 농지전용의 심사기준에 관하여는 역시 훈령인 "농지전용업무심사요령"이 있다. 그리고 토지거래허가구역 내 토지 취득 시 허가심사 기준 및 절차에 관하여는 국토교통부 훈령인 "토지거래업무지침"이 있고, 사후관리의무에 대하여는 "사후관리업무처리지침"이 있다.

이러한 훈령 고시 등은 심사 공무원의 실무상 심사기준이 되기 때문에, 신청자의 입장에서 미리 이에 대한 검토를 해 놓고, 그 심사기준에 맞춘다면 수월하게 인허가를 받을 수 있을 것이다. 다만 이러한 훈령은 관련 근거 법령이 개정되면 잇달아 수시로 개정되기 때문에 지속적으로 업데이트해 두어야 한다.

(5) 필요한 경우 관련 판례와 유권해석도 유용한 판단자료가 될 수 있다.

판례정보는 대개 대법원의 판례와 헌법재판소의 판례인데 경우에 따라 하급심판결례와 행정심판 재결례 등이 포함된다. **대법원 판례정보**는 대법원 판례와 하급심 판례에 대해서는 전문을 제공하고 있다. **대법원 홈페이지(http://glaw.scourt.go.kr)**에 들어가서 선고일자, 검색어, 참조조문, 사건번호, 사건명 중 하나를 입력하는 방식으로 알아볼 수 있다. 최신 판례에 대한 속보와 언론에 보도된 판례에 대한 정보도 별도로 제공하고 있다. 사기업 웹사이트인 **로앤비(http://www.lawnb.com)**에서도 판례정보를 얻을 수 있다. **법률신문(http://www.lawtimes.co.kr)**에서도 최근 주요 판례정보를 얻을 수 있다. 법령해석에 대한 유권해석은 법제처의 사이트에 있다.

제6장
토지현장답사요령

토지공부에 있어서 늘 강조하는 것에는 현장을 자주 가보라는 말이 꼭 들어간다. "땅은 발로 뛰라"는 말도 있다. 부동산 중에서도 특히 토지는 반드시 현장답사를 해야 한다. 현장을 자주 많이 다니면서 또 오가는 길이나 주변상황을 꼼꼼히 잘 익혀두면, 점차 땅에 대해 많은 것을 배울 수 있다. 요즈음은 현장을 찾아갈 때 거의 차량 내비게이션에 의존한다. 디지털 기술과 지피에스(GPS·위성항법시스템)가 결합한 차량 내비게이션은 길을 찾는데 아주 유용한 기술이다. 그러나 영국의 한 연구결과는 종이지도를 사용하는 운전사들이 내비게이션에 의존하는 운전사보다 주변을 더 잘 기억한다고 하였다. 또한 전방의 군사시설 통제구역에서는 내비게이션이 갑자기 중단되기도 하기 때문에, 내비에 전적으로 의존하기 보다는, 간혹은 내비없이 지도를 보면서 길을 찾는 법도 미리 익혀두어야 할 것이다.

1. 토지현장답사는 왜 필요한가?

토지투자를 위해 목적에 적합한 좋은 땅을 고르려 할 때나, 내가 살 전원주택을 짓기 위해 마음에 드는 땅을 계약하기 전에 꼭 현장답사를 하게 된다. 가기 전에는 물론 토지대장과 지적도, 토지이용규제확인서를 보고 대략 토지의 서류상 현황과 규제를 파악해 둔다. 그리고도 반드시 현장을 답사해야한다고 하는 것은 대체로 다음의 몇 가지 이유 때문이다.

첫째, 토지의 물리적 현황을 파악하기 위해서다.
토지의 물리적 현황에는 서류만으로는 다 알 수 없는 중요한 것들이 있다. 토지의 지질, 토지의 이용현황은 어떠한가? 토지 위에서 생육하는 나무들의 상태는 어떤가? 토지의 경사도는 어느 정도이며, 토목공사가 가능한가? 특히 임야의 경우에는 산 속에 절벽이나 개울이 어떻게 흐르는가? 묘지가 몇 개나 있는가? 이런 것은 현장에 가 보지 않으면 알 수 없는 것들이다. 또 전원주택지에 있어서는 실제 향은 남향이지만 앞과 옆 산들에 가려지는 않는가? 조망권은 어떤가? 등을 보아야 할 것이다. 농지로 쓸 경우에는 지질과 배수는 어떤가? 홍수피해나 토사난 경력이 없는가, 이웃 농지에서는 무엇을 재배하는가도 검토사항이다. 땅의 모양과 향이 토지서류에서 본 것과 차이가 있는지? 땅의 현황경계는 대체로 지적서류와 같은가 하는가도 보아야 할 것이다.

둘째, 진입도로와 구거를 꼭 확인하기 위해서다.

지적도 상 분명히 도로가 있으나, 실제 현장에서는 도로가 없어졌다던가, 혹은 반대로 지적상 도로는 없는데 현황도로가 있을 수 있다. 혹은 현황도로가 지적도와 달리 다른 쪽으로 새로 만들어 통행로로 이용하고 있을 수도 있다. 진입도로의 폭이 어느 정도이며, 차량통행이 가능한가? 도로의 길이, 포장여부 등 도로상태에 대한 면밀한 관찰이 필요하다. 이럴 때를 대비해 길이 7m 이상 되는 줄자를 지참하는 것이 좋으며, 진입도로 폭은 꼭 재어보는 습관을 가져야 한다. 또 대상토지의 중앙에 혹은 옆으로 구거가 있는 경우 그 구거의 폭이 어느 정도이며 수량은 어떤지? 하는 것도 후일 건축허가 시 대단히 중요한 요소가 된다.

세번째, 땅의 지역과 주변환경을 살펴보는 일이다.

대상 토지가 소재한 읍, 면, 동, 리의 분위기며 대상 토지주변의 민가를 살펴본다. 특히 화장장, 공동묘지, 석산, 하수처리장이나 대규모 축사, 양계장은 어떤 경우던지 환영받지 못하는 혐오시설로 인정된다. 가능하다면 그 지역의 내력과 많이 심는 농작물이나 특산물을 알아보는 것도 좋다. 땅의 주위에 산이 얼마나 높은지? 몇 시쯤 햇살이 나오고 지는지도 알아두면 좋다. 주변에 있는 개발사업이 어떤 것이 진행되는지? 이 땅이 장래 어느 용도로 되어 갈지를 막연하게나마 상상해 보는 것도 필요할 것이다. 도로가 뚫릴 것인지, 뚫린다면 어느 쪽으로 나갈 것인지도 생각해 보자. 땅 투자는 어차피 미래가치를 추구하는 것이며, 오랜 시간을 요하기 때문에 먼 후일의 땅의 전망을 예측하는 훈련을 해보자.

네번째는 대상 토지를 오가며 땅의 접근성을 생각해 보아야 한다.

접근성이란 내가 사는 집이나 근무처를 기준으로 할 수도 있고, 수도권을 중심으로 잡을 수도 있다. 접근성을 측정하는 것은 도로이며, 통상 자동차도로(도로법 상 도로)일 것이나 기타 전철이나, 지방도로, 농로 등도 될 수 있다. 현장을 오가며 소요거리라던가 소요시간을 체크할 수 있다. 이때 자동차의 내비게이션(navigation)을 이용하는 것 보다는 지도와 나침반과 자동차 미터기를 보면서 찾아가는 것이 학습에 도움이 된다. 내비게이션은 현장 근처에서 현장을 찾을 때만 쓰면 된다.

다섯번째로 현장의 입지를 살펴보고 느낌이 좋은 지도 점검한다.

땅을 공부하려면, 풍수지리 이론에 정통하지 않아도 대략적인 풍수지식을 갖추어 두면 좋다. 특히 전원주택에서는 사방이 산으로 아늑하게 안겨있는 그런 곳이 소위 "명당"이라고 부르는 곳이다. 현장에 잠시 앉아 지기(氣)를 느껴보며 주변을 살펴보자. 웬지 느낌이 좋은 곳은 후일 살기에도 좋은 곳이다. 반면 살기와 냉기가 돌고, 선뜻한 느낌이 있는 곳이나, 일찍 해가 지는 골짜기의 땅은 어떤 용도로도 적합하지 못하다.

2. 토지현장답사에서 무엇을 볼 것인가?

현장답사에서 보아야 할 것은?

- 접근성
- 현황지목과 현황도로
- 토지경계
- 인접토지 및 주변환경
- 지상의 건축물 구축물
- 농지의 농작물 경작상태
- 토림(土林)인지 여부
- 임야의 경사도와 입목
- 악산(惡山)인지?
- 묘지의 존재 및 개수
- 주변의 기피시설 혐오시설

■ 토지는 반드시 현장을 답사해야 한다.
  [토지 현장답사 시 보아야 할 것]

(1) 토지에의 접근성 및 교통과 도로여건
지도나 지적도(임야도)에 나오는 도로 만으로는 실제로 가는 거리나 시간과 통행로의 폭이나 포장상태 등을 알 수 없다. 실제로 현장을 답사함으로서 통행로의 상태와 소요시간 등을 확인할 수 있다. 대상지를 가고 오며 통과도로의 종류, 구조, 폭, 소요시간과 진입도로의 길이, 소요시간, 도로포장 여부, 노폭, 차량의 출입가능성, 통행차량의 종류, 도로의 높낮이 등 토지에의 접근성 정도 및 진입 편이성을 분석한다.

(2) 진입도로 상황

현장답사를 하지 않으면 지적도상 진입도로가 현황도로인지 아니면 다른 용도로 사용되고 있는지와 진입도로의 실제 폭과 포장상태를 확인할 수 없다.

(3) 토지의 경사도 및 절개지 유무

토지현장답사의 필요성 중에서 가장 중요한 부분이다. 지적도와 임야도에는 등고선이 없는 관계로, 실제 땅의 고도(높낮이)를 전혀 알 수 없다. 특히 토지의 일부가 홍수 등으로 쓸려 나가 없어졌다든지, 절개지가 되어 경계가 절벽이 되어 있다든가 하는 경우에는 땅이 쓸모가 없어진다. 이웃토지와 높은 언덕으로 경계가 되어 있는 경우에는, 장마에 흙이 쏟아져 내린다든가 축대를 쌓아야 하는 번거로움이 있다. 경사가 급한 땅은 승용차가 오를 수 있는 진입로를 내기도 힘들다.

(4) 지상의 수목과 묘지 등 토지현황과 이용상태

토지의 지상에 아무 것도 없는 것과 지상에 낡은 건물이 있거나 수목이 울창하다든지, 묘지가 있다든지 하면 개발비용에 차이가 있다. 특히 묘지는 이장비용은 물론 이장절차를 밟는데 시간이 많이 소요되므로 사전 현장답사 시 반드시 확인이 필요하다.

(5) 토지의 지반과 토질

지반에 유난히 돌이 많은 땅은 토목공사가 힘들다. 반면 토질이 좋은 토지는 향후 밭이나 주택 건축 시에 매우 유리하다.

(6) 토지의 물리적 경계

지적도나 임야도의 경계선은 아주 오래 전에 측량한 경우가 많아, 현재의 상태로는 육안으로 구별할 수 없는 경우도 많다. 특히 논이나 밭인 경우 예전에는 논두렁이나 밭두렁으로 구별이 되었을 것이나, 농지정리공사와 농작업의 기계화로 두렁이 없어지거나 직선화된 농촌이 많다. 임야의 경우에는 예전의 경계표지인 지형지물이 없어지거나, 홍수 피해나 도로공사 등 주변의 개발로 많이 달라질 수도 있다.

(7) 구거와 하천의 존재 여부

지적도와 임야도에서 가장 읽기 어려운 부문은 하천과 구거부분이다. 오랜 세월이 흐르면서 수로가 변경되었거나, 아예 없어진 경우도 없지 않기 때문이다. 실제로 현장에

가 보지 않으면 특히 구거의 현존 여부를 알 길은 없다.

(8) 이웃 토지의 현황과 개발가능성
이웃토지의 모양과 개발현황 등은 토지 구입 시 고려하여야 할 중요사항이다. 그러나 지적도나 임야도 만으로는 이웃토지의 현황과 개발상황을 전혀 알 수 없는 것이다, 대상 토지는 절대적으로 이웃토지의 영향을 받는다.

(9) 반경 2Km 이내의 개발현황이나 혐오시설
특히 전원택지 선정에 있어서 고려하여야 할 사항이 주변의 혐오시설의 존재나 건축 상황이다. 도상 검토로는 전혀 알 수 없는 것이다.

(10) 그 지역의 종합적인 개발전망
토지의 가치는 그 장래성에 있는 것이므로, 현장을 답사하면서 주변과 그 지역의 전체적인 개발 분위기며, 향후 전망을 살펴보는 것이 대단히 중요하다. 그러나 지적도나 임야도 등에는 이러한 정보가 전혀 없기 때문에, 반드시 현장을 답사할 필요가 있는 것이다.

■ 현장답사 시 반드시 확인해야 할 기피시설의 종류

기피시설의 종류

1. 혐오시설 : 쓰레기매립장, 하수도처리장, 유수지
   납골당, 공동묘지, 도살장

2. 위험시설 : 주유소, 저유소, 사격장, 예비군훈련장
   높은 축대, 산사태위험지역, 홍수다발지역

3. 기피시설 : 양계장, 대규모축사, 가구공장, 가죽공장
   공해악취유발공장, 비행장, 주차장, 고압선

3. 토지현장답사 시 필요한 준비물

자기가 적당하다고 생각하던 토지를 중개업소로부터 소개받아, 구입 여부를 결정하기 위하여 현장을 방문하기로 한다. 이때 대개는 중개업소와 약속을 하고, 아무 준비 없이 그냥 언제 어디서 만나기로 하여, 안내하는 대로 따라가는 것이 보통이다. 그러나 자기 스스로 토지(임야)대장과 지적도(임야도)를 들고 직접 찾는 이가 많아지고 있다. 더구나 요즈음에는 전국에 GIS가 도입되고, 좋은 내비게이터(Navigator)가 나오기 때문에, 토지 소재지 주소만 알면 혼자서도 현장을 찾아 가고 있다. 그러나 혼자서 현장을 찾아 갈 수 있다고 하여 지적도나 임야도를 보는 노우하우와 테크닉이 필요 없어진 것은 아니다. 혼자서 현장을 찾아 간다면, 오히려 지적도와 임야도에 대한 지식이 더 필요할 것이라 생각한다. 현장답사 시 필요한 준비물은 대체로 다음과 같다.

(1) 지도책

시중에 나오는 전국 지도책 1권 정도는 반드시 차에 비치해 놓아야 한다.

시중에 나온 지도책은 그 축적에 따라 20만 분의 1 지도, 10만분의 1 지도, 7만5천 분의 1지도, 5만분의 1 지도 등이 있다. 전문가들은 이를 5만 지도, 10만 지도, 20만 지도 등으로 부른다. 축적이 적을수록 지도내용은 비례적으로 상세해지며, 지도상으로는 크게 그려진다. 5만 지도가 가장 상세하며, 이 지도에서는 실제 10Km의 도로가 20㎝로 표시된다. 10만 지도는 10㎝, 20만 지도는 5㎝로 나타난다. 흔히 생각하기에 지도는 상세한 것일수록 좋을 것으로 생각하나, 기실 그렇지 않다. 가는 목적지를 쉽게 찾고 한 눈에 알아보기에는 축적이 클수록 유리하고, 먼 길을 갈 때에 계속 다른 페이지를 넘겨야 하지 않아도 되기 때문이다. 또 5만 지도는 부피도 커서 가지고 다니거나 보기에도 불편하다. 그래서 전문가는 10만 지도를 가장 애용한다. 시중에 나와 있는 10만 지도 중에서 인쇄가 선명하고, 가장 최근에 나온 것을 고르면 된다.

(2) 현장 가는 약도

지번과 지도만을 가지고 현장을 찾아 가는 것은 무리다. 구체적으로 현장 가까이 가는 것도 어렵지만, 현장에 도착해서도 과연 어느 땅인지는 알 수가 없다. 땅은 아파트나 집과 달리 간판이 없고, 특징이 없기 때문이다. 그래서 매도의뢰인으로부터 현장 가는 길과 목표지를 찾을 수 있는 현장 부근의 이정표와 이웃 토지와의 경계선의 특징들을 그린 현장약도를 받아 가자고 가는 것이 좋다. 그러나 그것이 여의치 않을 때에는, 지도 전문 회사에서 발행한 시 군별 지적 현황도를 복사해 가면 좋다. 이 지도책은 두껍고 값이 비싸지만, 토지전문 중개사사무실에는 자기가 취급하는 지역의 것은 거의 다 비치해 놓고 있다. 이 지도책은 칼라로 용도지역 구분을 해 놓고, 도로는 물론 일반 토지와 임야를 함께 그려서 지번을 붙여 놓아서, 현장을 찾기에 대단히 편리하다. 이 지도는 대개 축적

5,000분의 1로 나온다. 목표지점 가까이서부터 자동차 미터기를 0으로 하고, 축적자로 길이를 재어 가면 거의 정확히 현장 앞에 까지 갈 수 있다. 만일 간편한 것을 원한다면, 네이버나 다음의 지도를 검색하여 가는 길을 뽑아서 지참하면 된다.

(3) 지적도와 임야도

대상토지의 종류에 따라 지적도나 임야도를 반드시 지참한다. 이것을 꼭 가지고 가는 이유는 진입도로나 땅의 모양 등을 확인하기 위함이다. 물론 이웃 토지와의 경계선도 확인한다. 토지이용규제확인서에 나오는 지적도, 임야도를 크게 확대하여 지참한다. 혹은 네이버 등의 연속지적도를 뽑아서 지참하면, 경계는 물론 도로나 주변의 지목도 함께 파악할 수 있어 편리하다.

(4) 나침판

나침판의 용도는 두 가지다.

첫째는 지도를 보고 찾아갈 때 내가 가는 길이 지도에 나온 길과 같은 방향인가를 확인하기 위함이다. 지도에 나온 도로의 방향과 내 차가 가는 방향이 맞는가를 수시로 확인하면서 주행하는 것이다. 대개 고속도로는 별 문제없으나, 지방도로에 들어서면, 방향감각을 잊어버리는 수가 있다. 특히 해가 없는 구름 낀 날이나 비나 눈이 오는 날에는, 낯설은 지방의 도로는 내가 지금 어디로 가고 있는지 방향을 알 수 없는 때가 많다. 이럴 때 나침판은 아주 유용한 길잡이가 되어 준다.

다음에는 목표현장의 향(向)을 볼 때에 쓴다. 전원주택지 등에서는 땅이 앉은 향이 매우 중요한데, 이 때 눈대중이나 태양의 위치만으로는 정확한 향을 잡기 어렵다. 현장에서 나침판을 쓰면 정확히 향을 알 수 있다. 땅을 하려면 좋은 나침판 하나 정도는 가지고 있는 것이 좋다. 풍수지리를 하는 전문가들은 나침판 대신 나경패철(羅經佩鐵)을 가지고 다닌다.

■ 나경패철(羅經佩鐵)

(5) 축척자

지도상에서 또 지적도나 임야도의 진입로 등을 계산할 때에 축척자가 있으면 편리하다. 또 축척자를 이용하여 지적도상의 면적을 대강 계산해 볼 수도 있다. 축척자는 축적에 맞추어 ㎝와 ㎜로 눈금을 한 플라스틱 대자로서 축적을 겸하여 계산할 수 있는 것인데, 스웨덴제 수입품이 좋다. 이 자는 산악인의 독도법에도 유용하게 이용된다. 그러나 이것이 없으면 그냥 30㎝ 플라스틱 대자를 써도 상관이 없다.

(6) 디지털 카메라

현장사진을 찍어 전송하거나 보관하기 위해 사진기를 지참하는 것이 좋다. 특히 공동구입자나 친구, 가족과 상의해야 할 경우에는 현장사진을 여러 각도로 몇 카트 찍어서 가져가는 것이 좋다. 지방 땅은 생각보다 자주 갈 수 있는 것은 아니기 때문이다. 사진기는 디지털 카메라가 편리한데, 소형이라도 관계없다. 사진은 원경, 중경, 근경, 주위 토지 등을 찍는데. 토지는 반드시 진입도로를 포함하여 찍는 것이 좋다.

(7) 기타 준비물

기타 준비물은 각자가 알아서 준비하면 된다. 토지 프로들은 현장답사를 겸하여 수시로 임야를 오르기 때문에 카메라, 등산화와 등산 양말, 모자, 장갑, 등산스틱 등 간단한 등산장비를 항상 차 트렁크에 싣고 다닌다.

4. 토지 현장답사 요령

처음 땅을 사려는 분들이 공인중개사의 안내로 현장을 답사하게 되지만, 대개 같이 차를 타고 후다닥 현장에 도착하여 중개사의 일방적인 설명만 듣게 된다. 대개 보면 현장 가까운데서 내려 그저 주변을 한바퀴 둘러보고 경치나 감상(?)하다가 좋은 말만 듣고 돌아오게 된다. 그러나 구입희망자는 자기 나름대로 꼼꼼히 현장 가는 길과 현장주변 그리고 목적 토지를 잘 관찰해야 한다. 현장에서 보아야 할 것은 주로 도로와 주변 환경과 목적토지의 모양, 경계 등 자연적인 물리적인 현황이 될 것이다.

토지이용계획이나 소유주 관계, 담보관계 등 권리관계는 가기 전에 미리 토지대장, 토지이용계획확인서와 등기부등본 등 토지관련 서류를 보아 사전에 파악한다. 현장 답사 시에는 중점적으로 물리적인 현황과 진입도로, 주변환경을 점검, 파악해야 할 것이다. 현장에서 꼭 필요한 것은 지적도다. 지도와 함께 최소한 지적도를 지참하여 현장에서 목적토지의 위치, 도로 유무, 토지 모양과 경계선등을 확인하는 것이 좋다. 이 따끔 기껏 보고 갔다 온 이야기를 들어 보면 남의 땅을 보고 오는 웃지 못 할 일도 있다.

특히 임야는 산등성이나 울창한 수목 등으로 필지 간 경계가 모호해서 정확히 경계선을 그어 파악하기가 대단히 어렵다. 임야는 특히 주의해야 한다. 여기서 전원주택지로 쓸 농지(전답)를 사기 위하여 현장 방문 시에 점검해야할 사항을 전문가의 관점에서 본다.

1. 우선 목적 토지로 차를 타고 가면서 접근성을 파악한다.

현장을 갈 때에는 고속도로로 인터체인지나 국도 또는 지방도로에서 얼마나 들어가는지 혹은 면사무소에서 얼마나 더 가는지 알아야 한다. 접근성을 알려면 현장까지의 거리(Km)를 파악하고 또 소요시간도 재 보아야 한다. 가는 길이 포장도로인지 비포장도로

인지 폭이 몇 m 도로인지도 매우 중요하다. 전체적으로는 집에서 출발하여 대강 몇 시간 몇 분 정도 걸리는지도 계산해 보아야 한다. 물론 실제 소요시간은 계절별로 하루 시간대별로도 차이가 큰 것이 사실이다.

2. 현장에 가까워지면서 목적토지로의 진입도로를 점검한다.

목적지에 거의 다 오게 되면 차에서 내려 걸어서 목적토지까지 가면서 진입도로를 점검한다. 목적토지가 기존 도로에 접해 있는가? 그 도로는 폭이 얼마고 포장인가 아닌가? 또 그 도로는 지적도상에 나타난 지적도상 도로인가? 지적도에는 없는 현황도로인가 지적도상 도로라도 소유주가 국가나 지자체인 공로(公路)인가, 개인소유인 사도(私道)인가 하는 것도 매우 중요하다. 땅값은 물론 후에 건축허가의 필요조건이기 때문이다. 좋은 땅이지만 길이 없는 소위 맹지(盲地)는 진입도로와 통로로 쓸 수 있는 타인 소유의 땅에 별도 토지사용승락서를 받아야 농지전용과 건축허가가 가능하다. 토지사용승락은 사용료도 문제지만 승낙을 해 준 지주가 사망하거나 주인이 바뀌었을 때는, 피상속인이나 양수인으로부터 새로운 승락을 받아야하기 때문에 후일 복잡한 분쟁의 소지가 있다. 따라서 진입도로는 땅의 평가와 구입에 있어서 매우 중요하다고 할 수 있다.

3. 현장에 도착해 목적지 주변의 경치와 지반을 둘러본다.

사려는 땅이 풍수지리상 배산임수의 명당이면 좋겠지만, 그러지 않아도 너무 들판 가운데 있거나 산에 바짝 붙어 있거나 하는 것은 피한다. 땅은 자연스러운 모양과 위치가 가장 좋다. 거기에 멀리 산이나 강, 하천을 조망할 수 있다면 더욱 좋을 것이다. 하여튼 주변경치와 풍광은 각자 나름대로 취향이 다르니 일률적으로 좋다는 표준은 없다고 본다. 그저 그런대로 쓰는데 지장이 없고 투자가치가 있고 자기 마음에 들면 족한 것이다. 다만 주변경치가 좋고 마음에 꼭 드는 땅은 대개 비싸다. 그렇지만 그런 매물은 빨리 나가는 법이라, 마음에 들면 빨리 계약해 두는 것이 좋다.

4. 마을이나 지역의 특성과 분위기를 파악해 본다.

한번 가보면서 그 마을의 분위기를 파악한다는 것은 결코 쉽지 않다. 그러나 전원주택지 보는 경우에는 후일을 위해 꼭 짚고 넘어 가는 것이 좋다. 마을이 오래된 집성촌이라든가 마을 안에 골치 아픈 또라이가 있다든가 또는 과거에 집단타살 또는 자살의 쓰라린 역사가 있다든가 하는 어두운 면은 그 마을에 거주하기 전까지는 정말 알기 힘들다. 다만 가능하다면 후일 다시 한번 동네를 찾아와 동네 구멍가게 같은 곳에 한가하게 앉아서 마을 할머니에게 넌즈시 물어 보는 길밖엔 없을 것이다.

제6장 토지현장답사요령

5. 지적도를 들고 정확한 경계와 땅의 모양 등을 파악한다.

현장방문 시에 주의할 사항으로는 이 부분이 가장 중요한 하이라이트가 된다. 그러나 대부분의 답사자는 이 부분을 오히려 소홀히 하고 그저 주변의 경치에 취(?)해서 자칫 건상 넘어간다. 진입도로는 물론 땅의 위치와 경계와 모양 그리고 땅이 앉은 향은 대단히 중요하다. 내가 후일 집을 지을 때에 어떤 방향으로 집을 앉힐지를 머릿속으로 구상해 본다. 주택지로는 약간 높은 지역에 있는 직사각형의 남향땅이 가장 인기가 있다. 집을 지을 앞 전망이 산에 가리거나 골짜기 안에 깊숙이 들어 앉아 있거나 하면 안 좋을 것이다. 경계 옆에 비닐하우스가 있어도 별로 좋지 않을 것이다. 또 옆의 밭이나 산이 과거에 홍수피해나 토사, 붕궤, 함몰 등의 전력이 있거나 그럴 위험이 있어도 좋지 않을 것이다.

6. 주변 2Km 이내에 혐오시설이 있는지 알아본다.

농촌생활에 있어서 좋은 공기와 물은 전원생활을 하려는 이의 최종 목적이다. 그런데 주변에 공동묘지나 화장장, 또는 하수종말처리장이나 쓰레기매립장, 광산, 대규모 축사 등이 있으면 좋은 물을 얻을 수 없다. 공기나 분위기도 물론 안 좋아진다.
염색가공, 가죽, 목재가구공장등 공해공장이나 레미콘공장 등은 기피시설이다. 또 비행기 이동통로가 되어 소음이 심한 것도 안 좋다. 이런 것들은 대개가 산 뒤편이나 마을 구석 등 육안으로 잘 보이지 않는 거리에 있으므로, 50,000분의1 전국지도 등을 보고 미리 또는 다녀온 후에 도상 점검하면 좋다. 상세한 지도에는 이런 것들이 잘 표시되어 있다.

7. 전기와 전화를 쉽게 끌 수 있는지 점검한다.

전원주택 신축에 있어서 전기와 전화 그리고 물의 조달은 생활의 기본인 동시에 농지 전용과 건축허가의 필수 점검사항이다. 목적 토지가 마을 한 가운데에 있거나 또는 기존 마을에 인접해 있다면 이런 문제는 신경을 쓰지 않아도 된다. 기존 농가주택이 현존하거나 있던 자리도 마찬가지다. 사람들이 살았었기 때문이다. 그러나 마을에서 떨어져 있는 외진 개울가나 산속이라면 물을 새로 얻거나 전기 전화 등의 신규 인입비용도 대강 고려해 보아야 한다.

기존 전기가설 된 곳에서 200m까지의 전기 인입은 기본요금으로 해결되지만 그 이후 1m가 추가 될 때마다 44,000원과 부가세 4,400원을 포함해 48,400원의 비용을 건축주가 부담해야 한다. 전화도 400m까지는 기본요금으로 설치가 되지만 거리가 멀면 이후 40m마다 전주 1본에 56,200원에 부가세 5,620원을 추가해 건축주가 부담해야 한다. 예컨대 마을애서 1Km떨어진 곳의 전기가설비는 약 3천9백만원의 추가부담이 된다. 이렇듯 마을에서 너무 멀면 전기 및 전화가설비가 많이 들기 때문에 기존 마을에서 너무 떨어진 곳에 집을 지으면 결과적으로 경비가 많이 들 수 있으므로 주의해야 한다. 수도권의 한적한 전원주택지라면 도시가스 인입 여부를 확인해보는 것도 필요하다.

8. 식수를 어떻게 조달하는지 검토해 본다.

식수는 농촌에서도 기본적인 선결사항이다. 목적 토지 인근에 광역상수도나 간이상수도가 있는지, 만일 지하수를 새로 파야 하는 경우 지하수량은 풍부한지 가볍게 점검해 본다. 마을의 간이상수도조차 없는 산간의 외딴 농가는 펌프를 박아 지하수를 뽑아 식수로 사용하는데, 이 때 지하수맥을 찾지 못해 고생하는 경우도 많이 있다. 특히 주변이 많이 개발되어 있으면 물이 오염되거나 부족할 수 있다. 막상 집을 짓는데 식수 량이 부족하여 이웃간의 분쟁을 유발하는 경우도 있고 집을 지어놓고 도 물 때문에 낭패를 당하는 경우도 있다. 지하수가 풍부한지의 여부는 한국농촌공사(옛 농업기반공사) 현지 사무소나 지역주민들에게 문의를 하면 알 수 있다. 강원도 산간지역의 경우는 아직은 어디를 파나 지하수가 잘 나와 큰 문제는 없다. 오히려 물맛과 수질이 문제가 될 것이다. 하여튼 근처에 약수터가 있거나 좋은 산골 물이 있다면 금상첨화일 것이다.

제7장
토지경공매의 기초지식

1. 토지경매입찰 전에 필히 검토해야 할 사항

토지는 경매물건의 약 삼분의 일

부동산경매물건으로 나오는 것을 보면 크게 아파트 등 주택류와 상가류 그리고 토지류 및 공장 창고 등 특수물건으로 나누어 볼 수 있다. 토지로 볼 수 있는 것은 전 답 과수원 임야 대지 잡종지 축사(목장용지) 등 일반적인 지목을 가진 땅 뿐 아니라 도로 유지 구거 주차장 공장용지 등도 간혹 나온다. 농가주택과 전원주택도 토지로 볼 수 있다. 공장 창고 콘도 목욕탕 종교시설 등 주택 상가 토지를 제외한 물건 등은 자주 나오지 않는 것으로 특별한 용도를 가진 특수물건이라고 볼 수 있다.

토지는 경매물건의 30% 가까이 되고, 많은 입찰자들이 관심을 가지는 일반적인 부동산경매물건이다. 그러나 토지는 그러나 복잡한 토지공법규제에다가 유치권 법정지상권 등 어려운 토지사법이 얽혀 있어 리스크가 크기 때문에 경매초보자들은 토지에 관한 기본을 익히고 않고서는 혼자서 쉽사리 접근하기 어려운 측면이 있다. 아파트와 상가 입찰에 경험이 많은 아마추어들도 막상 전문가의 도움 없이는 정확한 토지권리분석을 하기 어려운 측면이 있다.

토지거래허가구역은 경매를 이용하라

그러나 토지경매는 토지거래허가구역 내 물건을 취득하고자 하는 경우에는 매우 큰 장점이 잇어서, 수도권 등지의 허가구역 내에서는 많이 이용되고 있다. 허가구역 내 농지 임야의 경우에는 각기 500㎡와 1,000㎡ 이상 규모의 땅을 구입하려면, 세대주와 전 가족이 당 시 군 구로 주민등록을 전입하고, 실거주를 해야 하며 영농 영림의 목적을 가진 실수요자만 구입허가를 받을 수 있다. 또 허가신청 시에는 구입자금의 조달계획서를 제출하고, 취득 후에는 일정기간 허가목적대로 이용하여야 할 의무가 있으며, 이 의무이용기간 중에는 전매도 금지된다. 예컨대 농지를 구입한 경우에는 허가일로부터 2년, 임야의 경우에는 3년간은 당초 허가받은 목적대로 이용할 의무가 있으며, 이 기간이 지나기 전에는 전매도 할 수 없는 것이다.

그런데 경매로 허가구역 내 농지 임야를 낙찰 받아 취득한 경우에는 이러한 자금조달계획서 제출의무나, 전매금지조치가 적용되지 않는 장점이 있다. 그래서 허가구역으로 지정된 서울 인천의 구(區)지역과 파주 양주 수원 화성 평택 등 경기도 대부분의 지역에서 농지 임야를 구입하려 하는 경우에는 주소를 이전하지 않아도 바로 농지 임야를 취득할 수 있는 강점이 있다. 구입 후 보유기간에 구애받지 않고 단기간 내라도 다시 처분할 수 있다는 것도 또 하나의 큰 장점이라고 할 수 있다.

토지경매에 자주 나오는 규제사항은?

경매로 나온 토지들의 물건명세서와 토지이용규제확인서 등에 가장 많고 흔하게 나오는 것들로는 단연 지분경매, 맹지와 농지취득자격증명 제출의무 등을 들 수 있다. 또한 유치권, 법정지상권과 분묘기지권 제시외물건 등 사법(私法)상 제약도 적지 않으며, 이들을 대표적인 경매의 함정이라고 부르기도 한다.

대상물건의 토지이용규제확인서 상에 나오는 공법(公法)상 규제로는 지목, 면적 지적도 임야도 등의 지적사항과, 자연녹지 농업진흥지역 및 보전산지 등의 농림지역, 계획 생산 보전관리지역 등 국토계획법 상의 용도지역이 있다. 특별한 목적의 공법상 규제와 개별법 상 용도지역으로 흔히 나오는 것은 토지거래허가구역, 군사시설보호구역 내의 통제보호구역과 제한보호구역, 개발제한구역(그린벨트), 상수원보호구역, 특별대책 1권역 및 2권역, 수변구역, 자연공원구역, 문화재보호구역, 완충녹지 등으로서 수도권지역에서 가장 많이 나온다.

이외에도 개별적으로 배출시설설치제한구역, 개발행위허가제한구역, 학교정화구역, 백두대간보호구역, 산지전용제한구역 등이 간혹 나온다. 이런 규제지역인 경우 그 규제 목적이 무엇이고, 내가 땅을 사용하려는 목적에 지장을 주는 것은 아닌지를 반드시 알아보아야 할 것이다.

지목과 관련된 검토사항

지목이 전(밭)으로 되어 있으나 현황은 마을 안 도로라던지, 지목은 임야이지만 토림

(토지임야)으로 되어 있는 등 법정지목과 현황지목이 다른 경우도 많이 나온다. 또 지적상 도로는 없으나 현황도로 혹은 관습상 도로가 있는 경우도 있고, 그 반대의 경우도 있다. 간혹 대상토지가 예정도로 접도구역 혹은 정비하천 하천구역에 맞물리는 경우에는 도로저촉 혹은 하천저촉으로 표시되기도 한다. 이런 경우에는 후일 수용과 보상이 진행될 것이므로, 미리 공사주체, 수용시기 및 수용예상면적을 확인해 두어야 할 것이다.

초지와 축사는 지목 상으로는 목장용지로 표기된다. 초지는 초지법에 의하여 초지조성허가를 받아 만든 낙농업용 풀밭이므로, 조성한지 25년이 지나지 않았으면 쉽사리 골프장이나 전원주택지 등 타용도로 전용되는 않는다는 것을 알아 두어야 할 것이다. 축사의 경우 종전에는 농지를 조성하여 축사로 지목변경을 하였으나, 2007년 이후에는 농지전용절차 없이 바로 농지 위에 축사를 신축할 수 있다.

규제가 변동되는 경우를 유의해야

경매물건설명에 나와 있는 공법상 규제는 때로는 입찰시의 현행규제와 일치하지 않는 경우도 가끔 있어 주의를 요한다. 군사시설보호구역 중 통제보호구역으로 지정되어 있던 땅이 제한보호구역으로 좋게 바뀐 경우가 간혹 있다. 요즈음 경기도 북부 연천 파주지역의 경매토지물건에 이런 예가 나온다. 이유는 이렇다.

종전에는 군사분계선으로부터 15km까지가 통제보호구역, 15km-25km까지가 제한보호구역이었으나, 2008년 9월 군사보호구역을 축소하여 10km-25km사이가 제한보호구역으로 바뀌었다. 이에 따라 군사분계선으로부터 10km-15km 사이에 있는 전방접경지역의 경우에는 경매감정서 상에는 통제보호구역으로 되어 있으나, 현행 토지이용규제확인서 상으로는 제한보호구역으로 되어 있을 수 있다. 토지감정평가 싯점이 2008년 9월 이전인 까닭이다. 이런 물건은 그만큼 저평가되어 있을 가능성이 높다.

또 관리지역의 세분화와 농림지역 재조정으로 인하여, 종전 농림지역이 관리지역 혹은 도시지역으로 바뀌어 있는 경우도 간혹 나온다. 토지거래허가구역으로 되어 있으나, 지금은 허가구역이 아닌 지역도 있다. 이런 것은 수도권의 강화도, 포천, 의정부, 안성, 안산 등 2009년 2월부터 허가구역에서 풀린 지역에서 나타난다.

규제완화의 시기에는 이런 상황이 반드시 있는 것이기 때문에 경매물건은 경매물건명세서만 볼 것이 아니라, 현행 토지이용규제확인서를 반드시 참고하여야 할 것이다.

꼼꼼한 토지현장답사는 필수
경매에 올라온 아파트나 상가의 입찰을 하기 전에는 반드시 현장답사를 하게 된다. 땅의 경우에도 마찬가지다. 그러나 땅의 경우 현장답사는 훨씬 볼 것이 많으며, 관련사항을 주의깊게 관찰하고 조사하여야 한다. 토지현장답사를 반드시 해야 하는 이유는 유치권이나 분묘의 존재 여부 확인, 법정지상권이 있는 물건의 현황을 보려는 것보다는 더 근본적인 이유가 있다. 우선 대상토지를 방문하고 돌아오는 길에서 도로현황과 교통상황 및 접근성을 살펴본다.

현장 가까이에서는 현황도로의 유무와 구거, 주변환경 등의 상태를 살펴본다. 현장에 도착해서는 땅의 모양과 방향, 이웃토지와의 경계, 지질, 이용현황, 지상물과 수목이나 경작현황을 살펴본다. 이상의 것을 종합하여 전체적으로는 땅의 장래와 전망을 감안한 그 지역과 입지를 현장에서 검토하고자 함이다. 특히 임야의 경우에는 경사도와 수목의 울창한 정도, 벼랑이나 바위산 등 악산인지 여부 등을 살펴보는 것이 매우 중요하다. 근처 개발임야를 둘러보고 연접개발제한에 걸릴 가능성이 있는지도 살펴볼 일이다.

입찰대상지역과 입지의 선정요령

입찰하기 전에 가장 고민하는 부분이 입찰대상물건의 선정이다. 입찰물건이 아무리 좋다 해도 우선 내가 가진 돈의 예산에 적합하여야 하고 내 능력에 맞아야 할 것이다. 다음으로는 입찰대상지역의 선정이다. 전국 곳곳의 법원관할 내 수많은 입찰대상물건 중에서 어떤 지역을 공략할 것인지가 최대 고민일 수 밖에 없다.

토지경매로 땅을 취득할 경우에 대상지역의 선정기준은 순수한 투자냐 아니면 실수요자로서 이용 혹은 개발할 물건을 찾느냐에 따라 다를 것이다. 입찰자의 개인적인 신념과 취향에 따라 다를 수도 있다. 그러나 어느 경우이던지 땅의 장래성을 기대하며, 먼 후일 땅값이 오르기를 기대하는 것은 공통적이라고 볼 수 있다. 그렇다면 장차 땅값이 오를 수 있는 땅이 좋은 땅의 공통적인 기준이라고 볼수 밖에 없다.

과연 투자하기 좋은 땅을 고르는 조건이란 무엇일까?
땅의 장래성을 보는 대체적인 기준은 우선 단기적으로는 현재 개발 중이거나 장차 개발될 가능성이 있는 지역이거나, 그 인접지역일 것이다. 철도나 도로, 지하철 등이 새로 개통되거나 확장되어 접근성이 좋아지고, 길을 따라 개발될 가능성이 있는 지역도 좋다. 장기적로는 그 지역의 인구가 지속적으로 증가하는 곳이 유망하며, 투자에 실패할 가능성이 적다. 또한 종전의 공법상 규제가 풀리거나 완화되는 지역의 땅도 유리하다. 규제가 풀리면 거래물량이 늘어나 장기적으로 좋은 물건들은 경쟁적으로 값이 오를 수 있기 때문이다. 그리고 이러한 조건은 중복되게 많을수록 좋을 것이다. 그리고 이 모든 조건에서 지역이란 현행 기초자치단체인 230개의 시 군 구라고 생각하면 된다. 정부정책과 통계 및 규제 등은 모두 이 지역을 기준으로 하고 있기 때문이다.

입찰대상지역이 정해졌다면 다음에는 그 지역 내에서의 구체적인 입지선정 작업에 들어갈 것이다. 구체적인 입지선정에서는 우선 지목과 용도지역 및 특별한 공법상 규제, 땅의 모양 및 향과 주변환경, 그 일대의 발전가능성, 진입도로의 유무, 적합한 개발용도, 지목 및 용도변경 등 토지리모델링의 가능성 등을 종합적으로 검토할 것이다.

토지경매 전에 토지에 대한 기초를 익혀야

위에서 토지경매입찰 전에 꼭 알아두고 검토하여야 할 사항들을 간략히 살펴보았다. 이처럼 땅에 대한 입찰은 그리 간단하지 않을 수도 있다는 것을 각오해야 한다. 특히 토지규제는 중첩적인 것으로, 한 필지의 토지에 여러 가지 규제가 있는 경우에는, 그 모든 제한내용에 저촉되지 않아야 한다는 사실이다.

예컨대 경기도 광주시의 곤지암 임야같이 자연보전권역, 상수원보호구역, 토지거래허가구역, 그린벨트, 산지관리법 등이 모두 중복되어 규제되는 경우에, 그 중 어느 하나의 관련법규에 걸린다 해도 개발이 불가능하다는 것을 유의하여야 할 것이다. 그러므로 토지경매입찰을 준비하는 입장이라면, 경매에 관한 절차나 초보이론에 머무르지 말고, 토지에 관한 폭넓은 기초지식을 갖추어야 할 것이다. 그런 다음에 토지에 관한 입지분석과 권리분석을 하면서 대상물건을 고른다면, 한결 자신있고 흥미로운 투자가 될 것으로 믿는다.

2. 법원경매의 장점과 단점

(1) 법원경매의 장점

매매가 아닌 법원 경매로 부동산을 낙찰 받아 소유권을 취득하는 경우 번잡한 절차와 경재에도 불구하고 다음과 같은 장점이 있다.

첫째, 매매에 비해 가격이 저렴하다.
최초 경매가격은 경매 시의 법원 감정가에서 출발하는데 감정시기가 6개원~10개월 이전의 기사를 기준으로 하므로 통상 시세보다 10%~20% 정도 낮은 가격으로 정해진다. 그리고 법원에 따라 차이는 있으나 1회 유찰시마다 20%~30% 감액되므로 보다 싸게 부동산을 취득할 수 있다.

둘째, 깨끗한 권리상태로 인수하므로 안전할 수 있다.

경매로 취득하는 경우 일반적으로 소멸기준권리보다 우선하는 권리를 제외하고는 모두 말소되므로 권리관계가 간편해진다. 또한 법원의 촉탁등기에 의해 이전되므로 사후 거래사고가 일어나지 않는다.

셋째, 토지거래허가구역의 부동산도 허가없이 취득 할 수 있다.

토지거래허가구역 내의 토지를 경매로 취득하는 경우에는 별도의 허가절차가 필요 없으므로 농지, 임야의 경우 부재지주인 도시인이 경매를 통해 허가구역의 토지를 취득할 수 있다.

넷째, 물건의 다양하며 물건정보가 명확하고 구체적이다.

경매의 경우에는 법원이 사전에 관련서류와 정보를 상세히 공시하므로 응찰자는 사전에 충분히 검토하여 선택할 수 있다. 물건의 종류도 전 지역에 걸쳐서 매우 다양하다. 여러 개의 물건을 선택적으로 비교하여 선택, 응찰 할 수 있다는 것이 커다란 장점이 된다. 누구의 도움없이 충분한 시간에 혼자서 입찰토지를 검토하고, 현장답사를 할 수 있다.

다섯째, 낙찰된 경우 낙찰대금(잔금 90%)을 통상 1개월 내에 일시에 납입해야 하므로 낙찰잔금에 대한 부담이 크다. 그러나 경매잔금대출이 있어 자기 돈은 10%~20%만 가지고도 물건을 확보할 수 있는 장점이 있다.

(2) 법원경매를 통한 토지취득의 단점

첫째, 경매로 나온 토지는 통상 거래하기에는 적합하지 않은 문제있는 물건인 경우가 많다. 토지의 입지 크기 모양 등이 용에 적합하지 않아 내가 원하는 투자물건을 고르려면 오랜 시간에 걸쳐 검색과 현장답사에 많은 노력을 들여야 한다.

둘째, 경매물건 소재지의 토지동향과 실제시세를 잘 알 수 없어, 감정가의 적정상과 입찰가 결정이 쉽지 않다.

세째, 경매물건은 복잡한 사권관계가 중첩되어 있으므로 철저한 권리분석이 필수적인데, 이는 매우 전문적인 분야가 된다. 혼자서 권리분석을 하기기 만만치 않아 남의 도움이 필요한 경우가 많다.

네째. 입찰경쟁률이 높은 경우 낙찰될 확률이 적어져, 자기가 희망하는 부동산을 반드시 취득할 수 있다는 보장이 없다. 여러번 입찰에 실패하다 보면 많은 시간 노력과 비용이 소모된다.

다섯째, 법원의 주도하에 법률에 따라 엄격한 절차와 일정에 따라 진행되므로 서류, 기간 금액 등을 준수 못해 실기할 위험이 크다. 주어진 간 내에 농지취득자격증명서를 발급 못 받는 경우 입찰보증금을 떼이는 수가 있어. 농지경매 시에는 특히 긴장해야 한다.

여섯째, 경매주택과 건물의 경우는 인도와 명도가 쉽지 않아 추가적인 비용부담과 인도가 지연될 수 있다.

3. 입찰 참여 시 분석해야 할 4가지 사항

경매에 입찰 참여하기 위하여는 통상 다음의 네 가지 분석을 통하여 타당성을 검토하고, 응찰가격을 결정해야 한다.

(1) 물건분석

우선 다음의 정보를 통하여 입찰 대상 물건을 찾아본다.
① 대법원 법원경매정보 (http://www.courtauction.go.kr)
② 신문의 법원 별 매각(입찰공고)
③ 자산관리공사의 공매경보 (http://www.onbid.co.kr)
④ 인터넷과 잡지의 유료정보 활용

법원의 매각물건 명세서 및 관련서류를 모두 입수하여 전체적인 물건현황을 파악한다. 이러한 서류들은 물건분석 뿐 아니라 권리분석 시에도 필수적인 자료가 된다.
관련 지도와 지적도를 참조하여 현장을 답사하고 매각물건 명세서와 차이가 있는지 변동사항이 있는지와 교통, 입지, 주위환경, 지형, 지질, 경계 등을 확인한다.
토지이용계획확인서에 의해 공법적 권리관계와 규제내용을 파악한 뒤에, 취득 시 농지취득자격증명의 필요 여부와 낙찰 후 개발 시 농지전용, 산지전용, 개발행위 허가, 건축허가 등이 가능한지를 검토한다.

(2) 권리분석

매각물건명세서 등에 의하여 말소기준권리와 소멸되는 권리, 인수되는 권리 등을 구분하여 표를 만든다. 임차인이나 점유자가 있는 경우 임차인의 명도 난이도를 점검한다. 다세대주택이나 다가구주택이 경우에는 각 임차인의 대항력 및 우선면제, 배당 등을 계산한다. 특수한 물건의 경우 특별한 권리관계의 유무 및 해결방안으로 점검한다. 특수한 물건이란 통상 경매에서 함정이라고 불리 우는 법정지상권, 유치권, 공유지분, 분묘기지권, 입목 등을 말한다. 잔금을 납부해도 소멸되지 않는 권리도 있다.

부동산 경매사건은 함정이라고 할 수 있는 선순위 지상권, 가처분, 가등기, 대항력 있는 임차인의 임차권등기는 낙찰 받아도 권리가 없어지지 않는다. 특히 토지 별도등기 있는 물건에서 대지지분은 말소권리보다 선순위로 설정된 권리들이 있다면 폐쇄등기부등본을 발급받아 권리분석을 다시 한번 해야 한다. 이러한 권리분석은 경매입찰의 타당성 분석에 있어 가장 중요한 것으로 공법과 사법의 전문지식과 경험을 필요로 하므로 전문가에게 의뢰하는 것이 좋다.

(3) 가격분석

물건분석과 권리분석이 끝나면 입찰가를 결정하는 가격분석 작업에 들어간다.
이때에 우선 입찰 설명서에 공고된 감정평가금액을 면밀히 검토한다. 그리고 감정평가금액을 맹신해서는 안 된다. 경매목적의 감정가격은 대체로 시세의 90%선에서 결정된다고 알려져 있지만, 실은 이보다 높은 경우도 꽤 있고, 반대로 시세보다 훨씬 낮게 감정되는 경우도 있다. 저당 목적의 감정이라면 보수적으로 감정하지만, 감정 목적이 경매인 경우는 감정가격이 시세거나 그 이상인 경우가 일반적이기 때문이다. 또 감정평가 시와 경매 시의 시점 차이로 인하여 평가가액의 변동이 많이 있을 수도 있다.

근래 토지나 아파트 부문에서는 공시가격의 현실화로 예전보다 많이 올랐다. 또 불황의 계속으로 공시가격이나 감정평가액이 거꾸로 시세보다 높을 수도 있음을 유의해야 한다. 또한 낙찰 이후의 명도비용과 잡비, 세금 등의 고려하여야 한다. 오랜 경험을 가진 이들은 이러한 가격분석을 잘 수행함으로서 좋은 값에 낙찰될 확률을 높이다. 적절한 응찰가격의 결정은 경매를 이용한 토지 투자의 승패를 가를 수도 있는 것이다.

(4) 절차분석

절차분석은 경매진행 중에 불시에 튀어 나올지도 모를 경매의 취하 취소, 절차의 중단, 우선매수청구권 행사 등을 예견하고 이에 대응하는 것이다. 채무자가 원금을 갚으려고 노력하거나 이자를 일부 갚은 후 법원에 경매진행을 늦춰 달라고 하거나 연기신청을 하는 경우, 세입자의 대위변제 행사 가능성과 공유자의 우선매수청구권 행사 가능성 등을 항상 예의 주시하여야 한다. 부동산 경매사건에 부동산 가격대비 채무금액이 적으면 경매진행 도중 경매가 취하되는 사례가 의외로 많다. 재개발 재건축지역 물건 중 감정평가액이 시세를 반영하지 못하는 경우도 취하될 가능성이 높다.

마음에 드는 물건을 많은 비용과 시간을 들여 조사하고 분석한 것이 도중에 취하되면 낭패다. 더욱이 낙찰 받은 다음에 취하신청이 들어오면 낙찰자는 별다른 도리 없이 취하신청에 응해야 한다. 공들여 낙찰 받은 것이 한 순간에 물거품이 된다.

제1순위 저당권 설정금액이 부동산 가격에 비해 현저히 낮을 때는 이해관계인에 의한 대위변제 가능성을 염두에 두고 권리분석을 해야 한다. 대위변제라 함은 이해관계인이 채무자를 대신하여 채무를 변제한 다음 그 채무만큼을 채권으로 가지는 것을 말한다. 병아리 투자자들이 빠지기 쉬운 함정으로 현재 현황만 보고 권리분석을 하면 안 된다. 제1순위 채권액이 적고 바로 다음 순서로 고액의 임차인이 있는 경우 자주 발생한다. 임차인은 등기부상의 얼마 안 되는 제1순위 채권을 변제해 버리고는 자신이 선순위가 되어 전세보증금을 모두 지키는 경우이다. 낙찰로 인해 손해 보는 사람들의 입장도 고려하면서 권리분석을 해야 한다.

4. 경매의 함정

경매로 부동산을 취득하는 것은 여러 가지 장점이 있지마는 동시에 많은 위험이 도사리고 있다. 경매 자체가 다수의 채권자와 채무자 간의 복잡한 채권관계가 얽혀있기 때문이다. 따라서 등기부 등본과 법원경매조서에 따라 정확한 권리분석을 해야 함은 물론 유치권이나 법정지상권 등 등기부로는 확인이 어려운 사실관계도 확인해야 한다. 더구나 경매를 주도적으로 진행하는 것은 법은 집행하는 경매법원이기 때문에 그 절차는 민사집행법 관련 법령과 규칙 등에 의해 엄격하게 진행된다. 따라서 각종 기일을 정확히 지켜야하고 제출서류 등은 정확히 기재하고 금액도 착오가 없어야 한다. 뿐더러 임찰 금액을 결정할 때 주변시세를 잘 파악해야 하는데 시세파악이 잘되고 경쟁 분위기에 휩쓸리게 되는 경우 자칫 비싸게 사는 낭패를 당하게 된다.

이와 같이 경매는 일반적인 매매와 비교하여 권리분석이나 절차에 있어서 다소 전문적인 분야라고 할 수 있다. 따라서 도처에서 닥칠 수 있고 또 묵과하기 쉬운 함정들을 잘 헤쳐 나가야 경매물건을 안전하고 값싸게 내 손에 넣을 수 있다. 이러한 경매의 함정들은 헤쳐 나가려면 민법, 주택임대차보호법 등 사법관계에 관한 실체법과 민사집행법, 민사소송법, 부동산등기법과 같은 절차법에 대한 깊은 이해가 필요하다. 그 뿐 아니라 이러한 법들의 운용에 관한 판례와 예규, 고시 등에 관한 사례들도 중요하다. 그리고 토지의 규제와 이용에 관한 토지공법에 관한 기본이론도 충분히 알고 있어야 함은 당연하다. 기초적인 토지관련 공법으로는 국토계획법, 지적법, 농지법, 산지관리법 등을 들 수 있을 것이다. 그리고 경매의 함정을 피하려면 경매전문가의 도움을 받는 것이 가장 좋은 방법이라고 여겨진다. 다음에 실무상 크게 문제되는 경매의 함정과 유의할 사항들을 간략히 살펴본다.

(1) 유치권이 있는지 여부

건물을 완공한 시공업자로부터 공사대금을 받지 못한 하청업체 대표가 그 건물에서 미지급공사비 지급을 요구하며 천막을 치고 농성을 하고 있다. 이런 경우 그 하청업체 대표가 할 수 있는 방법은 두 가지가 있다. 하나는 공사대금 청구소송을 하는 것이고, 다른 하나는 자기가 공사한 그 건물에 유치권을 행사 하는 것이다.

유치권은 소송을 하여 돈을 받아 낼 수 있는 권리는 아니다. 유치권은 자기가 채권을 가진 목적물을 사실상 점유함으로서 새로이 입주, 사용하려는 건물소유자(채무자)로부터 돈을 주도록 강요하는 것이다. 유치권은 시계수리비 등 동산에도 적용되며, 건물과 같은 부동산에도 인정된다. 유치권은 그저 인도를 거절 할 수 있는 기능이 아니고 당당히 제3자에게도 주장할 수 있는 권리이며 물권이다. 또 따로 약정을 해서 생기는 것이 아니라 대상물건에 일정한 조건을 갖추면 당연히 성립하는 권리이다. 그것도 민법상 엄연히 인정되는 담보물권이며, 민사집행법에서도 인정되는 권리이다. 그러나 유치권은 물건을 사실상 점유하고 있는 자에게 인정되는 것이므로 등기로는 공시되지 않는다. 다만 경매개시 전에 유치권을 신고하도록 하며 경매물건명세서에 유치권 신고사실을 기재함에 그칠 뿐이다. 그리고 유치권에 의하여 부담되는 금액에 대한 명세도 없다. 그래서 유치권이 성립되어 있다고 신고된 물건, 또는 성립될 가능성이 있는 경매물건은 위험하다고 기피대상이 되거나 낙찰금액이 낮을 수 있다.

유치권이 있는 물건은 대개가 미납 공사대금에서 발생한다. 따라서 목적 건물을 수시로 방문하고 현장을 답사하여 경매물건의 점유자들과 그 채권액이며 유치권 성립 여부 등을 확인해 보는 수밖에 없다. 그래서 입찰 전에는 경매물건의 유치권으로 추후 지급하여야할 금액을 추산하여 입찰가액에 포함시켜야 한다. 그러나 낙찰 및 경락결정허가 후에 유치권의 존재를 비로소 알게 된 때에는 그대로 감수하든지 또는 채무자에 감액청구나 손해배상 청구를 할 수 있을 뿐이다. 유치권은 주로 공장이나 상가경매에서 볼 수 있는데 법적으로 그 성립여부가 허위권리인 경우도 많다. 신고자가 저가에 낙찰받을 목적으로 허위유치권을 시위하거나 또는 경매를 고의로 지연시킬 목적으로 행사하는 경우도 있다. 하여튼 유치권에 관하여는 입찰 시부터 주의깊게 살펴보아야 할 함정이라고 할 수 있다.

(2) 법정지상권의 성립 여부

일반인들이 경매에 참가할 때 가장 꺼림직 하게 생각하며 두려움을 갖는 것이 법정지상권과 유치권이다. 둘 다 등기부에 의해서 분명히 공시되는 것이 아니고 사실관계와 현황을 잘 들여다보아야 하기 때문에 더욱 어렵다. 거기에 법정지상권은 어려운 법률이론과 판례가 많아 더욱 이해하기 힘든 부분이라고 말 할 수 있다.

법정지상권의 성립요건
- 저당권 설정 당시에 토지 위에 건물이 존재하고 있어야 한다.(건물의 등기여부는 상관이 없음)
- 토지, 건물 중 최소한 한쪽에 저당권 설정이 되어 있어야 한다.
- 저당권 설정 당시에 토지와 건물의 소유자가 동일인이어야 한다.
- 경매로 인하여 토지, 건물의 소유자가 각각 달라져야 한다.

법정지상권은 저당권설정 당시 동일인의 소유에 속하던 토지와 건물이 경매로 인하여 토지와 건물의 소유자가 다르게 된 때에 건물소유자의 건물철거로 인한 사회경제적 손실을 막기 위해 건물소유자가 철거하지 않고 계속 건물을 유지할 수 있도록 민법상 인정되는 권리이다. 토지에 저당권이 설정될 당시 그 지상에 건물이 토지 소유자에 의하여 건축 중이었고, 건물의 규모. 종류가 사회관념상 독립된 건물로 볼 수 있을 때까지 건축이 지정되어 있는 경우에는 저당권자는 완성될 건물을 예상할 수 있으므로 법정지상권을 인정하여도 불측의 손해를 입는 것이 아니며, 사회 경제적으로도 건물을 유지할 필요가 인정되기 때문에 법정지상권의 성립을 인정하는 것이다.

법정지상권의 성립여부
흔히 다루어지는 문제는 저당권 설정당시 지어진 건물이 어느 정도이어야 법정지상권이 인정되는가이다. 대법원 판례에 따르면 다음과 같은 경우에는 법정지상권이 인정된다.

① 완성된 건물
② 외형상 독립건물로 인정될 수 있는 경우
③ 건물의 기본적인 구조(벽. 기둥. 지붕)를 갖춘 경우

④ 등기가 안 된 미등기 건물
⑤ 무허가 건물
⑥ 저당권 설정 후 지상건물을 철거하고 새로 지은 경우(개축 전 건물을 표준)
⑦ 낙찰 전에 건물이 제3자에게 양도된 경우
⑧ 저당 당시 건물을 헐고 제3조 새로 지은 경우
  (구 건물을 기준으로 하며 이용은 일반적으로 필요범위 내)
⑨ 구 건물과 새 건물 사이에 동일성이 없는 경우
⑩ 법정 지상권의 성립 배제 특약이 있는 경우
⑪ 법정 지상권 성립 후에 건물이 양도된 겨우

반면 다음과 같은 경우에는 법정지상권이 성립하지 않는다.
① 비닐하우스(그러나 하우스 내의 상태 점검 필요)
② 건물을 짓기 위해 터파기 공사를 마친 후 토사붕궤를 막기 위해 H-beam 철골구조만을 설치한 경우
③ 저당권 설정 후 건물은 신축한 경우
④ 저당권 설정 시에 토지와 건물의 소유자가 다른 겨우
⑤ 건물을 철거하기로 협의를 한 경우(관습법상의 법정지상권)

법정지상권 유의사항
 토지와 건물 중 일부만 경매신청 되는 부동산에 입찰할 경우에는 사설 경매정보지나 법원의 매각물건명세서 및 경매조서로서 법정지상권의 성립여부를 반드시 확인해야 한다. 통상 집합건물(아파트 등)이 아닌 토지와 건물 중 일부만 경매신청 되었을 경우에는 법정지상권의 성립 가능성이 있으므로, 철저한 조사 후에 입찰을 결정하여야 한다.

 경매정보지나 경매주서에 법정지상권리 성립하는 경우에는 '법정지상권 성립(여부)가능성 있음"으로서 표기된다. '법정지상권의 성립여부(가능성)있음'이란 법정지상권이 성립할 수도 있고, 그렇지 않을 수도 있다는 것을 의미한다. 따라서 이런 경우 현장과 서류 등을 철저히 조사한 후, 실질적인 법정지상권이 성립하는 부동산이라면 입찰을 피하는 것이 좋다. 그러나 법정지상권 성립여부의 가능성만 있고 실제로는 성립하지는 않는다면 부담없는 토지로서 큰 수익을 얻을 수 있는 부동산이므로 입찰에 적극적으로 참여하여야 할 것이다. 일반인들은 '법정지상권 성립여부 있음'이라는 말만으로 권리의 실체 여부와는 상관없이 입찰은 포기하는 경우가 대부분이므로 이런 부동산은 낮은 가격으로 부동산의 매수할 수 있게 된다.

(3) 공유물의 경매 취득

제8권 제37장 지분경매 참조

(4) 제시 외 물건

경매물건명세서에 경매대상물건과 함께 제시 외 물건으로 표시되는 부동산(건물)이 있을 경우는 다음과 같이 몇 가지 경우가 있다.

첫째 소유자가 건축하여 소유하는 것으로서 독립한 건물이 아니고 근저당의 목적이 된 주택 및 부속건물에 연이어 설치한 것으로서 본 건물에 부속된 건물의 일부에 불과하다면 낙찰자는 제시 외 건물까지 포함하여 소유권 취득을 하게 된다.

둘째 제시 외 건물이 근저당권이 설정된 건물과는 별개로 독립된 건물이라면 낙찰자는 제시 외 건물에 대한 소유권을 취득하지 못한다.

셋째 등기부에 등재되지 않은 제시 외 물건이 있을 경우에는 소유자가 건축하여 소유하는 것으로 판명되어 경매신청인이 대위에 의한 보존등기를 하여 일괄경매를 한다면 함께 경매가 진행된다. 그러나 그렇지 않고 제시 외 물건이 경매 상 부동산의 부합물이나 종물이 명백하지 않은 한 입찰 대상물건에 포함시켜서는 안 된다. 즉 제시 외 건물은 미등기 부합물에 한하는 것이다.

(5) 인도명령과 명도소송

경매로 취득하는 토지에 있어서는 명도의 문제가 없으나 주택의 경우에는 명도의 문제가 매우 중요하다. 구 민사소송법에서는 낙찰자는 대항력이 없는 임차인들에게까지도 명도소송을 통하여서만 주택을 명도 받을 수 있었다. 그러나 새로운 민사집행법에서는 낙찰인에게 대항할 수 없는 임차인은 물론 대항할 수 있는 모든 임차인에 대하여서까지 인도명령대상자를 확대하여 훨씬 간편한 방법으로 부동산을 명도 받을 수 있게 하였다. 명도소송은 정식소송으로서 소제기에서 1차 심리까지 빨라도 3개월 이상 소요된다. 이에 비해 인도명령의 경우는 판결문의 받을 때까지 통상 2주일이면 되어 명도소송에 비해 훨씬 간편하며 비용 또한 저렴하다.

법원은 매수인이 대금을 낸 뒤 6월 이내에 인도명령을 신청하면 채무자, 소유자, 부동산 점유자에 대하여 부동산을 매수인에게 인도하도록 명할 수 있다. 인도명령을 신청할 수 있는 사람은 매수인과 매수인의 상속인 등에 한하며, 매수인 명의로 소유권 이전등기가 되었음을 요하지 않는다. 다만 매수인이 타인에게 부동산을 양도한 경우 인도명령 신청권을 잃지는 않지만 일단 당해 부동산을 인도받은 후에는 더 이상 신청할 수 없다.

5. 자산관리공사의 공매

(1) 공매의 종류

자산관리공사 공매의 대상에는 크게 다섯 가지가 있다.
① 압류자산
세금을 내지 못하여 국가기관 등이 국세징수법 등에 따라 체납지의 재산을 압류한 후 체납세금을 받기 위해 한국자산관리공사에 매각을 의뢰한 부동산.
② 국유재산
한국자산관리공사가 국가 소유 잡종재산의 관리와 처분을 위임받아 입찰의 방법으로 일반인에게 임대 또는 매각하는 부동산
③ 수탁재산
금융기관 및 기업체가 소유하고 있는 비업무용 부동산으로서 한국자신관리공사에 매각을 위임하여 일반인에게 매각하는 부동산
④ 유입자산
금융기관의 구조개선을 위해 한국자산관리공사가 법원경매를 통해 취득한 재산 및 부실징후 기업체를 지원하기 위하여 기업체로부터 취득한 재산을 일반인에게 다시 매각하는 부동산
⑤ 인수자산
금융기관 구조조정 과정에서 정리된 다섯 개 정리은행의 보유재산을 한국자산관리공사가 취득하여 일반인에게 다시 매각하는 부동산

(2) 한국자산관리공사 공매의 장점(압류재산 제외)

① 안전하다.
유입재산, 수탁재산인 경우 이미 법원의 경매과정에서 모든 권리가 말소되고 소유권이 이전되었다. 때문에 권리의 하자가 전혀 없다. 그러나 행정상의 규제, 공부와의 차이점과 현황 등은 본인이 조사해야 한다.
② 명도책임을 한국자산관리공사에서 담당한다.
유입자산, 수탁재산인 경우 세입자의 문제나 부동산을 넘겨주는 책임은 대게 한국자산관리공사에서 진다. 주의할 것은 압류재산인 경우 명도는 매수자 책임이다.
③ 할부로 구입할 수 있다
유입자산인 경우는 매매금액에 따라 1개월에서 최장 5년 기간 내 6개월 균등분할로

구입할 수 있고, 계약체결 후 1회에 한하여 계약연장도 가능하다. 수탁재산인 경우는 위임기관에 따라 1개월에서 5년까지 분할로 구입할 수 있다.

④ 매매대금을 전액 납부하지 않아도 소유권이전이 가능하다

유입자산인 경우는 계약체결 후 매매대금의 1/2 이상을 납부하고 근저당권을 설정하는 조건으로 소유권이전을 요청하거나 매매대금에 상응하는 은행지급보증서 등 납부보장책을 제출하면 소유권 이전이 가능하다. 수탁재산인 경우는 계약체결 후 금융기관의 지급보증서 예금, 적금증서, 국.공채나 금융채를 제출하면 매매대금 완납전이라도 소유권 이전이 가능하다.

⑤ 매매대금 완납 전이라도 입주하여 사용할 수 있다

매매대금의 1/3 이상을 선납하는 경우에는 소유권 이전 전이라도 입주 사용이 가능하다 (공장인 경우에는 물건에 따라 조건이 다를 수 있다).

⑥ 자금사정이 어려우면 중도에 구입자 명의를 변경할 수 있다

할부로 부동산을 구입하여 매매대금을 계속 납부할 수 없는 경우에는 제3자가 계약을 이어 받아 이행할 수 있도록 명의를 변경할 수 있다.

⑦ 매매대금을 선납하면 이자에 대해 감면 혜택을 받는다

6. 경매와 공매의 차이점

첫째, 입찰 방식이 다르다.

경매는 법원에 직접 나가는 현장입찰이 원칙이다. 정해진 날짜에 제한된 시간에 입찰을 실시하여 장소와 시간의 제약을 받는다는게 단점이다. 공매는 전자자산처분시스템인 온비드(www.onbid.co.kr)를 이용한 인터넷입찰만 가능하다. 때문에 장소나 시간제한을 받는 사람들에게 유용하다.

둘째, 권리분석의 책임소재

경매는 까다로운 권리분석을 낙찰자가 직접해야 하지만, 공매는 압류물건을 제외하면 캠코가 권리분석을 책임진다. 다만 압류부동산의 경우는 경매와 마찬가지로 낙찰자가 철저하게 조사해야 한다.

셋째, 항고의 여부

경매는 이해관계자가 낙찰대금 중 10%를 공탁하면 매각결과에 대해 항고할 수 있다. 낙찰될 때마다 가격이 떨어지는 비율(저감률)을 법원이 자율적으로 정할 수 있고, 1회차부터 2~30%씩 떨어지는 것이 일반적이다. 공매는 이해관계자가 매각결과에 대해 항고하는 것이 불가능하다. 저감율(低減率)은 1회차부터 10%를 떨어뜨리며 최초공매가

대비 절반(50%) 아래로는 값을 내릴수 없도록 했다.

넷째, 대금납부 방법의 차이

경매는 보통 낙찰허가 결정 후 30~45일 내에 일시불로 납부하는 방식이다. 이때 대금을 미리 낸다 해도 기간에 따른 이자감면 혜택을 받을 수 없다. 공매는 입찰보증금은 10%이며 낙찰자는 '매각결정통지서'를 다음날 교부받으며, 매수대금 납부기한은 1,000만원 미만 금액은 매각 결정일부터 7일 이내, 1,000만원이상 금액은 60일 이내다. 공매로 입금된 대금은 국가나 지방자치단체에 귀속된다. 계약이행중 대금을 선납하면 이자도 감면받을 수 있고 납입대금이 천만원이 넘을 경우는 1개월부터 최대 5년간 분할납부도 가능하다는 장점이 있다.

다섯째, 매수자 명의변경에서 차이

경매는 매수자 명의변경이 불가능하므로 대금납부가 어렵다면 포기해야 한다. 이처럼 취소가 가능한 대신 보증금을 되찾을 수 없다. 만일 잔금을 납부하지 못해 몰수당한 보증금이 생기면 그것은 채권자에게 돌아간다. 경매로 입금된 대금은 배당금에 포함되기 때문이다. 공매는 매수자가 납부할 능력이 되지 않을 경우 제3자로의 명의변경이 가능하다. 대신 공매는 낙찰후 매각허가결정서를 받으면 아무리 잔금을 내기 전이라도 공매의 취소가 불가능하기 때문이다.

여섯째, 낙찰 부동산의 점유가능시기의 차이

경매는 대금을 모두 납부하기 전엔 경매 물건을 점유할 수 없다. 반면 공매는 매매대금의 1/3 이상을 선납하는 경우에는 소유권 이전 전이라도 입주 사용이 가능하다(공장인 경우에는 물건에 따라 조건이 다를 수 있다). 경매는 투자자가 자신의 돈을 모두 내야 소유권을 이번받기 때문에 개발 등을 목적으로 할 경우, 자금면에서는 공매가 다소 유리하다.

일곱째, 재입찰 여부

경매의 경우는 낙찰자가 낙찰을 받고도 잔금을 내지 않았을 때 같은 물건에 재입찰하는 것이 불가능하다. 그리고 경매는 입찰계약서에 금액을 잘못 기재할 경우 정정이 불가능하다. 하지만 공매는 여러 차례 입찰할 수 있다. 따라서 경쟁자가 없는데도 터무니없이 비싼 가격에 낙찰받을 우려가 발생할 때는 가격을 정정하여 다시 입찰할 수 있다.

여덟째, 명도방법이 다르다.

경매는 인도명령신청제도가 있어 명도가 쉬운 반면, 공매는 인도명령신청제도가 없어 명도소송 후 판결문이 있어야 강제집행신청이 된다. 인도명령이란 전 소유자나 채무자 등이 점유 부동산을 제때 비워주지 않을 경우 법원에 인도명령을 신청하면 법원에서 강제집행을 통해 2~3주 내에 부동산을 인도받을 수 있는 제도이다. 따라서 공매는 명도합의가 순조롭지 못할 경우 명도소송을 해야 하므로 낙찰 이후 명도까지의 시간이 오래 걸리기 쉽다.

법원경매와 공매의 차이점

구 분	경 매(법원)	공 매(한국자산관리공사)
법률적 성격	개인간 채권·채무를 국가 공권력이 개입, 정리(민사집행법)	공법상의 행정처분(국세징수법)
매각예정가격 저감	통상적으로 전차가격의 20%씩 저감	-1차공매 예정가격의 50% 한도에서 매회 1차공매예정 가격의 10%씩 저감 -50% 이하 저감시는 위임관서와 협의후 새로운 매각예정가격 결정
명도책임	매수자	매수자
농지취득자격 증명 제출시기	낙찰허가 결정 전 (미제출시 낙찰불허)	한국자산관리공사에 소유권이전등기 촉탁 신청시
대금납부 기한	낙찰허가결정 후 1개월 이내	매각결정일로부터 *1천만원 미만: 7일 이내 *1천만원 이상: 60일 이내
잔대금 불납시 입찰보증금 처리	배당할 금액에 포함	국고 지방자치단체 금고에 귀속
대금불납전낙찰자 매수자격 제한	배당할 금액에 포함	국고 지방자치단체 금고에 귀속
저당권부채권의 상계	상계가능	상계불허

제2부

땅 보는 눈 높이고
좋은 땅 고르는 비법

제8장 땅 보는 요령과 체크리스트

제9장 입지분석은 토지투자의 출발점

제10장 진입도로 없는 땅은 투자기피물건

제11장 지목과 용도지역

제12장 특별법에 의한 개발규제 사례

제13장 토지취득과 양도가 제한되는 경우

제14장 개발가능성과 사업타당성 검토 방법

제15장 땅값을 파악하는 요령

제16장 개발비용 세금 부담금

제17장 땅의 미래가치와 전망을 짚어라

제8장
땅 보는 요령과 체크 리스트

공통적인 토지 분석 순서

[1단계] 토지서류
- 지적공부
- 토지등기부
- 건축물대장

[2단계] 현장답사
- 출발하기 전 도상 훈련
- 토지현장답사요령

[3단계] 보이지 않는 규제 함정과 전망을 찾는다
- 인터넷 활용
- 탐문조사 및 관공사 방문

♠ 땅을 검토하는 순서와 요령

[제1단계] 지번으로 인터넷 지도 검색
　● 지도 검색 : 종이지도, 인터넷 지도, 위성도, 지적도, 임야도
[제2단계] 지적공부 검토
　● 서류 검토 ; 지적도, 토지대장, 토지이용규제확인서, 등기부
　(1) 토지이용규제확인서
　(2) 토지대장
　(3) 토지등기부
[제3단계] 현장답사
　● 현장답사 : 접근성, 땅의 모양, 주변환경, 진입도로, 기피시설
[제4단계] 땅값 거래현황 및 장래성 조사
[제5단계] 개발가능성 개발비용 및 사업타당성 검토

2. 땅, 무엇을 볼 것인가?

♠ 땅 보는 눈 높이는 요령

(1) 입지 접근성 및 주변환경 조사
　● 입지 : 지역 특성, 도로, 접근성, 주변환경, 고도, 풍수지리
　● 땅의 현황 ; 모양, 향, 면적, 사용현황, 지반, 지상물, 입목, 경사도
(2) 진입도로 검토
　● 진입도로 ; 지적상 도로, 현황도로, 폭, 포장 여부, 지목, 소유자, 사용자
(3) 공법규제와 사법적 권리제한 분석
　● 규제 파악 ; 지목, 용도지역, 개별법 규제, 지침, 조례
(4) 개발가능성 검토와 개발비용 산출
　● 개발가능성 ; 지목, 용도규제, 특별법 상 용도지역, 입지, 진입도로, 조례
　● 개발 및 투자비용 ; 취득세, 양도세, 부담금, 매립비용, 도로확보 비용
(5) 땅값의 적정성과 땅의 장래성 프로젝션
　● 땅값 ; 개별공시지가, 시가
　● 땅의 전망 ; 개발가능성, 도로개통 가능성, 철도계획, 장단기도시계획, 지역발전 및 개발계획, 투자유치계획, 관공서 대기업 및 대학 이전계획

3. 토지 구입시 점검사항

토지 구입에 있어서도 공통적으로 참고할 수 있는 중요한 점검사항을 소개하면 다음과 같다.

(1) 땅의 입지를 본다.
   가. 접근성
   나. 교통편과 소요시간
   다. 주변환경
(2) 땅의 물리적 현황을 파악한다.
   가. 땅의 모양
   나. 땅이 앉은 방향
   다. 땅의 지질, 경사도, 수목
   라. 땅의 이용현황
(3) 진입도로를 확인한다.
   가. 지적상 도로의 유무
   나. 현황도로의 유무
   다. 맹지인 경우 맹지탈출 대책
(4) 땅의 소유 및 담보 등 권리제한 현황을 검토한다
   가. 토지소유자
   나. 토지임차인
   다. 토지담보현황
   라. 지상권 지역권 저당권 유무
   마. 압류, 가압류, 가처분 여부, 소송 중(구 예고등기) 여부
(5) 땅 이용의 법률적 규제를 검토한다
   가. 법정지목과 현황지목
   나. 국토계획법 상 용도지역
   다. 특별법 개별법 상 용도지역 규제
   라. 그린벨트와 토지거래허가구역 토지의 활용 검토
(6) 구입 매각 개발 시 세금과 부담금을 알아본다
   가. 구입 시 취등록세
   나. 매각 시 양도소득세, 부재지주 등
   다. 개발 시 개발부담금, 농지보전부담금, 대체산림자원조성비, 산지복구비 등
   라. 환경영향평가, 문화재발굴조사
(7) 땅값의 적정성을 조사한다

(8) 땅의 장래를 예측해 본다

4. 토지취득 시 유용한 땅 보는 눈 높이는 10가지 체크리스트

(1) 땅에 대한 목적을 분명히 한다
 땅을 취득하려는 목적이 투자/중개/컨설팅/개발/경매 중 어느 것인가를 분명히 한다. 땅을 보는 눈은 목적에 따라 달라진다.
(2) 목적에 적합한 땅인지 입지(立地)를 본다.
 가. 행정구역, 위치, 접근성과 소요시간
 나. 각종 교통편과 도로폭, 포장 등 도로 사정
 다. 주변환경(자연환경, 경치, 개발정도, 기피시설, 풍수지리)
(3) 대상지의 자연현황을 파악한다.
 가. 땅의 모양과 땅이 앉은 방향(산, 도로, 하천, 호수)
 나. 땅의 지질, 수목(입목축적, 수목의 종류, 소유권), 경사도, 고도, 구거
 다. 땅의 이용현황과 지상물(농작물, 과수, 입목, 묘지, 무허가건물)
(4) 건축허가가 가능한 진입도로를 확인한다.
 가. 지적상 도로의 유무(지목,폭,종류,포장,소유자,도로저촉,**완충녹지,접도구역**)
 나. 현황도로의 유무(지목, 폭, 포장, 용도, 소유자, 통행지역권 유무)
 다. 맹지인 경우 맹지탈출 대책
(5) 대상지를 목적에 맞게 개발할 수 있는지 공법적 규제를 검토한다(공법)
 가. 법정지목과 현황지목(지적불부합지) : 임야, 구거, 유지, 도로, 목장용지
 나. 국토계획법 상 용도지역: 자연녹지지역,계획관리지역등, 용도지역 변경
 다. 특별법 개별법 상 각종 용도지역 규제(중복규제)
 라. 조례 검토(경사도, 비오톱1등급 토지, 토지분할 제한, 관습상도로 등)
 마. 지목변경, 용도변경, 그린벨트와 토지거래허가구역 토지의 활용 검토
(6) 땅의 소유 임차 및 담보 등 권리제한 현황을 분석한다(사법)
 가. 토지소유자(주소지, 공유, 상속 여부, 종중, 법인 등)
 나. 토지임차인(농지임차인, 입목저당권, 조림계약, 불법점유자)
 다. 토지담보현황(저당권), 지상권(법정지상권) 분묘기지권 지역권 유무
 라. 가등기, 압류, 가압류, 가처분 여부, 소송 중(구 예고등기), 경매진행 여부
(7) 대상토지에 목적사업의 개발가능성과 개발행위 인허가 가능성, 사업타당성 검토
(8) 땅값의 적정성을 조사 평가한다(시세, 실거래가, 공시지가, 경매, 보상, 담보...)
(9) 구입 매각 개발 시 세금과 부담금 비용을 알아본다(비용)
 가. 구입 검토 시 취 등록세, 측량 설계 인허가 비용 등

나. 매각 시 양도소득세, 비사업용토지, 부재지주 등
　　다. 개발 시 개발부담금, 농지보전부담금, 대체산림자원조성비, 산지복구비 등
　　라. 대규모 개발 시 환경영향평가, 문화재발굴조사 해당 여부
(10) 땅의 장래를 예측해 본다(도시장기계획,도로개설계획,신도시/대규모 개발계획..)

5. 땅 보는 5가지 핵심 요령

- 장래성 있는 지역을 선정하라[지역]
- 입지검토는 서류와 현장답사로[입지]
- 도로는 접근성과 개발가능성을 좌우한다[도로]
- 모든 토지는 공법규제에 둘러싸여 있다[규제]
- 땅의 활용도와 미래가치가 땅값을 결정한다[전망]

(1) 땅의 기초 – 입지 규제 전망

땅을 보는 기초적이고 기본적인 세가지 요소로는 입지 규제와 전망을 들 수 있다.

① 토지는 지역과 입지가 가장 중요하다.

　상가투자에 있어서는 일반적으로 지역과 입지를 가장 중요시한다. 전자가 상권분석이고 후자가 입지선정이다. 상권분석이란 상가가 위치하는 일단의 지역을 말하는 것으로 역세권, 배후단지, 입주업종, 주 통행인구 등이 그 분석대상이 된다. 이에 대하여 입지분석이란 그 상권 내에서 점포가 소재하는 개별위치를 기준으로 분석해 나가는 방법이다. 점포의 접근성과 가시성을 중심으로 하여 점포가 앉은 위치, 도로와의 관계, 일일 시간대별 점포 앞 통행인구, 목표가 되는 유동 잠재고객층의 수 등이 입지를 검토 하는 재료가 된다. 그러나 통상 토지의 입지론에 있어서는 토지의 지역과 입지를 구별하지 않고 혼용하여 쓴다. 그러나 토지에도 같은 개념으로 지역과 입지를 구분해 보자.

　지역은 넓게는 특별시, 광역시, 도가 되고 좁게는 읍, 면, 동, 리 단위가 될 것이다. 그러나 통상적으로는 법상 자치단체인 행정구역상의 시, 군, 구 단위를 기준으로 한다. 많은 공법규제는 이 행정구역을 단위로 한다. 통계와 자료정보도 시, 군, 구 기준으로 작성되고 있다. 개발정보나, 도로개설, 접근성, 인구변동 등은 당연히 지역과 밀접한 관련이 있는 것이다.

다음에 입지란 내가 소유하는 혹은 거래 목표로 하는 구체적인 땅의 위치를 보는 것이다. 땅의 모양, 주변환경, 도로, 땅이 앉은 방향 등은 모두 입지개념이다.

토지에 있어서는 지역과 입지가 모든 검토의 출발점이 된다. 따라서 토지투자에 있어서는 그 지역에 대해 잘 알수록 좋다. 현재의 땅값과 주민들의 움직임을 잘 파악할 수 있고 장래의 개발계획이나 정보를 신속하고 정확하게 입수할 수 있기 때문이다.

② 규제는 땅의 개발가능성을 결정한다

토지에는 공법상 규제와 거래에 대한 제한이 대단히 많다. 토지에는 무수한 공법상 금지와 제한이 거미줄 같이 얽혀 있다. 아파트와 상가는 일단 건물이 올라서고 나면 건축법 등 관리상의 문제와 사법상의 권리관계만 주의하면 된다. 건축 당시에 이미 그 부지가 되는 토지에 대한 공법적 검토가 끝나 있기 때문이다, 그러나 토지는 지금 어떠한 용도로 당장 쓸 수 있는 것이며, 앞으로는 어떻게 주변이 변하여 어떤 다른 용도로 활용되어 갈 것인지를 분석하고 예측하는 능력이 필요하다. 토지규제는 그 땅의 개발가능성을 결정하고, 땅값에 중요한 영향을 미치기 때문이다.

③ 땅의 전망으로 땅값을 가늠한다

부동산을 크게 주거용, 상가 및 토지로 삼분하자면 이 각 분야는 그 본질가치를 달리한다. 주거용은 주거목적으로 실수요가치를 우선으로 하며, 쾌적성 편이성 안정성 등이 중요하다. 상가는 수익목적으로서 수익률이 가장 중요하며, 따라서 상권과 입지, 고정인구 및 유동인구의 고객분석, 아이템, 권리금 및 임차료와 경쟁업체의 존재 등을 중시한다.

이에 반하여 토지는 미래가치가 그 본질이라고 한다. 현재의 용도 및 개발가능성도 유용하지만, 장래 개발 및 주변환경의 변화로 땅값이 오르고, 땅의 개발가능성이 높아져 땅값이 오르는 것이 가장 중요하다.

(2) 땅의 핵심 – 진입도로 땅값 개발가능성

땅을 보는 핵심은 땅값과 개발가능성에 있다. 하나 더 중요한 것은 개발에 절대적인 진입도로의 유무 및 확보가능성을 들 수 있다.

① 진입도로

진입도로는 토지거래의 기본이다.
 땅에 건축물을 지으려면 원칙적으로 진입도로가 있어야 건축허가가 난다. 진입도로의 폭은 주택인 경우에는 통상 4m이어야 하지만, 전원주택 단지나 창고 공장 유통센터 등의 경우에는 6m나 8m의 폭을 요구하기도 한다. 진입도로가 없는 땅은 맹지(盲地)라고 하며, 땅의 요건으로서는 적합하지 않은 땅으로 친다. 맹지는 거래가 잘 안될 뿐 아니라 땅값도 일반 진입도로가 있는 땅에 비해 절반 내지 70~80% 수준으로 거래된다.

 맹지는 대지나 전원주택지 뿐만 아니라 농지나 임야 등에도 많다. 특히 산 속의 산인 산 중턱의 임야나 개울을 건너야만 들어갈 수 있는 임야는 통상 맹지인 경우라고 할 수 있다. 밭도 농로를 거쳐 갈 수밖에 없는 경우 맹지일수도 있다. 따라서 내 땅이 맹지라면 우선 길을 내어 진입도로를 확보해 두는 것이 좋다.

② 땅값

부동산가격의 평가방법
 부동산가격을 평가하는 가장 기본적이고 일반적인 방식으로는 조성원가법과 매매사례비교법, 수익환원법의 세 가지가 있다. 이 밖에도 부동산가격에 영향을 미치는 것은 기대수익이나 기대(미래)가치가 있다. 부동산 가격이 오를 것으로 기대하는 경우에는 현재의 가격보다는 미래의 가치에 의해 가격이 결정되기도 한다.

■ **조성원가법**
 신축건물의 경우 건축비를 기준으로 가격을 결정하는 것과 같은 평가방법이다.
 원가방식이라고도 하는데, 평가대상부동산과 동일한 부동산을 만들기 위해서는 어느 정도 비용이 투입될 것인가 하는 관점에서 부동산의 가격을 산출한다. 아파트공급가격 결정 시나 임대료를 산정하는 경우, 혹은 기존 상가의 매매 시 적정매입가격을 산출할 경우에 이 방식을 사용하며, 토지보다는 건물평가 시 많이 이용되는 방식이다. 예를 들어 토지공사 택지개발사업을 시행하고 일반인에게 분양한다고 가정할 때 그 분양가격은 다음의 원가방식에 근거하여 산출하게 되는 것이다.

**분양가격 = 사업부지 수용금액+택지정리비+기반시설공사비+기타 부대 비용+간접비
 +이윤**

■ **수익환원법**
 수익환원법은 평가대상 부동산이 장래의 어느 기간까지 얼마만큼의 수익을 올릴 것인가 하는 관점에서 부동산가격을 평가하는 방식으로 이론적으로 가장 완벽한 평가방법이

다. 예를 들어 상가가 매년 100만원 영업수익을 올리고 은행이율이 년 10%인 부동산이 있다고 가정할 때 100백만원/0.1=1,000백만원이라 평가할 수 있다. 수익환원법은 상가 등 수익성부동산에 대해 적용하는 가장 많이 사용하는 평가방법이다. 즉, 금리와 비교하여 수익을 기준으로 부동산가격을 평가하며, 통상적으로 수익성부동산의 경우 투자금액의 5% ~ 7%의 월 수익이 되는 것이 일반적이다.

■ 거래사례비교법

거래사례비교법은 주변의 유사한 물건의 실제거래가격을 기준으로 가격을 평가하는 방법으로 가장 보편적으로 이용되는 방법으로서, 동질성이 강한 공동주택이나 오피스텔의 경우에 가장 많이 이용된다. 토지보상가격 산정에도 이 방식이 쓰인다. 그러나 개별성이 강한 단독주택이나 토지 등의 경우에는 거래대상물건의 주변환경이나 접근성, 지형 등에 따라 각 물건의 가격에 큰 폭의 차이를 보인다.

거래사례비교법은 **비교방식**이라고도 하며, 평가대상 부동산과 대체가능한 부동산이 거래되었던 가격을 근거로 하여 가격을 산출하는 방법이다. 대체가능한 부동산이란 평가대상 부동산과 위치 면에서 용도 면에서 유사성이 있는가 또한 거래되었던 사례가 현재시점과 비교가능성이 있는가가 산출금액이 적정성을 좌우하는 평가방식이다. 이것을 산식으로 표기하면 다음과 같다.

* **평가금액 = 사례가격 × 지역요인비교 × 개별요인비교 × 시점비교 × 면적비교**

* **사례가격**이라 함은 거래되었거나 임대되었던 사례가격이나 임대(차)료를 말하고 **지역요인**이란 상업지역, 주거지역, 공업지역, 농업지역인가 등에 따른 차이비교를 말하며, **개별요인**이란 경사도, 토지모양, 면적의 적정성 등 차이비교를 말하며 **시점비교**란 사례시점과 평가시점의 물가지수, 부동산가격지수 등의 비교를 하는 것을 말한다.

예를 들어 주거역내 대지 100평의 나대지를 2007년 5월26일 현재의 가격을 평가하려고 할 때, 마침 같은 지역 내에서 2006년 5월에 대지 95평이 95,000천원으로 거래된 사례가 있다면 (단2006. 5월 물가지수는 전년대비 10% 인상되었다고 가정)

95,000천원× 1[사례가격] × 1[같은 지역] × 110 / 100[물가상승율] × 100 / 95[면적] = 110,000천원으로 평가할 수 있다.

토지는 조성 시 공사원가나 매입 시 취득원가를 감안할 수도 있겠으나, 실제 감정평가에는 매매사례비교법이 가장 흔하게 사용되고 있다.

③ 개발가능성

사람들이 땅을 찾거나 갖고 싶어 하는 이유는 땅의 무한한 활용도와 개발가능성에 있다. 통상 토지에 투자하려는 경우에는 우선 대상지의 이용가능성과 발전성을 본다. 토지 자체가 농사나 수목식재, 그리고 물건의 야적 등 있는 그대로 쓰는 경우 보다는 그 위에 건물을 짓고 도로를 내고 골프장을 짓고 레저단지를 만드는 등 다양한 용도로 쓰게 된다. 세월이 흐르면서 토지 주위가 변하고 토지의 용도는 점차 다양화 된다. 이것이 토지가격을 형성하는 가장 큰 요인이라고 볼 수 있으며, 투자가치는 이것에 집중 되고 있다고 하여도 과언이 아니다.

(3) 서류만으로 보이지 않는 토지의 권리와 함정

서류만으로 보이지 않는 토지의 권리와 함정

구 분	제 목	내 용
Ⅰ. 토지서류로 확인 할 사항	1. 토지(임야)대장	소재지, 지번, 지목, 면적, 소유자, 개별공시지가
	2. 지적(임야)도	모양, 향, 경계, 축적, 지적상도로(맹지), 구거, 산지구분
	3. 토지이용규제확인서	지목, 용도지역, 개별규제, 거래규제
	4. 토지등기부	예고등기, 압류, 가압류, 가처분, 가등기 저당권, 지상권, 지역권, 전세권, 소유자, 신탁등기
	5. 건축물대장	소재지, 구조, 용도, 면적, 소유자, 건폐율, 용적율
	6. 기타	• 토지대장과 등기부의 면적 비교 • 토지대장과 등기부의 소유자 비교

Ⅱ. 현장답사로 확인할 사항	1. 공통	• 공부상 확인내용과 현장과의 일치여부 • 토지 함몰 여부, 경계선, 혐오시설, 주변현황
	2. 농지	농작물 경작현황, 불법형질, 변경여부, 지상물 존재
	3. 임야	토임 여부, 경사도, 지상수목의 수종 입목본수도, 묘지존재, 천연보호림 여부
	4. 진입도로	현황도로여부, 도로연결가능성, 도로폭, 도로소유자
	5. 도로저촉	접도구역여부, 도로구역현황,
	6. 하천저촉	하천구역지정현황, 제방도로
Ⅲ. 지적공부와 현장답사로도 알수없어 추가로 확인해야하는 사항	1. 장기도시계획	토지전망, 도로계획, 개발계획, 시가화예정용지
	2. 지구단위계획 개발행위제한구역 건축제한구역	해당 고시확인
	3. 토지경계와 면적	토지측량(필요시)
	4. 유치권	점유권리유무, 가장점유자, 간접점유 성립여부
	5. 법정지상권	지상물의 상태, 건물형태 건물유지 및 건축시기
	6. 분묘기지권	분묘개수 상태, 유연고묘와 무연고묘 구분, 분묘소유자,
	7. 제시외 물건	건축물대장존재 및 등기여부, 지상물 건축시기 및 소유자(건축주)
	8. 문화재보호구역	문화재 지표조사 및 발굴조사 가능성
	9. (도로, 하천, 구거) 점용허가	점용허가지, 점용기간, 점용료, 점용 허가승계가능여부, 점용허가서

Ⅲ.지적공부와 현장답사로도 알수 없어 추가로 확인 해야하는 사항	10. 농지취득자격증명	필요여부, 현황농지여부, 농지불법전용여부 이행강제금 부과여부
	11. 농지(산지)전용중인 토지	용도변경제한기간(5년) 경과여부, 허가명의 변경 가능성 농지(산지) 전용허가일자 전용허가 기간 내인지 여부
	12. 임야 연접개발제한	개발행위 규모제한과 연접개발 제한 해당여부
	13. 산지의 입목소유권	입목등기와 명인 방법유무 입목상태확인
	14. 광업권	광업권자, 채석허가권 유무, 광업권 유효기간
	15. 목장용지(초지)	초지조성허가 여부, 허가년월일(25년 경과 여부) 초지전용 가능성
	16. 건축물의 용도변경	용도변경 가능성
	17. 건축 중인 건물	건축상태(건축물인정 가능 여부) 건축완공의무기간(2년) 내인지 여부, 용도변경가능성
	18. 공장	공장등록증 유무, 공장코드

제9장
입지분석은 토지투자의 출발점

1. 부동산은 입지에서 출발한다

모든 부동산은 그 부동성과 고정성으로 인하여 입지가 핵심적인 가격결정요인이 되지만, 특히 토지에 있어서는 입지가 모든 검토의 출발점이 된다. 입지란 토지의 모양, 향, 도로의 유무, 경사도, 지질 등 물리적현황을 기본으로 그 주변환경을 포함하며, 접근성과 소속 행정구역을 포함하는 넓은 의미가 된다. 입지에서는 주변환경과 접근성이 토지의 현재가격은 물론, 토지의 미래와 전망을 가늠하는 중요한 팩트가 된다. 다시 한번 강조하지만 토지에 있어서 지역과 입지는 모든 검토의 시발점이 된다. 따라서 다음의 세가지 사항을 숙지하는 것이 좋다.

첫째, 투지투자자는 투자하려는 땅이 속한 지역에 대해 정통한 정보를 가지고 있을 수록 성공할 확률이 높다. 현재 땅값은 물론 땅의 미래를 예측할 수도 있기 때문이다.

둘째로는 땅의 주변환경이 대단히 중요하다. 이 땅이 아무런 개발이 예상되지 못하는 논 밭 혹은 산의 한 가운데 있는 땅인지, 인접한 지역에 개발사업이 진행되고 있는지, 또 주변에 혐오시설 기피시설 위험시설이 있어, 후일 땅을 파는데 지장이 있는지 여부를 현장답사를 통해 직접 확인해야 하는 것이다. 땅은 움직일 수도 파 낼수도 없기 때문에 땅의 운명은 오로지 주변환경에 의해 달라진다는 것을 명심할 필요가 있다.

셋째로는 입지는 끊임없이 변화한다는 사실이다. 맹지였던 땅에 길이 생기고, 터널과 교량이 생기면서 도로가 뚤려 차량이 통행하고, 주변에 공단이 생겨 주변환경이 달라지면서, 입지여건은 크게 변화하게 되는 것이다. 이러한 변화가능성을 예견하는 능력을 갖추게 되면, 토지투자에 성공할 수 있는 가능성이 높아지는 것이다.

2. 부동산의 가격결정요인과 입지

아파트 상가 쇼핑센터 물류센터 등의 입지를 통해 입지의 중요성과 선정요령을 살펴본다.

(1) 아파트 입지

아파트의 가격결정요인 중에서 입지가 차지하는 비중은 거의 전부라는 것을 다음 표를 보면 알 수 있을 것이다.

(2) 상가 입지

상가투자에 있어서는 일반적으로 상권과 입지를 가장 중요시한다. 전자가 상권분석이고 후자가 입지선정이다. 상권분석이란 상가가 위치하는 주변의 일단의 지역(Area)을 말하며, 배후단지 아파트나 관공서 공단 등의 고정인구와 통행인구를 중심으로 한 유동인구를 주 분석대상으로 한다. 입지(Location)선정에 있어서는 구체적인 점포의 접근성과 가시성을 주로 검토하되, 요일별 시간대별 통행고객수와 잠재고객, 주동선, 통행방향, 경쟁업체 등을 함께 분석한다. 상권과 입지는 모든 상가의 공통적인 핵심 검토사항이지만, 특히 소매업은 입지산업이라고 할 정도로 입지에 의존하는 바가 크다. 통상 소매업의 매출은 70% 내지 80%가 입지에 달렸다고도 말한다. 부동산중개업도 소매업(자영업)에 속하므로 마찬가지로 입지가 매우 중요함은 물론이다. 소매업이 입주하는 제1종 및 제2종 근린생활시설의 입지에는 상권과 입지에 대한 철저한 분석이 선행되어야 할 것이다.

(3) 쇼핑센터 입지

쇼핑센터는 도심형도 있으나 자가용의 보급에 따라 교외형이 늘고 있다. 도시근교에 광대한 토지를 확보하여 대규모 주차장과 함께 대형 중심상점을 건축한다. 대형 쇼핑몰이나, 아울렛 센터, 파워센터 등은 모두 쇼핑센터에 포함된다. 쇼핑센터의 위치결정은 도시 이용객이 주거지로부터 쇼핑센터에 이르기까지의 소요거리가 중요한 결정요인이 된다. 소요거리는 물리적 도로거리라기보다는 통상적으로 쇼핑센터에 이르는 소요시간을 의미한다는 것이 더 정확하다. 쇼핑센터의 입지에서 가장 중요한 것은 다음의 세 가지다.

첫째는 위치의 접근성이 좋아야 한다.

도시 중심지역이나 인구 밀집 지역에서부터 승용차 10분 내지 15분 거리에 도달할 수 있는 지역이어야 한다. 잘 정리된 자동차 도로로 통행이 원활하고 수월하게 도달할 수 있어야 한다.

둘째는 가시성이다.

쇼핑센터는 어느 정도 먼 거리에서 쉽사리 표적을 삼아 도달 할 수 있게 건물의 모양이 보여야 한다.

셋째는 넓은 매장면적과 주차시설이다.

쇼핑센터의 시설은 고객을 위한 안락하고 넓은 쇼핑공간은 물론, 주차가 용이하고 편리하도록 넓고 잘 정리되어 있어야 한다. 중심지 이론에 의하면 소매상점의 고객흡수력은 그 지역의 고정인구와 매장면적에 의해 비례하여 결정된다고 한다. 넓은 면적을 가진 매장일수록 많은 쇼핑고객을 유인할 수 있다.

(4) 물류센터 입지

물류센터의 입지는 회사 전체 물류시스템의 구조와 형태에 따라 결정하는데, 기본적으로 고객, 수송, 재고, 물류서비스는 상호 밀접한 관계를 가지고 있으므로, 고객의 분포와 수요규모 그리고 주문의 방식에 따라 물류거점의 수와 위치와 규모가 달라진다. 일반적으로 물류센터의 수가 증가하면 전체 창고운영비는 증가되고, 전체 재고수준이 높아져서 재고비가 커지지만, 반대로 수배송비는 줄어들고 고객서비스 수준은 증대된다. 따라서 전략적 차원에서 고객서비스를 만족시키면서 관련 총물류비용을 최소가 되도록 물류센터의 위치를 설정해야 한다. 물류창고의 일반적인 입지선정 요령은 다음과 같다.

1. 물류센터는 도시 시가지보다는 약간 외곽에 위치하는 것이 좋다. 대형화물차가 많이 출입하기 때문에 시가지와 가깝다보면 민원이 많다.
2. 물류창고는 도로변 그것도 고속도로 주변 가까운 곳에 위치하면 좋다.
3. 물류창고는 주차장 상하차 등으로 부지가 넓어야 하고, 취급량에 비해 약간 크면 좋다

(5) 공장입지

공장입지는 제품 고객 노동력을 감안하여 제품지향형 입지, 고객지향형 입지, 노동력지향형 입지로 나눌 수 있다. 공장입지에 관하여 상세한 것은 제8권 제3부 제23장 공장

용지 창고용지를 참조.

3. 전통적 토지입지 이론

우리나라 전통적인 토지입지이론으로 터 이론, 택리지에 나온 복거총론 이론과 풍수지리 이론 등을 간략하게 일별한다.

(1) 이중환의 택리지에 나온 복거총론

궁궐터, 왕릉터, 군창터, 활터, 집터, 화장터, 묘터, 장터 등 순수 우리말인 터란 곧 목적과 용도에 적합한 입지를 말한다. 조선 중엽 지리학자인 이중환은 그가 발로 다니며 쓴 지리서인 택리지에서 마을과 집터에 관한 글을 남겼다. 택리지의 목거총론(卜居總論)에서는 좋은 집터는 지리, 생리, 민심, 산수 등 4가지가 모두 좋아야 오래 살만하다고 한다고 한다. 먼저 지리(地理)란 먼저 지형적으로서, 산맥의 흐름이 펼쳐져 큰 자리를 만드는 곳에 바람의 기운이 모이고 간직함을 살펴야 하며, 땅의 앞뒤에 지세가 안온함을 택해야 오래 살 터가 된다. 또 들판이 훤히 펼쳐지고, 산이 높지 않고 수려하며, 냇물이 크지 않고 맑은 곳도 오래 살 터다. 생리(生利)는 먹고 살 수 있는 경제를 유지할 수 있는 땅이 기름진 곳, 교통이 편리하여 물자를 교역할 수 있는 곳이라야 오래 살 곳이다. 인심(人心)은 마을의 인정을 말하고, 산수(山水)는 좋은 경치와 주변환경을 말한다. 반나절쯤 걸어갈 수 있는 곳에 경치 좋고 아름다운 산수가 있어 가끔 시름을 풀고 유숙할 수 있는 곳이 있다면 오래 머물러 살 곳이 된다. 이 네가지는 모두 오늘날 좋은 취락지의 조건과 맞아 떨어진다고 볼 수 있다.

(2) 전통 풍수지리이론 상 양기풍수

정통 풍수지리책에는 풍수지리를 양택과 음택으로 나누는데, 양택과는 다소 다른 양기풍수(陽基風水)라는 것이 있다. 양기풍수란 개별택지보다는 넓은 마을이나 도읍의 입지를 말한다. 예전에 도읍이나 마을을 정할 때는 양기풍수를 따졌다. 때로는 사람들이 살기 좋은 곳으로 자연스레 모여 살다 보면, 그런 곳의 공통점으로 좋은 마을 터인 양기풍수이론이 정립되었다. 실제로 중국이나 조선시대에는 이런 문헌이 남아 있다.

"제일 넓은 곳에는 경도(京都)나 성성(省城)이, 그 다음에는 부(府)와 군(郡)이, 그보다 적으면 주읍(州邑), 그리고 아주 적으면 시정(市井)이나 향촌(鄕村)이 들어섰다"고 한다. 그리고 이러한 큰 도읍에는 공통적으로 대부분이 산을 등지고 그 아래의 평지에 터를 잡았으며, 앞으로 강을 두고 있었고, 마을이 밝고 너르며 식량이 풍부하였다. 마을 뒷산에는 통상 진산(鎭山)이 있어, 난리를 진압하고, 백성을 보호한다고 하였다.

풍수지리(風水地理)란 종산에서 흘러 내려온 생기(生氣)를 받아 장풍(藏風) 득수(得水)하여, 그 기(氣)를 혈(穴)에 모아 명당(明堂)을 만들고, 그 명당에 산지(生者)는 집을 짓고 살며, 죽은 자(死者)는 묘지를 만들어 안장하면, 복이 온다는 전통적인 입지이론이다.

풍수지리에 관한 이론은 크게 형기론과 이기론으로 구분한다.
형기론(形氣論)이란 산과 물 등의 자연적인 형태를 보고 풍수지리를 논하는 것이다. 이에 반해 **이기론(理氣論)**이란 자연의 방위를 측정한 다음 음양오행법(陰陽五行法)으로 따져 들어가는 방법이다. 어느 것이나 용(龍-산), 혈(穴), 사(沙-주변의 땅), 수(水) 등을 대상으로 하지만, 형태위주냐 이론위주냐 접근상의 차이가 있다.

우리가 명당이라는 땅을 보고 흔히 말하는 비룡승천형이니, 금계포란형이니 하는 것은 땅이 생긴 자연적인 모양을 보고 지어진 이름이다. 흔히 명당을 논할 때는 이러한 용어를 자주 쓰며, 우리가 이해하기도 비교적 쉽다. 이러한 접근방법은 **형국론(形局論)**이라고 하며, 일종의 형기론의 아류라고 할 수 있다. 형국론에 있어서는 땅의 위치와 모양을 보고, 용이니 신선이니, 사람이나 동물 등의 모양을 빗대어 한자로 표현한다. 그러나 형국론은 보는 이와 보는 관점에 따라 다를 수가 있으므로 절대적인 이론이 아님을 유의할 필요가 있다.

제10장
진입도로 없는 땅은 투자기피물건

1. 진입도로 확인은 토지매입의 필수적인 과정이다

 땅에 건축물을 지으려면 원칙적으로 진입도로가 있어야 건축허가가 난다. 건축허가요건에는 필수적으로 진입도로 유무와 그 폭을 따진다. 그리고 그 도로는 건축법에서 규정하는 법에 적합한 도로이어야 한다. 진입도로가 없는 땅을 맹지(盲地) 즉 눈먼 땅이라고 하며, 거래하는 땅의 요건으로서는 적합하지 않은 땅으로 친다. 맹지는 잘 팔리지 않을 뿐 아니라 땅값도 일반 진입도로가 있는 땅에 비해 절반 내지 70~80% 수준으로 거래된다.

 맹지는 도시지역이나 농촌지역을 막론하고 대지나 전원주택지 뿐만 아니라 농지나 임야 등에도 많다. 특히 산 속의 산인 산 중턱의 임야나 개울을 건너야만 들어갈 수 있는 임야는 통상 맹지인 경우라고 할 수 있다. 밭도 다른 밭을 가로질러 가거나, 밭도랑의 작은 농로를 거쳐 갈 수밖에 없는 경우 맹지일수도 있다. 따라서 내 땅이 맹지라면 우선 길을 내어 진입도로를 확보해 두는 것이 좋다. 건축물에 있어서 진입도로는 필수적이라고 할 수 있다.

2. 진입도로는 건축허가의 기본요건

길이 아니면 가지마라
 "길이 아니면 가지마라"란 부동산업계의 격언이 있다. 이미 지어진 아파트나 연립등 주거용 주택에서는 이미 도로를 전제로 건축허가가 된 것이므로 기존주택에는 별로 해당이 없다. 그러나 논, 밭, 임야 등에 주택 또는 건물을 건축하거나 개발을 하고자 농지전용 또는 산지전용이나 건축허가를 받을 때, 진입도로는 그 어느 것보다도 기본적이며 선결해야 하는 중요한 허가조건이 된다. 따라서 일반인들이 땅을 거래하거나 전원주택지를 고를 때 가장 유의하여야 할 부분이 진입도로의 유무와 그 폭이다. 아무리 주위환경과 경치가 좋은 땅이라 할지라도 길이 없으면 그냥 사서는 안된다. 정 마음에 들어 꼭 사고 싶다면, 계약하기 전에 먼저 길을 낼 수 있는 방법을 사전에 확인하고, 미리 확실한 조치를 해 두어야 한다.

진입도로는 건축허가의 기본 요건

일반적인 건축허가요건은 다음과 같으며, 건축허가에서 진입도로의 확보는 필수적인 조건이다.

① 대지의 소유권 및 이용권이 있을 것
② 지목에 건축이 가능할 것
③ 용도지역 및 용도지구에 적합할 것
④ 특별법 상 건축제한에 저촉 안될 것[예: 그린벨트]
⑤ 지역조례에 위배되지 않을 것
⑥ 건폐율 및 용적율이 맞을 것
⑦ 진입도로 폭 및 접도요건 구비
⑧ 설계도서의 구비
⑨ 기타 건축물의 종류에 다른 규제

3. 건축법 상 도로의 요건

건축법에서 진입도로로 인정하는 것은 보행 및 자동차 통행이 가능한 너비 4m이상의 도로로서 국토의 계획 및 이용에 관한 법률, 도로법 또는 사도법에 의하여 개설된 도로와 시장 군수 구청장 등 건축허가권자가 허가 시 그 위를 지정 공고한 도로에 국한한다. 그리고 도로란 기본적으로 사람과 차량이 통행할 수 있으며, 지적도(임야도)에 표시되는 지적도상 도로인 동시에 실제로 사용 중인 현황도로이어야 한다.

지적도에는 도로로 표시되어 있으나 실제로는 밭으로 쓰고 있어 도로기능이 없는 경우에는 원래 지적도에 따라 실제 통행할 수 있는 길을 새로 만들어야 한다. 반대로 현재 사람과 차량이 다니고 있는 현황도로라도, 실제 지목은 밭으로 되어 있고, 지적도에도 길로 나타나지 않는다면 건축법 상 도로가 아니다.

진입도로의 폭은 전원주택 등 일반적인 경우에는 통상 4m이어야 하고, 대지에 2m 이상 접해야 한다. 그러나 전원주택 단지나 창고 공장 유통센터 등의 경우에는 6m나

8m의 폭을 요구하기도 한다. 또 지형적 조건으로 차량통행을 위한 도로의 설치가 곤란하다고 인정하여 시장, 군수, 구청장이 그 위치를 지정 공고하는 구간 안에는 너비 3m 이상을 요구하기도 한다. 이러한 도로 폭과 접도의무는 막다른 길과 인구가 적은 섬인 경우에는 다소 완화해 주기도 한다.

(1) 거래상 안전한 도로의 요건

토지거래 시 가장 안전하고 건축법상으로 건축허가를 받을 수 있는 보편적인 도로의 요건은 다음과 같다고 할 수 있다.

(1) 도로법 또는 사도법에 의하여 개설된 도로일 것
(2) 건축허가권자가 허가 시 지정 공고한 도로일 것
(3) 사람과 차량이 통행할 수 있을 것
(4) 지적도(임야도)에 표시되는 지적도상 도로일 것
(5) 지목이 도로일 것
(6) 국가 또는 지자체 소유의 공로이면 좋다(사도는 사용료 문제가 있기 때문)
(7) 실제로 사용 중인 현황도로일 것
(8) 폭 4m 이상일 것
(9) 토지가 2m 이상 도로에 접할 것

(2) 건축법 상 진입도로와 접도의무

① 원칙적으로 폭 4m 도로이어야 함
- 도로폭 4m가 완화 또는 강화되는 경우
  1. 지형적 조건으로 차량통행을 위한 도로의 설치가 곤란하다고 인정하여 시장·군수·구청장이 그 위치를 지정·공고하는 구간안의 너비 3미터이상(길이가 10미터미만인 막다른 도로인 경우에는 너비 2미터이상)인 도로
  2. 제1호에 해당하지 아니하는 막다른 도로로서 당해도로의 너비가 그 길이에따라 각각 다음 표에 정하는 기준이상인 도로

막다른 도로

막다른 도로의 길이	도로의 너비
10미터 미만	2미터
10미터 이상 35미터 미만	3미터
35미터 이상	6미터(도시지역이 아닌 읍·면지역은 4미터

대지가 도로에 접한 부분에서 건축물을 건축할 수 있는 선(건축선)은 건축법 제 33조의 규정에 의거 대지와 도로의 경계선으로 하되, 소요 도로폭에 미달되는 도로인 경우에는 당해 도로의 중심선으로부터 소요폭의 2분의 1에 상당하는 수평거리를 후퇴하도록 하고 있으며, 이때 소요 도로폭이라 함은 건축법 제2조제11호의 규정에 의거 통과도로인 경우에는 4미터이상, 막다른 도로의 경우에는 그 길이가 10미터 미만인 때에는 2미터이상, 그 길이가 10미터이상 35미터미만인 때에는 3미터이상, 그 길이가 35미터이상인 때에는 6미터이상을 말하는 것이다.

당해 도로의 너비를 얼마로 하는 것이 적정한지에 대하여는 여러 가지 의견이 있을 수 있겠으나 막다른 도로의 길이에 따라 다르게 적용되는 것은 위에서 기술한 바와 같이 재난구조·화재진압 등의 활동에 필요한 공간을 확보하는 것이 중요하므로, 막다른 도로의 길이가 35미터를 넘는 경우의 너비 6미터에 대한 기준은 소방차 등 긴급차량이 2대가 교차하여 재난구조 활동에 지장이 없는 최소한의 너비기준이 되는 것으로 해석한다.

② 접도의무
건축물의 대지는 2미터이상을 도로(자동차만의 통행에 사용되는 도로를 제외한다)에 접하여야 한다. 다만, 다음 각호의 1에 해당하는 경우에는 그러하지 아니하다.
   1. 당해 건축물의 출입에 지장이 없다고 인정되는 경우
   2. 건축물의 주변에 대통령령이 정하는 공지가 있는 경우

접도의무의 강화
연면적의 합계가 2천제곱미터 이상인 건축물의 대지는 너비 6미터이상의 도로에 4미터이상 접하여야 한다.

③ 건축허가요건으로서 도로요건이 적용되지 않는 경우

  가. 건축법 상 도로요건이 전면 적용 배제되는 경우
    1.「문화재보호법」에 따른 지정문화재나 가지정(假指定) 문화재
    2. 철도나 궤도의 선로 부지(敷地)에 있는 운전보안시설, 철도 선로의 위나 아래를 가로지르는 보행시설, 플랫폼, 해당 철도 또는 궤도사업용 급수(給水)·급탄(給炭)급유(給油)시설
    3. 고속도로 통행료 징수시설
    4. 컨테이너를 이용한 간이창고

  나. 2m 접도요건이 적용되지 않는 경우

1) 도시지역 및 제2종 지구단위계획구역 외의 지역으로서 동이나 읍(동이나 읍에 속하는 섬의 경우에는 인구가 500명 이상인 경우만 해당)이 아닌 지역(제44조부터 제47조까지, 제51조 및 제57조를 적용하지 아니한다)
2) 도시계획시설로 결정된 도로의 예정지에 건축하는 경우(제45조부터 제47조까지의 규정을 적용하지 아니한다)

다. 조례에 의해 적용 배제되는 경우

허가권자는 법령의 제정·개정이나 기타 대통령령이 정하는 사유로 인하여 대지 또는 건축물이 이 법의 규정에 부적합하게 된 경우에는 대통령령이 정하는 범위안에서 당해 지방자치단체의 조례로 정하는 바에 의하여 건축을 허가할 수 있다.

4. 진입도로의 지정과 폐지

허가권자가 도로의 위치를 지정·공고하고자 할 때 또는 지정한 도로를 폐지 또는 변경할 때에는 당해 도로에 대한 <u>이해관계인의 동의를</u> 얻어야 한다. 다만, 다음의 경우에는 <u>이해관계인의 동의를 얻지 아니하고</u> 건축위원회의 심의를 거쳐 도로를 지정할 수 있다.
1. 이해관계인이 해외에 거주하는 등 이해관계인의 동의를 얻기가 곤란하다고 허가권자가 인정하는 경우
2. 주민이 장기간 통행로로 이용하고 있는 사실상의 통로로서 당해 지방자치단체의 조례로 정하는 것인 경우

진입도로를 개설할 때에 원칙적으로 필요한 이해관계인의 동의를 받는 방법이 바로 많이 쓰는 토지이용승락서 혹은 도로개설승락서다.(본서 제6부 제41장 참조)

5. 진입도로 관련 국토교통부 질의응답

(1) 건축허가 시에 지정한 도로는 도로대장에 등재되어 있지 않더라도 이후 건축법상 진입도로로 인정하여야 한다

[질의요지]
저는 가옥을 건축하기 위하여 건축허가신청서를 온양시청에 제출하였더니 설계서에 진입도로가 없다는 이유로 반려되었습니다. 제가 건축하려는 곳 옆에는 다른 집이 이미 완공되어 입주된

바, 저는 이미 이웃집의 통행로를 사용하기로 승낙을 받아 건축허가를 받으려한 것인데, 시에서는 이웃집이 개설한 도로는 도로법상 또는 사도법상 도로가 아니기 때문에 건축법상 도로로 인정할 수 없다고 합니다. 저는 어찌해야 할까요?

[회답]

건축법상의 도로 가운데 막다른 도로는 그 막다른 골목의 길이가 10미터이상 35미터 미만일 때에는 그 노폭을 3미터이상으로 시장, 군수가 건축허가 시에 그 위치를 지정하기만 하면 되게 되어있는 바, 다만 「동법시행령 제64조제1항」을 보면 「법 제2조제15호 나목」의 규정에 의하여 시장·군수가 도로를 지정하고자 할 때에는 당해 도로에 대하여 이해관계를 가진 자의 동의를 얻어야 하며, 도로를 지정한 때에는 그 도로의 구간, 연장, 폭 및 위치를 기재한 도로대장을 작성 비치하여야 한다고 되어 있는데, 이것은 「건축법 제2조제15호」의 규정에 비추어 볼 때 위임명령이 아님이 명백하고, 특히 도로대장은 도로를 지정하고 난후에 행정청에서 이를 작성 비치할 의무가 있는 것이므로 도로대장이 작성 비치되지 않았어도 건축법상의 도로로 인정해야 할 것이므로 귀하의 건축은 가능하다고 하겠습니다.

[가야컨설팅 주석]

질문의 경우 기왕의 건축허가 시 지정한 도로는 도로대장에 등재하지 않아도 새로운 건축 시 진입도로로 이용할 수 있다는 해석임.

(2) 진입도로 정리의무자 - 토지소유자

담당기관	국토해양부		
카테고리	지적		
관련법령	null		
담당부서	지적기획과	전화번호	044-201-3485
등록일자	2012.12.31	수정일자	2012.12.31
제 목	건축허가 및 산지전용허가를 득하고 건축물 진입도로에 대하여 지적공부정리신청(토지분할 등)을 토지소유자가 신청하여야 하는지 허가권자가 가능한지 여부		
첨부파일			
질의내용	건축허가 및 산지전용허가를 득하고 건축물 진입도로에 대하여 지적공부정리신청(토지분할 등)을 토지소유자가 신청하여야 하는지 허가권자가 가능한지 여부		
회신내용	** - 「측량.수로조사 및 지적에 관한 법률」 제77조 내지 제81조에 따라 토지의 이동 신청을 하고자 하는 경우에는 토지소유자자 지적소관청에 신청하여야 합니다. - 또한 「측량.수로조사 및 지적에 관한 법률」 제87조에 토지소유자가 하여야 하는 신청을 대신할 수 있는 사항은 ①공공사업 등에 따라 학교용지, 도로, 철도용지, 제방, 수도용지 등의 지목으로 되는 토지의 경우는 해당 사업의 시행자 ②국가나 지방자치단체가 취득하는 토지의 경우는 해당 토지를 관리하는 행정기관의 장 ③주택법에 따른 공동주택의 부지인 경우는 관리인 또는 사업시행자 ④민법 404조에 다른 채권자인 경우에는 토지소유자를 대신하여 토지이동 신청을 할 수 있음을 알려드립니다.		

(3) 도로지장 시 지목변경

[문의] 건축법상 도로로 지정 할 경우 반드시 지적분할과 지목변경을 하여야 하는지

[답] 건축법상 도로로 지정하고자 할 경우 지적분할 및 지목변경을 의무화하고 있지 아니함

제11장
지목과 용도지역

토지규제의 양대 산맥-지목과 용도지역

어느 토지를 볼 때 그 토지를 지정하여 그 특성과 용도를 추정하려면 지목과 용도지역의 파악이 필수적이다. 지목과 용도지역은 토지의 기본서류인 토지이용규제확인서를 떼어보면 알 수 있다. 지목은 우선적으로 특정 토지의 특성을 나타내는 가장 중요한 지표로서, 지목을 통하여 토지의 현황과 주용도를 대략 파악할 수 있다.

용도지역은 국가가 토지의 사용을 제한하는 규제로서 용도지역은 첫째로 토지에 건축할 수 있는 건폐율과 용적율을 제한하고, 둘째로는 그 땅에 지을 수 있는 건축물의 종류를 알 수 있다. 용도지역의 이런 규제는 국토계획법 상 기본적인 용도지역이며, 이외에도 120여개의 개별법률에 의한 개별법 싱 규제가 있는데, 이를 특별법 상 용도지역이라고 부른다. 지목과 용도지역은 이처럼 어느 한 필지 토지의 특성을 나타내는 양대 특성으로서, 토지규제의 양대 산맥이라고 할 수 있다.

1. 국토면적에서 각 지목의 비중

현행 측량 수로조사 및 지적에 관한 법률에서 정하는 지목은 28종이다.

지목 28종

번호	지목	부호	번호	지목	보호
1	전	전	15	철도용지	철
2	답	답	16	제방	제
3	과수원	과	17	하천	천
4	목장용지	목	18	구거	구
5	임야	임	19	유지	유
6	광천지	광	20	양어장	양
7	염전	염	21	수도용지	수
8	대	대	22	공원	공
9	공장용지	장	23	체육용지	체
10	학교용지	학	24	유원지	원
11	주차장	차	25	종교용지	종
12	주유소용지	주	26	사적지	사
13	창고용지	창	27	묘지	묘
14	도로	도	28	잡종지	잡

국토면적에서 총 필지는 총 3,500만개 정도 되며, 각 필지 중 지목에 따른 면적의 비율은 임야 65%, 농지 20%로 농지 임야가 전 국토의 85%를 차지한다. 이외 대지 도로 하천 등이 각 2% 수준이다.

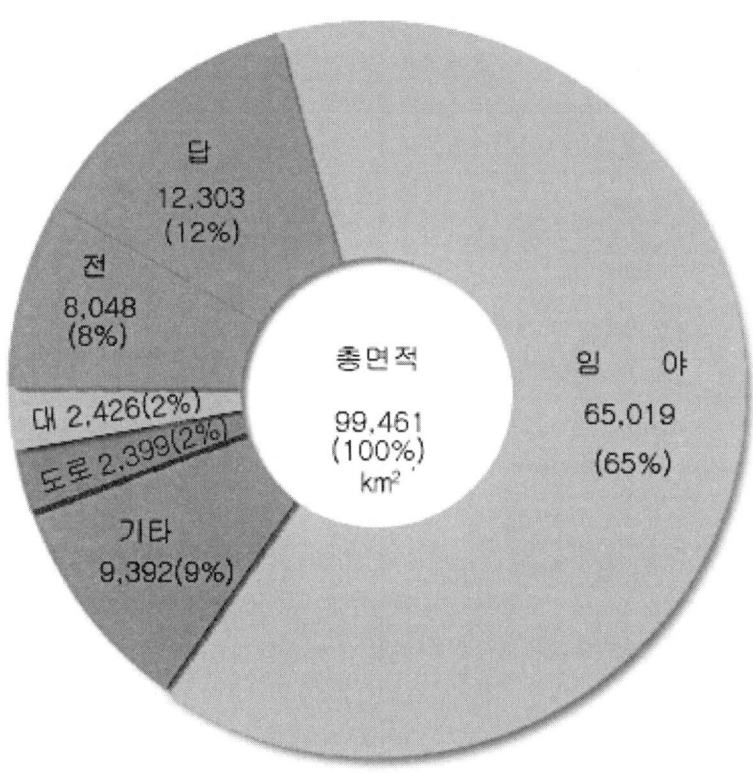

2. 지목설정의 원칙

지목은 국가가 지적공부를 만들 때 다음의 원칙에 따라 일필지별로 주용도에 따라 결정한다.

(1) 지목국정주의
    지목은 국가가 결정한다. 지목변경도 마찬가지로 국가가 결정한다.
(2) 일필지 일지목의 원칙
    하나의 필지마다 하나의 지목을 설정한다. 지목은 중복되게 설정하지 않는다.

(3) 용도지목주의
    지목은 토지의 주된 사용목적 또는 용도에 따라 정한다.
(4) 주지목추종의 원칙
    1필지의 사용목적 또는 용도가 2이상의 지목에 해당되는 경우에는 주된 사용목적 또는 용도에 따라 지목을 설정한다.
(5) 용도경중의 원칙
    도로 하천 제방 구거 수도용지 철도용지 등의 지목이 중복되는 때에는 등록시기의 선후 및 용도의 경중 등의 순에 따라 지목을 설정한다.
(6) 지목영속성의 원칙
    다른 지목에 해당하는 용도로 변경시킬 목적이 아닌 임시적이고 일시적인 용도의 변경은 이를 등록전환 록은 지목변경을 하여야 할 토지의 이동으로 보지 아니한다.
(7) 사용목적추종의 원칙
    도시개발사업등의 공사가 준공된 토지는 그 사용목적에 따라 지목을 설정한다.

3. 지목분류의 변천

우리나라 지적은 1975년까지 지적법에 의하여 지목은 총 21개였던 것이, 1976년부터 과수원, 목장용지, 공장용지, 학교용지, 운동장, 유원지 등 6개 지목이 신설되고, 유지, 철도용지, 수도용지 등이 통합되어 총 24개 지목이 되었다. 이후 2002년에 양어장, 주차장, 주유소용지, 창고용지 등 4개 지목이 신설되어 현재까지 총 28개 지목으로 내려오고 있다. 2002년부터 유지로 통합된 지소(池沼)는 못과 소택으로서, 소택(沼澤)이라 함은 늪과 못이 많이 있는 지대를 말한다. 유지(溜池)는 물이 고이거나 상시적으로 물을 저장하고 있는 댐 저수지 소류지 호수 연못 등의 토지와 연 왕골 등이 자생하는 배수가 잘 되지 아니하는 토지를 말한다.

지목의 연혁

시행기간	'1910~1917	'1917~1942	'1942~1976	'1976~2002	'2002~현재
지목수	18	19	21	24	28
신설지목	전,답,대,지소,임야,잡종지,사사지,분묘지,공원지,철도용지,수도용지,도로,하천,구거,제방,성첩,철도선로,수도선로	1개지목신설-유지	2개 지목 신설-염전광천지	6개지목신설-과수원,목장용지,공장용지,학교용지,운동장,유원지	4개지목신설-주차장,주유소용지,창고용지,양어장
통폐합 지목				6개지목→3개지목통폐합 철도용지+철도선로=철도용지 수도용지+수도선로=수도용지 유지+지소=유지	
명칭변경 지목				5개지목 공원지→공원 사사지→종교용지 성첩→사적지 분묘지→묘지 운동장→체육용지	

4. 국토계획법 상 용도지역

용도지역이란 토지의 이용 및 건축물의 용도 건폐율 용적률 높이 등을 제한함으로써 토지를 경제적 효율적으로 이용하고 공공복리의 증진을 도모하기 위하여 서로 중복되지 않게 도시관리계획으로 결정하는 지역이다.

용도지역은 토지의 기본으로 매우 중요하다.
어느 필지의 용도지역을 보고 알 수 있는 것은 땅의 활용도다. 우선 이 땅에서 개발이 가능한 행위나 사업이 무엇이냐 하는 것이다. 이 땅을 개발할 수 있는지, 개발한다면 무슨 종류의 건축물을 지을 수 있는지의 대체적인 판단이 나온다. 다음에는 그 건축물은 몇 평까지 지을 수 있는지, 건폐율을 보면 가능한 바닥면적이 나오고, 용적율을 보면 올릴 수 있는 층수가 나온다. 따라서 토지의 개발가능성을 판단하기 위하여는 용도지역에 대한 확실한 이해가 있어야 한다. 용도지역은 기본적으로 국토계획법에 나오며, 현행 120여개 개별법에는 특별용도지역이 존치한다.

용도지역 예

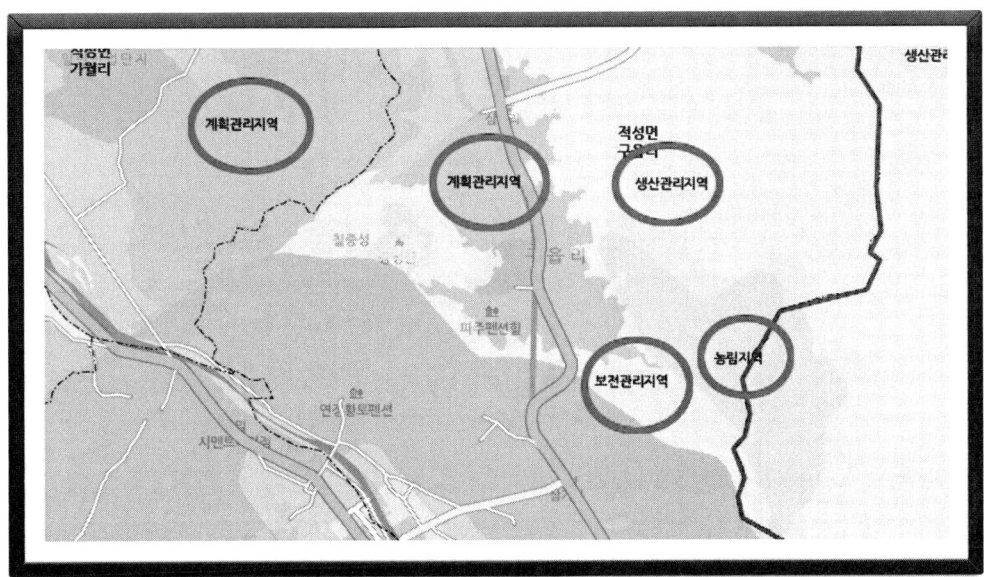

(1) 국토계획법 상 용도지역의 대분류

국토는 토지의 이용실태 및 특성, 장래의 토지이용방향 등을 고려하여 다음과 같이 4개의 용도지역으로 구분한다.

1. **도시지역** : 인구와 산업이 밀집되어 있거나 밀집이 예상되어 당해 지역에 대하여 체계적인 개발·정비·관리·보전 등이 필요한 지역
2. **관리지역** : 도시지역의 인구와 산업을 수용하기 위하여 도시지역에 준하여 체계적으로 관리하거나 농림업의 진흥, 자연환경 또는 산림의 보전을 위하여 농림지역 또는 자연환경보전지역에 준하여 관리가 필요한 지역
3. **농림지역** : 도시지역에 속하지 아니하는 농지법에 의한 농업진흥지역 또는 산지관리법에 의한 보전산지 등으로서 농림업의 진흥과 산림의 보전을 위하여 필요한 지역

4. **자연환경보전지역** : 자연환경·수자원·해안·생태계·상수원 및 문화재의 보전과 수산자원의 보호·육성 등을 위하여 필요한 지역

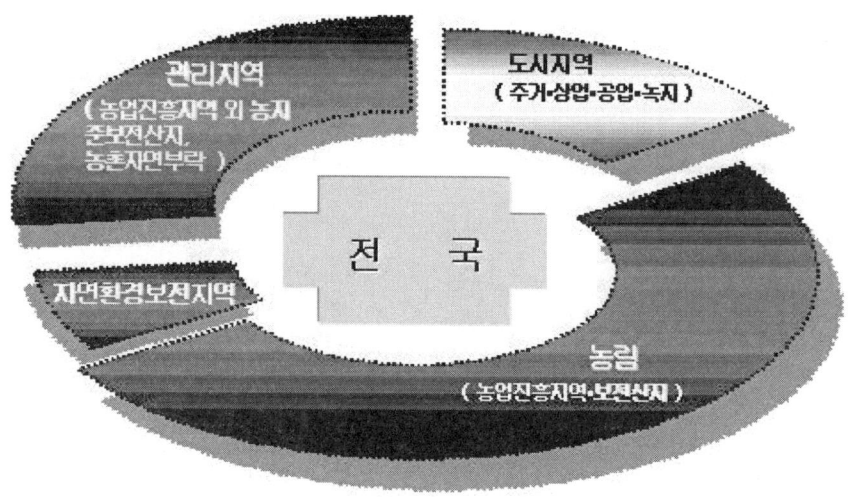

(2) 국토계획법 상 용도지역의 세분화

대분류 (4개)	중분류(9개)	소분류(21개)
도시지역	주거지역	제1 2종 전용, 제1 2 3종 일반, 준주거
	상업지역	중심, 일반, 근린, 유통
	공업지역	전용, 일반, 준
	녹지지역	보전, 생산, 자연
관리지역	보전관리지역	보전관리
	생산관리지역	생산관리
	계획관리지역	계획관리
농림지역	농림지역	농림
자연환경보전지역	자연환경보전지역	자연환경보전

용도지역

용 도 지 역

구분	명칭	세분	지정목적
용도지역	주거지역	전용주거지역	• 양호한 주거환경을 보호하기 위하여 필요한 지역
		제1종전용주거지역	• 단독주택 중심의 양호한 주거환경을 보호하기 위하여 필요한 지역
		제2종전용주거지역	• 공동주택 중심의 양호한 주거환경을 보호하기 위하여 필요한 지역
		일반주거지역	• 편리한 주거환경을 조성하기 위하여 필요한 지역
		제1종일반주거지역	• 저층주택을 중심으로 편리한 주거환경을 조성하기 위하여 필요한 지역
		제2종일반주거지역	• 중층주택을 중심으로 편리한 주거환경을 조성하기 위하여 필요한 지역
		제3종일반주거지역	• 중고층주택을 중심으로 편리한 주거환경을 조성하기 위하여 필요한 지역
		준주거지역	• 주거기능을 위주로 하되 일부 상업 및 업무기능의 보완이 필요한 지역
	상업지역	중심상업지역	• 도심·부도심의 상업기능 및 업무기능의 확충을 위하여 필요한 지역
		일반상업지역	• 일반적인 상업기능 및 업무기능을 담당하게 하기 위하여 필요한 지역
		근린상업지역	• 근린지역에서의 일용품 및 서비스의 공급을 위하여 필요한 지역
		유통상업지역	• 도시내 및 지역간 유통기능의 증진을 위하여 필요한 지역
	공업지역	전용공업지역	• 주로 중화학공업, 공해성 공업 등을 수용하기 위하여 필요한 지역
		일반공업지역	• 환경을 저해하지 아니하는 공업의 배치를 위하여 필요한 지역
		준공업지역	• 경공업 및 기타 공업을 수용하되, 주거·상업·업무기능 보완이 필요한 지역
	녹지지역	보전녹지지역	• 도시의 자연환경·경관·산림 및 녹지공간을 보전할 필요가 있는 지역
		생산녹지지역	• 주로 농업적 생산을 위하여 개발을 유보할 필요가 있는 지역
		자연녹지지역	• 도시 녹지공간 확보 등을 위해 보전할 필요가 있는 지역으로서 불가피한 경우에 한하여 제한적인 개발이 허용되는 지역
	관리지역	보전관리지역	• 자연환경 등을 위하여 보전이 필요하나 주변 용도지역과의 관계 등을 고려할 때 자연환경보전지역으로 지정하여 관리하기가 곤란한 지역
		생산관리지역	• 농업·임업·어업생산 등을 위하여 관리가 필요하나 주변 용도지역과의 관계 등을 고려할 때 농림지역으로 지정하여 관리하기가 곤란한 지역
		계획관리지역	• 도시지역으로의 편입이 예상되는 지역 또는 자연환경을 고려하여 제한적인 이용·개발을 하려는 지역으로서 계획적·체계적인 관리가 필요한 지역
	농림지역		• 농림업의 진흥과 산림의 보전을 위하여 필요한 지역
	자연환경보전지역		• 자연경관, 수자원, 해안, 생태계 및 문화재보존 등의 보호·육성을 위해 필요한 지역

(3) 용도지역별 개발행위허가 심사기준 차등화

용도지역별로 개발행위허가기준을 차등화하는 원칙이 국토계획법 개정으로 도입되어 시행 중에 있다. 생산관리지역은 생산녹지지역과 달리 유보용도로 승격되어 있음을 주목할 필요가 있다. 그러나 보전녹지역과 보전관리지역은 공히 보전용도로서, 각 지자체 조례에 있어서도 대체로 같은 수준이다.

개발행위 허가기준 차등화 방안 내용

재분류	용도지역	허가기준 차등화
시가화용도	• 주거·상업·공업지역	개발을 유도하는 지역으로 기반시설의 적정성, 환경영향 및 경관훼손 최소화
유보 용도	• 자연녹지지역 • 계획생산관리지역	개발과 보전의 조화가 필요한 지역으로 입지타당성, 기반시설 적정성, 환경영향 및 경관훼손 최소화 등 유연한 기준 적용
보전 용도	• 보전, 생산녹지지역 • 보전관리지역 • 농림, 자연환경보전지역	보전을 우선하는 지역으로 입지타당성, 기반시설 적정성, 환경영향 및 경관훼손 최소화, 친환경적 개발 등 강화된 기준 적용

① **시가화 용도**
  주거·상업 공업지역
  용도지역제에 따라 쉽고 간편하게 개발행위
② **유보용도**
  자연녹지지역, 계획관리지역, 생산관리지역
  계획적 개발에 한해 심의를 통해 탄력적 허용
  *지자체에서 개발시기조정제(Time Zoning) 도입
③ **보전용도**
  보전녹지지역, 생산녹지지역, 보전관리지역,
  농림지역, 자연환경보전지역
  생활불편을 주지않는 범위 안에서 엄격 제한

(4) 도시지역만 있고 비도시지역이 없는 도시

전국 8대 광역시(특별시 포함)와 230개 지자체 중에는 도시지역 용도지역만 있고, 계획관리지역 등 비도시지역이 없는 도시가 몇 개 있다. 이런 지역에는 동(洞)지역만 있다.

- 100% 도시지역만 있는 도시 : 서울특별시, 수원시, 시흥시
- 도시지역과 자연환경보전지역이 있는 도시 : 부산광역시

서울시 용도지역 분류 현황

구분	세분	면적(km²)	비율(%)
계		605.96	100
주거지역	제1종전용주거지역	5.45	0.90
	제2종전용주거지역	0.84	0.14
	제1종일반주거지역	64.59	10.66
	제2종일반주거지역	132.94	21.94
	제3종일반주거지역	94.17	15.54
	준주거지역	11.62	1.92
	소계	309.61	51.09
상업지역	일반상업지역	23.25	3.84
	근린상업지역	0.81	0.13
	유통상업지역	1.56	0.26
	중심상업	0.36	0.06
	소계	25.98	4.29
공업지역	준공업지역	27.65	4.56
	소계	27.65	4.56
녹지지역	자연녹지지역	241.99	39.93
	생산녹지지역	0.66	0.11
	보전녹지지역	0.07	0.01
	소계	242.72	40.06

서울시에는 도시지역만 있고, 관리지역, 농림지역, 자연환경보전지역이 없는 것이 특징이다. 또 서울시에는 용도지역 미지정지역이 없다.

(5) 용도지역 미지정지역

■ 부산광역시 용도지역 미지정 현황

[표 1-2] 용도지역 현황

구분	합계	도 시 지 역						자연환경 보전지역
		소계	주거지역	상업지역	공업지역	녹지지역	미지정	
면적(㎢)	995.719	942.962	132.655	22.558	48.730	577.305	161.734	52.737
비율(%)	100.0	94.7	13.3	2.3	4.9	58.0	16.2	5.3

■ 인천광역시 용도지역 미지정 현황(2012)

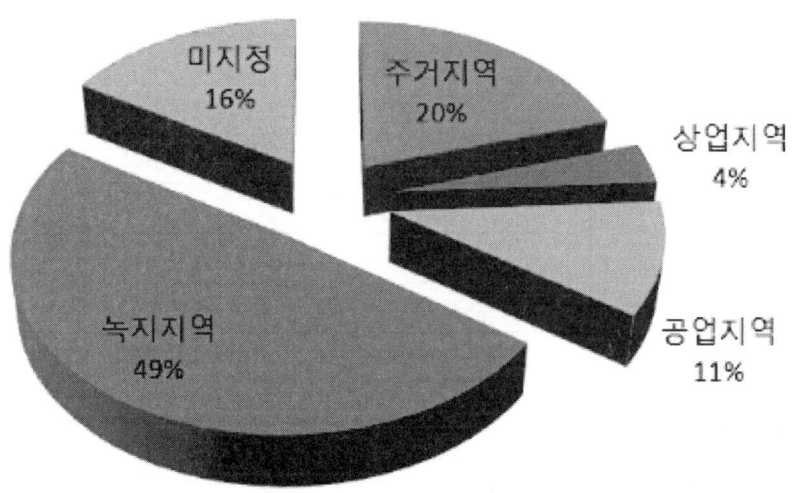

용도지역별 점유분포

용도지역 미지정지역에서의 행위제한

국토계획법에서는 용도지역 미지정 또는 미세분지역에서의 건폐율 용적율과 행위제한에 대해 다음과 같이 규정하고 있다. 도시지역·관리지역·농림지역 또는 자연환경보전지역으로 용도가 지정되지 아니한 지역에 대하여는 제76조 내지 제78조의 규정을 적용함에 있어서 **자연환경보전지역**에 관한 규정을 적용한다. 도시지역 또는 관리지역이 세부용도지역으로 지정되지 아니한 경우에는 당해 용도지역이 도시지역인 경우에는 **보전녹지지역**에 관한 규정을 적용하고, 관리지역인 경우에는 **보전관리지역**에 관한 규정을 적용한다.

용도지역 미지정 토지의 보상

공법상 용도지역 사이에 있는 토지로 용도지역이 지정되지 아니한 토지에 대하여는 그 위치 면적 이용상태 등을 고려하여 양측 용도지역의 평균적인 제한상태를 기준으로 평가한다. 예를 들어, 도시관리계획의 용도지역이 한쪽은 주거지역으로, 다른 쪽은 녹지지역으로 고시되고 그 사이에 도로시설로 결정되어 도로에 편입된 부분의 용도지역이 미지정된 경우, 그 도로부지의 평가는 위치 면적 잔여지 등을 고려하여 대상토지의 양측 용도지역의 평균제한상태로 평가한다는 취지이다.

■ 보상 관련 질의회신(1990.7.13. 보상 01254-17819)

〈질의요지〉
도시계획상 용도지역인 상업지역과 도시계획시설인 유원지 사이에 있는 도시계획도로의 평가방법은?

〈회신내용〉
도시계획상 용도지역 사이에 있어 용도지역이 없는 토지의 평가는 그 위치, 면적, 이용상태, 잔여지 등을 감안하여 양측의 용도지역의 평균 제한상태로 평가하는 바, 귀 질의의 경우도 양측의 용도지역과 한 측이 유원지임을 감안하여 평균적인 제한상태를 상정, 평가함이 타당하다고 판단됨.

용도지역 경계에 위치한 토지의 보상

둘 이상의 공법상 용도지역에 걸쳐있는 토지에 대한 평가는 각 용도지역 부분의 위치·형상·이용상황 기타 다른 용도지역 부분에 미치는 영향 등을 고려하여 면적비율에 의한 평균가격으로 평가 보상한다. 다만, 용도지역을 달리하는 부분의 면적이 과소하여 가격형성에 미치는 영향이 별로 없거나, 관계법령의 규정에 의하여 주된 용도지역을 기준으로 이용할 수 있는 경우에는 주된 용도지역의 가격을 기준으로 평가할 수 있다.

(6) 용도지역의 건폐율과 용적율

지자체 조례에 따라 용도지역별 건폐율과 용적율이 지역에 따라 다르다

용도지역에 따라 알 수 있는 것은 그 지역의 개발가능행위와 더불어 건폐율과 용적율이다. 그런데 이러한 개발가능범위나 건폐율과 용적율도 국토계획법과 시행령에서 정하는 범위 내에서 자방자치단체별로 다르다는 것을 유의하여야 한다.

광역시 건폐율 용적율
(2015.1 조례기준)   %

	자연녹지지역	계획관리지역	생산관리지역	보전관리지역	농림지역
서울	20-50	-	-	-	-
부산	20-80	-	-	-	-
인천	20-80	40-100	20-80	20-80	20-80
대구	20-100	40-100	20-80	20-80	20-80
대전	20-80	40-80	20-70	20-60	20-70
울산	20-100	40-100	20-50	20-50	20-80
광주	20-60	40-90	20-80	20-80	20-60
세종시	20-100	40-100	20-80	20-80	20-80

경기북부지역 시 군
건폐율 용적율(2015.1 현재)   %

	자연녹지지역	계획관리지역	생산관리지역	보전관리지역	농림지역
고양	20-100	40-100	20-80	20-80	20-70
파주	20-80	40-100	20-80	20-80	20-50
연천	20-80	40-100	20-80	20-80	20-80
김포	20-100	40-100	20-50	20-50	20-70
남양주	20-100	40-100	20-80	20-60	20-60
포천	20-100	40-100	20-80	20-80	20-80
양평	20-100	40-100	20-80	20-80	20-80
광주	20-100	40-100	20-80	20-80	20-50

경기남부지역 시 군

건폐율 용적율(2015.1 현재)   %

	자연녹지 지역	계획관리 지역	생산관리 지역	보전관리 지역	농림지역
수원	20-100	-	-	-	-
용인	20-100	40-100	20-80	20-80	20-70
여주	20-100	40-100	20-80	20-80	20-80
이천	20-100	40-100	20-80	20-80	20-80
안성	20-100	40-100	20-80	20-80	20-80
화성	20-80	40-100	20-60	20-60	20-60
평택	20-100	40-100	20-80	20-80	20-80
시흥	20-100	-	-	-	-

5. 개별법 상 특별한 용도지역

국토계획법 상의 규제를 포함하여, 약 120개의 개별적인 특별법에서 정하는 용도지역규제는 토지이용규제기본법의 별표에서 그 목록을 쉽게 확인할 수 있다. 토지이용규제기본법은 토지이용과 관련된 지역·지구등의 지정과 관리에 관한 기본적인 사항을 규정함으로써 토지이용규제의 투명성을 확보하여 국민의 토지이용상의 불편을 줄이고 국민경제의 발전에 이바지함을 목적으로 한다. 이법의 별표에는 252개, 시행령 별표에는 43개, 합쳐서 295개의 용도지역이 리스트 업되어 있다.(2015년1월6일 현재) 이 중 국토계획법 상의 용도지역은 63개이며, 잔여 232개가 특별법에 의한 용도지력 등이다. 개별법 상의 용도지역 중요한 것을 보면 다음 표와 같다.

개별법에 의한 특별용도구역 예

① 농지법 제28조에 따른 농업진흥지역
② 산지관리법 제4조제1항제1호에 따른 보전산지
③ 개발제한구역의 지정 및 관리에 관한 특별법에 의한 개발제한구역
④ 한강수계 상수원수질개선 및 주민지원 등에 관한 법률 등에 따른 수변구역
⑤ 수도법 제7조에 따른 상수원보호구역
⑥ 습지보전법 제8조에 따른 습지보호지역
⑦ 자연환경보전법 제12조에 따른 생태·경관보전지역
⑧ 야생생물 보호 및 관리에 관한 법률 제27조에 따른 야생생물 특별보호구역

⑨ 야생생물 보호 및 관리에 관한 법률」 제33조에 따른 야생생물 보호구역
⑩ 토양환경보전법 제17조에 따른 토양보전대책지역
⑪ 자연공원법 제4조에 따른 자연공원
⑫ 자연환경보전법 제34조제1항제1호에 따른 생태·자연도 1등급 권역
⑬ 독도 등 도서지역의 생태계보전에 관한 특별법 제4조에 따른 특정도서
⑭ 문화재보호법 제25조 및 제27조에 따른 명승 및 천연기념물과 그 보호구역
⑮ 해양생태계의 보전및관리에 관한 법률 제25조에 따른 해양보호구역
⑯ 해양생태계의 보전및관리에 관한 법률 제12조제1항제1호늬 해양생태도 1등급권역
⑰ 항만법 제2조제4호에 따른 항만구역
⑱ 어촌·어항법 제17조제1항에 따른 어항구역
⑲ 택지개발촉진법 제3조에 따른 택지개발지구
⑳ 전원개발촉진법 제5조에 따른 전원개발사업구역

6. 지목과 용도지역의 구별과 차이

우리나라의 토지보존 및 이용관리는 매우 복잡한 3원적인 구조를 가지고 있다. 지목, 용도지역과 개별법 상 규제가 그 것인데, 토지공부를 하려면 이 세 가지의 차이점과 관계를 잘 이해하여야 한다. 초보자는 흔히 이 세가지를 정확히 알지 못하여 용어를 잘 못 쓰거나, 의사전달에 혼란이 오곤 한다. 땅을 상담하거나 거래할 때는 반드시 소재지와 지번, 지목, 용도지역과, 상담요지를 말하고, 지주의 주민등록지를 말해 주는 것이 좋다. 호구조사도 아닌데 지주의 거주지를 왜 묻느냐 하면, 현지인인 경우에는 운 좋으면 부재지주를 면할 수 있고, 8년 자경 농지인 경우에는 양도소득세를 감면받을 수 있기 때문에, 팔기에 용이하고 유리한지를 미리 알아두기 위하여 물어보는 것이다. 이처럼 땅을 이야기 할 때는 소재지, 지번 지목, 용도지역, 면적, 소유자 등의 기본적인 것을 알아야 매각과 개발가능성이나 매각의 용이성를 미리 점검할 수 있다.

그럼 **지목과 용도지역**은 어떤 차이가 있는 것일까? 관리지역 밭이라고 할 때 관리지역은 용도지역이고 밭은 지목이다. 지목과 용도지역은 항상 같이 붙어 다닌다. 즉 어떤 특정지변의 땅은 지목이 있고 용도지역이 있다. 지목과 용도지역은 중복되는 것 같지만 전혀 그렇지 않다. 둘 다 별개의 목적에 의해 별개의 기준으로 지정된 것이다.

첫째 지목은 막 필지별로 하나씩의 지목이 붙여지며, 지목이 지정되지 않는 토지는 없다. 다른 적당한 지목이 없으면 "잡종지"로 분류된다. 이에 반해 용도지역은 필지별이 아니라 어느 구역을 정해 용도지역이 정해진다. 필지와는 상관없다. 하나의 용도지역에

는 모든 지목이 포함될 수 있다.

둘째 지목은 국가가 지적행정을 위해 전국의 땅을 필지로 쪼개고, 지번을 붙이며, 지목을 붙여서, 관리하는 것이다. 이것을 지적행정이라고 하며 지적법에 정한다. 이에 반해 용도지역은 국가가 토지의 합리적인 보존과 이용을 위해 지역을 구분하여 개발행위를 제한하고 규제하는 것이다. 이에 관한 기본법이 "국토의 계획 및 이용에 관한 법률"로 줄여서 국토계획법 혹은 국계법이라고 한다. 국토계획법은 우선 국토를 크게 도시지역, 농림지역, 관리지역, 자연환경보전지역으로 나눈다. 그리고 도시지역과 관리지역은 더 세분화한다.

셋째 지목은 중복되거나 미 지정되는 경우가 없다. 지목은 땅의 주 용도에 따라 결정하는데(지목 주용도주의), 용도가 중복되는 경우에는 주지목으로 몰아주기 때문이다. 이에 반해 용도지역은 중복되는 경우도 있고 또 미지정인 경우나 미세분된 지역도 있다. 지금 도시지역 중 6.33%가 용도지역이 정해져 있지 않은 용도지역 미지정지역으로 남아 있다.

넷째 용도지역은 국토계획법에 의해 기본적인 용도지역이 정해지지만, 농지법, 산지관리법 등 개별법에 의해서도 정해진 것이 많다. 즉 용도지역에는 국토계획법상 용도지역과 개별법상 용도지역의 두 가지가 있다. 현재 국토계획법에는 약 60여개의 용도지역이, 개별법에는 340여개의 용도지역이 있어, 총 400여개의 용도지역이 있다. 정부부처와 지자체의 용도지역의 경쟁적 양산을 막기 위하여, 국토부에서는 2005년 12월 7일에 "토지이용규제기본법'을 제정하여 용도지역 규제 신설을 억제해 오고 있다. 지목과 용도지역을 표로 정리하면 다음과 같다.

지목과 용도지역 비교

	지목	용도지역
1. 근거법	측량 수로조사 및 지적에 관한 법률	●국토계획법(기본적 용도지역) ●개별법(개별적 용도지역)
2. 취 지	국토지적행정의 관리	국토의 보전과 이용의 효율적 관리
3. 개 수	28개	400여개
4. 중 복 미지정	× ×	○ ○
5. 용적율 건폐율	해당없음	적 용
6. 연접개발제한 개발행위규모제한	임야만 적용 (산지관리법)	모든 용도지역에 적용

제12장
특별법에 의한 개발규제 사례

1. 우리나라 토지공법의 체계

토지공법(公法)이란 토지사법(私法)에 대칭되는 말이다.

법은 그 규제목적과 규율관계, 보호하는 법익에 따라 공법과 사법으로 나눌 수 있으며, 토지에 관한 것도 역시 토지공법과 토지사법으로 나눌 수 있다. 토지공법은 국가나, 지방자치단체가 일방당사자가 되는 규율관계로서 대부분 행위규제등 강제적 관계이나 보상법같이 대등 협상관계일 수도 있다. 토지사법은 민법, 상법, 주택임대차보호법, 상가건물임대차보호법등과 같이 당사자간의 이해관계를 조절하는 법이다.

우리나라 토지공법의 범주에 넣어 실제로 많이 활용되는 주요 단행 법률은 총 100여개가 넘는다. 크게 "토지의 행정에 관한 법률"과 "국토의 균형개발에 관한법률" "국토계획 및 이용에 관한 법률" 및 각 분야별 단행 법률 등 4개 분야로 나누어 볼 수 있다. 각 분야별로 보면 대체로 군사, 그린벨트, 농지와 산지, 도로, 물, 공원과 문화재, 환경, 도시지역 및 주택, 전원과 공장입지개발 등 10개 분야로 나누어 볼 수 있다.

토지행정에 관한 법률은 기본적으로 국가가 토지를 측량 분류 관리하는 법률로서 지적법, 측량법, 부동산가격공시 및 감정평가에 관한 법률과 부동산등기법 등이 있다. 토지를 관리하는 기본법으로는 **국토의 계획 및 관리에 관한 법률[국토계획법]**이 있다. 이 법은 2003년도에 종전의 도시계획법과 국토이용관리법을 통합하면서 새로 제정된 법률로서 우리나라 토지규제의 기본법으로 인정되고 있다.

그러나 갈수록 복잡해지는 토지이용관련 각종 규제를 정비하고, 지방자치단체의 무분별한 지역 지구 등의 남발을 억제하고자 2005년12월에는 **토지이용규제기본법**을 제정하였다.

2. 토지이용규제 현황

토지이용규제 현황

(2012.12현재)

구분	소관부처	관계 법령 수	지역.지구 수
합계	-	131	321
법률	16	102	235
대통령령	4	4	48
부령	2	2	2
조례	16	23	36

자료출처 : 국토교통부 홈페이지
자료기준 : 국토이용규제기본법/시행령

현행법령 수

○ 현행 법령

(2015-02-27) 현재

구분		건수
헌법		1
법령	법률	1,353
	대통령령	1,555
	총리령	118
	부령	1,099
	기타(국회규칙 등)	332
	소계	4,457
계		4,458

자료출처 : 법제처 홈페이지

3. 현행 주요 토지공법과 규제내용 총 정리

[1] 토지행정에 관한 법률
    (1) 지적법[지목][지목변경][지적공부]
    (2) 측량법[지적측량] -----(1)(2)는 측량 수로조사 및 지적에 관한 법률로 통합

(3) 부동산가격공시 및 감정평가에 관한 법률[감정평가][보상][주택가격 공시]
　(4) 국가지리정보체계의 구축 및 활용에 관한 법률[GIS][LMIS]
　(5) 부동산등기법[부동산등기]
　(6) 부동산권리자 명의 등기에 관한 법률[부동산실명제][명의신탁금지]
　(7) 외국인토지법[토지거래의 신고 허가]
　(8) 부동산거래신고에 관한 법률[실거래가 신고의무]
　(9) 토지이용규제기본법[2005.12.7 제정][지역 지구 등][규제안내서]

[2] 국토의 계획 및 이용에 관한 법률[국토계획법]

　[용도지역][용도지구][용도구역][건폐율][용적율][개발행위허가][토지거래허가]
　[검인계약서][연접개발제한][지구단위계획][개발행위허가제한지역]

[3] 국토의 균형개발에 관한 법률
　(1) 국토기본법[국토종합계획][도시계획]
　(2) 수도권정비계획법[과밀억제권역][성장관리권역][자연보전권역]
　(3) 제주특별자치도 설치 및 국제자유도시 조성을 위한 특별법(2006.7.1)
　(4) 경제자유구역 지정 및 운영에 관한 법률(2004.9.17)
　(5) 신행정수도건설 후속대책을 위한 연기공주지역 행정중심복합도시 건설을 위한 특별법 (2005.3.18) ---〉[행정중심복합도시][예정지역][주변지역]---〉세종특별자치시 설치 등에 관한 특별법[시행 2012.7.1]
　(6) 국가균형발전특별법(2004.1.16)[혁신도시][예정지역][주변지역]
　(7) 기업도시개발특별법(2004.12.31)[기업도시]
　(8) 지역특화발전특구에 대한 규제특례법(2004.3.22)[지역특구]
　(9) 산업집적활성화 및 공장입지에 관한 법률[지식기반도시][공업단지조성]
　(10) 지방분권특별법
　(11) 지역균형개발 및 중소기업의 육성에 관한 법률
　(12) 접경지역지원법[접경지역지원종합계획]
　(13) 개발이익환수에 관한 법률[개발이익환수]
　(14) 공공철도건설촉진법
　(15) 고속철도건설촉진법
　(16) 고속도로법[접도구역]
　(17) 댐건설 및 주변지역 지원 등에 관한 법률
　(18) 수도권 공항건설 촉진법
　(19) 유통단지개발촉진법[물류단지]

[4] 군사에 관한 법률
(1) 군사시설보호법[군사시설보호구역][통제보호구역][제한보호구역]
(2) 해군기지법[통제보호구역]
(3) 군용항공기지법[비행안전구역][기지보호구역]
  이상의 군사관련 법률은 군사기지 및 군사시설 보호법[시행 2009.9.10]으로 통합
(4) 군사기밀보호법

[5] 그린벨트에 관한 법률
(1) 개발제한구역 지정 및 관리에 관한 특별법[개발제한구역]
(2) 국토계획법 제91조[수산자원보호구역]

[6] 농지와 산지에 관한 법률
(1) 농지법[농업진흥구역][농업보호구역]
(2) 농어촌정비법[한계농지][농어촌관광휴양단지][농공단지]
(3) 농업농촌기본법
(4) 산림법[2006.8.4 폐지]
(5) 산지관리법[공익용산지][임업용산지][산지전용제한지역][토석채취제한지역]
(6) 백두대간보호에 관한 법률(2003.12.31)[백두대간보호구역][핵심구역][완충구역]
(7) 국유림의 경영 및 관리에 관한 법률(2005.8.4)
(8) 산림자원의 조성 및 관리에 관한 법률(2005.8.4)
(9) 산림문화 휴양에 관한 법률[2005.8.4)
(10) 수목원 조성 및 진흥에 관한 법률(2006. 9.27)
(11) 초지법
(12) 장사 등에 관한 법률(2001.1.12)
(13) 산림보호법[산림보호구역]

[7] 도로에 관한 법률
(1) 도로법[접도구역][도로예정지]
(2) 고속도로법[접도구역]
(3) 사도법
(4) 도로교통법
(5) 건축법[진입도로의 폭과 넓이][건축허가제한지역]

[8] 물에 관한 법률
   (1) 하천법[하천구역][연안구역][하천예정지]
   (2) 수도법[상수원보호구역]
   (3) 지하수법
   (4) 온천법[온천원보호지구][온천공보호구역]
   (5) 환경정책기본법[수질보전특별대책지역]
   (6) 한강수계상수원 수질개선 및 주민지원 등에 관한 법률[수변구역]
       금강, 낙동강, 섬진강 영산강에도 동일한 법률 있음[4대강법]
   (7) 댐건설 및 주변지역지원에 관한 법률
   (8) 공유수면매립법
   (9) 공유수면관리법
   (8)(9)는 공유수면 관리 및 매립에 관한 법률[시행 2010.12.1]로 통합

[9] 공원과 문화재에 관한 법률
   (1) 자연공원법[자연보존지구][자연환경지구][마을지구][문화유산지구]
   (2) 도시공원 및 녹지 등에 관한 법률[완충녹지][경관녹지][연결녹지]
   (3) 문화재보호법[문화재보호구역][문화재지표조사]
   (4) 고도(古都)보존에 관한 특별법(2004.3.5)[경주. 부여. 공주. 익산]
   (5) 세계문화 및 자연유산보호에 관한 협약 제11조

[10] 환경에 관한 법률
   (1) 환경정책기본법[수질보존 특별대책지역][수질오염총량관리제]
   (2) 자연환경보전법[생태경관보전지역][핵심지역][완충지역][전이지역]
   (3) 대기환경보존법
   (4) 수질환경보존법
   (5) 토양환경보존법
   (6) 습지보전법[습지보호구역]
   (7) 야생동식물보호법[야생동식물보호구역]
   (8) 조수보호 및 수렵에 관한 법률
   (9) 독도 등 도서지역의 생태계보존에 관한 특별법[생태계보전지역]
   (10) 지하수법
   (11) 오수 분뇨 및 축산폐수의 처리에 관한 법률
   (12) 백두대간보호에 관한 법률[핵심지역][완충지역]
   (13) 4대강수계 물 관리 및 주민지원에 관한 법률[한강, 낙동강, 금강, 영산강]
   (14) 환경 교통 재해 등에 관한 영향평가법[사전영향검토][환경영향평가]

[11] 도시지역 및 주택분야 법률
　(1) 건축법
　(2) 주택법(2003.5.29)[투기과열지구][주택거래신고]
　(3) 임대주택법
　(4) 도시개발법
　(5) 택지개발촉진법[택지예정지구]
　(6) 도시 및 주거환경정비법[도정법](2002.12.31)[재건축][재개발][주거환경정비]
　(7) 국민임대주택건설 등에 관한 특별조치법
　(8) 도시재정비촉진을 위한 특별법(2006.7)

[12] 전원 공장입지개발에 관한 법률
　(1) 전원개발에 관한 특별법[전원개발사업구역]
　(2) 원자력법[제한구역]
　(3) 사업입지 및 개발에 관한 법률[산업단지]

토지이용규제를 하는 지역·지구등

■ 토지이용규제기본법 별표에 나온 개별법 상 주요 용도지역 등(발췌)
[2015.1.현재]

토지이용규제를 하는 지역·지구등

연번	근거 법률	지역·지구등 명칭
1	「가축분뇨의 관리 및 이용에 관한 법률」 제8조	가축사육제한구역
2	「개발제한구역의 지정 및 관리에 관한 특별조치법」 제3조	개발제한구역
3	「건축법」 제18조	건축허가·착공제한지역
4	「건축법」 제60조	가로구역별 최고높이 제한 지역
5	「경제자유구역의 지정 및 운영에 관한 특별법」 제4조	경제자유구역
6	「고도 보존 및 육성에 관한 특별법」 제10조제1항제1호	역사문화환경 보존육성지구
7	「고도 보존 및 육성에 관한 특별법」 제10조제1항제2호	역사문화환경 특별보존지구
8	「고속국도법」 제8조	접도구역
9	「골재채취법」 제22조의2	골재채취금지구역
10	「골재채취법」 제34조	골재채취단지
11	「공공기관 지방이전에 따른 혁신도시 건설 및 지원에 관한 특별법」 제6조	혁신도시개발예정지구
12	「관광진흥법」 제52조	관광지
13	「관광진흥법」 제52조	관광단지
46	「군사기지 및 군사시설 보호법」 제4조 및 제5조	군사기지 및 군사시설 보호구역
47	「군사기지 및 군사시설 보호법」 제4조 및 제5조	통제보호구역
48	「군사기지 및 군사시설 보호법」 제4조 및 제5조	제한보호구역
49	「군사기지 및 군사시설 보호법」 제4조 및 제6조	비행안전구역
57	「금강수계 물관리 및 주민지원 등에 관한 법률」 제4조	수변구역
58	「금강수계 물관리 및 주민지원 등에 관한 법률」 제7조	상수원보호구역

59	「금강수계 물관리 및 주민지원 등에 관한 법률」 제15조	건축 등 허가제한지역
60	「금강수계 물관리 및 주민지원 등에 관한 법률」 제16조	폐수배출시설 설치제한지역
61	「금강수계 물관리 및 주민지원 등에 관한 법률」 제20조	폐기물매립시설 설치제한지역
62	「급경사지 재해예방에 관한 법률」 제6조	붕괴위험지역
63	「기업도시개발 특별법」 제5조	기업도시개발구역
64	「낙동강수계 물관리 및 주민지원 등에 관한 법률」 제4조	수변구역
65	「낙동강수계 물관리 및 주민지원 등에 관한 법률」 제7조	상수원보호구역
66	「낙동강수계 물관리 및 주민지원 등에 관한 법률」 제15조	건축허가제한지역
67	「낙동강수계 물관리 및 주민지원 등에 관한 법률」 제16조	폐수배출시설설치제한지역
68	「낙동강수계 물관리 및 주민지원 등에 관한 법률」 제21조	폐기물매립시설설치제한지역
69	「농어촌정비법」 제9조	농업생산기반 정비사업지역
70	「농어촌정비법」 제101조	마을정비구역
71	「농어촌정비법」 제82조	농어촌 관광휴양단지
72	「농어촌정비법」 제94조 및 제95조	한계농지등 정비지구
73	「농지법」 제28조제1항	농업진흥지역
74	「농지법」 제28조제2항제1호	농업진흥구역
75	「농지법」 제28조제2항제2호	농업보호구역
99	「문화재보호법」 제9조 및 제75조	문화재보호구역
103	「백두대간 보호에 관한 법률」 제6조제2항	백두대간보호지역
104	「백두대간 보호에 관한 법률」 제6조제2항제1호	핵심구역
105	「백두대간 보호에 관한 법률」 제6조제2항제2호	완충구역
106	「사방사업법」 제4조	사방지
107	「산림문화·휴양에 관한 법률」 제13조	자연휴양림구역
108	「산림자원의 조성 및 관리에 관한 법률」 제19조	채종림구역
109	「산림보호법」 제7조	산림보호구역
138	「수도법」 제7조	상수원보호구역
139	「수목원조성 및 진흥에 관한 법률」 제19조	국립수목원완충지역
140	「수질 및 수생태계 보전에 관한 법률」 제33조제5항	배출시설설치제한지역
141	「습지보전법」 제8조제1항	습지보호지역
163	「자연공원법」 제4조	국립공원
164	「자연공원법」 제4조	도립공원
165	「자연공원법」 제4조	군립공원
166	「자연공원법」 제18조제1항제1호	공원자연보존지구

167	「자연공원법」제18조제1항제2호	공원자연환경지구
168	「자연공원법」제18조제1항제3호	공원마을지구
208	「하천법」제10조	하천구역
209	「하천법」제11조	하천예정지
210	「하천법」제12조	홍수관리구역
211	「학교보건법」제5조	학교환경위생 정화구역
212	「한강수계 상수원수질개선 및 주민지원 등에 관한 법률」제4조	수변구역
213	「한강수계 상수원수질개선 및 주민지원 등에 관한 법률」제6조	오염행위 제한지역
213의2	「한강수계 상수원수질개선 및 주민지원 등에 관한 법률」제8조의7	건축 등 허가제한지역
213의3	「한강수계 상수원수질개선 및 주민지원 등에 관한 법률」제8조의8	폐수배출시설 설치제한지역
214	「한강수계 상수원수질개선 및 주민지원 등에 관한 법률」제15조의4	폐기물매립시설 설치제한지역
242	「역세권의 개발 및 이용에 관한 법률」제4조제1항	역세권개발구역
243	「친수구역 활용에 관한 특별법」제4조	친수구역
251	「연안관리법」제20조의2제2항제1호	핵심관리구역
252	「연안관리법」제20조의2제2항제2호	완충관리구역

제13장
토지의 취득 양도가 제한되는 경우

1. 토지의 취득이 제한되는 경우

(1) 토지거래허가제도

허가제도의 취지
 토지거래허가제도는 토지시장의 안정 및 토지투기를 예방하기 위하여 국토교통부 장관이 지정한다. 다만 동일 시, 군 구내의 지정은 시, 도지사에게 위임할 수 있다. 토지거래허가기간은 5년 이내로 하며 연장이 가능하다. 허가구역으로 지정하려면 관보에 허가구역 및 지정기간을 공고하고, 공시 및 공람 후 확정하여 공고한다. 지정효력은 지정공고일로부터 5일 후부터 효력을 발생하지만, 재지정의 경우는 공고일로부터 효력을 발생한다.

허가대상거래
 허가구역 내 토지의 소유권, 지상권의 유상거래에 한하여 허가를 받는다. 대가성이 없는 상속과 증여는 허가대상이 아니다. 허가구역 내 단독주택인 경우에도 대지는 토지이므로 허가를 받아야 한다. 허가를 받지 않고 체결한 토지거래계약은 효력을 발생하지 아니한다.(상대적무효설) 허가를 받지 아니하고 계약을 체결하거나 부정한 방법으로 허가를 받은 자는 2년 이하의 징역 또는 토지가격의 30배에 상당하는 벌금에 처하며, 허가받은 목적대로 토지를 이용하지 아니한 경우에는 5백만원 이하의 과태료에 처한다.

허가대상 최소 면적
 허가대상 최소면적의 규제는 토시지역인 경우에는 용도지역에 따라서 구분하고, 비도시지역(관리지역. 농림지역. 자연환경보전지역)은 지목을 기준으로 하여 농지. 임야. 기타(대지. 잡종지 등)로 구분하여 정한다. 지목은 지적공부상 지목이 아닌 현실지목을 기준으로 한다.

용도지역별 허가 적용대상 면적

구 분		허가를 받아야하는 면적
도시지역	주거	180㎡(54평)초과
	상업	200㎡(60평)초과
	공업	660㎡(200평)초과
	녹지	100㎡(30평)초과
	용도미지정지역	90㎡(27평)초과
도시외의 지역	농지	500㎡(151평)초과
	임야	1000㎡(302평)초과
	기타	250㎡(75평)초과
도시재정비지구		20㎡(6평)이상

토지거래허가 심사기준

토지거래허가를 받을 수 있는 허가기준으로는 실수요성(투기적 거래가 아닌 실수요 목적에 의한 거래), 이용목적의 적절성, 면적의 적합성 등 세 가지다.

허가절차

① 당사자간 토지매매계약
② 양 당사자는 토지소재지 시. 군. 구청에 허가신청서 제출
   허가신청서 첨부서류에 농업(산림)경영계획서외 땅 취득에 소요된 자금조달계획을 반드시 제출해야 한다.
③ 시. 군. 구의 허가심사(15일내 검토)
④ 허가 시 허가 중 교부
⑤ 불허가 시 불허가 통보
⑥ 1월 내 이의신청 및 심의결과 통보

전매 제한기간

허가를 받아 토지거래허가구역 내의 토지를 취득하는 경우에는 취득한 토지를 일정기간 이용해야 하고, 그 기간 중에는 전매하지 못하도록 하고 있다. 이를 최소 이용의무기간 또는 전매금지기간이라고 한다. 허가받아 취득한 토지는 2-5년간 허가받은 목적대로 이용할 의무가 있으며, 그 기간은 농업 임업 축산업 어업용 2년, 주거용 3년, 개발사업용 4년, 기타 5년으로 되어 있다.

2015년1월부터 축산업·임업 또는 어업을 영위하기 위한 목적으로 토지거래허가구역 내에서 토지를 취득한 때에 그 허가의 목적대로 토지를 이용하여야 하는 기간을 토지취득시부터 3년(생산물이 없는 경우 5년)에서 축산물·임산물 또는 수산물 등의 생산물 유무(有無)와 관계없이 2년으로 단축 조정하여 토지이용의 효율성을 높이도록 국토계획법시행령이 개정되었다.(2015.1.6 국토계획법시행령 개정)

■ 토지거래허가구역 지정 연혁

① 2007년 토지거래허가구역

2007년 당시 허가구역은 수도권뿐 만 아니라 지방의 주요개발 지구를 포함하여 전국의 약1/4에 달하고 있었다. 수도권은 대부분이 토지거래허가구역으로 묶여, 토지거래가 극도로 제한되었으며, 이후 토지시장 침체의 주요 원인이 되었다.

2007 허가구역 지정현황 (2007. 1 현재)
- 총 172시, 군. 구 21,498㎢ 국토(남한면적)의 21.5%
  o 수도권(서울. 인천. 경기)의 녹지. 용도 미 지정지역 및 비도시지역
   - 자연보존권역인 가평. 이천 여주. 양평과 옹진. 연천 제외
  o 수도권 및 광역권(부산. 대구. 강주. 대전. 울산. 마창진권)의 개발제한구역
  o 충청권의 신행정수도건설 관련지역 8시9군
  o 기업도시 신청지역 7개 시. 군
  o 혁신도시 후보지역 15개 시. 군. 구
  o 서울 뉴타운지역(1~3차) 17개구, 경기도 뉴타운지역 9개시
  o 기타 지자체 자체 개발예정지 등

2007년 수도권 및 광역권 토지거래허가구역 지정내역

2007년 수도권 및 광역권 토지거래허가구역 지정내역

(1) 지정기간 : 2006년 5월 31일 ~ 2007년 5월 30일(1년)
(2) 지정지역

구 분	면 적	대상지역
계	9,872.85㎢	
수도권 및 광역권 개발제한구역	4,294.0㎢	○ 수도권(1,566.8㎢) - 서울특별시. 인천광역시. 남양주. 시흥. 광명. 부천. 서ㅇ남. 안양. 수원. 안산. 구리. 의왕. 과천. 고양. 하남. 군포. 용인. 화성. 광주. 의정부. 김포시. 양주. 양평군 ○ 부산권(597.1㎢) - 부산광역시, 김해. 양산시 ○ 대구권(539.5㎢) - 대구광역시, 경산시, 달성. 칠곡. 고령군 ○ 광주권(55.7㎢) - 광주광역시, 나주시, 담양. 화순. 장성군 ○ 대전권(441.1㎢) - 대전광역시, 공주. 논산. 계룡시, 금산. 연기. 옥천. 청원군 ○ 울산권(283.6㎢) - 울산광역시 ○ 마창진권(314.2㎢) - 마산. 창원. 진해. 김해시. 함안군
수도권 녹지. 용도미지정. 비도시지역	5,578.85㎢	○ 서울특별시(90.96㎢) ○ 인천광역시(903.08㎢) ○ 경기도(4,584.81㎢) 수원. 성남. 의정부. 안양. 부천. 광명. 평택. 동두천(비도시지역 제외). 안산. 고양. 과천. 구리. 남양주(화도읍, 수동. 조안면 제외). 김포. 화성. 광주. 양주. 포천시(옹진. 가평, 이천. 여주. 양평. 연천 제외)

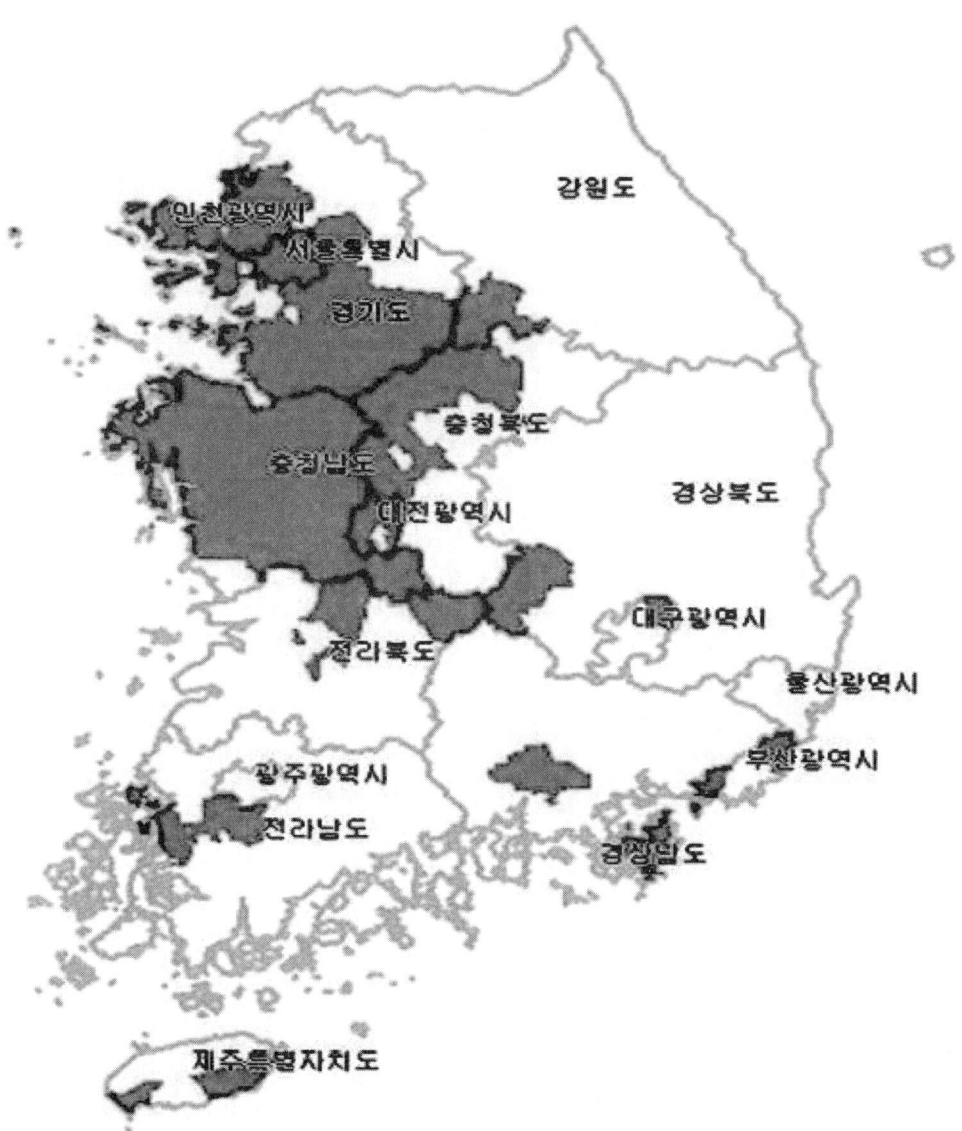

② 2015년 토지거래허가구역

2015 허가구역 지정 현황(2014.2)

2014년2월 전국 토지거래허가구역의 약 60%인 287.228㎢가 해제되어 남은 허가구역은 우리나라 국토 면적(10만188㎢)의 0.5%에서 0.2%로 줄어들었다.

전체 토지구역허가구역 해제지역은 경기도(98.685㎢)가 가장 넓고 인천광역시(92.74㎢)와 부산광역시(46.642㎢)가 뒤를 이었다. 특히 대구광역시(3.59㎢)와 광주광역시(23.82㎢) 울산광역시(1.2㎢) 경상남도(7.39㎢)는 허가구역이 전부 해제됐다.

중앙행정기관 이전, 국제과학비즈니스벨트 개발사업 등으로 땅값이 고공행진하고 투기우려가 확산되고 있는 세종시와 대전광역시는 전면 재지정됐다. 세종시의 경우 2003년 지정이후, 2009년 금남면 일대 40.15㎢를 제외한 모든 땅이 해제됐다가 5년만에 규제지역으로 다시 묶였다. 대전은 세종시와 인접한 유성구를 제외한 모든 지역이 규제에서 풀렸다가 이번에 다시 지정됐다.

< 시도별 해제. 재지정 면적(㎢) >

구분	기존	해제	해제율(%)	재지정
계	482.371	287.228	59.5	195.143
수도권	274.648	204.586	74.5	70.062
서울특별시	40.451	13.161	32.5	27.29
인천광역시	93.24	92.74	99.5	0.5
경기도	140.957	98.685	70	42.272
지방권	207.723	82.642	39.8	125.081
부산광역시	88.943	46.642	52.4	42.301
대구광역시	3.59	3.59	100	0
광주광역시	23.82	23.82	100	0
대전광역시	42.63	0	0	42.63
울산광역시	1.2	1.2	100	0
세종특별자치시	40.15	0	0	40.15
경상남도	7.39	7.39	100	0

※ 7개 시도(강원, 충북, 충남, 전북, 전남, 경북, 제주)는 기존 국토부 지정 허가구역 없음

자료: 국토교통부

2015년 2월 현재 토지거래허가 잔존지역은 수도권(서울, 인천, 경기)과 부산, 대전, 세종시 등 6곳이다.

2015 경기도 토지거래허가구역 지정 잔존 시 (7개시)
고양 부천 시흥 구리 하남 성남 과천 광주

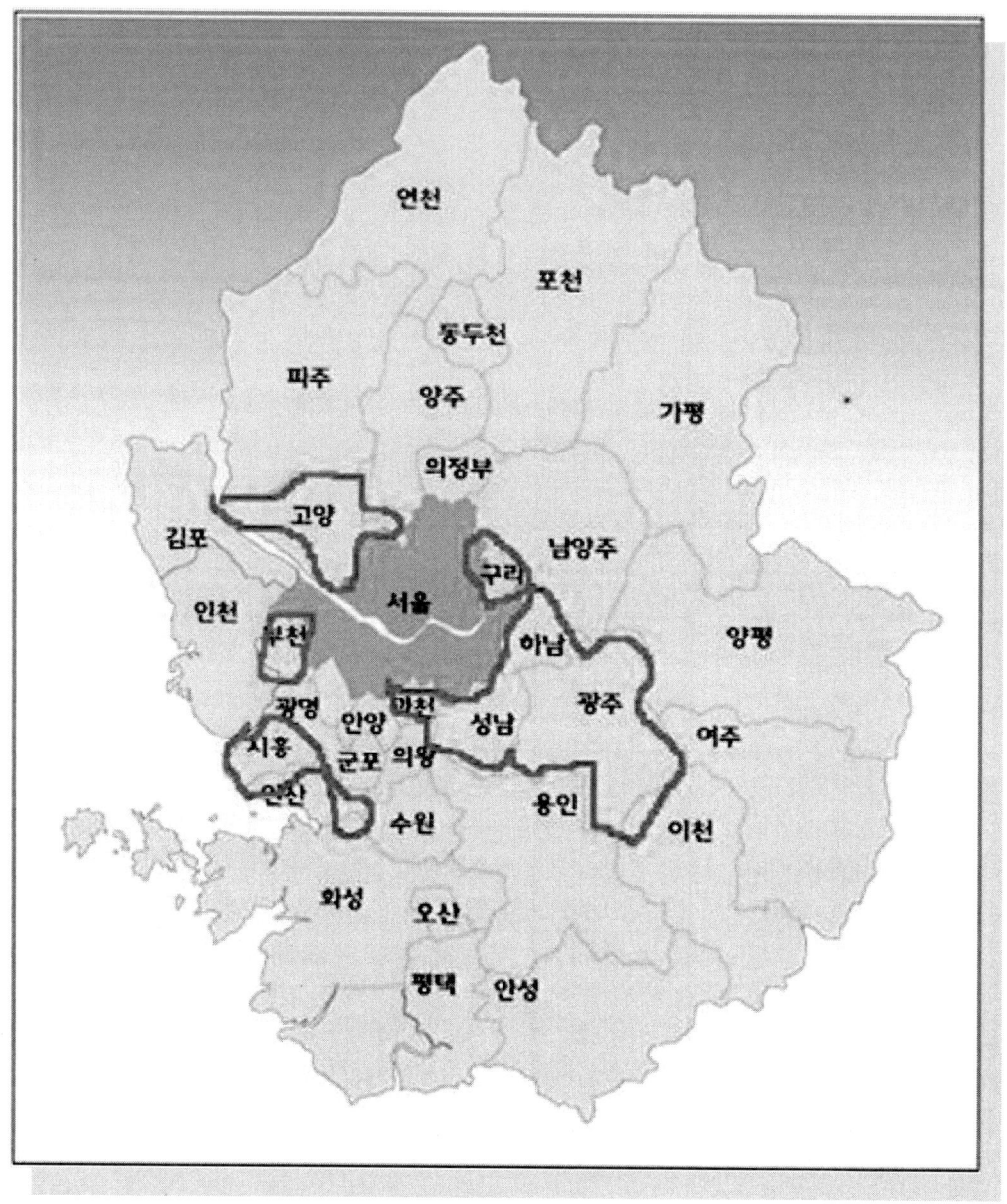

(2) 농지취득자격증명

모든 농지의 취득에 있어서는 사전에 농지 취득자격증명을 받아야 한다.

농지취득자격증명은 평수와 지역을 막론하고 취득 시 모든 농지에 꼭 필요하다.

농지소유권이전등기의 필수 첨부서류로 되어 있기 때문이다. 토지거래허가구역, 경매 취득시, 302평 미만의 주말농장 취득 시에도 반드시 필요하다.

(3) 종중 법인의 농지취득 제한

종중과 일반법인은 농지를 취득할 수 없다. 다만 법인 중 국가 지방자치단체 등 공법인과 금융기관, 특수법인과 학교는 농지법의 범위 내에서 농지를 취득할 수 있다.

(4) 외국인의 토지취득 제한

일반적인 경우 외국인이 국내토지를 취득하려 할 경우에는 매매계약 체결 후 60일 이내에 토지 소재지의 시장, 군수 구청장에게 신고하여야 한다. 외국인의 상속 경매 등으로 토지 취득 시에는 토지취득일(등기일)로부터 60일 이내에 신고하여야 한다. 다만 군사시설보호구역, 해군기지구역, 기지보호구역, 문화재보호구역, 생태경관보전구역의 토지를 구입하는 외국인은 반드시 토지취득계약의 체결 전에 주무관청의 사전허가를 받아야 한다.

■ 서격렬비도 등 8개 무인도, 외국인이 맘대로 못 산다
2014-12-26

충남 태안의 서격렬비도 등 영해기점인 8개 무인도가 외국인이 마음대로 살 수 없는 외국인 토지거래허가구역으로 지정됐다. 국토교통부는 12월26일 경북 포항시 호미곶(322㎡), 부산 해운대구 1.5미이터암(50㎡), 부산 영도구 생도(8천88㎡), 전남 여수 간여암(1천905㎡), 제주 제주시 절명서(3천372㎡), 전남 신안군 소국흘도(4천760㎡), 충남 태안군 서격렬비도(12만8천903㎡), 인천 옹진군 소령도(5천752㎡) 등 8개 무인도서를 외국인 토지거래허가구역으로 지정한다고 밝혔다. 이들 8개 섬의 총 면적은 15만3천152㎡다. 이번 조치로 외국인 토지거래허가구역으로 지정된 무인도는 13곳으로 늘었다. 이들 무인도는 연안국이 주권을 행사할 수 있는 배타적 관할구역의 기준점인 영해기점인 곳이다. 우리나라에는 23개의 영해기점이 있는데 그중 13개가 무인도다.

외국인 토지거래허가구역으로 지정된 땅을 외국인이 매입하려면 시·군·구청장의 허가를 받아야 한다. 허가없이 거래할 경우 계약효력이 상실되고 2년 이하의 징역 또는 2천만원 이하의 벌금이 부과된다. 외국인 토지거래허가구역은 군사시설보호구역이나 문화재보호구역 등에도 지정돼 있다.

2. 법인토지의 양도 처분이 제한되는 경우

[특수법인 기본재산에 대한 주무관청의 허가]

사찰, 교회, 향교, 학교, 재단법인 등 특수법인 소유 기본부동산 처분 시 반드시 법인 이사회의 결의를 거쳐 주무관청의 재산처분 허가를 받아야 한다.

(1) 학교 기본재산 경매

[질문]
이사회 결의 나 감독청 허가가 없는 학교법인 기본재산의 양도의 효력은 타당한지요?
● 참조 판례 : 대법원 1994. 9. 27. 93누22784
● 참조 조문 : 구 사립학교(1990. 4. 7. 법률, 제4226호로 개정 전의 것) 제28조

[답]
구「사립학교」(1990.4.7.법률 제4226호로 개정되기 전의 것) 제28조제1항, 제16조의 규정에 의하면, 학교법인이 기본재산을 양도함에 있어서는 이산회의 결의를 거쳐 감독청의 허가를 받도록 하고 있다. 이사회의 결의나 감독청의 허가가 없이 양도된 경우에는 그것이 학교법인의 의사에 기한 것이든 강제 경매 절차에 기한 것이든 무효라고 할 것이다.(93누22784)

강제매각절차에 있어서 최고가매수신고인은 매각기일에 매각허가를 받을 매각절차상의 권리가 있을 뿐 직접 집행채권자나 채무자에 대하여 어떠한 권리를 가진다고 할 수는 없으므로, 최고가배수신고인이 집행채무자인 학교법인을 대위하여 감독청에 대하여 기본재산의 처분에 관한 허가신청을 대위행사 할 수는 없다.(위 판례)

사립학교법 제28조 (재산의 관리 및 보호)
①학교법인이 그 기본재산을 매도·증여·교환 또는 용도변경하거나 담보에 제공하고자 할 때 또는 의무의 부담이나 권리의 포기를 하고자 할 때에는 **관할청의 허가**를 받아야 한다. 다만, 대통령령이 정하는 경미한 사항은 이를 관할청에 신고하여야 한다.
②**학교교육에 직접 사용되는 학교법인의 재산중** 대통령령이 정하는 것은 이를 매도하거나 담보에 제공할 수 없다.
③「초·중등교육법」제10조 및 「고등교육법」제11조의 규정에 의한 수업료 기타 납부금(입학금·학교운영지원비 또는 기성회비를 말한다. 이하 같다)을 받을 권리와 이 법 제29조제2항의 규정에 의하여 별도 계좌로 관리되는 수입에 대한 예금채권은 이를 압류하지 못한다.
사립학교법시행령 제12조 (처분할 수 없는 재산의 범위) ①법 제28조제2항의 규정에 의하여

학교법인이 매도하거나 담보에 제공할 수 없는 재산은 당해 학교법인이 설치·경영하는 사립학교의 교육에 직접 사용되는 재산으로서 다음 각호의 1에 해당하는 것으로 한다.
1. 교지
2. 교사(강당을 포함한다)
3. 체육장(실내체육장을 포함한다)
4. 실습 또는 연구시설
5. 기타 교육에 직접 사용되는 시설·설비 및 교재·교구

(2) 전통사찰재산이 주무관청의 허가 없이 강제경매로 처분된 경우

[질문]
甲은 주무관청의 허가 없이 진행된 사찰재산(부동산)의 강제경매절차에서 매수한 것을 원인으로 하여 부동산소유권이전등기를 하였는데, 그 효력은 어떻게 되는지요?
● 참조 판례 : 대법원 1981.8.20., 80다2136, 1999.10.22., 97다49817
　　　　　　　　　2009.2.9. b99다26979, 1994.1.25. 93다42993
● 참조 조문 : 전통사찰보존법 제6조

[답]
전통사찰의 주지가 동산 또는 대통령령이 정하는 부동산의 대여·양도 또는 담보의의 제공에 해당하는 행위를 하고자 할 때에는 대통령령이 정하는 바에 따라 문화관광부장관의 허가를 받아야 하고, 허가받은 사항을 변경하고자 하는 경우에도 또한 같습니다. 다만, 위의 행위를 하고자 할 때에는 소속대표단체의 대표자의 승인서를 첨부하여야 한다.(전통사찰보존법 §16조 제①항)

이와 관련 판례는 사찰재산에 대하여 강제경매를 하는 경우에는 관할청인 문화관광부장관의 허가를 얻어야 하는 것이므로, 그 허가 없이 진행된 강제경매절차에 의하여 매각 받은 것을 원인으로 하여 경료된 소유권이전등기는 적법한 원인을 결여한 무효의 등기라고 한다.(80다2136, 97다49817, 99다26979) 따라서 주무관청의 허가 없이 진행된 사찰재산의 부동산강제경매 절차에서 매수한 것을 원인으로 마쳐진 부동산소유권이전등기의 효력은 무효가 된다. 판례는 학교법인의 기본재산이 감독청의 허가 없이 강제경매절차에 의하여 매각된 경우 그 매각을 원인으로 하여 마쳐진 소유권이전등기의 효력도 무효라고 한다.(93다42993)

전통사찰의 보존 및 지원에 관한 법률 제9조 (허가사항) <u>①전통사찰의 주지는 동산이나 부동산(해당 전통사찰의 경내지에 있는 그 사찰 소유 또는 사찰 소속 대표단체 소유의 부동산을 말한다. 이하 이 조에서 같다)을 양도하려면 소속 대표단체 대표자의 승인서를 첨부하여 문화체육관광부장관의 허가를 받아야 한다.</u>

②전통사찰의 주지는 다음 각 호의 어느 하나에 해당하는 행위를 하려면 시·도지사의 허가를 받아야 한다. 허가 받은 사항을 변경하려는 경우에도 같다. 다만, 제1호의 행위를 하려는 경우에는 소속 대표단체 대표자의 승인서를 첨부하여야 한다.
 1. 동산 또는 부동산을 대여(대여)하거나 담보로 제공하는 행위
 2. 경내지에서 건조물을 신축·증축·개축 또는 철거하는 행위[하략]

(3) 사회복지법인의 기본재산 담보제공

사회복지사업법 제23조(재산등) ①법인은 사회복지사업의 운영에 필요한 재산을 소유하여야 한다.
 ②법인의 재산은 보건복지부령이 정하는 바에 의하여 기본재산과 보통재산으로 구분하며, 기본재산은 그 목록과 가액을 정관에 기재하여야 한다. 〈개정 2008.2.29, 2010.1.18〉
 <u>③법인은 기본재산에 관하여 다음 각호의 1에 해당하는 경우에는 보건복지부장관의 허가를 받아야 한다.</u> 다만, 보건복지부령으로 정하는 사항에 대하여는 그러하지 아니하다.
  <u>1. 매도·증여·교환·임대·담보제공 또는 용도변경하고자 할 때</u>
  2. 보건복지부령이 정하는 금액 이상을 1년 이상 장기차입하고자 할 때
 ④제1항의 규정에 의한 재산과 그 회계에 관하여 필요한 사항은 보건복지부령으로 정한다.

(4) 의료법인의 재산 처분

의료법 제48조(설립 허가 등) ①제33조제2항에 따른 의료법인을 설립하려는 자는 대통령령으로 정하는 바에 따라 정관과 그 밖의 서류를 갖추어 그 법인의 주된 사무소의 소재지를 관할하는 시·도지사의 허가를 받아야 한다.
 ②의료법인은 그 법인이 개설하는 의료기관에 필요한 시설이나 시설을 갖추는 데에 필요한 자금을 보유하여야 한다.
 ③의료법인이 재산을 처분하거나 정관을 변경하려면 시·도지사의 허가를 받아야 한다.
 ④이 법에 따른 의료법인이 아니면 의료법인이나 이와 비슷한 명칭을 사용할 수 없다.

(5) 공익법인의 재산 처분

공익법인 설립운영에 관한 법률 제11조(재산) ① 공익법인의 재산은 대통령령으로 정하는 바에 따라 기본재산과 보통재산으로 구분한다.
 ② 기본재산은 그 목록과 평가액을 정관에 적어야 하며, 평가액에 변동이 있을 때에는 지체 없이 정관 변경 절차를 밟아야 한다.
 ③ 공익법인은 기본재산을 매도·증여·임대·교환 또는 용도변경하거나 담보로 제공하거나

대통령령으로 정하는 일정금액 이상을 장기차입(長期借入)하려면 주무 관청의 허가를 받아야 한다.
④ 공익법인은 목적사업을 수행하기 위하여 그 재산을 선량한 관리자의 주의를 다하여 관리하여야 한다.

(6) 다시 허가를 받지 않아도 되는 경우

[질문]
강제경매의 대상이 된 부동산에 보건복지부장관의 허가를 받아 근저당권이 설정되었고 매각대금이 모두 근저당권자에게 배당된 경우 그 매각의 경우에도 의료법 제41조 제3항 소정의 보건복지부장관의 허가가 또 필요한지요?
● 참조 판례 : 대법원 1993. 7. 16. 93다2094
● 참조 조문 : 의료법 제41조

[답]
「의료법」제41조 제3항의 규정에 의한 보건복지부장관의 허가는 강제경매의 경우에도 그 효력요건으로 보아야 할 것이지만, 강제경매의 대상이 된 부동산에 보건복지부장관의 허가를 받아 소외 은행을 근저당권자로 한 근저당이 설정되었고, 그 매각대금이 모두 위 은행에 배당되어 그 근저당권이 소멸되었다면 이는 위 은행의 근저당권실행에 의하여 임의경매가 실시된 것과 구별할 이유가 없다고 하겠다. 그러므로 담보제공에 관한 보건복지부장관의 허가를 받았을 경우에 저당권이 실행으로 매각될 때에 다시 그 허가를 필요로 한다고 해석되지 아니하는 이치에서 위와 같은 매각의 경우에도 별도의 허가를 필요로 하지 아니한다고 할 것이다.(93다2094)

3. 건축행위가 일정기간 제한 금지되는 경우

토지에 건축물을 건축하는 것은 토지용도에 있어 가장 중요한 일이다. 통상 사람들은 토지 위에 건축물을 지어 활용하고자 땅을 구입하기 때문이다. 좋은 전원주택부지를 사서 전원주택을 짓는다거나, 임야에 창고나 공장, 연수원 등을 짓고, 농지에 농업용창고를 지어 활용한다. 그러나 우리나라 현행 법 체계상 아무 땅에나 건축물을 지을 수 있는 것은 절대 아니다. 국토계획법을 비롯한 건축법, 그린벨트법, 농지법, 산지관리법 등 정교하고 복잡한 토지공법의 체계로 많은 규제를 하고 있는 것이 현실이다.
건축행위는 대표적인 토지개발행위로서 기본적으로는 국토계획법 상 개발행위 규제의 대상이 된다. 개발행위에는 건축물의 건축 이외에도 형질변경, 공작물 축조, 토지분할, 물건적치, 토석채취 등의 유형이 있지만, 이 중에서도 가장 중요하고 규제가 심한 것은 건축행위라고 할 수 있다. 그래서 국토계획법 상 용도지역의 개발가능행위도, 건축법시행령 별표에 나오는 28개 건축물의 종류별로 규제한다.

건축행위의 규제는 크게 국토계획법 상 용도지역에 의한 규제와 농지법 등 지목별 개별법에 의한 규제, 그리고 그린벨트법, 수도법, 자연공원법 군사시설보호법 등 개별공적목적에 따른 특별법에 의한 규제로 나누어 볼 수 있다. 이 이외에도 일정기간 건축행위를 금지하는 지역 구역 지구제도가 있으며, 더 구체적인 개별 건축행위에서는 건축법에서 규정하는 각종 규제가 있다.

(1) 국토계획법 상 건축제한

① 용도지역별 건폐율, 용적율의 제한이 대표적인 제한이다.
② 약 60여개의 용도지역별로 건축물의 종류를 제한한다.
③ 경관지구, 미관지구, 고도지구, 빙화지구, 방재지구, 보존지구 등 각종 지구에서는 목적에 따라 건축이 제한된다.
④ 지구단위계획구역, 개발진흥지구 내 토지는 계획에 따른 건축물만 인정되고, 다른 용도의 건축을 할 수 없는 제한이 있다.

(2) 개발제한구역(GB)

개발제한구역은 그린벨트로 불려지며, 현재 〈개발제한구역의 지정 및 관리에 관한 법률〉에 의해 개발이 광범위하게 제한되고 있다. 개발제한구역으로 지정되면, 그 구역 내에서의 개발행위는 지목과 용도지역에 관계없이, 법이 정하는 개발행위만 허용된다. 제한된 개발행위조차도 관계 지자체의 허가를 받아야 하는 경우가 대부분으로, 사실상 그린벨트에서 주민은 주민공동편의시설에 국한하여 개발이 허용되고, 60-70년대식 농림사업을 운영하며 농지와 임야를 현상 보존하는 것을 원칙으로 한다고 해도 과언이 아니다. 바다의 그린벨트라고 불리우는 **수산자원보호구역**도 각종 건축이 규제된다.

(3) 개발행위허가제한구역(국토계획법)

국토교통부장관, 시·도지사, 시장 또는 군수는 도시·군관리계획상 특히 필요하다고 인정되는 다음의 지역에 대해서는 3년~5년 이내의 기간 동안 개발행위허가를 제한할 수 있다. 이 경우 제한지역·제한사유·제한대상행위 및 제한기간을 미리 고시하여야 한다.

1. 녹지지역이나 계획관리지역으로서 수목이 집단적으로 자라고 있거나 조수류 등이 집단적으로 서식하고 있는 지역 또는 우량 농지 등으로 보전할 필요가 있는 지역
2. 개발행위로 인하여 주변의 환경·경관·미관·문화재 등이 크게 오염되거나 손상될 우려가 있는 지역
3. 도시·군기본계획이나 도시·군관리계획을 수립하고 있는 지역으로서 그 도시·군 기본계획이나 도시·군관리계획이 결정될 경우 용도지역·용도지구 또는 용도구역의 변경이 예상되고 그에 따라 개발행위허가의 기준이 크게 달라질 것으로 예상되는 지역
4. 지구단위계획구역으로 지정된 지역
5. 기반시설부담구역으로 지정된 지역

개발행위허가 제한내용은 지역과 사유에 따라 다르므로, 해당 고시를 찾아 보거나, 당해 토지가 소재하는 시/군/구청의 도시계획과에 문의하여야 한다. 실제 동탄신도시 지구나 고양시 JDS지역 등의 경우 등 개발행위허가제한 사례는 대단히 많다.

개발행위허가제한구역 내에서는 건물의 신축이 금지되므로, 투자나 개발에 특히 유의하여야 할 것이다.

(4) 시가화조정구역(국토계획법)

시·도지사는 직접 또는 관계 행정기관의 장의 요청을 받아 도시지역과 그 주변지역의 무질서한 시가화를 방지하고 계획적·단계적인 개발을 도모하기 위하여 **5년-20년간** 시가화를 유보할 필요가 있다고 인정되면 시가화조정구역의 지정 또는 변경을 도시·군관리계획으로 결정할 수 있다. 시가화조정구역으로 지정되면 도시·군계획사업의 경우 외에는 다음 각 호의 어느 하나에 해당하는 행위에 한정하여 특별시장·광역시장·특별자치시장·특별자치도지사·시장 또는 군수의 허가를 받아 그 행위를 할 수 있다. 구체적으로 시가화조정구역에서 할 수 있는 행위의 범위는 국토계획법시행령 제24조 및 제25조에 나와 있다. 실제 시가화조정구역을 지정한 예로는 영종도지역 외에는 없다.

1. 농업·임업 또는 어업용의 건축물 중 대통령령으로 정하는 종류와 규모의 건축물이나 그 밖의 시설을 건축하는 행위
2. 마공동시설, 공익시설·공공시설, 광공업 등 주민의 생활을 영위하는 데에 필요한 행위로서 대통령령으로 정하는 행위
3. 입목의 벌채, 조림, 육림, 토석의 채취, 그 밖에 경미한 행위

(5) 건축허가제한구역(건축법)

국토교통부장관은 국토관리를 위하여 특히 필요하다고 인정하거나 주무부장관이 국방, 문화재보존, 환경보전 또는 국민경제를 위하여 특히 필요하다고 인정하여 요청하면 허가권자의 건축허가나 허가를 받은 건축물의 착공을 2년-3년 이내로 제한할수 있다. 이 경우에는 의견을 청취한 후 건축위원회의 심의를 거쳐야 한다.

(6) 개별법에 의한 건축제한

자연공원법(자연공원구역), 수도법(상수원보호구역, 공장설립제한 승인지역), 철도법(철도용지), 도로법(도로구역, 접도구역), 하천법(하천구역),수도권정비계획법(수도권3권역), 군사기지 및 군사시설보호법(통제보호구역, 제한보호구역, 비행안전구역) 학교보건법(절대 상대정화구역), 가축분뇨의 관리 및 이용에 관한 법률(가축사육제한지역) 등 개별법에 의한 건축규제는 헤아릴 수 없이 많다. 농지에는 농업진흥지역. 임야에는 보전산지, 초지법에 의한 목장용지 건축제한 등 지목에 따른 규제가 있다.

제14장
개발가능성과 사업타당성 검토 방법

1. 땅의 개발가능성과 사업타당성 분석 요령

개발가능성 분석

어느 땅의 개발가능성 보는 방법을 아는 것은 공인중개사는 물론 일반 투자자의 입장에서도 대단히 중요하다.

개업공인중개사의 경우에는 고객이 팔려고 땅을 내놓았을 때, 이 땅의 매수가능성이 있는 잠재고객을 알아내기 위하여는 그 땅에 무엇을 할 수 있는지 최소한의 개발가능성을 검토할 줄 알아야 한다. 반대로 땅을 찾는 어느 고객이 특정용도(예컨대, 공장, 연수원 등)의 땅을 구해달라는 부탁을 받았을 경우에는 내 지역에서 그 용도에 적합한 땅의 지목과 용도지역 및 면적을 찾아 낼 줄 알아야, 고객이 원하는 적합한 물건을 추천할 수 있다. 따라서 토지전문 공인중개사는 다음의 두가지에 대한 기본지식과 기초훈련을 쌓아야 할 것이다.

① 매도희망 고객이 보유한 땅의 개발가능행위를 알아보는 방법
② 매수희망 고객이 원하는 용도의 땅을 찾는 방법

사업타당성 분석

매수희망고객이 원하는 땅을 사서 개발사업을 하려는 경우, 사업타당성 분석은 일반적으로는 매수자의 몫이 된다. 그러나 150평 미만의 작은 원룸 부지등 사서 몇 층의 원룸건물을 짓는 경우와 같은 간단한 개발사업이라면 토지전문 공인중개사도 간략하게 사업성 검토를 할 수 있다. 이 때 포인트는 총투자비와 총수익금을 산정하여, 목표수익율에 맞느냐 인 것이다. 총투자비로서는 땅값, 건축비(설계에 따라 달라짐), 제세공과금, 임대보증금(공제), 융자금 및 이자 등일 것이다. 총 수익금은 원룸 월임대료를 방수로 계산하면 되는데, 그 지역의 평형별 월임대료 수준은 그 지역 공인중개사가 가장 정확하

게 파악할 수 있다.

　이런 타당성 분석에서 가장 키포인트는 원룸의 개략적인 설계도면이다. 설계를 위하여는 우선 정확한 공부상 면적과 경계측량을 거쳐야 하고, 용도지역에 따라 건폐율과 용적율을 파악하여 바닥면적 몇 평에, 몇 층을 올릴 수 있는가를 보는데, 이 과정에서, 방수에 따라 법정주차장 면적이 중요하다. 통상 원룸의 1층을 필로티로 하는 이유는 주차장을 확보하기 위한 것이다. 다음의 각 층에 몇 평짜리 방을 몇 개 들이느냐는 임대료 수입과 직결되기 때문에 그 지역의 수요나 임대료 수준을 보아, 가장 수익이 높도록 배치하여야 할 것이다. 다만 주의할 것은 당장 임대수입이 많다고 해서, 방을 작게 잘게 자른다면, 후일 방 확장 등 리모델링을 해야 하는 번거로움을 감안해야 한다는 사실이다.

2. [사례 1] 보유한 땅의 개발가능행위를 알아보는 방법

[사례1] 보전녹지 농지에서의 개발가능행위는?
　경기도 남양주시 오남읍 양지리 741번지(농지)에서 활용 가능한 행위를 나열하고, 그 중 가장 경제적이고 타당성있는 개발행위는 무엇인지 추천해 보시오......

1. 입지 검토
먼저 경기도 남양주시 오남읍 양지리 741번지의 입지와 접근성을 본다.
이 경우 네이버나 다음에서 제공하는 지도는 좋은 자료로 활용할 수 있다.
대상지는 별내IC 동북부 방향으로, 국립수목원 가는 길목에 있음을 알 수 있다.

주변환경을 파악하기 위해, 위성도(항공사진)을 본다. 대상지는 진접읍 인근 아파트와 단독주택 단지 등 주거지로 둘러싸인 소규모 임야의 중간에 위치함을 알 수 있다.

현황도로가 있는지 더 크게 확대해서 본다.

연속지적도(지적편집도)를 보아 토지의 경계와 모양을 알아본다. 대상지는 투구 모양의 농지로 위성도에는 현황도로가 있는 것으로 보인다. (지적상 도로인지 확인해 보아야 한다)

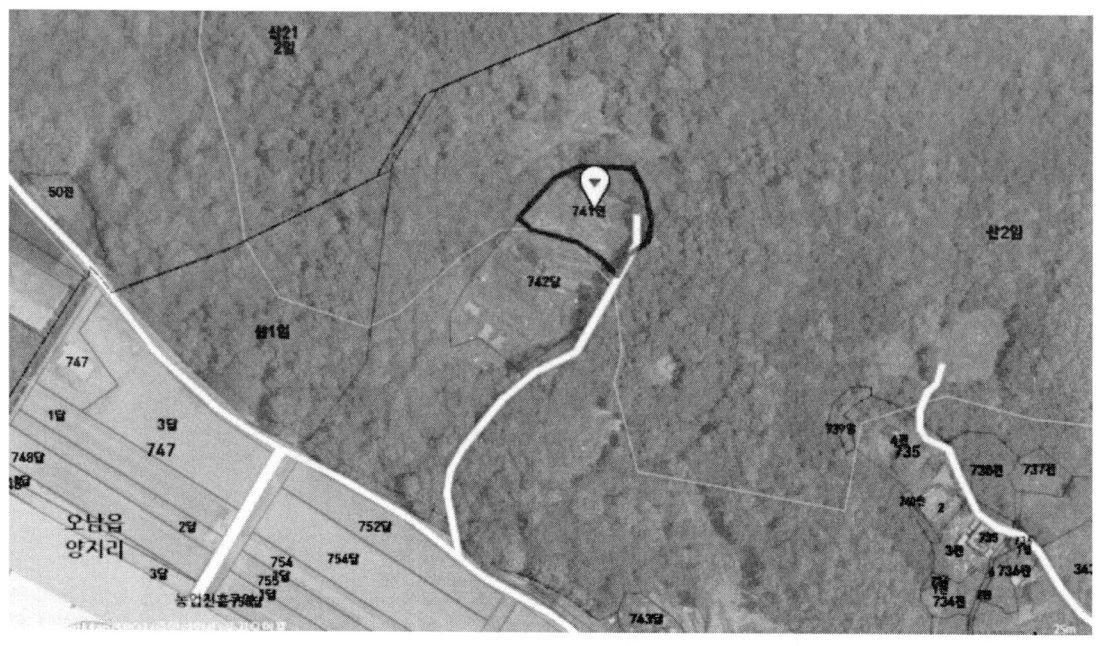

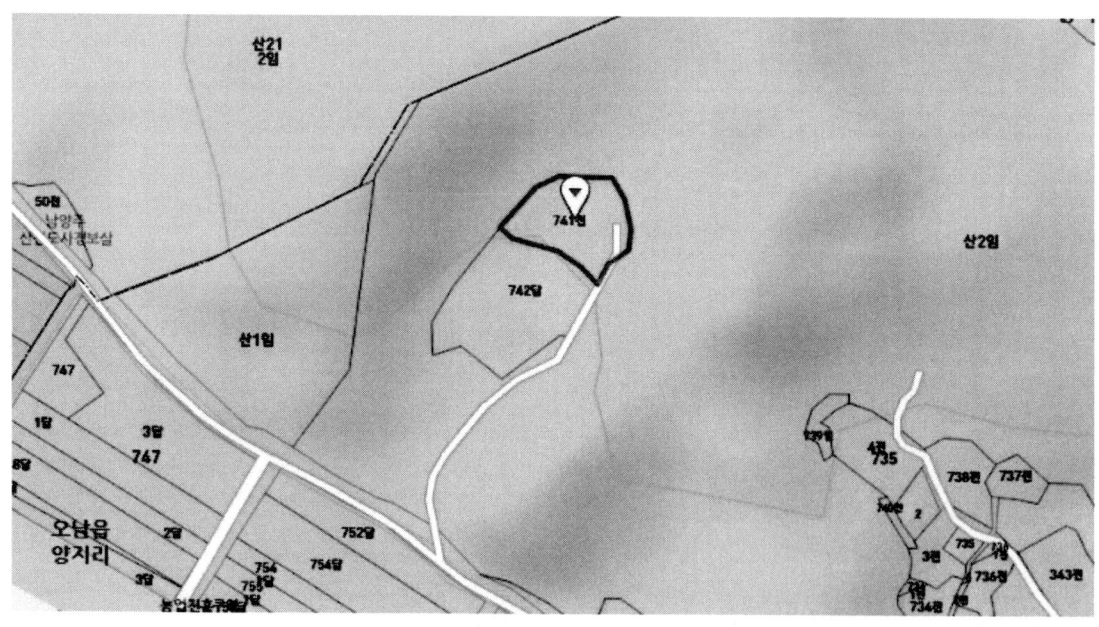

2. 규제

지적상도로의 유무와 정확한 면적, 규제(용도지역)는 토지이용규제확인서를 검색해 본다.

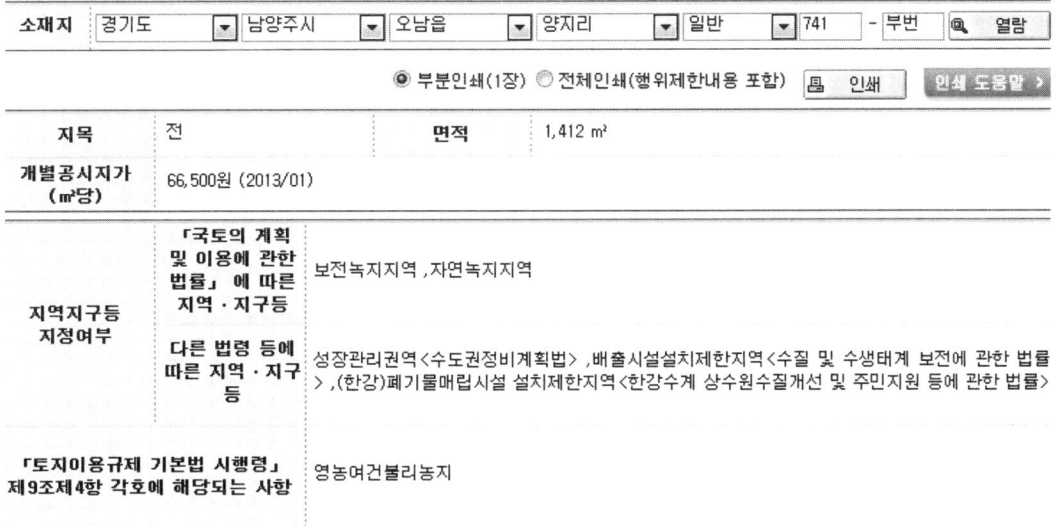

규제현황
(1) 대상지는 남양주시 3권역 중에서 성장관리권역에 속한다.
(2) 한강 및 자연보전권역에 인접하여 배출시설설치제한지역이다
   - 폐수배출 공장 창고 및 축사 신축 제한
(3) 대부분(약 80%)가 보전녹지이고, 남쪽 일부(약 20%)는 자연녹지다.
(4) 농지법 상 영농여건불리농지(田)다.(약간 경사지로 추정)

3. 지적도와 진입도로

대상지는 현황도로는 있으나, 지적상 도로가 없는 맹지다. 이 경우 이 현황도로를 이용하여 건축이 가능한지는 현장답사 등 추가로 조사해 보아야 답이 나온다.

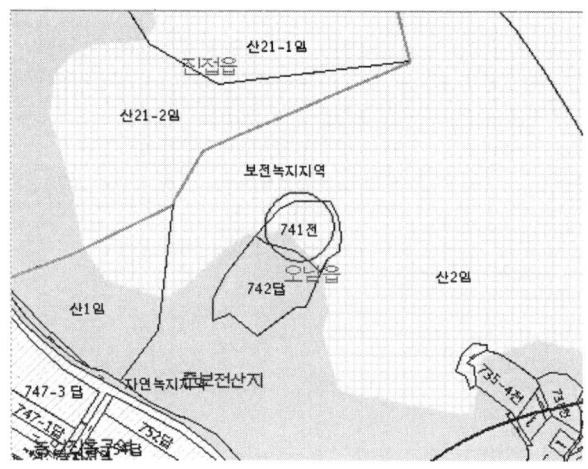

4. 이 땅의 전망은?

우선 입지와 접근성의 장래 개선 전망을 본다. 근처에 남양주 북부경찰서가 신설될 예정으로 나온다.(추후 확인 요) 주위 땅과 더불어 무언가 함께 활용할 수 있는 방안이 있을 법도 한 입지다. 주변이 모두 아파트단지와 단독주택 등으로 둘러 싸여 있어, 이 일대가 근린공원으로 지정될 가능성도 배제할 수 없다.

5. 대상지에서 가능한 개발행위

대상지는 남양주시 소재 보전녹지(일부 자연녹지)로서 남양주시 보전녹지에서 할 수 있는 개발 가능행위는 남양주시 도시계획조례 별표에 있다. 건폐율과 용적율은 각각 20%-80%.

남양주시 도시계획조례
[별표 15]보전녹지지역 안에서 건축할 수 있는 건축물

○ **4층 이하의 건축물에 한한다.**
1. 「건축법 시행령」 별표 1 제1호의 단독주택(다가구주택을 제외한다)
2. 「건축법 시행령」 별표 1 제3호의 제1종근린생활시설로서 해당 용도에 쓰이는 바닥면적의 합계가 500제곱미터 미만인 것
3. 「건축법 시행령」 별표 1 제4호의 제2종근린생활시설 중 종교집회장
4. 「건축법 시행령」 별표 1 제5호의 문화 및 집회시설 중 동호라목에 해당하는 것
5. 「건축법 시행령」 별표 1 제6호의 종교시설
6. 「건축법 시행령」 별표 1 제9호의 의료시설
7. 「건축법 시행령」 별표 1 제10호의 교육연구시설 중 유치원·초등학교·중학교·고등학교
8. 「건축법 시행령」 별표 1 제11호의 노유자시설
9. 「건축법 시행령」 별표 1 제18호 가목의 창고(농업·임업·축산업·수산업용에 한한다)
10. 「건축법 시행령」 별표 1 제19호의 위험물저장 및 처리시설 중 액화석유가스충전소 및 고압가스충전·저장소
11. 「건축법 시행령」 별표 1 제21호의 동물 및 식물 관련시설(동호다목 및 라목에 해당하는 것을 제외한다)
12. 「건축법 시행령」 별표 1 제23호의 교정 및 군사시설
13. 「건축법 시행령」 별표 1 제26호의 묘지관련시설
14. 「건축법 시행령」 별표 1 제28호의 장례식장

이 땅에서의 개발가능행위를 대략 요약하면 다음과 같다.
① 전원주택, 농가주택
② 150평 미만 1종근생
③ 교회 기도원 사찰 성당 등 종교시설
④ 종합병원 요양병원
⑤ 요양원 양로원 등 사회복지시설
⑥ 유치원
⑦ 영업용 임대용창고와 공장 설치, 골프연습장은 불가하다.
⑧ 영불농(영농여건불리농지)으로서 주말농장 혹은 임대용 농지로 사용 가능하다.

당분간 농막을 짓고, 주말농장으로 사용하기 좋은 땅일 수도 있다.

6. 건축가능성

이 농지는 산에 있으므로 경사도와 고도(기준지반고)를 체크해 보아야 한다.
남양주시 경사도 20도로 제한.
그 이전에 진입도로 문제를 해결해야 할 것이다.

■ **남양주시 도시계획조례 상 개발행위허가기준(공통사항)**

(1) 조수류, 수목 등의 집단서식지가 아니고, 우량농지 등에 해당하지 아니하여 보전의 필요성이 없을 것
(2) 개발행위로 인하여 당해 지역 및 그 주변지역의 역사적·문화적·향토적 가치가 있는 지역이 훼손되지 아니하고, 국방상 목적 등에 따른 원형 보전의 필요성이 없을 것
(3) 토지의 형질변경이나 토석채취의 경우에는 표고, 경사도, 임상, 인근 도로의 높이, 물의 배수 등을 참작하여 다음의 기준에 적합할 것. 다만, 국가 또는 지방자치단체가 공익상의 필요에 의하여 직접 시행하는 사업을 위한 토지의 형질변경인 경우에는 적용하지 아니한다.
(가) 개발행위허가 대상토지의 헥타르당 평균입목축적이 시의 헥타르당 평균입목축적의 150퍼센트 이하인 토지
(나) 경사도가 20도 이상인 토지상에 개발행위를 하고자 하는 경우라면 시 도시계획위원회의 자문을 거쳐 허가할 수 있으며, 경사도가 22도 이상의 토지에는 개발행위를 할 수 없다. 이 경우, 경사도 산정방식은 남양주시 수치지형도상에 표준단위 면적(10,000제곱미터 내 최고표고와 최저표고의 차이를 수평거리로 나누어 계산)을 설정하여 단위면적 내 등고선의 표고변화를 계산하는 방식으로 구한다.
다만, 시장이 수치지형도가 현실과 맞지 않는다고 인정하는 경우에 한하여 공공기관에서 검증된 지형현황측량의 경사도를 사용할 수 있다. 〈단서신설 2014.01.09〉
(다) 기준지반고(개발 대상지역이 포함된 전체 지역에 적용될 수 있는 대표성이 있는 토지로서 시장이 지정 고시한 토지)를 기준0미터 미만에 위치하는 토지(남양주시 수치지형도상의 표고를 기준으로 한다) 〈개정 2014.01.09〉

3. [사례 2] 고객이 원하는 용도의 땅을 찾는 방법

[사례 2] 화성에서 골프연습장 부지를 찾다.

어느 고객이 화성시에서 골프연습장(야외) 부지를 찾고 있을 경우, 화성시 안에서 어떤 입지조건의 어떤 지목과 무슨 용도지역의 땅 몇 평 정도를 물색하여 추천하시겠습니까? 특히 유의해야

할 사항은? 단 고객은 땅값은 시세대로 지급하겠다고 합니다.

사례2는 사례1과 더불어 토지중개에 있어서 가장 먼저 습득해야할 기본적인 사항이다.
어느 고객이 사례2와 같은 요구를 하며, 땅을 찾아 달라고 할 때에 토지중개사가 가장 먼저 해야 할 일은 무엇인가? 우선 고객이 원하는 목적사업의 인허가를 받을 수 있는 땅의 중요한 기본적인 조건이 무엇인지를 파악하는 일이다.

제일 먼저 검토할 사항은 골프연습장 부지로 얼마만큼의 부지가 필요한지 하는 면적조건이다.(통상 야외골프연습장은 도심에서 멀지 않은 곳의 약 10,000㎡(3000평) 정도의 면적이 필요하다) 즉 화성 전역에서 3,000평이 진입도로가 붙어 있는 입지를 찾고, 진입도로의 폭이 얼마가 되어야 하는지도 중요한 사항이다. 그런 다음에 골프연습장 허가를 받을 수 있는 지목과 용도지역은 어떤 것이 있는지 알아 볼 일이다.

1. 입지 검토
골프연습장은 도시지역 내에 있거나 혹은 도시지역 인근에 있어야 한다.
가장 좋은 것은 대규모 아파트 단지 주변에 있으면 좋겠지만, 민원문제가 쉽지 않다.
그래서 대체로 골프연습장은 고속도로 IC주변이나 국도변 가까운 곳에 위치하게 된다.
간혹은 도심에서 멀지 않은 야산을 뒤로 하여 농지(밭)에 설치하기도 한다.

2. 진입도로 문제
골프연습장의 진입도로 요건에 관하여 국토해양부 훈령인 **도시·군계획시설의 결정·구조 및 설치기준에 관한 규칙**에서는 다음과 같이 규정하고 있다.

……골프연습장 등 체육시설의 진입도로는 전체부지의 경계에서 국도·지방도·시도·군도, 그 밖에 폭 10미터 이상인 도로에 연결하되 폭 8미터 이상으로 하며, 보도의 설치가 필요한 경우에는 10미터 이상으로 할 것……

그러나 현실적으로 토지중개의 초보자가 이러한 규정을 찾아낸다는 것은 불가능에 가까운 일이다. 그러나 그렇다 하더라도 이러한 규정을 모르고 진입도로를 우선적으로 챙기지 않아 후일 골프연습장 인허가가 나지 않는다면, 그것은 매우 위험한 일일 것이다.

3. 지목과 용도지역
골프연습장의 적지로는 대체로 임야가 땅값도 싸고, 나무가 둘러 싸여 있는 경우가 가장 좋겠지만, 일단 농지(밭)나 목장용지(초지)도 고려대상이 될 것이다. 그러나 골프연습장을 건설하는 주체가 일반회사 등 법인이라면, 농지취득은 불가할 것이다. 이 경우에는 토지사용승락을 받아야 가능할 것이다. 목장용지 초지인 경우에는 더욱 복잡해진다. 초지법 상 용도변경금지기간인 25년이 안 지났다면, 사실상 불가능할 것이며, 만일 25년이 넘었다면, 용도변경 승인을 받아야 할 것이다.

다음에는 과연 화성지역에서 녹지지역(보전, 생산, 자연), 관리지역(계획, 생산, 관리), 농림지역 중에서 어떤 용도지역에 가능한가? (주거, 상업, 공업지역 등 중신도시지역은 땅값이 비싸고, 3,000평 가까운 땅을 구하기도 어렵다) 이 문제를 해결하는 관건은 다름 아닌 **화성시 도시계획조례를 찾는 방법**이다.

우선 골프연습장은 체육시설, 운동시설로 건축법시행령 별표 1에 열거된 **용도별 건축물의 종류** 중 제13호의 **운동시설**의 하나다. [**체육시설**의 설치·이용에 관한 법률에서는 체육시설이라 칭한다]

13. 운동시설	가. 탁구장, 체육도장, 테니스장, 체력단련장, 에어로빅장, 볼링장, 당구장, 실내낚시터, 골프연습장, 물놀이형시설, 그 밖에 유사한 것 (1종, 2종근생 제외) 나. 체육관(관람석 1,000㎡ 미만) 다. 운동장(육상,구기,볼링,수영,스케이트,로울러스케이트,승마,사격,궁도,골프장 1,000㎡ 미만)

화성시 도시계획조례 별표 중 위에 나온 7개의 용도지역에서 개발가능한 행위를 살펴 보아 제13호 운동시설이 포함되어 있는지 검토한다. 검토결과를 보면, 자연녹지지역과 계획관리지역에서만 가능하다는 것을 알 수 있다. 그렇다면 화성시에서 골프연습장을 설치할 수 있는 지역은 도시중심부를 제외한다면, **자연녹지지역**과 **계획관리지역**이라고 할 수 있다
[화성시 도시계획조례 별첨 제14~19]

4, 화성시 개발행위허가 기준에 적합할 것
대상지 경사도는 15도 미만이어야 함.

5. 종합
화성시에서 골프연습장 부지를 찾는다면, 우선 도심 근교 외곽지역에 10m 이상의 국도, 지방도에서 연결되는 너비 8m 이상의 도로확보가 가능한 농지 혹은 임야로서 자연녹지지역 혹은 계획관리지역이어야 한다.(경사도는 15도 미만이어야 함)

제15장
땅값을 파악하는 요령

1. 정확한 시세파악의 중요성

토지투자에 있어서 땅값과 관련된 의문

토지투자의 이론과 방법에 있어서 땅값에 관련된 사항은 무수히 많다. 토지투자에 관련된 큰 흐름은 땅값을 기본적인 줄기로 해서 발전되어 나간다고 해도 과언이 아니다. 토지투자에 있어서 흔히 의문되는 사항을 나열해 보면 대강 다음과 같다.

땅값을 둘러싼 이와 같은 18가지 의문사항은 본서인 제7권과 제8권의 곳곳에서 관련된 부분과 함께 대부분 설명될 것이다.

① 정확한 시세파악은 왜 필요한가?
② 정확한 시세는 어떻게 파악하는가?
③ 땅값의 종류에는 무엇이 있는가?
④ 땅값은 기본적으로 어떻게 결정되는가?
⑤ 땅값을 결정하는 핵심적인 요인은 무엇인가?
⑥ 지목별 땅값은 어떻게 형성되어 있는가?
⑦ 용도지역별 땅값은 어떻게 차이가 있는가?
⑧ 지역별 땅값은 어떻게 다른가?
⑨ (표준, 개별)공시지가 산정 기준
⑩ 토지 감정평가기준은?
⑪ 토지평가방법의 일반이론은?
⑫ 토지보상금 산정방식은?
⑬ 보상금을 잘 받는 보상전략
⑭ 땅을 좋은 값에 잘 사는 요령은?
⑮ 땅을 좋은 값에 잘 파는 요령은?
⑯ 땅값이 상승하는 요인은?

⑰ 땅값이 오르는 지역은?
⑱ 땅값을 올릴 수 있는 방안은?

정확한 시세파악의 중요성

투자 대상지의 정확한 시세를 파악하는 것은 토지투자의 출발점으로서 대단히 중요한 작업이다. 전매차익을 남기려는 토지투자는 시세이하로 싸게 사야 더 많은 시세차익을 남길 수 있어 좋고, 또 조금 남더라도 싸게 내놓을 수 있어 남보다 일찍 팔 수 있는 쟁쟁력을 가질 수 있다. 그러려면 그 지역의 일반 거래시세와 대상지의 적정시세를 정확하게 파악하는 것이 땅투자의 첫걸음이다. 또한 토지경매로 구입하는 경우 적정 입찰가를 결정할 때 적어도 시세보다는 20% 이상 싼값으로 사야 이득을 남길 수 있다. 법원에서 공시하는 최초 경매감정가는 통상 시세의 20% 이상을 잡는 것으로 알려지고 있으며, 입찰 시와의 시차로 인해 믿을만한 것이 못된다. 단지 참고가 될 뿐이다. 시세파악이 필요한 또 하나의 이유인 것이다.

개별공시지가 또한 전적으로 믿을 것이 못된다. 특히 수도권이나 충청도 강원도의 경우 지난 10여년간 매년 5% 내지 10%씩 별다른 이유없이 개별공시지가가 올라왔기 때문에, 지금은 오히려 개별공시지가에 미치지 못하는 땅들이 많은 실정이다.

결국 믿을 것은 정확한 시세조사밖에 없다.

2. 땅값을 파악하는 요령

그러면 정확한 시세파악은 어떻게 하는 것이 효율적인가?

농지나 임야와 같은 땅은 실거래가 신고 자료가 많지 않아서 일반인으로서 정확한 시세파악이 쉽지 않다. 인터넷 포탈에 나오거나 직거래가로 게시되는 물건도 할인될 것을 미리 감안해 통상 시세보다 10% 내지 20% 이상 부풀려 진 것이 많다.

가장 좋은 방법은 발로 뛰어 현지를 방문해서 몇 군데 토지소재지에서 영업 중인 몇군데 공인중개사에게 문의해 보는 방법이다. 소개를 받거나 연고가 있는 믿을 만한 공인중개사를 찾아가 현장을 보고 소개를 받거나 직접 문의하는 것도 좋을 것이다. 이럴 때는 거리가 떨어진 두 세군데에 물어보아서 크로스체크 해 보면 대체적인 시세를 알 수 있다. 그러나 시세는 세월과 지역여건에 ;따라 변동될 수 있으므로, 구입 계약에 임박하여 재확인해 보는 것이 좋다.

또 하나는 그 지역의 유사한 지목 용도지역을 가진 지나간 경락 물건의 낙찰가를 살펴보는 것도 좋은 방법이다. 낙찰가는 대체로 그 당시 시세에 가까우면서 약간 하회하는 금액으로 쓴 것으로 보이기 때문이다. 낙찰가는 유료 경매포탈사이트에서 검색해 볼 수 있다. 그 외에 가능하다면, 그 지역 유사물건의 금융기관 담보평가액을 알아내어 비교해 보는 방법이 있다.

3. 땅값의 종류는

땅값이라고 불리우는 것들의 종류는 대략 다음과 같다. 이러한 것들은 각기 용도가 다르고, 그에 다라 평가기준도 다르기 때문에 매매거래 시에 직접 이용하기는 어려워도, 참고는 될 수는 있을 것이다.

실거래가
최근 거래가격
표준지공시지가
개별공시지가
경매감정가
경매낙찰가
담보감정가
보상가격
개별주택공시가격
농지은행 매도가격

4. 땅값은 어떻게 결정되는가

(1) 땅값의 일반적 결정요인

토지의 있어서는 땅값을 결정하는 여인은 무수히 많고, 어느 것이 가장 중요하고 우선이냐는 과학적인 기준도 없다. 그러나 일반적으로 다음 7가지 요인들이 땅의 가치와 가격을 결정하는 중요한 요소라고 볼 수 있다.

1. 지역
2. 지목
3. 접근성 도로와 교통
4. 형상지세와 주변환경
5. 진입도로 유무

6. 활용가능성(용도지역, 공법규제)
7. 발전가능성(개발, 도로개통)

(2) 표준지 공시지가 평가기준

참고로 표준지 공시지가 평가기준은 다음과 같다.

1. 지목
2. 용도지역
3. 지리적위치
4. 도로교통
5. 주위환경
6. 이용상황
7. 형상지세

지목	용도지역	지리적위치	도로교통	주위환경	이용상황	형상지세

(3) 지목별 용도지역별 땅값 차이

땅값은 지역에 따라 큰 차이가 있음은 물론, 같은 지역이라 할지라도 지목별로 다르고, 용도지역별로도 차이가 난다.

■ 농지의 지목별 용도지역별 땅값 (농림부 보고서 자료)

> ▶ 2007년 기준 농업진흥지역내 논의 가격은 제곱미터당 21,867원으로 진흥지역 밖의 논 가격의 77.0%, 밭의 경우에는 제곱미터당 26,881원으로 진흥지역 밖의 밭 가격의 81.6%임.
>
> ▶ 2006년 1월 1일 기준 경기도 화성의 경우 농업진흥지역 농지는 66,600원/㎡, 택지개발 전용농지는 218,000원/㎡, 산업단지 전용 농지는 450,000원/㎡, 공장용지 전용 농지는 477,000원/㎡ 등 규제로 인해 3~7배의 농지가격차가 존재함.

2010년 농지가격 동향

(단위 : 원/㎡)

농업진흥지역 내·외					
논		밭		과수원	
내	외	내	외	내	외
16,135 (100)	26,299 (163)	19,528 (100)	26,085 (134)	18,253 (100)	23,541 (129)

(자료 : 농림부 보고서)

    지목별 땅값, 비그린벨트지역 지목별 지가, 보상비(일산 세종시 등)과 농지의 용도지역별 땅값 등에 관한 자료는 가야토지시리즈 제8권 제17장 지목별 땅값 참조.

제16장
개발비용 세금 부담금

 토지투자에 있어서는 구입 보유 처분 혹은 개발과정에서 많은 투자가 필요하다.
 토지구입비를 비롯하여 부대되는 세금 부담금과 이자 등의 제세공과금 및 비용의 부담뿐 아니라, 추진과정에 많은 시간과 노력이 필요하다. 토지투자에 있어서 사전에 전매차익이나 개발차익을 산정해 목표 투자수익율을 산정하려면, 이러한 추진과정에서 소요되는 비용을 개략적으로나마 파악해 두는 것이 필요하다.

1. 토지취득 보유 처분 시 세금

토지거래 관련 세금 개요

구 분	세 금	과세표준	납부시기

취득 시	○ 취 등록세
	  - 일반 토지
	  - 농지
		○ 시가표준액
		(40-80%)
			○ 취득일로부터 60일 이내
			(소유권이전등기 신청 시)

보유 시	○ 재산세 ○ 종합토지세	○ 시가표준액 (개별공시지가 x 70%)	○ 9월 (토지재산세+주택분재산세 1/2)

처분 시	○ 양도세
	  - 일반토지
	  - 비사업용토지
		○ 실거래가
		(개별공시지가)
			○ 양도후 60일 이내

증여 상속 시	○ 증여세 ○ 상속세	○ 시가 (개별공시지가)	○ 증여 후 3개월 내* ○ 상속일로부터 6개월 내*

* 증여일 상속일이 속하는 달의 다음달부터 기산

(1) 토지구입비

토지구입 준비 비용

자료조사비와 현장답사비가 주로 들것이다. 자료조사비는 인터넷을 이용하기 때문에 돈은 별로 안 들겠지만, 토지경매로 구입하고자 하는 경우에는 대법원 법원경매정보사이트 http://www.courtauction.go.kr 만으로 부족한 경우 유료 경매포탈사이트에 가입해야 하므로, 가입비나 이용료가 든다.

토지구입비

토지구입비에는 토지매매대금 외에 공인중개사수수료(중개비)와 취등록세 및 등기절차비용이 든다. 토지중개 시 공인중개사수수료는 매매대금의 0.9%로 보면 된다.

매매대금 완납 후 소유권이전등기를 할 경우에는 법무사에게 의뢰하는 것이 보통이며, 이때 법무사수수료 외에 매입토지의 취등록세를 함께 주어야 한다.

(2) 토지보유 시 세금 부담금

토지보유 시에는 재산세를 납부해야 하는데, 토지지목과 소재지 등에 따라 세율이 다르며, 토지분은 통상 하반기에 부과 납부한다. 최근에 수도권 부재지주 임야인 경우 매년 공시지가가 올라 별 활용도가 없고 매매도 어려운 상속받은 임야인 경우에도 적지 않은 재산세가 나와 민원의 대상이 되고 있다.

(3) 토지처분 시 세금

보유하고 있던 토지를 매매 증여 상속 등을 하는 경우에는 양도소득세를 내게 된다. 양도소득세는 토지가 비사용인지 여부와 처분 시 까지의 보유기간에 따라 그 세율이 다르다. 농지 임야의 경우 비사업용으로 취급되는 부재지주인 경우에는 소득세법 싱 중과 규정이 살아 있고, 시행유보되는 경우가 많으므로 처분싯점에서 세무사와 상담 협의하여 절세대책을 강구할 필요가 있을 것이다. 증여와 상속 시에도 증여세 상속세를 내게 되나, 이 경우에는 상대방에 따라 공제액의 규모가 크므로 역시 세무사와 잘 협의하면 절세방법이 나올 수 있을 것이다.

2. 토지개발 시 개발비용

토지는 개발하고자 하는 용도에 따라 제각기 다른 개발절차를 거친다. 통상적으로 개발을 하려면 자금계획과 사업계획을 세운 후, 입지선정에서부터 출발하여, 대상 사업부지와 진입도로를 확보해야 하고, 면밀한 설계 측량을 거쳐서 관공서로부터 적법한 관련 인허가를 받아야 하는 공통적인 절차를 거친다. 그리고 이 모든 것은 관련 법령과 고시 등에 사전에 규정되어 있다고 보아도 과언이 아니다. 따라서 개발하려는 사업자와 개인은 이러한 일련의 절차를 진행함에 있어서 토지와 건물에 관련된 복잡하고 어려운 공법상 규제를 미리 잘 알고 그에 맞추어 적절하게 조치해야 하는 것이다. 토지개발은 크게 다음과 같은 5단계로 구분할 수 있다.

(1) 토지개발 5단계

단 계	제 목	내 용
제1단계	기획단계	사업구상, 아이템 및 타당성 검토 사업주체, 시기, 투자규모 결정
제2단계	토지구입 단계	사업지역 및 입지선정 적정 토지 물색 및 구입
제3단계	개발사업 인허가 단계	인허가 추진 측량 설계 및 사업계획서 작성
제4단계	시공단계	실시설계 실행예산 작성 시공사 선정 및 현장 개설, 착공
제5단계	준공 및 사후관리	공사 준공 및 마무리 지목변경, 용도변경, 등기

(2) 토지개발 비용

1. 토지 구입 준비비용
2. 토지구입비
3. 인허가 준비비용
   - 측량비 설계비 진입도로 확보비
   - 사업계획작성비
4. 인허가 비용
   - 토지측량설계업체 의뢰비, 건축사 비용
   - 농지보전부담금 대체산림조성지 산지복구비
   - 환경영향평가 문화재조사비용
   - 도시계획위원회 심사 준비비용

- 인허가 수수료 기타 비용
5. 현장공사 준비비 : 현장준비(site mobilization)비, 현장사무실 공사비. 현장팀 관리비, 민원처리비용
6. 토지개발 공사비 : 토목, 건축, 조경, 기타 공사비
7. 모델하우스 비용, 분양팀외주비 분양관리비, 홍보비
8. 준공준비비 사용승인비 개발부담금
9. 보존등기비
10. 현장사후관리비, 하자보수비

토지개발 시 소요비용 개산

순서	단계별	주요 진행 애용	개발비용
1	사업구상 및 타당성 검토	○개발컨셉(Concept) ○사업아이템 ○적지검토 ○시설 및 투자규모, 자금조달 ○투자시기 및 사업개시시기 ○사업주체	○자료조사비 ○업무추진비
2	입지선정	○대상 입지후보 선정 ○현장답사 ○인허가 가능성 검토	○컨설팅 비용 ○현장답사비용
3	토지구입	○입지 및 진입도로 검토 ○지목 용도지역 선정 ○인허가 가능성 검토 ○지역전망 조사 ○토지거래허가 취득	○토지구입비 ○컨설팅 비용 ○토지중개수수료 ○취 등록세
4	사업계획 수립	○사업개요 ○사업주체 확정 ○시설, 투자, 자금계획 ○로드맵	○측량비 ○설계비 ○사업계획 작성비
5	인허가 신청	○소규모환경평가 ○문화제 지표조사 ○군사보호구역 협의 ○신청서류 작성 제출	○인허가신청서 준비비 ○업무추진비 ○도시계획귀원회심의자료비 ○국민채권, 수수로
6	부담금 납부	○농지 ○임야 ○그린벨트	○농지보전부담금 ○대체산림자원조성비 ○복구비 예치
7	허가 신고	○허가증 수량 ○신고서 수리	○수수료

8	실시설계 및 시공업체 선정	○실시설계 ○시공업체 선정	○실시설계비
9	시공	○터파기공사 ○골조공사 ○내장공사 ○마감공사	○가설공사비 ○토목공사비 ○건축공사비 ○설비공사비 ○내장 마감공사비
10	준공 및 등기	○사용승인 ○준공검사 ○소유권보존등기 ○토지분할 지목변경	○보존등기비 등록비 ○법무사 비용
11	개발부담금	○개발부담금 납부	○개발부담금
12	사업개시	○사업자 등록 ○영업인허가 ○사업개시 신고 등록	○영업인허가 비용

(3) 개발 시 납부하는 주요비용

① 농지보전부담금

개발대상지가 농지라면 농지전용허가(신고, 일시사용허가 신고 포함)를 받아야 하는데, 농지전용 시에는 허가서를 받기 이전에 농지은행에 농지보전부담금을 납부하여야 한다. 농지보전부담금의 부과기준은 다음과 같다. 그러나 도시지역에서의 지나친 부담의 인상을 피하기 위해 ㎡당 부담금은 최대 50,000원의 상한선이 있다. 또 농업인 농업법인에 대하여는 많은 감면규정이 있으므로, 사전에 농지보전부담금의 부과대상인지, 감면혜택이 있는지 여부를 확인해 보는 것이 좋다.

* 농지보전부담금 = 전용농지의 개별공시지가(㎡ 당) × 30% × 전용면적(㎡)

② 대체산림자원조성비 산지복구비

임야를 개발하는 경우 산지전용허가(신고, 일시사용허가 신고 포함)시에는 부담금의 일종인 대체산림자원조성비를 납입하고, 또 산지복구비를 예치하여야 한다. 대체산림자원조성비는 분할납부도 가능하며, 농림어업업인이나 농업법인 등에 대하여는 많은 감면규정이 있으므로, 사전에 부과대상인지, 감면혜택이 있는지 여부를 확인해 보는 것이 좋다.

2024년도 대체산림자원조성비 고시

■ **2024년도 대체산림자원조성비 부과기준**
[시행 2024.1.30.] [산림청고시 제2024-12호, 2024.1.30., 제정]
산림청(산지정책과), 042-481-4142

1. 대체산림자원조성비 부과금액 계산방법
부과금액 = 산지전용허가·일시사용허가면적 × 단위면적당 금액*
*단위면적당 금액 = 산지별·지역별 단위면적당 산출금액 + 해당 산지 개별공시지가의 1000분의10)

2. 산지별·지역별 단위면적당 산출금액
- 준보전산지 : 8,090원/㎡
- 보전산지 : 10,510원/㎡
- 산지전용·일시사용제한지역 : 16,180원/㎡

3. 개별공시지가 일부 반영비율 : 개별공시지가의 1000분의 10
- 개별공시지가의1000분의 10에 해당하는 금액은 최대 8,090원/㎡으로 한정한다.

부 칙 〈제2024-12호, 2024.1.30.〉
이 고시는 고시한 날부터 시행한다.

2024년도 산지복구비 고시

■ **산림청고시 제2024-1호**
『산지관리법』 제38조 및 같은 법 시행규칙 제39조 규정에 의하여 2024년도 복구비 산정기준 금액을 다음과 같이 고시합니다.

2024년 1월 4일
산 림 청 장

2024년도 1만㎡당 복구비 산정기준 금액

1. 산지전용(일시사용)허가·신고지 (광물의 채굴지는 제외한다)
경사도 10도미만 : 79,336천원
경사도 10도이상 20도미만 : 236,167천원
경사도 20도이상 30도미만 : 311,590천원
경사도 30도이상 : 406,709천원

2. 토석채취(매각)지 및 광물채굴지
경사도 10도미만 : 210,009천원
경사도 10도이상 20도미만 : 408,177천원
경사도 20도이상 30도미만 : 532,746천원
경사도 30도이상 : 652,438천원

3. 『산지관리법』제40조의2에 따른 산지복구공사감리 대상인 경우에는 복구비 산정 금액에 『엔지니어링사업대가의 기준』별표1에 의한 "공사감리" 요율을 곱한 금액을 추가로 예치하여야 한다.

4. 『산지관리법 시행규칙』제37조제1항단서, 제39조단서에 따라 복구비를 추가하는 경우(재해예방 시설 설치, 특수공법 녹화, 시설물 철거, 되메우기, 생태복원비용 등)에는 실제 예상비용을 별도로 계상하여 예치하게 할 수 있다.

부　　칙

이 고시는 2024년 1월 4일부터 시행한다.

③ 개발부담금

공사가 준공된 경우에는 사업시행자 도는 토지소유자는 개발부담금을 납부하게 된다. 개발부담금은 부과종료시점 지가에서 부과개시시점 지가, 부과기간 동안의 정상지가상승분, 개발비용 등을 뺀 금액(개발차익)의 25%로 한다. 개발부담금은 토지소재지 관할 시장 군수 구청장이 산정 부과한다.

부과종료시점은 관계 법령에 의하여 국가 또는 지방자치단체로부터 개발사업의 준공인가 등을 받은 날로 한다. 부과개시시점은 사업시행자가 국가 또는 지방자치단체로부터 개발사업의 인가 등을 받은 날로 한다. 정상지가변동률은 해당 개발사업대상 토지가

속하는 시·군 또는 자치구의 평균지가변동률로 한다. 개발비용은 개발사업의 시행과 관련하여 지출된 공사비 기부액 개량비를 합하여 산출한다.

■ **2024 개발부담금**

2024 개발부담금 부과기준은 수도권은 전년도와 동일하지만, 비수도권(지방)에서는 그 기준을 상향하였다.

수도권(서울, 인천, 경기) 개발부담금 부과기준 면적

구분	현행	잠정시행
서울시(전역) 인천 도시지역	660m²(200평)	변동없음
(경기도) 도시지역	990m²(300평)	변동없음
(인천 경기도) 비도시지역	1,650m²(500평)	변동없음

지방(수도권 제외) 개발부담금 부과기준 면적

구분	현행	잠정시행 (2023.9.1~2024.12.31)
광역시, 세종시의 도시지역	660m²(200평)	1,000m²(300평)
광역시, 세종시를 제외한 지역의 도시지역	990m²(300평)	1,500m²(454평)
광역시, 세종시를 포함한 지방의 모든 비도시지역	1,650m²(500평)	2,500m²(766평)

제17장
땅의 미래가치와 전망을 짚어라

1. 토지는 미래가치다

(1) 토지의 장래성 발전성

아파트는 대표적인 주거형 건물이고 사용 수익을 목적으로 하며 1채 정도는 대개의 국민이 필수적으로 필요로 한다. 상가는 대표적인 수익형 건물로서 기본적으로 수익을 목표로 하기 때문에, 투자대비 수익률에 중점을 둔다. 토지투자는 오히려 장래의 개발 및 이용가능성과 발전성을 본다. 토지 자체에 농사나 수목식재, 조림, 그리고 물건의 야적 등 있는 그대로 쓰는 경우도 있지만, 도로를 새로 내고 그 위에 아파트 건물을 짓거나 공장이나 창고를 건설하고 골프장 등 레저단지를 만드는 등 다양한 용도로 쓰게 된다. 세월이 흐르면서 토지 주위가 변하고 토지의 용도는 점차 다양화된다. 이것이 토지가격을 형성하는 가장 큰 요인이라고 볼 수 있으며, 투자가치는 이것에 집중되고 있다고 하여도 과언이 아니다.

토지의 입지를 본다는 것은 장래의 발전성을 보는 것이다. 토지의 장래성과 가격상승의 주원인은 해당 지역과 주변지역의 환경변화와 인구의 증가가 가장 큰 요인이라고 본다. 그래서 장래성을 본다는 것은 장기적으로 인구유입을 할 수 있는 대규모 개발이나, 관공서나 대기업, 공장, 대학 등 인구밀집시설의 이전 가능성을 보는 것이라고 할 수 있다. 그리고 이러한 것들을 통해 미래를 보는 궁극적인 목표는 땅의 미래가치 전망과 땅값의 상승예측에 있다고 볼 수 있다.

(2) 보아야 할 땅의 미래는?

토지투자자가 토지의 미래를 본다는 것은 토지의 개방 활용성의 증가와 땅값의 상승예측을 궁극의 목표로 한다. 그리고 이런 것은 땅을 보는 눈을 높이고, 전문지식을 갖출 때 비로소 가능한 것이다. 그렇다면 보아야 할 땅의 미래는 무엇일까? 결국은 땅값을 올릴 수 있는 요소(Factor)들에 대한 관찰과 분석을 해야 한다는 것이다. 이러한 과제로는 다음의 몇 가지를 들 수 있을 것이다.

  ○ 주변환경의 미래를 본다
  ○ 규제의 미래를 본다
  ○ 개발계획과 도로교통계획을 본다
  ○ 지역 인구증가의 미래추세를 본다
  ○ 정부정책과 지자체 개발의지를 본다
  ○ 땅값의 미래를 예측한다

2. 미래예측(Projection)의 여러 기법

미래예측에는 학문상 이론상으로 여러가지 방법이 나와 있으나, 토지의 경우에는 정리 축적된 의미있는 통계자료가 부족하고, 과학적 전망을 시도한 연구실적 결과가 적어 미래예측이 힘들고 관련 자료도 드물다. 업계 일부에서는 경기변동주기를 인용하거나, 일부 시계열 분석을 도입 시도하고 있으나, 실증적 검증이 어렵다. 언론 등의 대세는 외삽식예측과 델파이수법 등으로 향후 5-10년 간의 메가트렌드(Mega Trend)를 추출하고, 이를 근거로 시나리오 기법에 의해 미래를 예측하는 보고서가 나오는 추세다.

1. 경기변동주기
특히 주글러의 10년 중기변동주기 사이클이 간혹 도입 시도되고 있다.

2. 시계열추세분석법
외삽식 예측법(extrapolative forecasting)
추세외삽법은 과거의 모습과 형태 및 그때 작용하였던 힘들이 미래에도 다시 나타나고 작용할 것이라는 가정 하에 과거부터 현재까지의 추세를 분석하고 이 추세를 미래까지 연장 적용함으로써 미래의 변화를 예측하는 방법이다. 외삽식 예측법이라고도 한다. 이 예측방법은 연속성의 원리(The Principle of Continuity)에 입각하여 계량적으로 미래를 예측하는 방법이다. 외삽식 예측법이라고도 한다. 미래예측 방법의 기본형으로서 가장 많이 활용해 온 외삽식 접근법은 현재와 역사의 자료에 근거하여 미래 사회 변화의 모습을 투사(projection)하는 방법이다. 투사에 의한 예측은 현재와 과거의 역사적 경향이나 추세(trends)를 발견하여 이를 미래에 투사시켜 미래를 예측하는 방법이다. 현재와 과거의 사례가 미래에도 유사하게 반복되어 나타날 것으로 보는 것이다. 존나이스비트(Naisbitt, J.)의 저서 「메가트랜드 2000」이 대표적인 예이다.

3. 벤치마킹(Benchmarking)
아파트나 주택의 경우, 장기불황과정에 있는 일본의 예를 가져와 설명하는 경우가 많다.

4. 수요공급예측방법
경제학에서 말하는 수요와 공급원칙에 기반하여, 수요를 발생하는 요인과 공급을 하는 요인을 분석하여 물량 수급으로 부동산경기를 전망을 하려는 방법이다.

5. 델파이(Delphi)기법
델파이기법은 해당 분야 전문가들의 의견이나 판단을 종합하며 미래를 예측하는 기법으로 전문가 합의법이라고도 한다.

6. 시나리오 기법
시나리오 법은 미래에 발생할 가능성있는 일에 대한 대안들의 전개과정을 추정하여 미래를 예측하는 방법이다

3. 땅의 미래를 보는 방법

(1) 공법 규제에 묶여 있는 토지의 미래를 본다

토지에는 공법상 규제와 거래에 대한 제한이 대단히 많다. 많기만 한 것이 아니라 명쾌하게 잘 알아 볼 수도 없다. 토지에는 무수한 공법상 금지와 제한이 거미줄 같이 얽혀 있다. 토지거래는 그래서 힘들고 위험하기조차 하다. 아파트와 상가는 일단 건물이 올라서고 나면 건축법등 관리상의 문제와 등기부나 계약서 들 사법상의 권리관계만 주의하면 된다. 건축 당시에 이미 그 부지가 되는 토지에 대한 공법적 검토가 끝나 있기 때문이다, 그러나 토지는 앞으로 어떻게 규제와 용도가 변할지 당장은 예측 할 수 없다. 그러한 변동은 오랜 시간이 소요되며 국가나 지방자치 단체 그리고 대기업과 민간 개발업자 등의 의지에 좌우되기 때문이다. 그래서 땅에 관하여는 내 토지가 지금 어떠한 용도로 당장 쓸 수 있는 것이며, 앞으로는 어떻게 주변이 변하여 규제가 변동되고 결과적으로 다른 용도로 활용되어 갈 것인지를 분석하고 예측하는 능력이 필요한 것이다.

그러나 규제의 해제와 완화를 점치고 예견하는 것은 대단히 어려운 일이다. 대개는 남

보다 빨리 정책변경의 정보를 입하고, 변화의 움직임을 일찍 감지함으로서 남보다 한발 빨리 투자하는 요령이 필요한 것이다. 대체적으로 현재 그린벨트나 군사보호구역의 규제에 묶인 토지는 아무짝에도 쓸 수 없는 경우가 많다. 그렇지만 지역과 입지에 따라 이런 지역은 해제될 가능성은 항상 있다. 이런 것을 미리 예견하여 값이 쌀 때에 투자를 하는 방법도 있는 것이다. 그러나 오랜 동안 해제가 안 될 가능성이 없는 땅도 많다. 특히 팔당호 근처 상수원관리구역인 경우는 해제나 규제 완화의 가능성이 아주 희박하다. 이러한 땅을 잘 못 사는 경우에는 되팔기도 힘들어 원금 회수조차 힘든 불행한 사태가 발생한다. 실제로 개발제한구역에서 해제된다는 풍문만을 듣고, 그린벨트 내의 임야를 비싼 값에 샀으나 해제가 안 된 경우나, 혹은 책임지고 군 동의를 받아준다는 중개업소의 말만 믿고 군사보호구역 내의 땅을 샀으나 실제로 군 동의를 못 받아 건축허가가 나지 않아 낭패를 보는 경우도 있다. 진입도로 문제는 실사례가 더 많다.

(2) 각종 국가개발계획을 본다

지역장기개발계획으로는 국토개발계획, 광역개발계획, 수도권정비계획과 각 지방자치단체의 장기도시계획 등이 있다. 장기도시계획은 20년 단위로 작성하며, 2020년 혹은 2028년을 목표로 작성하며, 각 지자체 홈페이지에서 열람할 수 있다. 이 계획의 주요부분인 공간계획, 개발계획, 도로교통계획 등을 참고하면, 구입대상지의 미래 발전가능성을 대강이나마 알 수 있다.

(3) 도로계획과 교통계획을 본다

국토교통부나 도로공사, 철도청, 항만청, 도시철도공사, 수자원공사 등과 경기도 등 광역자치단체의 홈페이지에서 도로개설계획, 철도개설계획, 항만 공항신설계획을 검색해 보면, 마래 교통계획에 관한 좋은 정보를 취득할 수 있다.

(4) 지역 인구변동의 미래추세를 본다

장기적으로 보아 인구의 증가는 땅값 상승의 원동력이 된다. 3-5년의 과거 인구변동 추세나 5-10년 징기 인구전망 등에 관하여, 행정자치부, 국토교통부, 통계청 등관련 정부기관이나 경기도 경상남도 서울시 부산광역시 등 광역자치단체 홈페이지를 검색해 보면 그 지역의 중장기 인구변동상황과 추세를 파악할 수 있다. 인구는 증가하는 지역도 있겠으나, 대부분의 지방 중소도시나 농촌지역은 대체로 감소하는 추세에 있음을 알 수 있다.

(5) 정부정책과 지자체 개발의지를 본다

 지역에 있는 토지를 둘러싸고 정부의 정책과 공법규제 세금, 지자체의 개발의지, 투자자 등이 토지가격을 형성하는 영향력을 행사하고 있다. 내가 거래하고자 하는 구체적인 토지는 이러한 토지의 투자환경 속에서 특정지역 내의 특정장소에 입지한 하나의 상품이라고 이해하여야 한다. 따라서 토지투자를 하려면 기본적으로 이러한 투자환경을 잘 이해하고 그것들이 상호 어떠한 영향을 미치고 있는지를 알아 둘 필요가 있다. 토지의 가격상승이란 토지의 장래성과 발전성이며 토지의 장래성은 주로 이러한 주위환경요소들이 상호작용을 해 나가면서 만들어 내는 것이기 때문이다.

토지는 정부 정책의 영향력이 크다.
 부동산의 여러 가지 상품 중에서 토지만큼 직접적인 국가정책의 영향을 받는 것은 없다. 토지는 여러가지 측면에서 정부정책의 영향을 받는다.

 첫째 국가는 토지의 보존과 개발에 관한 기본적인 정책을 수립한다. 국가는 국토개발수정계획 등 국토기본법에 의한 토지정책은 토지거래의 큰 틀을 형성한다.
 둘째 국가는 토지에 관한 기본적인 공법규제와 거래규제를 한다. 토지는 국가와 국민의 경제에 커다란 기반이 되고 있기 때문에 토지에 대하여는 민주국가라 할지라도 토지공개념에 입각하여 많은 공법상 규제와 거래규제를 하게 된다.
 셋째 국가는 토지거래의 세금과 부담금에 대한 정책을 결정한다. 토지거래 시 공법상 규제에 못지않게 거래를 제약하는 것은 세금문제이다. 취득 시에 내는 취득세, 등록세부터 보유 시 재산세 종합부동산세며 양도 상속 시 내는 양도소득세 증여세, 상속세 등 모든 토지관련 세금의 과세대상과 세율과 감면은 국가가 정책적으로 결정한다. 개발부담금 농지보전부담금등 부담금에 대한 부과도 토지거래에 많은 영향을 준다.
 넷째 정부는 직접 토지의 공급자가 되고 수요자도 된다. 정부는 군사보호구역이나 개발제한구역의 해제 등 규제지역 해제와 기업도시, 혁신도시 등 테마도시를 건설하면서 많은 토지규제를 풀어서 개발용 토지를 공급한다. 또 반대로 정부와 지자체는 신행정도시, 산업단지, 물류단지며, 경제개발구역의 설정 등에 소요되는 많은 토지를 매수하고 수용한다. 토지수요의 가장 큰 손이 되는 셈이다.
 다섯째 정부는 각종 국토개발을 추진하며 정보를 제공한다. 도로, 항만, 철도 비행장 등 굵직한 사회간접자본(SOC)은 정부에 의해 주도되고 계획되며, 추진된다. 이 과정에서 많은 정보가 쏟아져 나오고 땅값을 몇 차례씩 올리는 부작용을 낳기도 한다. 지금 토지정보의 가장 큰 부분은 정부와 지방자치단체의 개발뉴스와 부동산 규제 및 조세정책이 아닐 수 없다.

제3부

토지투자의 유형과 전략

제18장 토지투자의 특성

제19장 토지투자의 유형과 전략

제20장 땅을 잘 사고 파는 요령

제21장 땅을 사고 파는 타이밍

제22장 신 토지투자 10계명

제23장 좋은 임야 고르는 6가지 핵심요령

제3부

토지투자의 유형과 전략

토지구입요령

토지투자란 일반적으로는 단순하게 토지를 사고 팔아서 전매차익을 노리는 것이지만 확대하여 보상차익과 용도변경차익과 개발차익을 노리는 것도 좋은 방법이다.

2008년 금융쇼크 이후에 아파트는 물론 토지도 불경기의 침체가 계속되고 있다.

이러한 장기침체기에는 사는 것보다도 팔리는 것이 문제이므로 우선 잘 팔릴 수 있는 경쟁력 있는 좋은 토지물건을 고르는 것이 가장 중요하다. 후일 파는데 문제가 없는 좋은 땅을 싸게 사는 것이 투자성공의 최대 관건이다.

먼저 **문제가 없다**는 것은 규제에 묶이지 않고, 맹지가 아니어서, 원하는 건축물을 짓는 등 개발인허가가 날 수 있는 땅이어야 한다는 말이다. 예컨대 서울시 주변 산지에서 비오톱1등급 토지로 지정되어 있는 토지는 100% 개발이 불가능한 지역이다. 서울시 도시계획조례에서 명문으로 개발을 금지하고 있기 때문이다. 그래서 실패하지 않는 토지투자를 하려면, 우선 지목이나 용도지역 지적공부 등기부 건폐율 용적율 등 우리나라의 토지규제에 관한 기본적인 지식을 갖추어야 할 것이다. 토지규제는 지자체의 조례에 위임된 것이 많기 때문에 투자대상 토지가 소재하는 시 군 지역의 조례를 반드시 참고하여야 할 것이다.

다음에 **좋은 물건**(토지)이란 후일 땅값이 오를 수 있는, 오를 전망과 가능성이 큰 토지를 말한다. 땅값이 오른다는 것은 사람들의 관심과 토지수요가 늘어나는 지역을 대상으로 하는 것이기에, 대체로 개발지나 개발예정지, 개발인접지나, 새로이 도로가 뚫리는 지역을 말한다. 지하철, 철도 등의 역세권이나, 고속도로 IC가 각광을 받는 것이 그 예다. 또 도청소재지나 시청 군청사가 이전되는 지역이나, 행정타운이 개발되는 지역도 좋은 투자처가 된다. 관광단지, 공단개발이나 대학 이전지도 개발호재가 된다. 장기적으로는 인구가 증가되고 있는 지역과, 도시지역이 확대되거나, 도시재개발 등 도시재생사업이 진행되거나, 예정되어 있는 지역도 좋은 투자대상이다. 자연녹지지역이나 계획관리지역은 소위 시가화예정용지로서 투지대상지로 각광을 받는다. 토지투자에 있어서는 이처럼 입지와 장래 전망이 중요한 것이다. 입지를 분석하고 불확실한 땅의 미래를 예측하는 것은 결코 쉬운 일이 아니다. 전문가의 조언과 토지서적을 통하여 기본이론을 익히고, 무엇보다도 스스로 많은 경험을 통하여, 땅 보는 눈을 높이고, 좋은 땅을 고르는 요령을 터득하는 것이 필요할 것이다.

세째로 땅은 구입단계에서부터 **싸게** 사는 일이다.

구입 시에 주변시세보다 싸게 사여 후일 매매차익이 커질 뿐 아니라, 파는 단계에서도 주변의 다른 토지에 비하여 경쟁력을 갖출 수 있다. 특히 시세보다 비싸게 산 땅은 후일 매각추진 시에 엄청난 경제적 부담과 심적 갈등으로 인하여 팔기가 매우 힘들어 진다.

싸게 사는 방법으로는 직거래 매입, 급매물 취득과 큰 여러 필지를 통으로 사는 통매의 방법이 있다. 그러나 구입자는 무엇보다도 그 지역사정에 밝아야 하고, 정보가 빨라야 할 것이며, 부지런히 발품을 팔아야 할 것이다. 그 지역 공인중개사나 지역 주민들과 믿을 수 있는 지속적인 관계를 가지는 것이 토지에 관한 좋은 정보를 얻는데 매우 도움이 될 것이다. 이외에도 투자자들은 **경매와 공매**로 구입하는 방법도 많이 활용하고 있다. 경공매는 주변시세를 잘 파악할 수만 있다면, 비교적 싸고 안전하게 토지를 구입할 수 있는 좋은 수단이라고 할 수 있을 것이다.

토지투자방법

통상 토지투자는 일년 내로 원금이 회수되는 단기투자가 아니고, 대개 3년 이상이의 오랜 세월을 요하는 중장기투자라고 할 수 있다. 따라서 토지의 구입과 매각싯점을 잘 잡아 경기와 정책흐름에 잘 순응하는 것이 필요하다. 매입과 매각의 **타이밍**을 잘 맞춘다면 기대보다 더 많은 수익을 낼 수 있을 것이다.

또한 구입 시부터 매각시기를 예정해 보고, 미리 기대 매도금액과 양도세 등 관련 세금, 개발 관련 비용이나 부대비용 등을 대략이라도 산정해 보면서, **매도시기와 목표 예상수익율**을 잡아 보는 것도 도움이 될 것이다. 이러한 과정에서 가장 중요한 것은 결국 **땅값**이다. 대상지와 주변토지의 현재 땅값과 거래실적에 대한 파악과, 이 지역 일대의 개발계획에 관한 정보 등으로 장차 오를 수 있는 지가를 예측하는 일이 중요할 것이다.

토지투자전략

토지투자에 있어서 단순히 전매차익을 노리는 것 보다는 토지보상을 받을 목적으로 토지를 구입하여 **보상차익을 노리는 방법**이 있다. 개발예정지, 도로 개통 예정지, 개발예정지 등에서 수용이 예상되는 지역의 땅을 싸게 구입하여 시가보상을 받아 수익을 챙기는 경우다. 그린벨트 해제나 상수원보호구역 해제 등이 예상되는 지역에 미리 투자하여, 규제가 해제된 이후에 땅값이 오를 것에 미리 대비하는 경우도 있다.

2008년 이후 지속적인 부동산 경기침체로 토지수요가 줄고, 땅값이 제 자리 걸음을 하는 과정에서, 단순한 전매차익을 노리는 토지매매는 그 한계를 들어냈다고 볼 수 있다. 이제 지주는 구입토지나 보유토지를 리모델링하여, 수요를 발굴하고 상품의 가치를 올림으로서 잘 안 팔리는 토지를 쉽게 파는 방법이 확산되었다. 수요가 적은 대규모 임야를 시세 이하로 싸게 사서, 일반인이 집을 지을 수 있게 잘게 쪼개어 파는 것이 토지분할을 이용한 대표적인 **토지리모델링**이다.

토지의 지목변경이나 용도변경을 함으로서 땅값을 올리는 **토지개발**의 방법도 유용하다. 농지에 전원주택을 지으면 그 땅의 지목은 농지에서 대지로 지목변경되어 그 땅값은 최소 2배 반에서 3배 정도 오른다. 만일 산지에 개발행위허가를 받아 창고를 짓는다면 그 지목은 임야에서 창고용지로 변경되어, 최소 5배 정도로 땅값이 오른다. 건축물이 지어진 토지는 농지나 임야 상태로 그냥 파는 것보다 팔리기도 잘 팔리고, 땅값은 개발비와 건축비를 제외하고라도 몇 갑절이 남게 되는 것이다. 이와 같은 지목변경과 용도변경은 전문적으로 업그레이드된 토지투자방법이라고 할 수 있을 것이다.

제18장
토지투자의 특성

우리나라는 전통적으로 농업국가였으며, 국민들의 땅에 대한 애정과 애착정신이 대대로 이어왔다. 땅은 부와 권력의 상징이었으며, 서민들의 땅에 얽힌 전설과 한(恨)도 많다. 오늘날에도 국민의 90%가 넘는 도시지역의 성인들에게도 땅은 푸근한 어머니의 품으로서 어릴적 향수이며 어느 땐가는 돌아가고 싶은 마음의 고향이 되어있다.

그러나 1970년대 급격한 경제개발 이후에 국민의 땅에 대한 개념이 바뀌어져 갔다. 급진하는 인구의 도시집중화, 대단위 아파트와 산업단지 조성 등 대규모 개발붐에 따라 도시지역 땅의 수요가 늘어감에 따라, 땅은 중요한 재테크의 수단으로 인식되어 가기 시작했다. "부(富)의 미래는 토지에 있다"거나 "강남부자는 땅에서 만들어 진다"는 속설이 돌기 시작한 것도 이때 부터다. 실제로 어느 조사에서 보면 우리나라 개인부유재산의 포트폴리오에서 부동산 차지하는 비중은 90%에 육박하여, 다른 나라보다 그 비중이 훨씬 높다. 이제 땅은 우리에게 있어서 꿈과 환상이 아닌 현실이며 가장 훌륭한 재테크의 하나로 인식되고 있다.

1. 부동산 3분법

(1) 재산 3분법

우리가 재산을 보유할 때 현재와 장래를 감안한 가장 적절한 비율을 재산 포트폴리오(Portfolio)라고 한다. 재산은 통상 예금, 주식, 부동산으로 구분하여 각기 삼분의 일의 규모로 균형있게 보유하는 것이 좋다고 한다.

현재의 활용과 장래의 위급상황을 대비한다면 언제나 현금화가 가능한 유동성이 좋은 예금의 형태로 안전하게 보유하는 것이 좋다. 재산을 중. 단기적으로 굴려서 늘려나가기에는 주식 채권등 유가증권이 좋다. 100% 안전하지는 않지만 수익률이 이자율보다는 훨씬 높아서 수익성이 좋기 때문이다 그러나 장기적으로 재산을 안전하게 보존하고 더 높은 수익률을 바란다면 부동산의 형태로 보유하는 것이 좋다. 부동산은 안전한 상속의 수단으로도 제격이다. 다만 부동산은 환급성이 떨어지는 것이 흠이라고 할 수 있다.

이와 같이 재산을 세 가지 형태로 가지고 있는 것이 유동성, 수익성과 환급성의 기준에서 가장 적정한 재산관리법이라고 한다.
이 재산3분법을 표로 정리하면 다음과 같다.

투자자산의 비교

투자시 고려사항	부동산	주식	예금
안정성	▲	✖	●
수익성	●	●	✖
환금성	✖	▲	●

(2) 부동산 3분법

① **민법상 부동산**
부동산은 민법상 물건의 일종이다. 민법상 물건이라 함은 유형적인 재산을 말하는데 형태와 이동성에 따라 동산과 부동산으로 구분한다. 부동산은 다시 토지와 건물로 나누는데, 토지에는 단순한 토지 뿐 아니라 그 위에 있는 정착물을 포함한다.
다만 정착물은 독립된 건물이 아닌 물건으로서 예컨대 산에 있는 나무, 밭에 있는 농작, 과수원의 과수, 논에 있는 도랑 등을 말하는 것이다.

② **실무상 부동산 3분법**
현실의 부동산을 경제적 관점에서 아파트, 상가, 토지로 쉽게 나누어 볼 수 있다.

같은 부동산이라고 하여도 토지는 아파트와 상가와는 많은 차이가 있다.

기본적으로 아파트 등 주거형은 사람의 의식주 중에서 "주(住)"를 해결하는 기본적인 거주지이기 때문에 대다수의 국민이 관심을 가지고 취급해 본 경험이 있고, 또 생필품과 같은 보편성이 있다. 일반적으로 좋은 아파트를 고르는 기준으로는 교통, 직장, 학교, 학군, 역세권, 브랜드, 대단위 아파트단지, 주변환경, 조망권, 문화 및 유통시설 등이 판단요소가 된다. 이에 비해 상가는 수익을 목적으로 하는 것으로서 수익률이 가장 중요하다. 수익률 산정에서는 상권과 입지, 고정인구와 유동인구, 상권에의 접근성과 가시성, 경쟁업체 유무, 시설규모, 권리금, 아이템 등이 중요한 요소로 작용한다.

2. 토지의 특성

토지투자를 잘하려면 먼저 토지의 특성을 잘 알고 있어야 한다.
토지는 같은 부동산이라도 아파트나 상가와 같은 건물과는 다른 점이 많다.

첫째 토지는 부동성(不動性)이 있다.

부동성이란 동산과 달리 어느 위치에서 다른 위치로 옮길 수 없다는 의미이다. 물론 아파트나 상가도 부동성이 있다. 부동산은 그 부동성으로 인하여 그 가치평가에 있어서 지역과 입지가 가장 중요한 요소가 된다. 아파트에서 지역과 주변환경 및 역세권 교통 등이, 상가에서는 상권과 입지 접근성이 중요시 되는 것도 그 이유다.
토지에 있어서 지역과 입지는 더욱 더 중요성을 가진다. 입지에 따라 주변의 개발 가능성과 도로 및 교통의 접근성이 중요시되어 토지가격에 큰 영향을 미친다.

둘째는 토지는 영속성(永續性)이 있다.

영속성이란 없어지지 않는다는 뜻으로 항구성(恒久性)이라고 할 수 있다. 땅은 특별한 경우 외에는 물리적형태가 사라지는 일은 결코 없다. 특별한 경우란 지진이나 홍수로 산과 계곡이 무너지고 강변이나 개울가의 하천부지가 소실되는 경우를 말한다. 바닷가 땅도 바닷물에 휩쓸려 땅이 사라지기도 한다.(전문용어로 이것을 포락지(浦落地)라고 한다) 그래서 땅은 영속성이 있다고 하는 것이다.

셋째 땅은 연속성(連續性)이 있다.

땅은 지구상에서 무한히 연결되어 붙어있고 강이나 바다로만 끊어지고 있다. 그래서 특정지점을 지정하여 관리할 때 위치에 따라 인위적으로 구분할 필요가 있다. 이런 구분은 일차적으로는 국가별로 지적행정으로 관리한다. 우리나라의 경우에는 지적법에 의해 토지를 인위적으로 경계선을 긋고, 면적을 산정하며 각 땅마다 행정구역을 설정하고 번호를 먹여서 구별한다. 이것을 지적행정이라고 한다. 땅을 인위적으로 구분하여 나누어진 것을 필지라고 하며, 각 필지에 주어진 번호를 지번이라고 한다. 지번은 주소와 비슷한 개념이지만, 주소는 사람의 거주지를 중심으로 한

것이며, 땅에 있어서는 지번이라는 용어를 쓴다. 이러한 필지와 지번 면적은 토지행정과 관리 및 각종 규제의 기본이 된다. 그리고 합필과 분필 등으로 필지 지번 면적이 달라지고, 행정구역의 변동으로 지번이 변경된다.

넷째 땅의 권리는 토지의 상하(上下)에 미친다.

그래서 땅은 입체성과 공간성를 가진다고 부른다. 지주가 땅에 대해 가지는 권리는 단지 나무를 심고 지상에 건물을 짓는 다든가 등을 하는데 그치는 것이 아니라 지하에 터널을 뚫거나, 지상에 높은 구조물을 세울 수 있는 권리까지 포함한다. 그래서 터널을 뚫거나 지상에 제도를 세우는 경우에는 토지소유자의 동의를 받아 "구분지상권"을 취득해야 한다. 그렇지만 토지 상하에 미치는 권리를 무한대로 인정할 수는 없기 때문에 민법은 "토지의 소유권은 정당한 이익이 있는 범위 내에서 토지의 상하에 미친다."고 제한하고 있다.

다섯째 토지의 가장 큰 특징은 무한한 개발가능성에서 찾을 수 있다.

토지의 용도는 무궁무진하다. 농사를 짓고 나무를 심거나 집이나 건물을 짖는 것은 기본이요, 골프장, 스키장을 만들 수 있으며 관광시설과 운하를 만들 수도 있다. 이러한 다양한 활용용도와 개발가능성이 바로 땅값을 결정하는 핵심적인 요소가 되는 것이다.

여섯쩨, 토지는 감가상각이 되지 않고, 유지비용이 들지 않는다는 것이 특징이다.

같은 부동산이더라도 건물의 종류에 분류되는 아파트나 단독주택, 상가 등은 시산이 흐르면서 노후화되고, 회계학적으로는 감가상각이 된다. 그러나 보유하고 잇는 토지는 장부상으로 취득가격이 그대로 유지되며, 아무리 많은 시간이 흐른다고 감가상각이 되지 않는다. 또 땅의 매매에는 부가가치세를 붙이지 않는다. 아울러 토지를 유지하는데는 그 자체로는 별다른 유지 보수비용이 들지 않는다. 그러나 유지비용이 전혀 없다는 것은 아니다. 재산세나 종합부동산세와 같은 세금이 부과되는 것은 어쩔 수 없는 일이지만, 근래에는 보유세의 가중으로 땅 보유 자체가 점차 큰 부담이 되고 있다.

3. 토지투자의 특성

일반인들은 토지를 어렵다고 한다. 심지어 아파트나 상가중개의 달인에 속하는 공인중개사들도 토지에 쉽게 들어서지 못한다. 왜 그럴까?

토지투자는 법적규제가 바탕을 이루며, 매우 복잡한 메카니즘에 의해 움직이기 때문이다. 우선 토지의 기본 지적행정과 토지규제가 매우 다양하다. 거기다가 현실적인 토지시장의 마켓팅과 거래양상도 매우 혼란스럽다. 세법의 규정과 각종 개발제한규제도 복잡할 뿐 아니라 정책에 의해 수시로 바뀐다. 토지 재테크 또한 책 한두 권 읽었다고 될 수 있는 일이 아니다. 그래서 토지는 어려운 것이다.

토지재테크에 접근하기 앞서 토지투자의 특성을 간단히 살펴보기로 하자.

첫째, 토지재테크는 미래가치를 추구하는 것이다.

모든 투자가 미래의 불확실성 속에서 후일 증가되는 가치를 노리는 것이겠지만, 토지의 경우는 더욱 심하다. 토지투자는 장기간을 요하는 것이기 때문이다. 그래서 "명포수는 새가 날아가는 방향으로 총을 겨눈다."는 격언이 있듯이 땅 투자도 미래를 내다보고 장기투자를 해야 한다는 것이다. 그러나 미래는 항상 불확실하다. 땅 투자도 이런 불확실한 요소를 잘 정리하여 포인트를 잡고 투자를 해야 한다. 그리고 땅의 미래를 예측하는 것이 전혀 불가능한 것은 아니다. 땅 투자에도 어느 정도는 확실한 일정한 법칙이 숨어 있는 것이다. 토지투자 재테크에 있어서는 이러한 미래예측방법을 익혀야 한다. 이것을 흔히 "좋은 땅 고르는 요령"이라고 부른다.

좋은 땅이란 결국 먼 훗날 땅값이 오를 수 있는 "돈 되는 땅"이라고 할 수 있다.

둘째, 토지투자는 장기간을 요한다.

땅값이 오르는 기본요인은 여러가지 있겠으나 경기변동이나 환율, 이자율, 유동성 등 경제학에서 말하는 일반적인 환경요인에 의한 영향력은 오히려 약한 편이다. 우리나라에서는 토지의 공개념에 따라 국가정책과 지자체의 개발의지 등이 오히려 더 큰 요인이 된다. 그리고 토지를 에워싼 환경요인은 준비기간을 비롯하여 오랜 기간의 리드 타임(Time-Lag)이 필요하다. 어느 정도 숙성기간이 지난 후에 토지가 소재한 지역 및 주변환경의 변화로 비로소 토지가격이 움직이는 것이 일반적이다. 원하는 시기에서의 투자회수도 용이하지 않다. 그래서 토지투자는 통상 3-5년의 장 기간을 요한다. 토지투자자는 이 정도의 시간은 버틸 수 있는 자금력과 지구력이 필요하다.

셋째, 토지투자는 국가정책과 규제에 의해 많은 영향을 받는다.

토지는 기본적으로 토지 공개념에 의해 많은 규제를 받아오고 있다. 특히 우리나라에서는 토지는 복잡한 토지공법과 세법에 중복하여 둘러싸여 있다. 이것이 토지공부와 토지 재테크를 하기 힘든 원인 중의 하나로 되어있다. 하나의 토지에 붙어 있는 대 여섯 개의 규제 중에 하나라도 걸리게 되면 개발이 안 되거나 제한받음은 물론, 그에 따라 땅값도 떨어지고 팔리지도 않는다. 예컨대 고양시 덕양구 벽제동의 임야가 군사시설보호구역이 해제된다고 하여도, 그린벨트, 토지거래허가구역, 과밀억제권역, 공익용산지 등의 규제는 전혀 손댈 수 없는 것이다.

넷째, 토지는 일반적으로 투자회수가 늦다.

토지는 아파트와 같은 일반인이 흔히 접할 수 있고 친숙한 상품이 아니다. 도시인은 거의 한 채씩의 아파트를 가지고 사고 판 경험이 있을 것이지만 땅은 그렇지 않다. 경험하지 못한 도시인이 더 많을 수 있다. 그래서 비근한 예를 들자면 아파트를 생필품이가고 한다면 토지는 사치품이라고 할 수도 있다. 땅은 생활에 꼭 필요한 것만은 아니라는 의미다. 그러나 값으로 비교해 본다면 실제로 도시의 아파트값은 지방토지값에 비하면 몇 갑절이 된다. 그렇게 상대적으로 싼 지방토지지만 토지는 통상 여윳돈으로 투자하게 되기 때문에 거래가 쉽지 않다. 즉 수요층이 두텁지 않으며, 실수요자의 구매력은 아파트와 비교할 수 없이 허약한 것이다.

토지는 대개 전원주택, 주말농장, 공장용지, 창고용지 등 특수한 실수요자가 필요로 하는 경우와 매매차익만을 노리는 순수한 투자자로 구분할 수 있다. 이 중에서 실수요자의 구매력은 더욱 소수이고, 구매력의 강도도 미미하다. 이것이 토지거래가 일반화되지 못하는 한 요인이 된다. 그 결과 투자회수가 더딜 수밖에 없는 것이다.
또 과거의 추세를 보면 부동산경기가 침체기에서 회복되는 단계는 제일 먼저 아파트고, 다음에 연립 주상복합 등에 이어, 단독주택과 토지 순으로 되어 있어, 투자회수에 있어서 순위가 밀린다.

· 재산 3分法

분류	안정성	수익성	유동성 (환금성)
예금	○	×	○
주식	×	○	○
부동산	○	○	×

다섯째, 토지상품은 가격민감도가 둔하며, 가격탄력성이 적다.

토지거래도 경재재의 거래로서 수요공급의 경제원칙에 따르지마는 약간의 특이성을 가지는데 이 특성을 이해해야 한다. 즉 토지는 지역에 속해 있는데, 지방에 따라 토지가격은 오를 때는 **상향평준화**를 이루어 전 지역이 비슷한 가격으로 올라 붙는다. 반면에 내릴 때는 일정 선에서 머무르는 특성을 가지는데 이를 **하방경직성**이라고 한다. 땅값이 떨어지기 시작하면 우리나라 토지시장의 경우, 내놓았던 땅을 거두어들이거나 혹은 일정금액 이하로는 팔지 않겠다는 식의 마지노선을 형성한다. 이 지역 땅은 이 수준 이하로 팔 수 없고, 또 팔리지 않아도 어느 땐가는 오른다는 확신 때문이다. 지역에 따라 "땅값 불패의 신화"가 뿌리깊은 곳이 많다. 이런 지역에서는 경제학에서 말하는 수요공급의 원칙이 잘 먹히지 않는다. 그래서 이런 시기와 이런 지역에서는 두 가지 투자 포인트가 나온다.

첫째는 같은 가격 혹은 비슷한 가격의 땅들 중에서 진짜 좋은 땅을 고르는 기술이 필요하다. 여기서 돈 되는 땅 고르는 요령이 필수적인 것이다.

둘째는 이런 지역에서는 급매물을 찾거나 직거래 등으로 더 싸게 살 수 있는 길이 있다는 사실이다. 좋은 루트를 가진다면 땅은 시가나 호가보다 훨씬 싸게 살 수 있는 길이 있다. 이것이 실무 땅 투자의 숨겨진 비법 중의 하나다.

가격탄력성

가격탄력성이란 가격이 상하로 변동할 때 그에 따라 수요가 증감하는 정도를 수치로 비교하는 경제학용어다.

- 가격탄력성 Price Elasticity = 가격민감도 Price Sensitivity + 소비자 가치요인Customer Value Drivers + 구매상황요소 Situation Factors

제19장
토지투자의 유형과 전략

■ 토지투자전략의 유형

> 1. 전매차익 목적의 투자전략
> 2. 개발차익 목적의 개발전략
> 3. 토지보상금을 노리는 보상전략
> 4. 토지리모델링으로 땅값 높이기 전략
> 5. 우회활용전략
> 6. 장기보유전략
> 7. 절세전략

일반적으로 토지투자를 하는 유형은 그 목적에 따라 대략 다음과 같이 나누어 볼 수 있다.

첫째, 잘 팔릴 수 있는 땅을 가급적 싸게 사서 오르면 적당한 시기에 처분함으로서 중단기 매매차익을 얻는다.

둘째, 귀농 귀촌 등을 위해 필요한 땅을 구입하거니, 주말농장 전원주택 등을 마련하여 이용하면서, 후일 전부 팔거나 남은 땅을 처분하여 이득을 챙긴다.

셋째, 재산축적이나 상속의 목적으로 당장은 개발이 어려운 싸고 큰 땅을 사서 묻어두고, 장기적으로 기다린다.

넷째, 약간의 흠이 있는 땅을 싸게 구입하여 토지리모델링을 한 뒤 길과 모양을 좋게 하여 분할 매각한다.

다섯째, 분양이 가능한 지역을 잡아 전원주택 창고 공장 등을 지어 팔아서 개발차익을 내거나, 임대료 수익을 챙긴다.

여섯째, 개발예정지 혹은 개발예상지를 선점 구입하여, 토지수용에 따른 보상금으로 차익을 노린다.

일곱째, 별로 쓸모없는 공시지가 이하의 땅을 매입하여 담보로 제공한 후 차입금을 챙겨 만세부르고 튄다. 일부 악덕업자의 경우 개발허가가 가능한 땅을 계약금만 주고 매매계약한 후 지주의 토지사용승락서를 받아 인허가를 내 이를 담보로 제공하여 대출금을 전액 챙긴 뒤 잠적하는 악랄한 사례도 있다. 일곱번째의 행태는 사기나 범죄에 가까운 것으로 토지투자라고 볼 수도 없는 반사회적인 행태다.

이와 같은 토지투자의 개략적인 여러 유형에서 반사회적인 마지막 케이스를 제외한 투자형태를 전략적 개념에서 살펴보자.

1. 전매차익 목적의 투자전략

전매차익을 남길 목적으로 토지투자를 하는 형태로 토지투자에서 가장 전통적이고 일반적인 수법이다. 토지투자는 전매차익에서 비용과 세금 등을 제외한 금액인 투자순이익을 총투자액으로 나누어 투자수익률을 산정한다.

투자수익률(Return on Investment: ROI) = 투자순이익/총투자액 × 100

투자수익률을 극대화하려면 경제원리에 따라 분자인 투자순이익을 높이고, 분모인 투자액을 최소한으로 하는 방법일 것이다. 분자인 투자순이익은 전매차익이므로 토지의 매도가격을 높이는 즉 비싼 값에 판다는 것을 의미한다. 분모인 투자액은 땅 구입비이므로 투자용 땅은 될수록 싸게 사야 한다는 당연한 결론이 된다. 결국 싸게 사서 비싸게 팔아야 하는데, 토지에 있어서는 여기에 "안전하게"라는 요건이 더해진다. 험이 있는 물건은 잘 팔리지 않기 때문이다.

또 하나 토지에 있어서 최대의 걸림돌은 투자회수기간이 길다는 것이다. 토지는 아파트나 상가보다 수요층이 얇아서, 내가 원하는 시기에 쉽게 팔리지 않는다. 또 실제로 땅이 팔려서 비용을 빼고 내 손에 남은 돈이 전매차익인데, 팔리는 기간이 길거나, 실제 매매되어 내 손에 들어오는 돈이 기대이익보다 적은 것이 일반적이다. 따라서 잘 팔릴 수 있는 물건인 좋은 토지에 투자하는 것이 필요하게 된다.

투자수익율 산정에서 특히 고려할 것은 첫째로 회전율이며, 둘째로는 세금 부담금 공과금 이자 등 투자원금 이외의 부대비용이다. 셋째로는 Risk 문제로서 고위험 고수익의 원칙에 따라 고수익을 목표로 할수록 리스크가 크다는 사실이다.

2. 개발차익 목적의 개발전략

개발차익을 남길 목적으로 토지투자를 하는 형태로 토지에 관한 전문지식과 자금력을 필요로 하기 때문에 일반인의 참여범위가 좁다. 개발차익은 부가가치 창출이라고 볼 수 있으며, 부가가치를 올릴 수 있는 토지개발의 방법은 대단히 광범위하며 다양하다.

토지개발에 관하여는 전문서적인 다음 서적을 참고하면 좋다.
- [가야토지시리즈 제5권] 토지개발과 리모델링으로 돈 버는 현장실무
- [가야토지시리즈 제6권] 농지 임야 활용으로 돈 버는 현장실무

3. 토지보상금을 노리는 보상전략

팔아서 전매차익이 어렵거나 장기간이 소요되는 경우에, 단기간에 보상이 이루어 질 것으로 예상되는 지역의 토지에 투자하여, 보상금을 받아 투자차익을 남기는 방법이다. 대규모 공단이나 아파트 등의 개발지역과 도로공사가 예상되는 지역에 많이 볼 수 있으며, 이 때 단순보상보다는 영업보상이나 지장물보상을 함께 노리는 수법이 흔하다.

(1) 토지보상절차

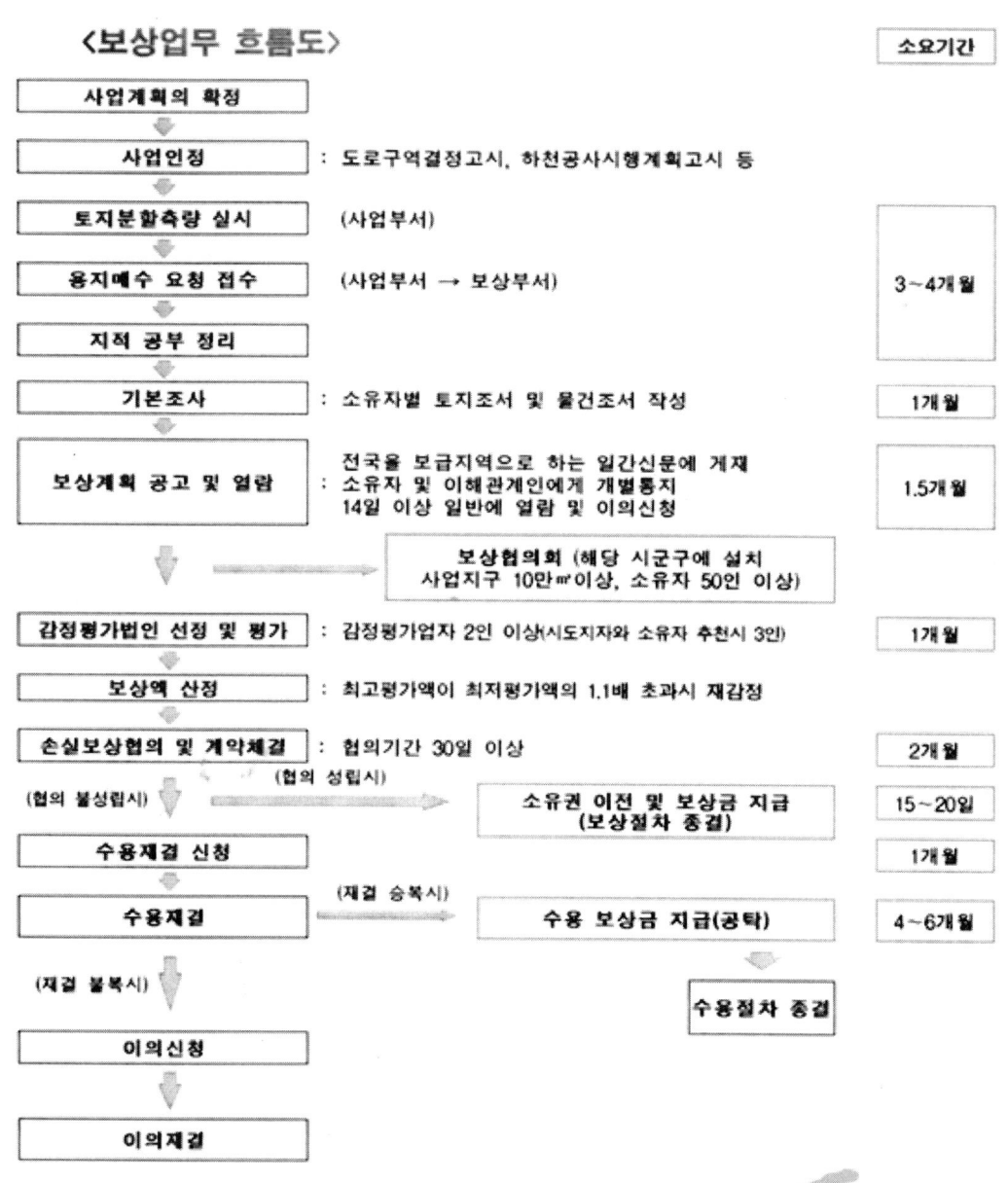

(2) 토지보상가 산정 기본원칙

토지 및 물건 등에 대한 보상가격은 기본조사를 바탕으로 작성된 토지조서 및 물건조서를 기초로 하여 부동산가격공시 및 감정평가에 관한 법률에 의거 공인된 2인의 감정평가업자(토지면적의 1/2이상의 토지소유자와 토지소유자 과반수의 동의를 얻은 경우 감정평가업자 1인 추가 가능)가 평가한 금액을 산술평균한 금액으로 한다. 토지보상기준은 원칙적으로 다음의 공식에 의하여 산출한 금액을 보상액으로 한다.

토지보상가격 = (비교표준지공시지가 × 시점수정 × 지역요인 × 개별요인 × 기타요인) × 토지면적(㎡)

(3) 토지보상기준

토지보상기준은 사업에 따라 약간씩 다르지마는, 원칙적으로 부동산가격공시 및 감정평가에 관한 법률 및 관련지침에 따라 다음의 기준에 의하여 산출한 금액을 보상액으로 한다.

① **토지보상**
3개(또는 2개) 감정평가기관이 공시기준일 비교표준지 공시지가를 기준으로 가격시점까지의 관계법령에 의한 당해 토지의 이용계획, 당해 공익사업으로 인한 지가의 영향을 받지 아니하는 지역의 지가변동률, 생산자 물가상승률 및 가대상토지의 위치, 형상, 환경, 이용상황 기타 가격형성상의 제 요인을 종합적으로 고려하여 평가한다. 토지평가는 가격시점에 있어서의 현실적인 이용상황과 일반적인 이용방법에 의한 객관적인 상황을 기준으로 하며, 일시적인 이용상황과 토지소유자 또는 관계인이 갖는 주관적인 가치나 그 토지 등을 특별한 용도에 사용할 것을 전제로 한 것은 고려하지 않는다.

② **지장물보상**
건축물 등의 구조, 이용상태, 면적, 내구연한, 유용성, 이전가능성 및 이전의 난이도, 기타 가격형성상의 모든 요인을 종합적으로 고려하여 평가한 금액으로 보상액이 결정되고 이전이 현저히 곤란하거나 이전비가 취득가격을 초과한 경우에는 취득가격으로 평가한 금액으로 보상한다. 수종, 수령, 수량이나 식수된 면적, 그 관리상태 등 모든 요인을 고려하여 이식으로 인한 손실을 평가한 금액으로 보상한다. 임야상의 소나무 및 잡목 등 자연수목은 토지보상액에 포함되므로 이식보상에서 제외한다.

입목 및 과수목

보상법에서 지장물로 취급하는 수목은 관상수·수익수·묘목·입목(조림된 용재림 또는 이와 유사한 자연림·연료림)·죽림 등으로 분류하며, 조경용으로 식재된 수목을 포함한 보상대상 수목은 공통적으로 그 수종·수령·수량을 조사한다. 임야 상에 자연적으로 성장하고 있는 잡목은 토지에 화체평가하므로 별도의 물건으로 작성하지 아니한다.

③ 권리보상

광업권, 어업권에 대하여는 권리소멸에 따른 보상금을 광업법과 수산업법에서 정하는 기준에 따라 토지보상금과는 별로도 지불한다. 국유지나 공유지를 적법하게 개간하였을 때에는 개간비를 지불하고, 수확하기 전에 수용한 땅에 심은 농작물이 있을 경우 그 작물에 대하여도 보상금을 지불한다.

④ 영업보상

사업인정고시일 이전부터 일정한 장소에서 인적, 물적 시설을 갖추고 계속적으로 영리를 목적으로 행하고 있는 영업으로서, 관례법령에 의한 허가, 면허 신고 등을 필요로 하는 경우에는 허가 등을 받아 그 내용대로 행하고 있는 영업을 보상대상으로 한다. 사업시행으로 인하여 휴업하는 경우 휴업기간(원칙: 3개월 이내)의 범위 내에서 휴업기간 중의 영업손실액과 시설이 전비 등을 평가한 금액으로 보상한다.

폐업보상의 경우에는 2년간의 영업이익을 보상하게 되나 폐업보상에 해당되는지의 여부는 소유자의 폐업의사에 따라 결정 되는 것이 아니고 다음의 요건에 해당되어야 한다.
1. 다른 장소에 이전하여서는 당해 영업을 할 수 없는 경우
2. 다른 장소에서는 당해 영업의 허가를 받을 수 없는 경우
3. 주민에게 혐오감을 주는 영업시설로서 다른 장소로 이전 하는 것이 현저히 곤란하다고 시, 군, 구의 장이 인정하는 경우

⑤ 영농보상

사업지구 내에 편입된 농지에 대하여 도별 연간 농가평균농작물수입의 2년분을 영농손실액으로 보상한다. 허가 등을 받지 않고 개간한 토지 및 농지가 아닌 토지를 불법으로 형질을 변경하여 경작한 토지는 보상대상이 되지 아니한다. 농지의 소유자와 실제의 경작자가 다른 경우로서 농지의 소유자가 당해 지역에 거주하는 농민인 경우에는 서로 협의하는 바에 따라 지급하고(협의 불성립시 각 50% 지급), 농지의 소유자가 당해 지역에 거주하는 농민이 아닌 경우에는 실제의 경작자에게 지급한다. 여기서 실제의 경작자는 사업인정고시일, 보상계획공고일 당시의 적법한 경작자를 의미한다.

영농손실액을 보상하지 않는 경우

① 사업인정고시일(개발계획승인고시일)등 이후부터 농지로 이용되고 있는 토지
② 일시적으로 농지로 이용되고 있는 토지
③ 타인 소유의 토지를 불법으로 점유하여 경작하고 있는 토지
④ 농민(농업법인 및 농업인)이 아닌 자가 경작하고 있는 토지
⑤ 토지보상이후 사업시행자가 2년 이상 계속하여 경작하도록 허용하는 토지
⑥ 2년 이상 경작하고 있지 아니한 휴경지

⑥ 축산보상

축산업 등은 영업손실보상을 준용(휴업손실액, 시설이전비, 가축운반비)하여 보상하며, 기준마리 수 이하인 경우에는 시설 및 가축이전비만 지급한다.
- 축산법 제20조의 규정에 의하여 신고한 부화업 또는 종축업
- 기준마리 수(닭 200마리, 토끼·오리 150마리, 개·돼지·염소 20마리, 소 5마리, 사슴 15마리, 꿀벌 20군을 말함)이상의 가축을 기르는 경우
- 기준마리수 미만의 가축을 기르는 경우로서 가축별 기준 마리 수에 대한 실제 사육마리수의 비율의 합계가 1이상인 경우

(3) [보상사례] 농지보상과 현황지목

[사례 1] 현실이용 상황과 공부상 지목이 다른 경우 어떻게 보상이 되나?

토지의 보상평가의 원칙은 공부상 지목과 무관하게 실제이용 상황을 기준으로 평가하여 보상함이 원칙이다. 예를 들어 현실이용 토지가 적법한 허가 등을 받았으나 지목변경이 안된 경우와 '89. 1.24이전부터 주택부지로 사용되고 있는 경우와 도로 구거로 사용되고 있는 토지, 3년 이상(GB지구 내 임야일 경우 GB지구지정 이전부터)농지로 사용되고 있는 임야 토지 등은 현실이용 상황대로 평가보상된다. 토지평가는 가격시점에 있어서의 현실적인 이용상황과 일반적인 이용방법에 의한 객관적인 상황을 기준으로 하며, 일시적인 이용상황과 토지소유자 또는 관계인이 갖는 주관적인 가치나 그 토지 등을 특별한 용도에 사용할 것을 전제로 한 것은 고려하지 않는다.

[사례 2] 공부상 지목이 임야이나 농지인 토지의 보상기준

공부상 지목이 임야이나 농지법 상 농지(농지법 제2조)에 해당히는 경우에는 농지로 평가되어 보상하게 된다. 예를 들어 지목은 임야지만 토지소유자가 3년 이전에 해당 임야를 개간하여 밭의 현태로 전환하여 작물을 재배하였다면 밭으로 평가하여 보상한다. 그러나 전 답을 허가를 받지 않고 형질변경하여 대지나 공장용지로 사용하는 경우에는 종전 지목대로 평가하여 보상한다. 농지법 상 농지의 판단기준은 사업시행자가 관계도서와 지형, 토지형태, 이용상황 등을 조사 확

인하여 농지법 상 농지에 해당하는지 여부를 판단하고, 임야를 개간하여 3년 이상 경작하였는지 여부가 불명확한 경우 국토지리정보원에서 발행하는 항공사진을 활용하여 농지법 상 농지 여부를 판단한다.

[사례 3] 등기부상 지목은 농지이나 실제 이용현황이 대지인 경우의 토지평가방법

토지에 대한 평가기준은 객관적 기준, 현황기준, 나지상정 평가, 개발이액 배제, 교준지 공시지가를 활용하여 평가된다. 이중 현황기준평가란 가격시점에 있어서의 현실적인 이용 상황을 기준으로 평가하되, 가격시점에 있어서의 이용상황이 일시적인 이용상황으로 인정되는 경우와 무허가 건축물 등의 부지, 불법형질변경된 토지 및 미불용지(과거 공익사업 편입 시 보상되지 아니한 토지)평가의 경우에는 그렇지 않다. 지목이 답인 토지에 주택을 건축한 경우에는 해당 가옥이 적법한 절차를 거쳐 건축한 것이라면 해당가옥의 범위 내는 대지로 인정할 수 있다. 그러나 대부분은 무허가 건물인 경우가 많으며 이러한 경우에는 실제 사용은 대지라 하더라도 평가는 답으로 이루어진다. 다만 무허가로 건축되었으나 1989. 1.24 이전에 가옥으로 축초되어 허가건물로 인정할 수 있으면 당초 지목이 전, 답, 임야라 할지라도 해당 건축물 부분 등은 대지로 평가한다.

[사례 4] 불법형질변경 토지 평가지목 결정

토지보상법시행규칙 제24조 규정에 의하면 취득할 토지에 대한 평가는 현실적인 이용상황에 따라 평가하되 예외적으로 일시적인 이용 상황은 이를 고려하지 않으며, 불법으로 형질 변경된 토지는 형질변경이 될 당시의 이용 상황을 상정하여 평가하도록 되어 있다. 국유지 하천 및 도로가 적법하게 형질변경 허가를 득하지 아니한 상태에서 전, 답, 대지 등으로 이용되고 있어 토지보상법시행규칙 제6조제6항의 규정에 의하여 토지의 형질이 변경될 당시의 이용 상황, 즉 공부상 지목인 하천 또는 도로로 평가한다.

토지보상 관련 챕터
- [제8권 제30장] 공원 녹지(도시자연공원구역)
- [제8권 제35장] 도로경매(도로보상)
- [제8권 제38장] 토지매수청구권

4. 토지 리모델링으로 땅값 높이기 전략

(1) 간단한 토지리모델링
싸게 경매로 매입한 푹꺼진 길가의 논을 매립 성토하여 밭으로 만들어 되판다거나, 후일 근린생활시설을 지어 임대하는 등 땅값을 오린다거나, 임야를 찰기 전에 산벌을 하여 보기 좋게 만든다. 맹지에 길은 내어 팔기 좋게 만들고, 논을 밭으로 만들고, 작은 농가주택이더라도 근처 개울에 하천점용허가를 까고 있는 것을 사서, 주말농장이나 텃밭 등으로 활용하는 것을 토지리모델링이라고 한다.

(2) 맹지탈출전략
맹지에 길을 내어 땅값을 올리고 쉽게 팔리도록 한다.

(3) 분할전략
토지에 있어 작은 땅은 드물고 잘팔린다. 큰 땅이 있다면 간급적 개인이 쓸 수 있는 330㎡(100평) 내지 1000㎡(300평)의 소규모 단위로 잘라서 판다면 잘 팔릴 수 있다.

(4) 합병전략
쓰기 어려운 길죽하거나 자루모양의 땅, 소규모 땅은 옆에 붙은 허름하고 값싼 땅을 매입하여 합병함으로서 좋은 모양의 쓸모있는 땅을 만들어 팔거나, 활용할 수 있다. 합병 후 분할한다면 더욱 효과가 커진다. 주식투자에서 물타기 수법과 유사한 전략이다.

(5) 교환전략
지방의 쓸모없거나 잘 안 팔리는 큰 땅을 상속받았다면, 그냥 보존하면서 재산세만 낼 것이 아니라 수도권의 작은 땅과 교환하여 땅 갈아타기를 하는 것이 좋다. 다만 대신 받는 땅의 입지와 가치, 전망 등을 잘 검토해야 사기당하지 않는다.

(6) 용도변경전략
땅의 용도변경, 지목변경과 용도지역 변경은 개발전문가들의 전통적인 땅값 올리는 전략이다. 규제가 해제 완화되는 지역을 선점하여 용도지역 변경을 노리고, 농지 임야에 건축물을 지어 대지나 창고용지를 만들어 팔거니 임대를 주는 방법이다.

- **토지 리모델링에서 유의할 점**

토지 리모델링은 땅의 가치를 올리고 잘 팔 수 있는 훌륭한 방법이다.
그러나 여기에는 몇 가지 유의할 사항이 있다.

첫째, 토지 리모델링을 하려면 관련 법규를 잘 알아야 한다.
    리모델링의 모든 행위가 토지공법에 의해 규제되고 있다고 하여도 과언이 아니다.
둘째, 리모델링하는 비용과 그 후의 효과를 미리 비교해 보아야 한다.
    땅은 간혹 손을 안대고 있는 그대로 파는 것이 더 유리할 때도 있는 것이다.

셋째, 개발과 리모델링 시에는 가급적 자연상태를 잘 이용하는 것이 좋다.
    산을 깎아 전원주택 단지를 조성할 때에 자연적인 경사도나 하천 등을 가급적 원형 상태로 이용하는 것이 좋다. 이는 자연을 덜 훼손하는 환경친화적인 취지도 있지마는, 실수요자 입장에서는 그런 자연스러운 모양을 선호하는 이가 많기 때문이다.

토지리모델링 관련 전략 추가 참조
  ■ [제8권 제40장] 용도변경 지목변경으로 땅값 올리기

5. 우회 활용전략

토지의 개발 현장에서 인허가를 받는 목적과 개발자가 실제로 최종 목적하는 바가 다른 경우가 가끔 눈에 띈다. 예컨대 토사반출과 토석채취를 목적으로 한 가장 산지전용, 전원주택 용도로 쓸 목적으로 농업용관리사나 산림경영관리사를 짓는 경우, 사실상 임도 개설을 목적으로 한 버섯재배사 신축, 신도들의 기도원 용도로 쓰기 위한 목적의 종교시설(요사체, 포교원, 종교부대시설) 등이 그 예다. 분명한 탈법행위인지 여부를 가리기 어렵기 때문에 불법이라고만 할 수는 없는 경우가 많다.

6. 장기보유전략

오랜 동안 농사를 지어 온 부모님이 연로하여 더 이상 농사를 짓기 어렵다면, 당장 팔거나 상속받기 보다는 그냥 소유권을 놔둔 채 농지임차를 저거나 위탁경영을 하는 것이 더 바람직하다. 오랜 동안 경작한 농지는 8년 자경 양도세 면제의 특례가 있기 때문이다. 생전상속을 하면 이 혜택이 날라 가거나 적용 못받는 경우가 생기는 것은 물론, 상속인이 농지 임대차를 할 수도 없고, 10,000㎡(3,000평)를 초과하는 상속농지는 처분해야 하기 때문이다. 상속받은 오래된 큰 임야라 처분하기가 어렵고 종중산이라면, 궁극적으로는 조림용 산으로 검토하거나 가족산을 만들어 가족묘로 쓰는 방법도 있다.

7. 절세전략

토지취득과 거래 시 내는 세금에 있어서 취등록세는 등기 시 정해진 세율로 어쩔 수 없이 내는 것이라고 하더라도, 보유 시 내는 재산세와 팔 때 내는 양도소득세는 탈세가 아니라 절세를 하는 노력이 필요하다. 대표적인 것이 부재지주 토지나 비사업용토지에 대

한 중과세 대책이다. 농촌에서 고령자들의 8년 자경 양도세 면제 특례를 활용하는 것도 좋은 방법이다. 이와 관련한 설명은 다음 챕터 참조.
- [제7권 제23장] 부재지주와 비사업용토지란?
- [제8권 제43장] 부재지주 농지 임야의 사업용 전환

제20장
땅을 잘 사고 파는 요령

1. 매매계약은 본인의 책임과 확인으로

　토지투자에 있어서 많은 경험을 가진 이들이나 전문가들의 공통적인 충고의 하나는 땅을 살 때 사람을 보지 말고, 땅을 보라는 것이다.

　사람에 대한 믿음과 부동산에 대한 믿음은 모두 다 본인의 책임으로 이루어지는 것이지만, 전자는 따뜻한 인연과 감정에 따른 것이고, 후자는 냉정한 논리와 이성에 따르는 것이다. 부동산을 주변 가족이나 친지 동창의 말만 믿고 거래를 하지만, 후에 남는 것은 부동산계약서와 계약서 문구 밖에 없다는 사실을 명심해야 한다. 부동산은 처음에 서류와 현장확인부터 시작하여 계약서를 작성하고, 끝에 가서 대금을 지불하여 등기를 이전 받을 때까지 모든 과정을 냉철한 본인의 책임과 판단으로 해야 한다는 것이다.

분쟁과 사기를 막는 방법

　토지매매계약과 등기이전과정에서 계약당사자간에 분쟁과 사기를 막는 가장 중요한 방법은 중요한 약정은 반드시 서면으로 하라는 것이다. 매매계약서에 필수적으로 서면으로 작성하겠지만, 그 이전 또는 이후에 당사자산에 진행되는 주요 거래약정은 반드시 서면으로 작성해서 통보하거나 쌍방 날인해 두는 것이 좋다. 그래야 후일 이행을 안하거나 분쟁발생 시 신속하게 손해배상을 청구한다던지 재판으로 책임을 추궁할 수 있다. 다만 주의할 것은 문서로 작성하되 내가 의도하는 취지나 양 당사자가 합의한 내용을 정확한 용어로 분명하게 글로 표현해야 한다는 것이다. 특히 금액과 날자나 일시를 정할 때는 착오가 없도록 두번 세번 확인해야 한다. 채무불이행이나 당사자간 의견과 해석이 엇갈릴 경우 분쟁이 발생하면 결국 최후에는 법정으로 갈 것이며, 재판과정에서는 서면증거를 위주로 거기에 기재된 용어의 의미를 객관적으로 해석하고 판단하게 될 것이기 때문이다.

2. 땅을 잘 사는 5가지 포인트

(1) 땅은 파는 것보다 사는 것이 더 중요하다

땅 투자에 있어서 땅을 사는 것과 파는 것 중 어느 것이 더 중요하냐고 하면, 당연히 사는 것이 더 중요하다. 땅을 살 때는 세가지 포인트를 지켜야 한다. 첫째는 좋은 땅을 사야하고, 둘째는 싸게 사야하며, 셋째는 안전하게 사야한다.

첫째로 좋은 땅을 사야 한다. 그래야 후일 땅값도 많이 오르고, 팔 때 쉽게 팔 수 있다. 요즈음 같은 장기불황의 부동산시장에서는 좋은 값을 받고 파는 일 보다는 빨리 팔릴 수 있어야 한다. 그러려면 누구나 보아도 좋다는 물건을 골라야 한다. 그래서 성공하는 토지투자자가 되려면 땅을 보는 안목을 키워야 한다는 말이 된다.

둘째로는 토지는 싸게 사야 한다. 싸게 사야 후일 쉽게 팔리고, 전매차익도 크게 기대할 수 있다. 시세보다 싸게 사 놓은 땅은 가볍게 처분할 수 있다. 반면에 시세대로 아니면 그 이상을 주고 산 땅은 아주 좋은 땅이 아닌 한, 살 때의 본전에 얽매여 쉽게 팔지를 못한다.

셋째는 안전하게 사야한다. 안전하다는 것은 물건에 험(하자,瑕疵)이 없다는 것이고, 토지거래에서 위험성이 없다는 두가지를 포함한다. 전자는 토지의 함정이라고 하며, 물건에 붙은 중대한 공법상 제약으로 쓸 수 없는 땅을 사지 말라는 이야기다. 후자는 매매계약에서 출발하여 잔금을 지급하고 소유권이전등기를 받을 때 까지 당사자 간에 분쟁과 사기(詐欺)가 없어야 한다는 뜻이다.

토지투자에서는 좋은 땅을 안전하게 싸게 잘 골라야 한다. 이때 좋은 땅이란 미래에 땅값이 오를 수 있는 땅이다. 소위 전망이 있어야 한다는 것이다. 그렇다면 전망이 있는 땅은 어떻게 고를 것인가? 본서 제4부의 좋은 땅 돈 되는 땅은 그러한 전망있는 땅을 보는 조건들을 설명한 것이다.

토지투자를 쉽게 이야기 하면 "시세차익", "전매차익"이나 "개발이익"등으로 요약할 수 있다. 이 말들은 공통적으로 땅을 팔 때의 가격에서 살 때의 가격을 뺀 차액을 말한다. 차액을 크게 하려면 파는 값은 될수록 높아야 되고, 사는 값은 될수록 적어야 한다. 즉 싸게 땅을 사서 비싸게 파는 것이 토지투자의 간단한 요점이라고 할 수 있는 것이다. 땅을 잘 산다는 것은 토지투자의 첫걸음인 것이다.

토지투자를 잘 하려면 결국 이러한 간단한 룰에 맞추어야 함은 당연하다. 그런데 이 말에서 땅은 살 때 그냥 싼 것이 아니라 "안전하게"라는 말이 반드시 붙는다. 땅의 복잡한 규제와 위험한 함정을 고려하는 것이다. 이 "안전하게"라는 것은 통상 사기를 조심하며 서류를 잘 보고 현장답사를 꼭 해야 하며, 땅에 붙은 규제를 파악해야 한다는 등의 "토지투자 시 유의사항"이란 제목으로 이야기된다.

(2) 땅을 잘 사는 5가지 포인트

1. 좋은 땅이어야 한다.
   좋은 땅이란 현재가치 대비 미래가치가 좋은 땅을 말한다.
2. 싸게 사야 한다.
   싸다는 것은 주변이나 타지역의 유사한 조건으로 비교할 때, 시세이하이거나 저평가되어 있는 물건을 말한다. 싸게 사는 방법으로는 공인중개사를 통한 협상방법 외에도 경매 공매 통매 직매 급매로 구입하는 방법이 있다. 토지경매도 말하자면 땅을 싸게 사는 방법의 하나로 이해할 수 있다.
3. 안전하게 사야한다.
   안전하다는 것은 법적인 문제가 없어 향후 분쟁의 소지가 없다는 뜻으로, 물건에 하자(瑕疵)가 없어야 한다는 것과 거래가 안전해야 한다는 두 가지가 있다.
4. 투자용 땅을 살 때는 팔 것을 미리 예정하는 것이 좋다.
   토지구입 결정 시부터 개략적인 토지구입 및 매각 비용, 세금, 매매수익률, 처분시기, 처분금액 등을 생각해 두는 것이 좋다.
5. 토지구입에는 신속하고 과감한 결단이 필요하다.
   좋은 땅은 단명하다. 땅을 살 때는 신속하고 정확하게 판단 결정하여 번개처럼 계약하라는 것이 현업전문가의 공통된 조언이다. 증시격언에 기회는 소녀처럼 왔다가 토끼처럼 달아난다는 말이 있다. 좋은 물건이 급매물로 나타나면 신속하게 검토한 후 적합하다고 판단될 때는 발 빨리 과감하게 구입결단을 내려야 할 것이다.

3. 땅은 싸게 사는 방법

땅을 싸게 산다는 것은 무엇인가? 이 말에는 시세보다 싸다는 "시세이하"인 경우와, 땅이 충분한 활용가치나 미래가치가 있으나 현재 시세에 땅 값이 제대로 반영되지 않았다는 소위 "저평가"된 경우의 두 가지 경우 볼 수 있다. 일반인의 입장에서는 이러한 "시세이하"나 "저평가"를 쉽게 알 수는 없다. 공인중개사나 감정평가사 등의 전문가의 도움을 받아서만 파악할 수 있는 것들이다. 그러나 초보토지투자자라도 많은 공부와 실습을 거쳐서 토지를 싸게 살 수 있는 요령을 익힐 수 있을 것이다.

"시세이하"는 대체로 쉽게 알 수 있으나 문제는 "저평가"라는 의미다. 저평가란 무엇인가? 토지의 가치가 가격으로 제대로 반영되지 않았다는 뜻이다. 토지의 가치란 현재가치와 미래가치를 포함한다.

가치(value)란

가치에 대해서 좀 더 알아보자. 가치(value)란 말은 철학, 법학과 경제학 등에서 많이 쓰이는 용어다. 토지는 재화로서 경제재에 속하기 때문에 그 가치는 경제적 관점에서 보아야 한다. 가치는 일반적으론 어떤 사물이나 일등의 유용성, 정당성, 이득 등을 나타내는 말로 쓰이는데, 경제학에서 다루는 가치는 경제적인 효용성을 말한다. 가치에는 시간 상 현재가치와 미래가치가 있고, 주관적 가치와 객관적 가치로도 나눌 수 있다. 토지의 가치는 토지상의 권리에 따라 보유가치, 사용가치, 담보가치, 교환가치 등으로 나눌 수 있는데, 사용가치는 다시 농작물 경작 등 생산성가치와 개발가치로 구분할 수 있다.

땅의 가치를 정리하자면 토지는 경제적 가치요. 객관적 가치이며, 미래가치이고, 사용가치와 교환가치를 공유하고 있다고 말할 수 있다. 특히 중요한 것은 땅은 객관적 가치이며 미래가치라는 사실이다. 이것이 토지투자의 핵심이 된다.

토지구입은 직매 통매 급매를 최대한 이용한다

같은 조건에서 남보다 싸게 땅을 산다는 것은 결코 쉬운 일이 아니다. 그런데 실무상으로 땅을 싸게 사는 좋은 비법 중의 한 가지가 미리 현금을 확보한 후에, 경매 직전에 몰린 땅을 급매로 싸게 사거나, 주인과 직접 흥정하여 많이 깎거나 하는 방법(직거래)이 있다. 또 이민가려는 어떤 사람의 농가주택 논 밭 임야 등을 묶어서 한꺼번에 사두면(통매), 개별적으로 살 때보다 훨씬 싸게 살 수 있다. 환란 직후의 기업의 구조조정물건을 싸게 거두어 들여, 돈을 번 이들도 있다.

노련한 땅값 흥정이 성공적인 토지투자 핵심이다. 성공적인 토지투자의 핵심은 저평가된 땅을 찾아내 싸게 매입하는 것이다. 이때 투자가치가 있는 매물을 골라내는 요령에 이어 목적물을 발견하였다면 시세보다 얼마나 싸게 사느냐에 따라 수익률이 크게 달라지기도 한다.

땅값을 흥정하는데는 자금력이 있다면 중도금과 잔금의 지급시점도 적극 활용한다. 대개 급매물로 나온 땅의 매입조건은 계약서 작성 후 한 달 이내 잔금 지급방식이 보통이다. 때문에 잔금 지급시점을 대폭 단축하거나 중도금없이 잔금을 일시불로 지급하면 그만큼 더 땅값을 깎을 수 있다. 일시불 거래란 계약할 때 중도금과 잔금을 한꺼번에 지급하는 방법으로 매도자가 아직 완전한 소유권을 확보하지 못하고 있거나, 압류나 경매가 코앞에 닥친 위기로 리스크가 높은 급매물을 대상으로 많이 이루어진다. 이런 물건은 가격 흥정의 폭이 넓다.

경매와 공매도 싸게 사는 방법이다

매매가 아닌 법원 경매로 부동산을 낙찰 받아 소유권을 취득하는 경우 검색과 입찰의 번잡한 절차와 경쟁에도 불구하고 매매에 비해 가격이 저렴하기 때문에 많이 이용한다. 최초 경매가격은 경매 시의 법원감정가에서 출발하는데 감정시기가 6개월~1년 이전의 시기를 기준으로 하고 당시 통상시세보다는 10%~20% 정도 높은 가격으로 정해진다. 그리고 법원에 따라 차이는 있으나 1회 유찰시마다 20%~30% 감액되므로 보다 여러번 유찰된 토지는 당초 감정가의 50%-70% 수준으로 싸게 부동산을 취득할 수 있다.

최근 들어 NPL이나 세금체납물건, 은행담보물건, 지자체의 일반부동산 등 공매에 대한 관심이 늘고 있다. 경매가 보편화되고, 많은 사람들이 경매에 참가하다 보니, 경쟁율과 낙찰가가 높아져 일반적인 경매물건으로는 큰 수익을 내기 어려운 까닭에 공매 등에 눈을 돌리는 것이다.

4. 잘 안 팔리는 땅을 잘 파는 요령

(1) 땅은 높은 값에 적기에 팔아야 한다

땅은 높은 값에 팔거나 최소한 제값을 받고 팔아야 전매차익이 커진다. 토지투자자라면 누구나 그러한 사실을 알고 또 욕심을 부린다. 현실적으로 땅은 아직도 "평당 얼마"라는 식으로 거래되기에 땅의 평수는 몇 백, 몇 천 단위로 적지 않기 때문에 평당가격에 따라 전체 땅값은 크게 차이가 난다. 예컨대 양평의 전원주택지용 밭 1,000평이 평당 50만원이었다가 60만으로 10만원만 올라도 인상폭은 1억원에 달한다. 그러나 현실의 토지시장에서 토지의 매각은 내가 원하는 시기에 내가 부르는 값에 쉽게 팔리지는 않는다. 특히 불황기의 토지는 환금성이 더욱 떨어진다. 따라서 땅은 땅값도 중요하지만, 다음으로 투자회수를 위해 잘 팔릴 수 있는 좋은 지역, 좋은 입지의 좋은 땅을 싸게 사는 요령이 필요한 것이다.

(2) 가치(value)와 가격(price)

토지가격은 미래가치라고 하지만, 가치란 수치로 눈에 보이는 것도 밖으로 나타나는 것도 아니다. 이것을 객관적인 수치로 나타내는 것은 현실적인 가격이다. 가치와 가격은 다른 개념인 것이다. 토지가격은 현실의 토지시장에서 실제로 거래되는 가격으로서 시장가격으로 나타난다. 시장가격은 시세라고 하며 경제원칙에 의하여 수요와 공급의 원칙에 의해 결정된다. 토지라는 상품도 경제적 재화의 일종이기 때문이다. 다만 토지는 고정성과 부동성으로 인하여 지역에 따라 상향평준화나 하방경직성의 현상이 두드러지게 나타난다. 토지투자에 있어서는 이와 같은 토지의 가치와 가격에 대한 이해가 매우 유용하게 쓰일 수 있다.

(3) 잘 안 팔리는 땅을 잘 파는 요령

잘 안 팔리는 땅을 잘 팔 수 있는 일반적인 요령은 다음과 같다.
그러나 가장 확실한 방법은 남보다 싸게 내놓는 것임을 주지하여야 한다.

① 땅을 시세 이하로 내 놓아라
땅의 매입원가에 집착하면 유연성을 잃어 땅을 팔 수 없다. 취득원가를 고집하지 말고 시세와 다른 유사한 토지물건을 비교하여 다소 손해보는 듯한 느낌으로 적당한 이득이 된다면 팔기로 결단을 내려야 한다. 주식뿐 아니라 땅에도 손절매가 있다. 여러개 보유한 땅 중에서 자금사정으로 어느 하나를 꼭 팔아야 하는 경우에는 장래성이 나쁜 땅을 취득원가 이하라도 팔아 치우는 것이 현명한 재테크다. 그래서 땅은 될 수 있는대로 싸게 사야 쉽게 팔릴 수 있는 것이다.

② 땅을 화장하여 리모델링하라
합필로 모양을 좋게 만들어 팔아라.
맹지는 길을 내어 팔아라

③ 땅은 쪼개서 팔아라
큰 토지는 분필을 해서 크기를 적당하게 만들어 팔아라. 토지분할은 땅을 좋은 값에 빨리 파는 가장 좋은 방법 중의 하나다. 흔히 기획부동산에서는 이 수법을 기본으로 좋은(?) 토지개발정보를 끼워서 광고하여, 투자자를 유혹한다.

④ 지목을 변경해서 팔아라
인허가를 내어 개발이 가능함을 확신을 주어라.

⑤ 비사업용을 사업용토지로 전환시켜라
양도시 중과세가 없음을 보여 주어라.

⑥ 개발정보를 끼우고 돈 되는 용도를 제시하라
팔려고 하는 땅에 개발정보를 끼우고 돈 되는 용도를 제시하고, 돈 되는 땅임을 확인시켜라. 땅 매각을 위한 간략하고 유용한 프리핑 자료를 작성하여, 매수희망자에게 성의껏 제공하면 좋다.

⑦ 경매와 공매를 이용하는 방법도 있다
고수들은 안팔리는 땅을 역경매를 이용해 처분하기도 한다.

⑧ 땅 소재지의 유력한 중개업소를 찾아라
땅은 토지소재지 인근에 있는 부동산중개업소가 그 내용을 가장 잘 알고 있으며, 원매자는 땅의 근처 업소에 들려 문의하는 것이 우리나라 관행이다. 땅을 빨리 팔려면, 소재지에서 잘 나가는 유능한 중개사나 중개업소에 내 놓아야 한다. 이 때 좋은 조건의 인센티브를 준다면 효과가 있다.

5. 땅을 쪼개서 판다(토지분할)

토지분할이란?

전원주택 단지를 개발할 때에는 통상 넓은 한 필지의 임야에 대한 산지전용허가를 받아 대단지 토목공사를 한다. 이때에 기초설계단계에서부터 진입도로와 단지 내 도로를 뽑고, 660㎡(200평)에서 1,650㎡(500평) 넓이의 크고 작은 여러 필지로 나눈 단지 배치도를 작성한다. 단지 완공 후에는 단지에 출입하는 진입도로와 단지 내 도로 그리고 분양예정인 각 전원주택지는 각기 한 필지로 나누게 된다. 공사 전에는 한 필지였던 임야가 여러 필지로 나뉘어져, 대부분은 대지로 분할되고 일부는 도로로 바뀐다. 토지의 분할이 이루어지는 것이다.

또 개인이 전원주택을 지으려 1,650㎡(500평)의 관리지역 밭을 사서 집을 짓는 경우를 보자. 밭 1,650㎡(500평) 중에서 주택을 지을 대지로 쓸 660㎡(200평)은 농지전용을 받아 농가주택을 지으면, 그 부지는 준공 후 대지로 바뀐다. 남은 1,000㎡(300평)은 그대로 농지로 남아 텃밭으로 사용한다. 농지 1,650㎡(500평)이 분할되어 660㎡(200평)의 대지와 1,000㎡(300평)의 농지로 분할되는 것이다.

또 하나의 예를 보자. 토지도 여러 명이 공유지분으로 소유하는 경우가 있다. 부모가 사망하여 물려 준 임야나 농지는 여러 명의 자손이 공동으로 상속하여 공유자가 된다. 또 2인 이상이 공동으로 투자하여 하나의 필지인 토지를 구입하면 공유자가 된다. 이와 같은 공유토지인 경우 그 상태로 다시 팔 수도 있으나, 필요하다면 전원 합의 하에 각기 자기 지분으로 땅을 쪼개어 나누어 가질 수도 있다. 이 때 이것을 공유물의 분할이라고 하며, 토지분할의 특별한 유형이 된다.

분할은 이와 같이 토지구입 및 개발 활용에 있어서 자주 있는 일로서 토지리모델링의 대표적인 기법이다. 토지분할은 현실적으로 땅을 효과적으로 투자하고 쉽게 매각할 수 있으며, 또 단독 토지소유권을 확보하여 각자가 유용하게 쓸 수 있는 유용한 방법이 되고 있다.

토지분할의 절차

토지의 분할이란 지적공부에 등록된 1필지를 2필지 이상으로 나누어 등록하는 것을 말한다. 토지를 분할할 수 있는 자는 원칙적으로 토지소유자에 한한다. 지적법 상 지적분할을 신청할 수 있는 경우는 토지소유자가 소유권 이전, 매매 등을 위하여 필요한 경우와 토지이용 상 불합리한 지상경계를 시정하기 위한 경우에 한한다.

토지소유자가 토지분할을 하고자 하는 때에는 지적소관청 즉 지적공부를 관할하는 특별시장, 광역시장, 구청장 및 군수에게 토지분할신청서와 분할허가신청서 및 지적측량성과도를 제출하고, 그 외 토지분할의 합리적인 사유를 소명하여야 한다. 또한 지적공부에 등록된 1필지의 일부가 형질변경 등으로 용도가 다르게 될 때에는 60일 이내에 의무적으로 소관청에 토지분할을 신청하여야 한다. 그래서 토지분할을 하려면 먼저 분할측량을 해야 한다.

토지의 분필등기

토지의 분할등기는 부동산등기법 상 분필등기라고 하며, 토지의 변경등기에 속한다. 토지의 변경등기란 토지등기부의 표시란에 기재된 등기사항이 변경된 경우에 하는 등기로서, 분할등기의 경우에는 토지의 지번, 지목과 면적 등이 바뀌는 변경등기이므로, 토지소유자는 분할이 있는 때에는 1월 이내에 의무적으로 변경등기를 신청하여야 한다.

토지분할허가제

토지의 분할은 국가의 입장에서 보면, 때로는 토지이용의 비효율화를 야기하고, 토지행정의 번잡을 초래하며, 토지투기의 수단으로 악용되므로, 이를 소유자의 자유의사에만 맡길 수는 없다. 따라서 토지분할은 일단 모두 허가를 받아야 하는 개발행위의 내용에 포함되어 있으며, 특히 필요 이상으로 잘게 쪼개는 것을 금하는 건축법이 있다. 개발제한구역의 땅과 농업진흥지역 내의 농지에 대하여는 분할면적의 하한선을 따로 두고 있다. 토지분할의 허가심사기준은 국토계획법 등에서 구체적으로 상세히 규정하고 있다.

토지분할에 관하여 2006년 3월 7일까지는 도시지역에서만 토지분할허가제가 시행되었으며, 도시지역을 제외한 비도시지역인 관리지역, 농림지역과 자연환경보전지역에서는 분할이 자유로웠다. 그러나 지방토지에 대한 기획부동산업자들의 투기조장과 거래의 위험성에 따른 영세투자자의 피해를 방지하기 위하여, 2006년 3월 8일부터는 전국의 모든 토지에 대하여 토지분할허가제가 시행되게 되었다. 즉 지금은 전국의 어떤 토지던지 분할하고자 할 때에는 토지소재지 시·군·구에서 토지분할허가를 받아야 한다. 일부 지자체에서는 기획부동산의 진입을 막고자 조례로 토지분할을 제한하고 있어 주의를 요한다.(수도권 남양주, 용인 등지)

제21장
땅을 사고 파는 타이밍

땅을 사고 파는 시기

 일반인들이 가장 궁금해 하는 것 중의 하나가 땅은 언제 사고 언제 팔면 좋으냐 하는 소박한 질문이다. 땅에 팔고 사는 시기란 따로 있을 수 없는 것이 원칙이다. 쉽게 이야기하여 쌀 때 사고 비쌀 때 파는 것이 당연하다. 그러나 땅도 상품이며, 경제원칙에 따라 땅값은 계속 움직인다. 그러나 세금과 관련하여, 땅값이 오르는 패턴과 관련하여 또 대상물건의 특성에 관련하여 다음의 몇 가지 원칙을 제시할 수도 있을 것이다.

땅을 사고 파는 타이밍

(1) 땅은 겨울에 보아라

 땅은 겨울에 보아라. 이 말은 지방 토지에서 농지는 물론 특히 임야를 보려 갈 때 흔히 쓰는 말이다. 먼 시골 지방의 넓은 임야는 대개 가까이서 한 눈에 볼 수 없다. 봄, 여름에는 풀과 나무가 우거져서 경치는 좋은데 산의 모양이나 지질, 경계, 그리고 그 안의 묘지나 바위 등을 볼 수 없다. 가을에는 아름다운 경치에 빠져 계곡물과 단풍구경만 실컷 하고 오게 된다. 어디까지가 경계이고, 산의 경사도나 모양새가 어떤지 전혀 알 수 없다. 그러나 겨울이 되면 나뭇잎이 떨어지고, 눈이 덮여 산의 벌거벗은 모습이 멀리서도 한 눈에 들어온다. 산의 모양과 높이, 기울기는 물론 무덤이나 골짜기 등 산 속의 모습들도 한 눈에 들어온다. 경계와 개울도 환히 보인다. 그래서 땅은 겨울에 보라는 말이 나왔다. 또 하나 다른 의미로 땅을 겨울에 보라는 이유는, 늦겨울에 눈 녹는 것을 보아 농사짓고 살기 좋은 땅을 잘 고를 수 있다는 말도 된다. 대개 남향과 양지바른 언덕, 그리고 길가의 눈은 일찍 녹는다. 그러나 북향이나 높은 산이 뒤에 가려 햇볕이 길지 않은 곳이나 그늘진 곳, 그리고 지기(地氣-땅의 기운)가 약하거나 안 좋은 곳의 눈(雪)은 오래 간다. 이런 곳의 땅은 농사짓는 것은 물론 사는 집(양택,陽宅)이나 묘지(음택,陰宅)으로도 적절하지 못하다.

또 농지인 논과 밭은 여름과 가을에는 농사 중이라 경계를 보기도 어렵고, 또 막상 인도받으려면 추수가 끝나는 늦가을까지 기다려야 한다. 어차피 10월 하순이 지나지 않으면 땅을 인도받을 수 없는 것이다. 농사짓는 이들도 이때까지는 기다려 주길 바란다. 그래서 좋은 땅을 고르려면 겨울에 보아야 한다는 격언이 생긴 것이다. 이처럼 땅은 겨울에 보라는 격언은 나름대로 의미있는 말인 것이다.

(2) 농가주택은 봄과 여름에 파는 것이 좋다

농가주택을 팔려고 하는 아는 5월에서 9월 사이가 적당할 것이다. 농가주택을 전원주택으로 사용하려는 경우도 그렇지만, 특히 세컨드 하우스로 마련하고자 할 때에 가장 먼저 보는 것이 주변환경과 집안의 분위기다. 농가주택은 5월에서 9월 사이가 전성기다. 집안과 주변의 수풀이 우거지고, 텃밭은 무성하여 사방에 꽃이 피며, 새와 나비가 찾아오는 때다. 날씨가 좋아 정원이나 야외에서 지내기도 좋다. 이런 때 농가주택을 팔고 사는 것이 서로 간에 가장 좋은 시기인 것이다.

(3) 부동산을 팔려거든 6월1일 이전에 팔아라

부동산을 보유하는데 대하여 부과되는 세금인 재산세와 종합부동산세는 매년 6월1일을 과세기준일로 정하여 이 날 현재 주택, 건물 및 토지를 사실상 소유하고 있는 자에게 세금을 부과하고 있다. 따라서 5월31일에 부동산 양도하였다면 6월1일 현재 소유자인 매수자가 당해 연도분 재산세를 납부해야 하고, 6월2일에 양도하였다면 매도자가 보유한 기간이 5개월뿐이더라도 1년치 세금을 매도자가 부해야 한다. 그러므로 과세기준일(6월1일)을 전후하여 부동산을 양도하고자 하는 경우에는 6월1일 이전에 양도해야 재산세 납세의무가 없다.(양도한다는 말은 실제로 잔금을 받는 경우를 말하며, 잔금을 받기 전에 소유권이전등기를 마쳤다면 등기일을 양도일로 본다) 반면 매수자의 입장에서는 6월1일을 지나서 매입해야 납세의무가 없다.

따라서 6월1일을 전후하여 부동산을 양도하고자 하는 경우에는 가급적 6월1일 전에 양도하도록 하자. 그래야 재산세 등을 내지 않는다.(국세청 발간, 2008 알기 쉬운 부동산과 세금에서 인용)

(4) 토지의 증여는 5월 이전에 하는 것이 좋다.

토지나 주택을 증여하는 경우의 특징은 개별공시지가 등을 통해 시가액이 발표가 된다. 토지의 경우 매년 5월 부동산 공시가액이 발표가 되며 물가상승율을 감안해 토지가액은 매년 상승하는 것이 일반적이다. 이런 상승을 감안한다면 토지나 일반주택은 매년 5월 이전에 마무리하는 것이 증여세 절감면에서 유리하다고 볼 수 있다.

(5) 이사철을 감안하라

토지와 이사철은 직접적인 상관성은 없으나, 부분적으로 간접적인 영향과 상관성은 있다. 토지를 구입하려는 배경이 이사를 위한 전원주택을 짓기 위함이라면, 전년도 봄부터 땅을 사려고 서두를 것이다. 아이들이 있는 집이라면 입학철 이전에 주민등록을 옮겨야 하기 때문이다. 우리나라에서 2-3월의 입학철은 아파트 매매가 번성하는 분수령을 이룬다. 땅을 매매할 때 이런 이사철에 대한 감각을 가지고 있으면, 상대방의 의중을 파악하는데 도움이 될 것이다.

다음에 정부에서 발표한 이사철에 관한 도표를 소개한다. 이 표를 보면 이사철은 2-3월과 11-12월 등 아이들의 입학과 가장의 직장이동과 연관이 있음을 추정할 수 있다.

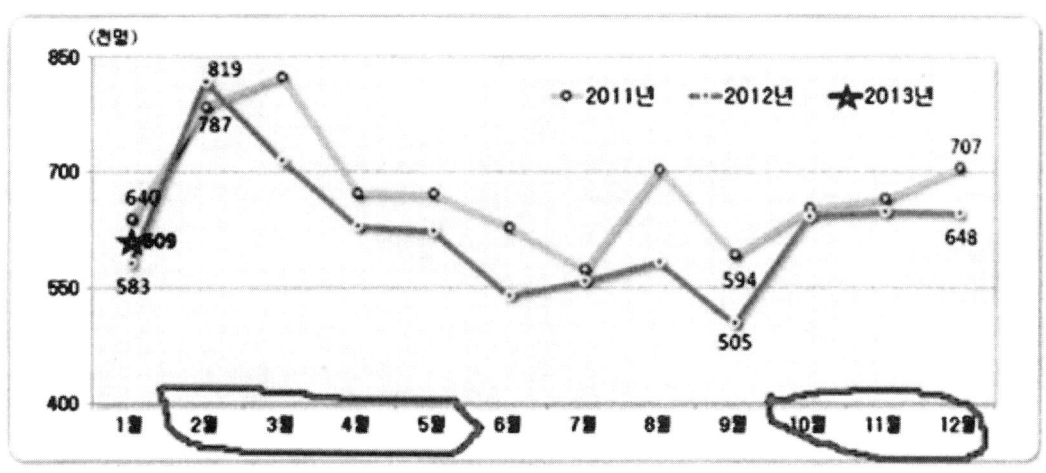

그런데 반대로 토지시장에서는 대체로 1월, 2월, 9월을 거래가 가장 한산한 기간으로 보고 있다. 토지중개업계에서는 우스갯 소리로 이 기간을 농한기(農閑期)라고 하며, 적극적인 토지거래에 대한 기대를 하지 않는 경향이 있다. 그 이유는 대체로 세가지로 추측할 수 있다.

첫째는 1,2월 및 9월에는 개인들이 아이들 학교 입학과 개학 및 이전에 맞물려 이사할 주택에만 신경을 쓰고, 가지고 있는 토지의 처분이나, 새로 취득하는데는 마음을 쓸 여유가 없다. 또 9월은 대개 추석과 겹쳐서 토지거래가 한산해 지는 것도 있다.

둘째, 회사 등 직장에서 인사이동이나 승진 퇴직 등 신분변동은 대개 연말을 기준으로 발표가 나기 때문에 새해 첫 1월 2월은 아파트 등 주거문제가 우선이지, 토지는 일단 뒷전이 된다.

세째 정부의 그린벨트 해제나 세금변동 등은 새해 들어 발표가 되기 때문에, 가계나 기업, 단체 등은 일단 해를 넘기고, 1월 2월이 지나 구정까지 지난 후에야 사업계획이 수립되어 토지구입이나 개발사업이 추진되는 경향이 있다.

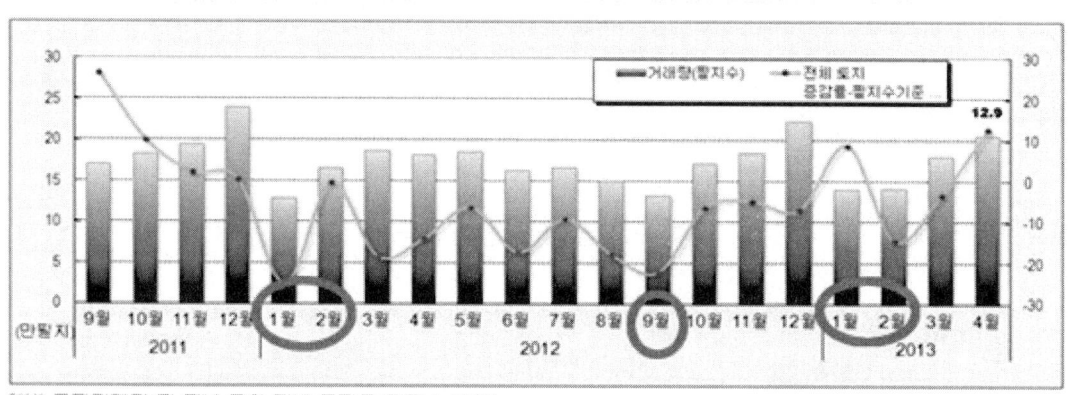

월별 토지거래량 및 전년 동월 대비 증감률(필지수 기준)

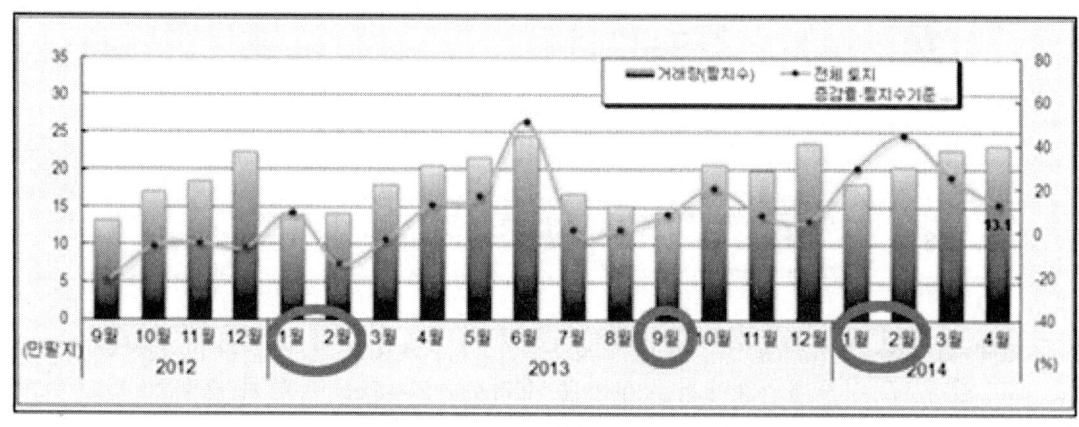

▲ 월별 토지거래량 및 전년동월대비 증감률 (필지 수 기준 / 자료=국토교통부)

(6) 재개발 투자의 매입시점은 각 단계별 확정 직전

재개발구역의 개발이익은 중요한 사업단계의 고비를 넘기는 시점에서 주로 발생되므로 매입시점도 이 점을 고려하여야 한다. 구체적으로 보면 구역지정 단계, 시공사 선정 단계, 조합설립단계, 사업시행인가 단계, 관리처분단계가 있으며, 각 추진단계의 확정 시점 직전이 가장 좋은 투자의 시기이다. 적정한 투자시기 선택을 위해서는 관심지역을 몇 개 선정하여 사업진행 추이를 면밀히 분석하는 것이 바람직하다.

(7) 규제완화 시기에는 미리 사 두는 것이 좋다

규제완화시기에는 미리 사 두는 것이 좋다. 허가구역이 풀린다거나, 그린벨트가 풀리려고 할 때에는 살 수 있다면, 사 두었다가 규제가 해제된 이후에 파는 것이 좋다. 그러나 이런 논리는 막상 실행하기가 어렵다. 오히려 반대로 규제가 강화되거나, 혹은 양도소득세가 크게 오를 분위기인 때에는, 아무 생각하지 말고, 가급적 빨리 물건을 던지는 것이 좋다. 규제가 강화된 후에는 갈수록 거래가 뜸해지거나, 더욱 규제가 엄하게 될 가능성이 있기 때문이다.

(8) 규제강화 시기에는 최초 발표 직후 내놓는다

반대로 규제강화시기에는 최초의 발표가 나온 직후 세세보다 약간 싸게 내놓은 것이 좋다. 시간이 갈수록 계속되는 추가규제로 인하여 경기가 얼어붙어 갈 우려가 있기 때문이다.

(9) 불황기 이후에는 토지경매를 활용하자

불황기가 되면, 기업이나 사람들이 이자를 연체하기가 쉽고, 따라서 양질의 경매물건이 많이 나오기 마련이다. 그러나 경기침체가 시작되었다고 금시 그 효과가 나오는 것은 아니고, 통상 1년 정도의 리드타임을 거친다. 경매절차를 밟는 시간이 소요되기 때문이다. 따라서 불황기에는 종자돈을 마련하고, 때를 기다려 경매에 손을 대는 것도 좋은 방법이라고 할 수 있다.

(10) 항상 토지삼승(三乘)의 원칙을 기억하자

땅의 개발에는 세 번 땅값이 크게 오른다고 한다. 공사 발표 시, 착공 시와 준공 시 등이 그것이다. 이것을 토지삼승의 원칙이라고 한다. 이 현상은 지방에 고속도로나 국도가 새로 뚫리는 경우, 수도권 광역전철망이 연장되는 경우, 도심에 지하철역이 개통되는 경우 등에 그 효과가 외형적으로 확실하게 나타난다. 따라서 토지개발 등의 호재를 믿고 땅에 투자하는 경우에는 토지삼승의 원칙을 기억하고, 내가 투자하려는 지금 시점이 어떤 단계인가를 잘 파악하고 덤벼야 할 것이다.

제22장
신 토지투자 10계명

1. 땅을 보는 눈을 키워라 [개발가능성과 장래성]

　예전의 돈 많은 이들은 조상의 산소인 음택(陰宅)을 잡기 위해 지관(地官)을 데리고 다녔다. 70년대 부자들은 주말이면 입지를 잘 볼 줄 아는 사람과 같이 여행을 하면서 땅을 샀다. 땅을 본다는 것은 지역과 입지를 보는 것이다. 지역은 전체적인 개발가능성과 장래를 보는 것이고 입지는 장래의 용도에 적합한 좋은 땅을 고르는 것이다.

　땅을 보는 눈이란 이와 같이 장래를 보는 눈이라고 해도 과언이 아니다. 그들은 이미 10년, 20년 앞을 내다보고 때로는 남들이 꺼리는 맹지나 논밭 혹은 야산을 사들였다. 그리고 신통하게도 후일 길이 나고 공단이 들어서고 신도시가 개발되어 많은 투자이익을 남겼다.
　어떤 이는 남들이 다 꺼리는 돌산(石山)을 사두었다. 모두들 돌았다고 했다. 그러나 몇 년 후에 그 산에서 좋은 석재가 난다는 것이 밝혀졌고 건축 붐과 함께 그 산은 채석장으로 변했다. 산 주인은 돌로 많은 돈을 벌었다. 그 후 채석이 끝난 그 돌산의 일부는 지금 화약을 다루는 발파회사의 화약저장고로 쓰인다. 물론 비싼 값에 팔았을 것이다. 실제 충북 제천에서 있은 일이다.

　[실패 사례]
　A씨는 산을 사려고 지방 부동산중개업자와 산을 보러 다녔다. 그러나 A씨는 좋은 경치와 깨끗한 주변만을 고집하며 결국 못 사고 말았다. 2000년 초 평당 1만원씩에 나왔던 원주 인근 임야였다. 그러나 그 후 그 곳에 골프장이 들어서고, 원주는 기업도시며, 혁신도시로 지정되어 지금은 그 임야가 평당 10만원을 호가하고 있다.

2. 부동산 투자는 정보전이다 [정확한 정보]

남보다 앞서 개발정보를 입수하라

부동산 투자에 있어서 정보의 중요성은 아무리 강조해도 지나치지 않는다. 개발정보를 일찍 알수록 많은 전매차익과 투자수익을 올릴 수 있다. 부동산 투자에 관련된 용어로 "토지삼승(三乘)의 법칙"이라는 것이 있다. 땅값은 개발과 함께 세 번 오른다는 원칙이다. 개발정보가 확정 발표될 때, 착공의 첫 삽을 뜰 때 그리고 준공 될 때 땅값은 오른다는 것이다.

여기에 한 가지 더 추가 할 것이 있다. 이제는 인터넷이 발달하고 정부와 지방자치단체 홍보성 보도가 많아 개발계획이 수립되는 단계에서부터 땅값이 오르기 시작한다는 것이다. 개발정보란 정부나 지자체에서의 도로, 항만, 테마도시 개발 등 대규모 개발 및 이전계획뿐 아니라 골프장, 레저단지 등의 투자계획도 포함된다, 또 군사보호구역과 그린벨트 상수원보호구역의 해제나 허가구역이나 투기지역 등 규제가 풀리는 것도 포함시킬 수 있다.

하여튼 남보다 앞서 이러한 정보를 알 수 있다면 가격변동에 대비하여 신속한 투자를 할 수 있을 것이다. 유능한 포수는 날라 가는 새를 사냥할 때 그 몸통을 겨누는 것이 아니라 날아가는 방향의 부리 앞을 겨냥한다는 말이 있다. 부동산가격의 변동을 예상하여 미리 물건을 잡아 놓는 것이 투자의 요체다.

[실패 사례]

B씨는 충남 당진에 국내 굴지의 자동차 제작업체가 들어오고, 그 옆에 하청업체들이 줄줄이 들어올 것이라는 정보를 입수하고 불야불야 근처 농지 1,000여 평을 평당 20만원에 매입 하였다. 그러나 얼마 후 이 투자계획은 주가를 올리려는 작전세력의 루머이며 확정된 계획이 아니었음이 판명되었다, 그 땅은 아직도 주인을 못 찾고 내버려져 있다. 개발정보의 정확성과 신빙성을 충분히 확인하지 않고 서두른 결과다. 이와 같이 실현성없는 홍보용 뉴스나 예산 뒷받침 없는 지자체장의 선거용 뻥튀기 개발계획은 투자를 망칠 수 있다.

3. 발전성은 있으나 저평가된 지역을 공략하라 [저평가된 가격]

땅을 보고 구입함에 있어서 현재의 정확한 땅값을 안다는 것은 매우 중요하다. 구입후 장차 어느 땐가 팔 때에 많은 전매 차익을 남길 수 있을 뿐 아니라, 급매로 처분하더라도 몸이 가볍기 때문이다. 그래서 땅 투자는 좋은 땅을 싸게 잘 사는 것이 절반의 성공을 거두는 것이라는 말도 있다. 도대체 내가 구입하려는 이 땅값이 적절한 가격인지 싸게 잘 사는 것인지 혹은 비싸게 바가지 쓰고 사는지만 알아도 훌륭한 투자요령을 갖추었다고 본다. 특히 경매로 나온 토지를 입찰함에 있어서 내가 쓰려는 가격이 감정가나 최저가 대비하여 적정가격인지는 매우 중요하다, 또 급매로 나와 중개업소가 사라고 권했을 때 과연 그 가격이 주변 시세에 비추어 싼 것인지를 판단해야 한다.

이런 경우 대개는 주변시세나 근래에 거래되었던 실제 매매가격이 기준이 될 것이다. 요즈음은 지방땅의 경우 개별공시지가가 시세의 80%~90%까지 올라 있기 때문에 개별공시지가를 참조하는 방법도 있다. 그러나 이 공시지가도 부실한 감정이 많이 있기 때문에 결코 그대로 믿어서는 안된다.

하여튼 주변의 땅값에 비해 저평가된 매물이 있을 때 그것이 그 지역의 장래나 주변여건으로 볼 때 장래성이 있다고 보여지면 구입하는 결단을 내리는 것이 좋다. 그런 땅은 대개 급매나 경매로 나오기 때문이다. 그리고 그렇게 빨리 가격과 전망을 파악할 수 있으려면 좋은 중개사 파트너가 있던지 내가 그 지역과 그런 종류의 물건에 친숙해야 한다. 내가 살던 지역, 내가 직장생활 했던 지역, 형제자매나 친인척이 살고 있는 지역이라면 보다 정확히 거래가격과 장래성을 비교해 볼 수 있을 것이다.

[실패 사례]
좋은 투자처를 찾고 있던 C씨는 양평에 전원주택지로 좋은 급매물이 있다는 말을 듣고 달려가 보니, 정말 괜찮은 땅이었다. 그 곳의 중개인은 그런 땅은 A급으로 주변의 B급 시세가 평당 100만원인데 80만원이면 싼 것이고, 후일 120만원은 받을 수 있는 땅이라고 입에 침이 튀도록 추천하였다. 그를 믿고 80만원에 300평을 구입 했다. 그러나 나중에 보니 그 땅은 돌고 돌아 벌써 다섯번째나 전매된 걸레같은 땅이었고 값은 오를대로 오른 값이었다. 주변시세도 평당 60만원에 불과했다. 그제야 속은 것 같았지만 취소할 수도 없는 지경이었다. 실수요자 같으면 좋은 땅에 눌러앉아 살면 그만이겠지만 투자자의 입장에서 보면 씁쓸한 일이었다.

4. 정책의 공백 지대인 틈새시장을 노린다 [정책의 틈새]

부동산 격언에는 정부 정책에 맞서지 말라는 말이 있다. 부동산 특히 토지는 정부정책에 직접적인 영향을 받는다. 특히 새로 쏟아져 나오는 세금 중과세 폭탄은 그 내용을 들여다보기 이전에 토지 투자자의 발걸음을 멈추게 만들기 족하다. 이럴 때마다 부동산에는 틈새시장이 생기게 마련이다. 지난 1997년 말 IMF 때부터 간헐적인 부동산 규제와 세금공세는 틈새 인기상품을 만들어왔다. 다가구 주택, 오피스텔과 소형 임대아파트 등을 거쳐 그린벨트 용마루 딱지며 상가, 재개발, 재건축 입주권 심지어 철거민 특별분양권(딱지)에 이르기까지 다양하게 변천되어 왔다. 이러한 틈새상품은 규제와 세금을 피하려는 많은 투자자들이 한꺼번에 몰리기 때문에 좋은 투자처가 될 수 있다.

[실패 사례]

D씨는 서울 강북의 어느 지역 재개발에 투자하기로 결심했다. 중개업을 하는 고교동창이 지금 5,000만원 투자하면 1년 후 1억을 벌 수 있다고 해서였다. 즉 재개발 대상 소형 연립주택을 지금 전세 1억원이고 5천만원을 내서 1억5천만원에 사두면 1년 뒤 시행사가 매입하는데 그때 2억 5천에 팔 수 있다. 그러니 눈 딱 감고 사두라 했고 그의 말을 믿은 D씨는 5,000만원을 내 그 연립을 인수하였다. 그런데 시행사의 내부문제와 주민조합의 갈등으로 재개발이 마냥 지연되어 약속한 1년이 지난 지금도 달라진 것이 하나도 없다. 그간 낸 취득세, 등록세, 재산세는 물론 작년 말에 개정된 세법으로 앞으로는 1가구 2주택 중과세로 양도세도 중과될 형편이어서 요즈음 D씨의 마음은 편치 않다. 5000만원의 원금 회수도 어렵지 않은가 한숨만 나온다.

5. 부자들의 행태를 벤치마킹 하라 [좋은 파트너]

부동산 투자에는 본받아 할 수 있는 부자가 있던지 수시로 상의할 수 있는 상담상대로 잘 알고 믿을 수 있는 공인중개사가 곁에 있어야 성공할 확률이 높다. 혼자서 검토하고 혼자서 결정하다 보면 실수할 수도 있다. 이럴 때 부동산투자로 돈 번 부자의 행태를 본받는 것도 좋은 방법이다. 부자들은 결코 서두르지 않는다. 그러나 기회가 닥쳐서 돈이 남는다는 계산이 서면 주저없이 과감하게 투자한다. 그리고 또 기다린다. 좋은 공인중개사를 컨설턴트나 친구삼아 의논해가며 투자하는 것도 좋다. 그러나 공인중개사 중에는 자기의 실적을 올리려 자기가 가지고 있는 물건을 강권하여 다소 무리한 투자를 권유하는 경우도 있다.

[실패 사례]

부동산 투자에도 주식투자 성공기나 투자기법을 인용하여 투자기법을 가르치는 경우가 있다. 부자들의 투자습관이나 요령을 무조건 따라 하라는 벤치마킹도 그 중의 하나다. 그러나 부자들은 여유가 있는 사람들이므로 시간의 구애받지 않는다. 후일 꼭 써야 할 용도가 있는 돈을 기한을 정해 투자하는 경우 막판 초읽기에 몰려 헐값에 넘기고 손해를 보는 경우도 종종 있다. 샐러리맨인 E씨는 분양받은 아파트의 잔금으로 준비해 둔 돈 1억원을 돌렸으나 땅이 팔리지 않고 묶여서 잔금으로 되막기한 융자금에 높은 이율의 이자를 물고 있다. 토지는 환금성과 유동성이 낮아서 내가 원하는 시기에 투자원금을 회수할 수 없다. 부자 따라서 투자 는 것은 일반 월급자로서 적당하지 않을 수도 있다.

6. 용도변경과 보상 가능한 도시지역을 노린다 [보상을 노린다]

토지투자는 장기전이다 또 환금성도 낮고, 유동성도 낮다. 내가 급해서 팔고 저 하면 값이 더 떨어져 버린다. 그래서 좋은 투자회수 방법 중의 하나가 보상을 이용하는 것이다. 보상은 잘 만나면 요즈음 보상가(價)도 괜찮고 입금도 수월하다. 다만 근래에 도입된 "부재지주의 채권 보상"은 유의해야 한다. 농지를 매입하려면 향후 용도지역으로 변경될 가능성이 있는 도시지역의 농지를 매입하라는 말이 있다. 맞는 말이다. 도시지역의 자투리 농지나 도로변의 농지는 도시의 발달과 인구의 유입과 함께 그 용도가 바뀐다. 도로나 공원으로 편입되거나 주택단지로 바뀌어 수용. 보상이 되기도 한다. 보상가는 거래시가에 못 미칠 수도 있으나 구입가 보다는 훨씬 높을 것이다. 그러나 요즈음의 보상가는 거의 시세에 육박한다. 이 점을 노리는 것이다.

오랜 된 도시에서 주거지역이 상업지역으로 바뀔 때도 땅값은 뛴다. 또 도시 연변의 허접한 지역의 낡은 공장이나 변전소 주변, 쓰레기처리장 주변, 혹은 군부대 주변이라도 좋다. 후일 도시계획이 수립되어 토지구획정리사업이 진행되면, 이 땅들도 수용되고 대토(代土)로 더 좋은 땅을 받을 수도 있다. 강북지역, 인천이나 김포 의정부등 낡고 오랜 된 도시에는 이러한 지금 한심한 땅이라고 아무도 거들 떠 보지 않고 값도 별로 오르지 않은 땅이라도 사 두면 후일 효자노릇을 할 날이 올 것이다.

[실패 사례]
F씨는 10년 전 고양시 통일로 주변 4차선 도로가 있는 그린벨트 내 농지 300평을 구입하였다. 후일 그린벨트가 해제되면 상가를 짓는 자리라고 판단했기 때문이다. 그러나 그 땅은 아직도 농지에 변함이 없다. 근처에 군부대가 이전하면서 군사보호구역으로 추가 지정되었기 때문이다. 설상가상의 경우는 이런 것을 말하는 것일까? F씨는 하루 빨리 남북통일이 되기만을 학수고대 하고 있다.

7. 규제법규와 용도제한의 정확한 내용을 파악한다 [법규에 능통한다]

부동산 투자는 정화한 법규지식을 기반으로 하면 한결 자신 있어지고 빠른 결정을 할 수 있다. 법규를 깊이 모른 상태에서 남에게 물어서 투자를 한다거나 혹은 펀드식으로 전문가에게 위탁하여 투자를 하는 이도 많다. 그것은 엄격히 토지투자라고는 할 수 없다. 일종의 수익배분계약이 포함된 펀드 가입이라고 할 수 있다. 토지투자 전문가로 크려면 또 디벨로퍼로서 확실한 자신감을 가지고 사업을 추진하려 하면 부동산 관련 법규에 능통할수록 좋다.

부동산 관련 법규는 최소한 다음의 것들을 포함 한다.
(1) 국토계획법
(2) 지적법 부동산등기법 건축법, 중개업법, 보상법률, 감정평가에 관한 법률, 공시법
(3) 수도권정비계획법, 그린벨트법률, 군사보호법률
(4) 농지법, 산지관리법. 초지법
(5) 도시개발법, 도시 및 주거 환경정비법, 주택법, 택지개발법
(6) 환경에 관한 법률
(7) 도로법, 하천법, 수도법, 자연공원법
(8) 부동산 사법으로 민법, 주택임대차 보호법 상가건물임대차 보호법
(9) 부동산 관련 세법 규정 등
(10) 관련 예규, 고시, 지침

[실패 사례]
 사둔 땅이 규제에 묶이어 팔지도 못하는 토지투자 실패사례는 너무나 많다. 또 이런 규제를 숨기고 사기(詐欺)적인 토지매매계약을 하여 쓸모없는 땅을 사서 억울하게 당하는 경우는 우리 주위에 흔하다. 주말농장을 할 수 있다고 하며 자연공원구역 내에 있는 농지를 팔아먹는 경우, 완충녹지지역이 무슨 땅인지 잘 모르고 비싼 값에 사서 통로가 없는 점포가 되어 버린 경우, 분묘기지권이 있는 무덤이 다닥다닥 붙어 있는 임야를 아무런 특약없이 매입한 경우, 다수인 공유지분으로 임야를 사서 도로도, 내 땅도 없이 문서만 가지고 있는 경우, 팔당호 연변의 땅을 사서 전원주택을 지으려 했으나 주택신축 허가가 나지 않은 경우, 불법농지를 전용해 지은 농업인용 창고를 매입하였으나 불법농지를 원상복구하라는 난감한 통보를 받은 경우, 목장용지를 분양받아 전원주택을 지으려 하다가 실패한 경우 등등 관련 토지의 공법법규와 사법법규를 잘 몰라서 토지투자에 실패한 사례는 그 수를 헤아리기 어려울 것이다.

8. 자기 종자돈으로 시작하되 필요시 타인자본도 이용하라 [종자돈을 마련한다]

 토지투자는 장기간이 소요되고 또 환금성이 떨어지는 관계로 투자회수도 뜻대로 되지 않는다. 따라서 토지투자는 자기가 가진 돈 그 중에서도 당장 어떤 목적을 가지지 않은 여윳돈으로 투자해야 한다. 그러면 토지투자는 얼마나 있어야 하는가? 공동투자나 펀드 형성 등의 경우는 1,000만원도 되고 3,000만원도 가능할 것이다. 그러나 자기책임 하에 본래의 토지 투자를 하고자 한다면 지금 시세로 5,000만원이 기본이라고 해야 할 것 같다.

5,000만원이라는 돈은 결코 적은 돈이 아니다. 웬만한 중소기업 간부의 퇴직금일 수도 있고 월급쟁이는 몇 년을 모아야 가능한 돈이다. 5,000만원의 근거는 지방토지(강원도 등)인 경우 평당 10~15만원에 300~500평 규모의 토지를 구입할 수 있는 돈이다. 단독으로 임야 구입은 어렵겠으나 둘이서 산다면 평당 20만원짜리 임야 5,000평은 살 수 있다. 경매지에서도 이 정도 내외 가격이면 입찰할 수 있는 물건들이 제법 있다. 5,000만원으로 시작해 보자. 1억원이 있다면 더욱 좋고, 2억원이면 더 더욱 좋다. 그러나 투자의 시작을 너무 많은 금액으로 하지 말고 5,000만원 단위로 2-3개월로 나누어 시차를 두고 투자하는 것이 좋다. 만일 확실하게 짧은 시간 내에 수익성이 눈에 보인다면 은행융자를 받는 것도 좋다. 그러나 금리가 비싼 제2금융권이나 더더구나 사채는 금물이다. 너무 많은 이자를 물어가면서 장기간 투자하는 것은 절대로 하지 말아야 한다.

[실패 사례]

　G씨는 IMF직후에 직장에서 명예퇴직을 하면서 퇴직금 2억원 전액을 털어 넣어 서울 변두리 지역의 다세대주택을 구입하였다. 보증금 1억여원을 안고 융자금 3억원을 끌어들여 시가 6억원의 방 10개짜리 다세대 주택을 살 수 있었다. 처음 한 동안은 좋았다. 월세수입 400여만 원에서 융자금이자 100만원 빼면 순수 월수 300만원을 받아 걱정없이 생활을 할 수 있었다. 그러나 3년 후 문제가 발생했다. 근처에 소형 오피스텔이 들어서면서 점차 세입자가 줄기 시작했다. 1년간 평균해 절반 밖에 입주가 안 되었다. 거기다가 은행융자의 이자는 오르기 시작했다. 근래에 월세수입 200여만원에, 융자금 이자 150만원을 주고 각종 세금내고 나면 손에 남는 것이 없다. 먹고 살 길이 막막해져서 최근에는 처분하려고 결심하고 있다.

　G씨의 경우는 그나마 다행이지만 H씨의 경우는 더욱 절박하다. 5년 전 20억짜리 5층 상가를 임대보증금 6억, 융자금 10억을 안고 인수한 G씨는 은행이자로 곤경에 빠졌다 근래 불경기가 장사가 안 된 점포주 들이 계속 나가고 새 입점주가 들어오지 않는 바람에 텅빈 가게가 2/3는 되어 버렸다. 늘어나는 관리비 부담 등으로, 은행이자가 연체된 G씨의 상가건물은 결국 경매에 넘어가게 되었다. 지나친 타인자본을 투자하여 실패한 대표적인 경우라고 볼 수 있다.

9. 장기적으로 묻어두고 단기간에 일희일비(一喜一悲)하지 말라 [장기적인 안목]

　토지투자는 오랜 시간을 요한다. 통상 토지투자는 1~2년의 단기투자 3~5년의 중기투자와 10년 이상이 장기투자로 나누고 있다. 그러나 돈을 많이 번 부자나 부동산으로 몇 배의 수익을 남긴 이들은 보통 20년~30년의 세월의 덕을 본 이들이 많다. 세월이 흘러 논이 밭이 되고 밭이 택지가 된다. 산이 깎이고 헐려 도로가 나고 그 위로 쇼핑센터나 아파트가 들어선다. 이러한 변화는 결코 중 단기에 이루어지는 것이 아니다. 적어도 10년 아니면 그 이상의 긴 세월이 흐르면서 서서히 변해가는 것이다. 따라서 토지투자에는 단기간의 변동에 너무 조바심 내거나 일희일비하지 않아야한다.

[실패사례]

김포지역에 사는 I씨는 요즈음 생각하면 속이 상한다. 자기가 3년 전에 20만원에 팔아 버린 김포의 농지가 지금 50만원을 호가하고 있는 것이다. 조상 대대 김포시 토박이인 I씨는 얼마전 김포시 지역에 신도시 계획이 발표되자 쾌재를 불렀다. 아버지로부터 물러 받은 논 20,000여평이 신도시 계획에 포함된 것이다. 드디어 때가 왔다고 생각한 I씨는 평당 20만원에 40억원을 받고 팔아넘겼다. 그리고 나서 얼마 후 김포 신도시가 350만평에서 150만평으로 축소된다고 발표되었다. 그리고 I씨가 소유했던 땅은 그 지역에서 벗어나 버렸다. I씨는 적당한 시기에 잘 팔았다고 만족하며 스스로의 판단에 만족하였다. 그러나 그 후 신도시는 다시 350만평으로 확대된다고 발표되었다. I씨가 20만원에 팔았던 논은 지금 50만원을 호가 하고 있다. 토지투자란 몇 년 가지고 포기할 것은 못 된다.

10. 투자결정은 자기책임 하에 과감하고 신속하게 하라 [책임 결정]

토지투자는 구입단계와 매각단계에서 두 번 결정적인 시기가 온다. 이때의 최종 결정은 결국 투자자 스스로가 해야 한다. 그 이전까지의 정보수집과 조언, 그리고 투자분석은 다른 사람을 이용 할 수는 있어도 최종 판단은 자기의 몫이다. 투자를 결정하는 이는 이후 투자에 대한 수익을 거둘 수도 있고 실패할 수도 있기 때문이다.

그런데 이 투자결정의 순간은 현실적으로 그리 긴 시간을 허락하지 않는다. 대상 토지인 물건은 빠르게 나간다. 그 물건에 관여하는 이가 너무나 많기 때문이다. 내가 마음에 드는 땅이 언제까지 나만을 기다려 준다고 생각해서는 안된다. 그 토지에는 10여명의 중개사가 관여할 수도 있고 또 매도자인 지주가 마음을 바꿀 수도 있다.

제시된 값으로 계약을 추진하다가 지주가 마음이 변하여 가격을 올린다든가 아니면 아예 매물을 거둬 드리는 예가 적지 않다. 흥정이 어느 정도 되고 내가 꼭 투자 할만한 좋은 물건이라고 판단하면 바로 결단을 내려야 한다, 머뭇거리다가 좋은 물건을 놓치고 수없이 그런 가정을 거치다가 중개하는 중개업자는 지쳐 나가자빠져 버리고, 결국 투자를 포기하거나 투자가치가 적은 물건을 골라 버리는 투자자도 적지 않다. 신속한 투자결정과 과감한 결단력은 좋은 투자자의 조건이다,

[실패 사례]

J씨는 원주시 신림면에서 장사를 하고 있다. 15년 전 온 가족과 이 곳에 올 당시 이 곳은 인구도 얼마 없는 한적한 마을이었다. 중앙고속도로가 달리기 이전이었기에 원주를 거쳐 마지막 남쪽 가는 길 끝이었고 거기서 황둔을 거쳐 영월로 가는 산길은 멀고도 험했다. 그러나 치악산과 백운산 줄기가 만다는 이곳의 깊은 산과 계곡 그리고 깨끗한 물은 그 때에도 전원주택업자에게는 잘 알려져 있는 곳이었다.

당시 여윳돈 5,000여만원을 가지고 있던 J씨는 이 돈으로 근처 산이나 골짜기 땅 10,000여 평을 사두려 하였다. 당시 산은 평당 5,000원이었다. 그러나 부인은 강력히 반대하며 원주시내에 다세대주택을 지어 월세를 놓자고 주장했다. 부인의 의견을 따라 시내에 땅 100여평을 사서 빚을 내어 다세대주택 1동을 건축하고 세를 주었다. 그리고 나자 J씨가 봐둔 골짜기 땅은 서울에서 온 어느 사람에게 몽땅 팔려 버렸다. 그가 꼽아둔 10,000여 평에 추가고 15,000평을 더하여 골짜기 일대의 25,000평을 모두 평당 5,000원씩 1억2천5백만원으로 사버린 것이다. 그리고 지금 그 사람은 그 골짜기에서 잘 지은 전원주택에 살면서 전원주택지를 분양을 하고 있다. 평당 분양가는 20만원이라고 하니 1/3인 7,000평만 쳐도 14억원이나 되는 것이다.

J씨는 지금도 맞은 편 그 산골짜기를 보면 가슴이 메어진다. 그때 내가 좀 더 우겨서 그 땅을 샀어야 하는데 그러면 5억 이상이 되고 이 어려운 장사를 안 해도 되는데...

시내에 사 둔 다세대주택은 벌써 낡아져서 수리비가 적잖게 나가고 은행이자 빼고 나면 수입도 없다고 한다. 투자결심은 신속하게 해야 하며 처음부터 본인의 책임 하에 해야 한다.

제23장
좋은 임야 고르는 6가지 핵심요령

최근 임야에 대한 투자의 관심이 늘어나고 있다.

임야는 면적은 크지만 단가가 싸서 1~2억원만 있어도 10,000여평의 임야를 살 수 있다. 임야는 넓은 면적과 싼 단가, 좋은 산림환경, 수목의 활용 그리고 다양한 활용도 며 개발가능성과 투자 장래성은 임야의 가장 큰 매력이다.

임야는 산림사업경영에 좋고, 농촌관광사업을 할 수도 있으며, 귀농 귀촌인에게는 새로운 고향을 미련하는 꿈을 이루어 준다. 근래에는 임야를 구입하여 가족묘지나 수목장(樹木葬)으로 사용코자 하는 검토도 활발하게 진행되고 있다.

도시인이 좋은 임야를 고르는데 있어서는 투자를 목적으로 하느냐 실수요자냐에 따라 약간의 관점 차이는 있다. 그러나 무엇보다도 어느 경우이던지 산지전용 심사기준에 맞고, 인허가를 받을 수 있어야 후일 원하는 용도로 쓸 수 있고, 잘 팔수 있기 때문에, 임야에 관한 기본적인 규제사항을 잘 알아두는 것이 필수적이다.

임야의 개발에 있어서 가장 중요한 사항으로는 우선 대상임야가 내가 목적하는 바와 같은 개발활용행위가 허용되는 용도지역인지가 가장 중요하다.
여러 가지 목적으로 구입하는 임야 중에서도 특히 투자와 개발을 위해 구입하는 임야를 고르는 요령을 6가지로 집약하여 설명한다.

1. 산지구분과 활용도 규제의 검토

임야는 산지관리법상 그 규제의 강도와 활용도에 따라 보전산지와 준보전산지로 구분되고, 보전산지는 다시 공익용산지와 임업용산지로 나누인다. 통상 보전산지는 농림지역, 준보전산지는 관리지역으로 편입된다.

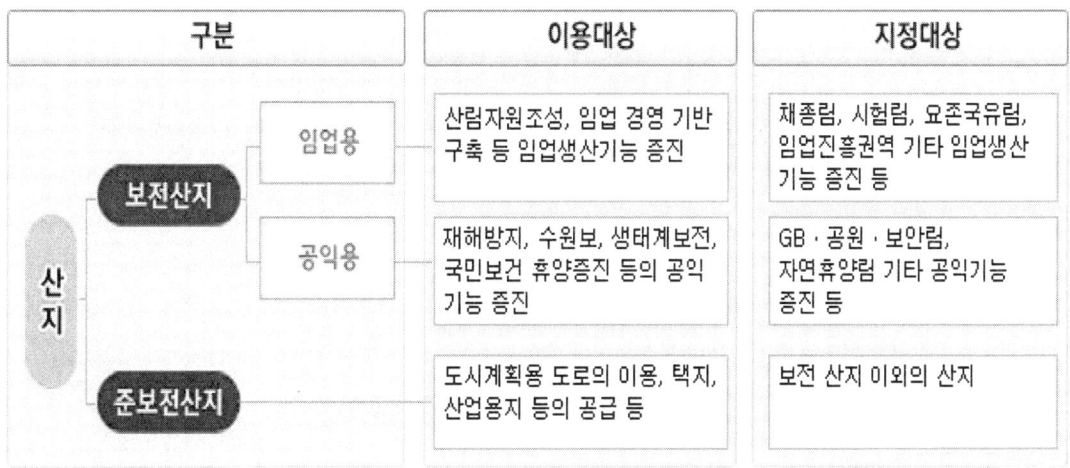

보전산지 중 공익용산지는 그린벨트, 자연공원지역, 상수원보호구역, 사찰림, 등 보존의 공익성이 강한 산지로서 지정된다. 대개 경치가 좋은 관광 경승지, 자연공원지역, 백두대간지역, 산성과 사찰등 문화재보호구역, 상수원보호구역, 자연이 잘 보전된 계곡은 공익용산지로 지정된다.

이 공익용산지는 주로 도로, 철도, 항만, 발전 등 국가행정이나 군사목적으로만 사용이 가능하다. 개인은 수목원, 자연휴양림, 가축의 방목, 약초재배 등 극히 제한된 범위에서만 이용이 가능하다. 전원주택 등 민간인의 개발과 일반적인 이용은 전혀 불가능한 것은 아니나, 극도로 제한적이다. 활용용도가 좁아 찾는 이도 없고, 일반적으로 투자가치는 없는 것으로 되어 있다.

임업용산지는 농림업인이 일정 면적을 활용하여 조림 등 임업경영, 버섯, 약초재배, 방목 등의 농림사업을 할 수 있으며, 일반인의 개발은 임업에 관련된 사항으로 제한되고 있다. 임업인은 농가주택(임업인주택)을 지을 수는 있다. 그러나 도시지역의 일반인은 전원주택용 집을 짓지 못한다.

관리지역에 해당하는 준보전산지는 전원주택과 펜션 숙박업소 등 다양한 용도로 쓸 수 있는 땅이다. 개발활용 용도는 국토계획법에 따라 관리지역 등에서 할 수 있도록 허용된다. 그러나 개발 시에는 산지관리법을 적용한다. 산지에 있어서의 꽃이라고 할 만큼 임야에 있어서는 가장 좋은 땅이라 할 수 있다.

그러나 관리지역인 준보전산지는 값이 비싸고, 실제로 산들은 임업용산지와 함께 존재하기 때문에, 귀농을 대비한다면 준보전산지 만을 사는 것 보다는 뒤에 붙은 임업용산지도 싼값으로 함께 구입하는 것도 좋다. 도시인은 준보전산지를 사는 것이 좋다.

그런데 보전산지의 토지이용규제확인원과 지적도를 떼어보면 그냥 "보전산지"로 만 되어 있고 공익용과 생산용의 구분이 없는 경우가 있다. 이때에는 별도로 "산지이용구분도"를 신청하여 지적과 수치로 양자가 구분된 상세지적도를 발급받아 보아야 한다.

임야를 구입할 때에는 산지구분을 반드시 확인해야 한다. 그리고 보전산지와 준보전산지의 비율과 면적을 확인해야 할 것이다. 임야는 넓어서 한 필지에 지목은 하나지만, 두 개 이상의 용도지역이 함께 있는 경우가 많기 때문이다.

임야를 고를 때 면적이 큰 산은 대개가 임업용산지가 100%이거나, 임업용산지 70%~90%와 준보전산지가 10%~30%정도 인 것이 보통이다.
준보전산지는 산에서 산 아래 밭과 접한 부분 혹은 산중턱이더라도 예전에 집이 있었다거나 화전민이 쓰던 밭은 토임[토지임야] 형태로 남아 있는 것들이다. 이런 땅은 비교적 평평하고 개발가능성이 높다. 산지전용허가도 쉽게 받을 수 있다.

예컨대 어느 1만평 한 필지 임야가 정상쪽 부분 임야 80%의 용도지역은 농림지역-임업용산지이고, 도로변 평탄한 곳의 용도지역은 계획관리지역-준보전산지로 임야면적의 약 20%수준이이라면, 도로변 2,000평은 아주 유용하게 쓸 수 있으므로 좋은 임야라고 할 수 있을 것이다.

2. 산지의 입지 접근성 주변환경

산지 안에 생육하고 있는 수목의 입목축적이 그 지역 평균치의 150% 이하이어야 한다.
시·군마다 산림조합에서 산출한 평균 입목의 울창도(입목축적)가 있는데, 특정 산지의 입목축적이 시·군 평균치의 150%이상이 되면 산지전용 허가가 나지 않는다.

시·군에 따라 100%인 곳도 있다.[양평] 이 규정은 울창한 숲을 보전하자는 취지라고 볼 수 있다. 즉 산에 나무가 울창하면 보기에 좋고, 나무의 가치도 있겠지만, 반면에 벌채를 하고 토사를 반출하여 형질변경을 하는 등의 산지전용허가는 받기 힘들다는 이야기다.

또 전용대상 산지 안에 생육하고 있는 50년생 이상인 활엽수림의 비율이 50% 이하이어야 전용이 가능하다. 재래종 조선소나무 등 보존가치가 있는 나무가 많을 때도 산지전용이 제한된다. 임야의 투자에 있어서는 나무가 많은 산이 꼭 좋은 산이 아니라는 이야기다.

조망이 좋은 동남향 임야
임야는 대체로 면적이 넓어서 전원주택단지사업이나 펜션 요양원 연수원 등 큰 개발사업을 하려는 사람들이 많이 찾는다. 이런 임야의 유리한 조건으로는 바다 호수 강과 먼 산줄기를 굽어보는 조망이 좋은 임야, 경치가 좋은 임야가 특히 선호된다.

향(向)도 중요하다. 주거 등을 목적으로 하는 경우 동향이나 남향이 가장 좋으며, 그 앞으로 탁트이고 멀리 산하를 바라다보거나 내려다보는 조망이 더 좋다. 골짜기에 들어앉은 임야, 북향이나 서향으로 앉은 임야는 해가 늦게 오르고 햇볕이 드는 시간이 많지 않아 음산하고 난방비가 많이 들며 식물이 잘 자라지 못한다.

그러나 숙박업소나 사찰, 조림사업 약초재배용 산지, 연수원, 요양병원 등은 조망을 우선으로 하며 굳이 남향일 것에 구애받지 않는다고 한다.

임야의 지반이 평탄하거나 좋은 흙과 낙엽으로 되어 있다면 금상첨화다.

임야의 지반을 살펴 볼 때에 급경사가 없이 완만한 경사에 낙엽이 많고 부식토가 있어, 부드럽고 질 좋은 흙과 모래로 되어 있다면 매우 좋다. 이런 산의 땅은 후일 유실수 식재나 버섯재배, 묘목 재배 등에 아주 유용하게 쓸 수 있다, 또 토사를 반출하는 경우 과수원이나 논을 매립하는 곳에 돈을 받고 흙을 퍼 내 갈 수 있다.

그러나 반대로 지반이 흙이 아니고 암반 투성이며, 가끔 절벽 등이 있을 때에는 쓸모가 매우 줄어든다, 통상 돌투성이인 이런 산을 "악산(惡山)"이라고 하여 매입을 꺼리기도 한다. 이런 산은 묘지로도 쓰지 못하고, 홍수나 폭풍에 약하여 여름철이면 절벽 붕궤나 토사유출 등으로 길을 막아 마을에 피해를 주기도 한다. 산주(山主)로서는 뜻하지 않게 산지 원상회복 비용부담과 주민의 피해보상 파동에 휘말려 골치를 썩을 수도 있다.

3. 산지의 경계와 진입도로

임야의 경우에는 다른 토지와 달리 경계의 판단이 대단히 힘들다.
임야를 구입하는 경우 소개자의 말만 믿고 지적도나 설명만 가지고 판단하다가는 착오가 많이 날 수 있다. 실제로 세월이 흘러 구거, 하천 등도 흐르는 물줄기가 바뀌었을 수도 있고, 붙어 있는 도로나 논과 밭의 경계 등 지형지물도 그 형태와 위치가 달라졌을 가능성이 있기 때문이다. 따라서 구입 전에 정확히 측량을 해보는 것이 좋겠으나, 토지 중개의 관행상 아무도 돈을 내어 측량을 해 주지는 않는다.

통상 임야의 뒷 선 경계는 산봉우리나 능선이 많고, 옆 경계는 계곡이 대부분이기 때문에 실제 산정에 올라가서 목측으로 주변을 살펴보는 수 밖에 없다. 그러나 준보전산지가 많고 또 용도가 매우 중요하다면 계약 전에 자비로 측량하는 것도 한 방법이 될 수 있다.

상당 수 임야의 경우 진입도로가 없는 맹지가 많다.
산 밑이 바로 개울에 접한다든지 또는 그 앞의 논밭이 타인소유인 경우 따로 통행하는 길이 없는 산들이 많다. 또 길이 없는 산 중턱의 산이나 산 속의 산도 많다. 투자목적이 아니고, 즉시 사용목적으로 이런 임야를 구입하는 경우, 도로가 없으면 산을 개발 할 수 없으므로 진입도로에 대한 대책이 필요하다.

구입 시에 미리 산에 진입 할 수 있는 도로를 개설하기 위하여 그 앞의 논밭에 도로를 내든지, 남의 산의 일정 부분 도로사용승낙을 받을 수 있는 조치를 강구해 두는 것이 필요하다. 내 산과 도로 사이에 하천이나 구거가 있는 경우에는, 하천[구거]점용허가를 받아 자비로 다리를 놓은 뒤에 지자체에 기부채납하여 정식도로를 개설하는 것도 한 방법이 될 수 있다.

지도와 지적도에서 지적경계선을 잘 살펴보고, 도로에 접한 땅을 고를 것이다.
그 도로는 가급적 폭 4m 이상의 지적상 포장도로면 좋겠지만, 비포장이나 3m 정도라도 감수해야 한다. 그러나 임도나 현황도로에 접한 임야는 후일 팔거나 개발을 할 때 제값을 못 받거나 지겹게 안팔리는 경우가 많다.

4. 산지의 경사도

경사도 문제로 개발이 제한되는 대표적인 사례는 임야 지목을 가진 산지에서 나타난다. 산지관리법시행령에서는 기본적으로 산지전용을 할 경우, 대상 산지의 평균경사도가 25도 미만이어야 개발이 가능한 것으로 명문화하고 있다.

산지에서 경사도 제한을 두는 이유는 산림은 산사태 홍수 풍수해 등의 위험이 큰데다, 각종 동식물이 사는 자연생태계가 훼손될 우려가 크기 때문이다. 권형대로 가급적 산지 자연상태를 보존하자는 취지다. 경사도가 심한 농지규제를 완화하는 것과는 정반대의 경우다.

산지개발 시에 예치하는 산지복구비도 대상 산지의 경사도에 따라 10도 미만, 10도~20도, 20도 이상의 3단계로 나누어 경사도가 급할수록 더 많은 금액을 예치하도록 하고 있다. 개발가능한 우리나라 산의 경사도는 10도~20도가 가장 많다고 한다.

산지개발과 경사도

임야의 개발행위의 허가기준의 하나로 반드시 점검하여야 할 것으로 땅의 경사도가 있다. 산지개발을 하고자 하는 경우에는 그 용도를 정하여 산지전용허가를 받아야 하며, 구비서류에는 산지전용허가를 받고자 하는 산지의 평균경사도조사서도 포함되어 있다. 경사도란 어떤 지형을 이루는 지면의 경사를 각도 또는 퍼센트로 나타낸 것을 말한다.

어느 임야를 개발하고자 할 때 그 임야가 소재한 지자체 조례(도시계획조례)에서 정한 경사도보다 가파른 산지는 개발행위허가가 나지 않으므로 각별한 주의를 요한다. 산지는 경사도에 따라 평탄지, 완경사지, 급경사지로 분류한다.

경사지 구분

구분	기준
평탄지	5°미만
완경사지	5~15°
경사지	15~20°
급경사지	20~25°
험준지	25~30°
절험지	30°이상
경사도(°)	

평탄지는 주로 5도 이하의 경사를 가진 땅을 말하며, 완경사지는 5도 내지 15도의 땅을, 급경사지는 15도 이상의 땅을 말한다.

급경사지는 홍수 토사 등의 재해위험이 있기 때문에 이에 관하여는 별도의 "급경사지법"이 있다. 급경사지법(급경사지 재해예방에 관한 법률)에서는 급경지란 택지·도로·철도 및 공원시설 등에 부속된 자연 비탈면, 인공 비탈면(옹벽 및 축대 등을 포함) 또는 이와 접한 산지로서 지면으로부터 높이가 50미터 이상이고, 경사도가 34도 이상인 자연 비탈면으로 규정하고 있다.

산지의 평균경사도가 25도를 넘지 않는 임야이어야 한다.
경사도가 가장 문제가 되는 것은 임야(산지) 개발의 경우다.

산지개발 시에는 대상부지의 평균경사도가 원칙적으로 25도를 넘어서는 안된다.

임야를 벌채하거나 형질변경하여 전원주택 등을 지을 때는 산지관리법상의 산지전용허가를 받아야 한다, 산지관리법상 산지전용허가 심사기준에는 산지의 경사도가 25도를 넘으면 허가를 하지 못하도록 되어 있다. 따라서 가파른 산이나 절벽이 흔한 산은 산지전용허가를 받기 어렵다.

그러나 주의할 것은 이 25도는 법상의 최고한도일 뿐, 지방에 따라 시, 군의 조례로 그 이하로 규정하고 있는 곳도 많기 때문에 사전에 주의를 요한다, 예컨대 여주군의 경우 경사도를 15도, 용인군은 17.5도, 양평군은 20도 이하로 규정하고 있다,[홍천군은 25도]

이외에 특수한 산지개발의 경우에는 25도 보다 엄한 21도로 강화하여 제한하는 경우가 있다. 예컨대 개간(21도), 수목장(21도), 태양광(21도), 그린벨트(21도) 지역의 경우에는 모두 평균경사도 21도의 제한을 받는다.
경사도를 측량하는 위치와 방법에 관하여는 별도의 지침이나 조례가 있어 그에 따른다.

5. 산지의 입목과 지상물 분묘

대상부지에 자생하는 나무가 너무 우거지지 않은 것이 좋다.
산지관리법 상 지상의 수목울창도를 계산하여 산출한 입목축적이 그 지역 평균치의 150% 이상이면 산지전용 허가를 내주지 않기 때문이다.

산지 안에 생육하고 있는 수목의 입목축적이 그 지역 평균치의 150% 이하이어야 한다.
시·군마다 산림조합에서 산출한 평균 입목의 울창도(입목축적)가 있는데, 특정 산지의 입목축적이 임업통계에 나오는 각 시·군 평균치의 150%이상이 되면 산지전용 허가가 나지 않는다.

이 규정은 울창한 숲을 보전하자는 취지라고 볼 수 있다. 즉 산에 나무가 울창하면 보기에 좋고, 나무의 가치도 있겠지만, 반면에 벌채를 하고 토사를 반출하여 형질변경을 하는 등의 산지전용허가는 받기 힘들다는 이야기다. 또 전용대상 산지 안에 생육하고 있는 50년생 이상인 활엽수림의 비율이 50% 이하이어야 전용이 가능하다.

재래종 조선소나무 등 보존가치가 있는 나무가 많을 때도 산지전용이 제한된다.
소나무재선충 발생지역이 아닌지도 살펴보아야 한다.

산에 있는 입목의 소유권 관계도 검토해 보아야 한다.
산에 자라는 참나무 밤나무나 대나무 숲이 울창하거나 오래되어 목재의 가치가 있어 보이거나, 또는 조선소나무 같이 희귀하고 값나가는 나무가 제법 있다든지 혹은 매실, 자두등 유실수 등이 집단으로 심어져 있는 경우(과거 과수원일 수 있음)에는 임야의 매매 시에 그 나무의 소유권과 처분관계를 사전에 확인해 보아야 한다.

즉 이런 나무들이 산(임야)의 매매 시 함께 넘어 올 것인지 아니면 별도의 소유자가 있어서 별개의 가격을 지불해야 되는지 확인해 볼 필요가 있다. 일반적으로는 산(임야)의 매매 시 산에 자생하는 나무들에 대하여 별도의 공시도 없고, 또 계약 시에 아무런 특약이 없으면 그 생육 중인 나무들도 임야매매와 함께 따라 온다고 본다.

그러나 임야에 있는 수목들이 "입목에 관한 법률"에 의하여 별도로 입목등기가 되어 있을 경우나 수목의 집단에 명인방법에 의한 소유권자가 명시되어 있는 경우에는 다르다. 명인방법이 되어 있는 수목의 집단은 토지소유권과는 별개의 소유권의 객체로 인정된다. 명인방법이란 수목의 집단에 대해 팻말이나 나무껍질에 소유자를 표시하는 방법 등 제3자가 보기에 소유권자가 누구라는 것을 명확하게 알 수 있도록 표시하는 방법을 의미한다.

임야 구입 시 분묘기지권도 유의해야 할 부분이다.
우리나라의 임야치고 도처에 분묘(무덤)이 없는 곳이 없다고 해도 과언이 아니다. 지금 전국에 2천만개 이상의 무덤이 있다고 한다. 시골의 작은 야산이나 길가 심지어 논이나 밭 가운데도 오래되거나 새로 만든 분묘를 흔히 볼 수 있다.

따라서 임야 구입 시에 반드시 확인해야 할 사항의 하나가 무덤이 있는가? 있다면 과연 몇 개나 있고 무연묘냐? 유연묘냐? 를 가려 보아야 한다.

무연고묘란 오래 된 묘로서 이미 제사를 안 지내고, 모시는 후손이 없거나 알 수 없는 무덤이다. 최근에도 불법으로 남의 땅에 몰래 묻어 놓고 가버린 경우가 흔히 있다. 유연고묘란 지금도 후손이 분묘를 관리하면서 제사를 모시고, 소유자가 누구인지 알 수 있는 묘지를 말한다. 무연고묘냐, 유연고묘냐는 분묘기지권과 이장절차와 보상비 등에서 차이가 있다. 모두 "장사 등에 관한 법률"에서 규정하고 있다.

무연고묘는 3개월 이상 신문 등에 공고 후 주인이 나타나지 않으면 화장하여 유골을 납골당에 모시면 된다. 모두 산주(山主)가 부담하며 따로 보상비, 이장비 등이 없는 것은 당연하다. 유연고묘는 3개월 이상 공고 후 주인이 나타난 경우나 미리 후손을 알고 있는 경우로서, 산주(山主)가 임의로 이장하지 못한다. 반드시 묘지의 주인과 타협하여 이장절차를 밟아야 한다. 이때 후손에게 이장비와 보상비 등을 합의하여 지급하게 된다.

이때 만일 묘지의 주인이 분묘기지권이 있으면 그에 상응하는 대가를 더 지불하게 된다. 분묘기지권은 관습법상 법정지상권의 일종이다. 종중이 자기 종중산에 조상의 묘지를 설치했다가 후에 타인에게 매각하는 경우 혹은 타인의 산에 그 승낙을 받아 묘지를 썼으나 후에 경매나 매매 등으로 그 산의 임자가 바뀐 경우 묘지의 주인은 분묘기지권을 갖게 된다. 분묘기지권이 있는 묘지는 산주라도 함부로 발굴 훼손하거나 이장할 수 없다. 일종의 관습법상 법정지상권이 인정되기 때문이다.

따라서 임야를 살 때는 반드시 묘지의 존재 여부, 상태 등을 확인하고, 매입대금 지급시 그 묘지의 처리문제 등을 감안해야 한다. 묘지이장비 보상비 등을 계산하여 매매대금에서 빼는 방법도 있고 등기를 이전하기 이전에 묘지를 이장하는 조건도 있을 수 있다.

대상 산지에 묘지가 많은 경우 묘지이장비 부담이나 정리기간이 필요하고, 특히 분묘기지권이 있는 묘지가 있는 경우 개발에 제동이 걸릴 수 있으므로, 가급적 기한을 두거어 매도인의 책임으로 묘지이전을 한다는 특약을 두고 산지매매계약을 하는 것이 좋다.

6. 불법으로 산지 일부가 훼손된 경우

산지 구입 시 반드시 확인해야하는 사항 중에 불법으로 훼손된 부분이 있는가 하는 것이다.

산지전용하려고 산지를 대규모로 형질변경을 하다가 중단되어 절개지가 많은 경우, 산 중에 누군가 불법건축물을 지어 살다가 퇴거한 경우, 아니면 아직도 주거자가 있는 경우 등에는 구입 전 그 이유와 경위를 정확히 파악해야 한다.

전 주인이 불법개간하여 산림을 훼손하고 방치해둔 경우도 많다.

산지의 전소유자가 무허가 건축물을 축조했다면 법정지상권 문제도 발생할 수 있다. 훼손지는 지자체의 사고지(事故地)로 기록되어 있을 수도 있다.

사고지는 개발 인허가 전에 현소유자의 책임으로 원상회복 시킬 의무가 있다.

또 이런 산지는 개발하기 위하여 인허가를 내는 경우 신청을 거절당할 수가 있다.

불법건축물을 철거해야 한다거나, 훼손된 임야를 원성복수해야 한다는 조건이 붙는다. 개발에 꼭 필요한 과정인 토지분할허가도 거부될 수도 있다.

산지불법전용 불법형질변경의 사례

산지의 불법용도변경으로 볼 수 있으면서 빈번하게 발생하는 실사례를 나열해 보면,

1. 임야에 허가없이 야적장, 주차장, 주기장 설치
2. 산지에 불법으로 잔디밭 조성, 관상수 재배
3. 산지 불법개간
4. 임야 무단벌채 임도개설, 과수원 조성, 불법건축물 건축
5. 임야에 불법 묘지 조성(지주 혹은 타인)
6. 임야 무단 절개, 토석채취, 토사반출
7. 그린벨트 임야 무단벌채, 무단개간, 밭으로 사용, 불법건축물 축조
8. 그린벨트에 농업용창고, 축사로 허가받아 매장 음식점 공장 등으로 불법임차

산지 불법용도변경 위반에 대한 처벌

처벌의 공통적인 내용은 다음과 같다.

1. 시정명령
2. 원상복구명령
3. 이행강제금 부과 : 이행강제금은 매년 1~2회, 개별공시지가의 20%~100%로서
   부과기간은 5년 혹은 이행할 때 까지(사안, 법에 따라 다름)
   이행강제금은 장래의 의무불이행을 대비하는 집행벌로서
   과태료나 벌금 등과 중복 병과가 가능하다.
4. 대집행(산지복구하는 경우)
5. 과태료 부과
6. 고발 및 형사처벌(벌금, 징역형)

제4부

좋은 땅 돈 되는 땅

제24장 개발지 개발예정지는 최대 호재

제25장 개발인접지를 공략하라

제26장 도로개통지로 돈이 흐른다

제27장 고속도로 IC 인근을 노려라

제28장 역세권 토지는 황금알인가

제29장 인구가 증가하는 지역에 묻어라

제30장 시가화예정용지 개발은 시간문제

제31장 규제가 해제되는 지역은 땅값이 오른다?

제32장 토지리모델링이 가능한 땅은 몸값이 오른다

제33장 묵은 땅과 버려진 땅도 다시 보자〔사례〕

좋은 땅 돈 되는 땅

최근에 토지에 관한 규제가 대폭 완화되고 있어, 새삼 땅에 대한 관심이 높아지고 있다. 특히 수도권의 공장입지와 광주 여주 이천 등 자연보전권역에 대한 문의가 많아지고 있다. 토지규제는 개발가능성을 좌우하기 때문에 처음부터 땅값을 형성하고 있으며, 거래활성화에 중요한 요인으로 작용한다. 확실히 토지규제완화는 기대할 만한 땅 투자의 호재임이 분명하다. 그러나 유의할 것은 토지투자에서 규제완화 만이 전부는 아니라는 사실이다. 토지투자에는 규제 이전에 고려해야 할 여러 가지 중요한 조건들이 있다. 땅은 미래가치이며, 좋은 땅이란 기본적으로 미래가치가 높아질 수 있는 땅을 말하는 것이기 때문이다. 토지투자자들이 가장 궁금해 하는 것 중의 하나가 바로 이러한 투자하기 좋은 땅을 고르고 돈 되는 땅을 구입하는 요령이다.

좋은 땅 기준의 변화

좋은 땅의 요건은 무엇인가? 과거 전국이 개발열풍에 휩싸여 땅값이 요동치던 시절에는 좋은 땅이란 단기간에 땅값이 많이 오를 수 있는 지역의 땅이라고 할 수 있었다. 그러나 사회 전반에 노령화가 진행되고, 지방인구는 감소하며, 청년실업자와 자영업자의 비율이 높아져, 결과적으로 소득이 감소하고, 가계부채에 시달리는 사회 경제여건 하에서, 토지투자는 종전 호황 시의 공격적 투자를 더 이상 지속할 수 없고, 오히려 현존 보유자산의 유지나 축소, 처분하는 분위기로 위축되어 가고 있다.

토지시장에 관하여도 2008년 이후 부동산 전반에 불경기가 지속되고, 토지시장의 침체도 계속되어 온 근래에 업계에서 이른바 좋은 땅이란 잘 팔릴 수 있는 땅이라고 해도 과언이 아닐 것이다. 잘 팔리는 땅이란 무엇인가? 우선 개발이 가능하여야 하고, 장래 되팔 때 전매차익을 남길 수 있는 땅, 그리고 땅값이 주변시세에 비하여 같거나 싼 땅이어야 한다. 한마디로 경쟁력이 있는 땅이라고 할 수 있을 것이다.

좋은 땅의 유형

투자하기 좋은 땅의 첫째 유형은 개발지와 그 인접지역이라고 할 수 있다. 단기적으로 지가상승을 유도하는 것이 개발사업이다. 개발이란 통상 공업단지나 대기업 공장 신설과 대규모 주택단지나 유통단지 조성과 행정타운 조성사업, 그리고 대학의 이전 등을 들 수 있다. 개발사업은 그 지역의 인구증가와 인근지역의 토지수요를 파생시켜 나가기 때문에 개발지 뿐만 아니라 인접지역의 땅값도 덩달아 오르게 된다.

개발사업에 못지 않은 것이 신설도로의 개통이다. 수도권을 순환하거나 서울에서 지방으로 새로 뻗어 나가는 고속도로 국도 복선전철 등은 땅의 수요를 늘리고 접근성이 좋아지게 만들며, 이어서 땅값이 뛰게 된다. 도로개통에는 토지삼승의 원칙이란 것이 있어서, 도로개설 발표 시, 착공 시, 그리고 완공 시에 세 번 크게 땅값이 뛴다는 말이 있다. 또한 신설도로 개통은 접근성을 크게 개선하는 효과가 있다. 땅값에 있어서는 접근성 또한 대단히 중요한 요소가 되는 것이다.

토지투자자가 장기적인 안목으로 보아야 할 것이 그 지역의 지속적인 인구증가 추세다. 과거 3년에서 5년 동안 계속하여 인구가 는다는 것은 고정인구가 많고, 유입인구도 증가하고 있다는 반영이다. 인구가 늘면 일자리, 주택, 유통, 의료, 레저 등 문화시설의 수요확산으로 땅값이 오를 것은 당연한 이치다. 다만 이러한 인구추이는 관련 통계자료를 잘 분석해 보아야 할 것이다.

그 외에 토지의 지목이나 용도의 변경 등 토지리모델링의 가능성 또한 중요한 지가결정요인이 된다. 행정구역의 통합 혹은 변경도 편입되는 지역의 땅값을 올리기도 한다. 땅값은 일반적으로 오를 때는 상향평준화의 경향이 있으며, 내릴 때는 하방경직성을 띠게 되기 때문이다. 또한 실수요자 입장에서는 선호하는 지역의 트렌드(Trend)나 어느 지역의 브랜드(Brand) 또한 좋은 땅의 조건이 된다. 전원주택지로 평창 용인에 이어 양평과 홍천지역을 찾는 것이 그 실례다. 그 외에도 땅 값은 때로는 보상금으로 매입하는 대토수요나 투기목적의 가수요 때문에 크게 오르기도 한다.

땅값은 이와 같이 여러 가지 요소들이 혼재하여 처음부터 땅값을 결정하고, 세월이 흐르면서 그 지역의 주변환경이 달라져 오르게 되는 것이다. 지금 추진되고 있는 토지규제 완화도 그러한 배경으로 이해하는 것이 성공적인 토지투자를 할 수 있는 방법이라고 본다.

투자하기 좋은 땅 고르는 10가지 유형

1. 개발지
2. 개발지 인접지역
3. 도로개통과 접근성의 개선
4. 고속도로IC 인근
5. 역세권 개발지
6. 인구가 지속적으로 증가하는 지역
7. 도시가 확산되는 시가화예정용지
8. 토지규제가 해제 완화되는 지역
9. 용도변경이 가능한 땅
10. 산수와 경치가 좋은 곳은 희소성이 있다

개발지의 주변지역을 미리 잡아 놓는다

토지투자는 개발지역을 타겟으로 하게 되지만 개발의 중심이 되는 곳은 오히려 투자가치가 적을 수도 있다. 국가개발사업인 경우 개발대상지는 대부분 토지보상법에 따라 수용 보상되거나 환지처분을 받을 수 있기 때문이다. 투자가치로는 오히려 개발대상지 인근지역으로 접근성이 좋은 곳을 노리는 것이 좋다. 개발대상지의 공사가 진행되면서 주변지역은 지가가 상승될 것이고, 개발이 완료되면 다음 개발지로 발전될 것이기 때문이다. 따라서 유능한 투자자는 개발중심지를 피해서 인근 가장 가까운 주변지역을 미리 잡아 놓는다. 화성 동탄지역이 발전하는 것은 인접한 수원과 평택이 이미 개발되어 있거나 개발이 활발하기 때문이다. 세종시 주변의 땅도 마찬가지다.

길이 뚫려 생활권이 넓이 지는 곳을 노린다

개발대상지의 중심이나 인근지역은 이미 땅값이 너무 많이 올라 선 듯하여 투자하기가 어려운 경우가 많다. 이럴 때는 개발지와 연결되는 길이 새로 뚫리는 지역을 노려보는 것도 좋다. 이미 개발이 된 곳이나 개발이 예상되는 곳의 이웃인데, 길이 아직 없는 지역인 경우 그 지역은 좋은 투자대상이 될 수 있다. 값은 싸지만, 개발압력으로 어느 땐가는 개발지와 연결되면서 덩달아 개발이 되거나 혹은 그 도로를 통해 개발지와 동일한 생활권에 들어가게 되기 때문이다. 경기도 고양시 일산 인근 지역인 탄현, 중산, 풍동, 송포 등이 좋은 예가 된다. 그리고 파주도 일산의 생활권으로 접근하고 있다. 또 용인의 성복지구나 동백지구 등도 인근 판교와 분당의 영향으로 인기있는 지역이 되었다,

지속적으로 인구가 늘어나는 지역을 주목하라

행정구역이나 어느 지역에 있어서 지난 3년에서 5년 정도 지속적으로 인구가 늘어나는 지역을 주목할 필요가 있다. 인구가 늘어나는 데에는 그만한 이유가 있었기 때문이고, 앞으로도 더욱 늘어날 수 있는 기반이 되어 있기 때문이다. 따라서 행정기관의 인구통계 등을 지속적으로 조사하여 인구가 늘고 있는 시, 군을 따로 뽑아서 그 증가속도며 그 이유가 무엇인지를 분석해 보는 것이 좋다.

예컨대 세종시, 대전이나 원주, 용인, 김해, 창원 등은 최근에 인구가 늘어나는 대표적인 도시이다. 반면에 연천, 삼척, 제천 등 많은 지방 군지역은 계속 인구가 줄거나 변함이 없는 그런 지역이라고 할 수 있다. 실수요자가 아니라면 토지투자는 인구가 늘어나는 지역에 우선해야 함은 당연한 이치라고 할 수 있다.

지방은 경치가 좋은 곳

지방 비도시지역에서는 명승지 주변이나 산, 바다, 호수, 강, 계곡 등 경치가 좋은 곳이 희소성이 있으며 인기가 있어, 투자처로도 적절하다

■ **소액투자자의 땅테크 하기 좋은 땅(인터뷰 자료)**

개인 투자자가 땅으로 재테크하려는 경우 땅의 조건을 현실적으로 예시하면 다음과 같습니다.

1. 쉽게 팔릴 수 있는 땅이어야 합니다.
대개의 개인투자자는 5년 이상의 장기투자를 권하는 것은 무리입니다. 오히려 단기투자로 회수가 가능하다면 그 돈으로 재투자할 수 있는 기회를 확보하는 것이 좋습니다. 더구나 땅이란 수요층이 얇아서 내가 투자회수를 원하는 시기에 팔려고 내놓는다고 하여 바로 나가는 것이 아니지요.... 요즈음 같이 부동산 불경기가 지속되는 시기에는 땅은 더욱 팔기 어려운 상품이라고 할 수 있습니다. 최소 1년 이상 걸리는 경우가 허다합니다. 따라서 개인의 토지투자는 반듯한 소형 물건으로 팔리기 쉬운 물건을 확보하는 것이 필수적입니다.

2. 투자대상은 단기간에 땅값이 오른다는 예측이 가능한 땅입니다.
투자하기 좋은 땅의 일반적인 조건으로는 수도권과 도시지역에서는 개발지, 개발인접

지, 도로 개통지, 장기적인 인구 증가지, 도시가 확산 혹은 재생되는 지역, 규제가 해제되는 지역 등이라고 할 수 있습니다. 고속철도나 지하철이 신설되는 지역에서는 새로 생기는 역세권, 고속도로가 개통되는 지역에서는 신설되는 인터체인지(IC) 반경 2Km 이내 지역이 개발확실성이 높아 투자하기 좋은 지역입니다.

```
1순위 : 신설 역세권(1km 이내), 신설 IC 출구 인근(2Km)
2순위 : 도시지역 주변 농지 정리안 된 소규모 농지
        양쪽에서 도시확산 개발압력이 들어오는 땅
3순위 : 수도권 땅(경기도 동부 남부)
        인구의 지속적 증가, 접근성, 공장 창고 유통시설, 대기업과 대학 진입
```

3. 땅의 규모는 1,650㎡(500평) 미만, 2억원 미만이 적절합니다.

일반적으로 개인이 투자하기를 원하는 금액은 서울에서는 3억원 미만, 서울을 제외한 수도권에서는 2억원 미만, 더 좁혀서는 5천만원에서 2억원 미만의 규모를 선호한다고 볼 수 있습니다. 수도권 이외의 지역에서는 1억원 미만이 많습니다. 토지투자는 장기적이고 대개는 주택을 제외한 여유자금으로 투입되기 때문에 이 이상의 금액이 되면 자금과 리스크에 부담을 느끼게 됩니다.

제24장
개발지와 개발예정지는 최대 호재

1. 개발은 땅값의 단기 상승요인

개발지에서의 땅값 상승은 널리 알려진 투자조건 제1호다. 개발계획이 있는 곳은 땅값이 상승한다. 개발계획의 발표는 땅값 상승의 기폭제가 된다. 그래서 개발은 흔히 "호재(好材)"라고 하며, 단기적 토지가격 상승의 주원인이 된다.

실례로 국토교통부에서 발표한 "2013 전국 연중 지가상승 상위 10개 지역"을 보면 모든 지역이 개발로 인하여 땅값이 많이 오른 것으로 되어 있다. 지난 수년간 수도권 및 지방에서의 많은 관주도 대형개발사업 추진이 땅값을 올려놓은 것도 생생한 사례가 된다.

2013년 연간 토지가격 상승률 상위 10개 지역(국토교통부 자료)

순위	지역	변동률(%)	변동사유
1	경북 울릉	26.30	일주도로 개설사업, 해양연구센터 건립, 해양관광단지 조성사업 및 국제관광섬 개발계획 등과 독도의 국민적 관심 증대로 관광수요 급증 등
2	전남 나주	19.79	광주·전남 공동혁신도시개발, 나주목 관아 복원사업, 미래일반산업단지 등 서남권의 새로운 성장거점 도시로 성장 가능
3	세종시	18.12	정부청사 이전, 명학일반산업단지, LED기업 산업단지 및 전원주택부지 개발 등으로 토지수요 증가

4	경북 예천	17.84	경북도청 이전 신도시 조성사업, 국립백두대간 테라피조성사업 등 각종 개발사업 등
5	경북 청도	14.89	남천-청도, 금천-자인 도로확포장공사, 청도일반산업단지 및 쾌적한 자연환경으로 전원주택지 토지수요 증가 등
6	경북 청송	14.79	동서4측 고속도로건설공사(상주~영덕간 고속도로), 주왕산관광지 조성사업, 솔누리느림보세상 조성사업, 성덕다목적댐 건설사업 등
7	울산 동구	14.55	방어택지개발사업, 남옥 일원 주택개발사업, 일산진 주거환경개선사업, 화정주택건설사업, 울산대교 및 접속도로 민간투자사업 등
8	경남 거제	11.88	거제해양플랜트 국가산업단지 조성사업, 아주지구 도시개발사업, 지세포해양레포츠타운 조성사업, 거제해양휴양특수 조성 및 관광테마파크사업 등
9	부산 해운대	11.77	해운대관광리조트 개발, 수목원 조성사업, 회동·석대 도시첨단산업단지 개발사업, 주택개발·재건축(우동, 중동, 반여, 재송 등) 등
10	충북 괴산	10.82	대체산업단지 조성, 첨단지방산업단지 조성, 발효식품농공단지 조성, 문광농촌테마공원 조성사업, 호국원 조성, 유기식품산업단지 등

[해설] 국토교통부 발표 2013년 연간 지가상율 상위 10개 지역의 지가상승 추정요인을 보면, 거의 전부가 개발지 및 개발예정지에서 개발에 대한 기대감으로 단기 지가상승이 된 것을 알 수 있다. 경북 청송 및 울릉에서는 도로개설이 또 하나의 중요한 요인이 되고 있음을 볼 수 있다.

2014 연간 지가상승율 상위 5개 지역

순위	지역	변동률(%)	주요사유(추정)
1	대구 달성	4.71	테크노폴리스, 사이언스파크 등 개발과 진입로 개통으로 상승
2	세종	4.53	행복도시 개발과 인근지역 외지인의 토지수요 증가
3	제주 서귀포	4.48	혁신도시 기관 이전 및 택지개발지구 개발에 따른 수요 증가
4	전남 나주	4.46	혁신도시 기관 이전으로 인근지역 주거 및 상업용지 상승
5	서울 강남	4.22	지하철 9호선 연장선 개통 예정과 국제교류 복합지구 개발 발표

2014 연간 지가상승율 하위 5개 지역

순위	지역	변동률(%)	주요사유(추정)
1	인천 강화	0.11	개발사업의 부진, 외부 투자수요 감소와 농경지 가격 하락
2	강원 태백	0.19	오투리조트 재정 악화와 외곽지역의 토지수요 감소
3	강원 속초	0.26	각종 개발사업의 답보상태, 기존 도심지역 주택 수요 감소
4	경기 인천	0.27	계절적 비수기와 민간인 통제구역인 중면 등 일대 하락
5	경기 동두천	0.27	미군부대 잔류 소식에 따른 개발 수요 감소

[해설] 국토교통부 발표 2014년 연간 지가상율 상위 5개 지역의 지가상승 추정요인을 보면, 전부가 개발지 및 개발예정지에서 개발에 대한 기대감으로 단기 지가상승이 된 것을 알 수 있다. 서울 강남에서는 지하철 개통이 또 하나의 중요한 요인이 되고 있음을 볼 수 있다. 반대로 연간 상승률 하위 5개 지역에서는 예정된 개발사업이 지연되거나, 불발로 되어 개발기대감 상실로 땅값이 하락한 것으로 나타나고 있다.

두가지 경우 모두 개발지가 단기 땅값 상승의 가장 큰 요인이 된다는 것을 실적통계로 보여주고 있다. 아래의 2014년도 자료들도 다 같은 맥락으로 볼 수 있다.

2014년3월 전국 지가상율 상위 5지역

순위	지역	변동률(%)	주요사유(추정)
1	제주특별자치도 서귀포시	0.526	혁신도시건설사업 기반공사 완료단계로 기대감 상승, 이전기관 입주시기 임박, 대규모 아파트단지 건설 등
2	전라남도 나주시	0.491	광주전남 혁신도시 기반시설 공정률 증가, 남평 강변도시 2블럭 분양 시작
3	경기도 하남시	0.429	미사지구 본격 조성공사 및 감일지구 보상진행, 유니온스퀘어 복합쇼핑센터 본격 개발 등 개발사업 호재
4	전라남도 순천시	0.412	해룡산업단지 일대 업체 입주 개발가능성, 율촌공단 활성화에 따른 기대심리 반영
5	대구광역시 달성군	0.393	성서5차산업단지내 공장 신축 및 인접 택지개발 지구내 단독·근생 신축 및 공동주택 분양 등

2014 상반기 지가변동률 상위 5개 지역

순위	지역	변동률(%)	변 동 사 유
1	경기 과천시	0.431	보금자리주택지구의 보상계획 공고(6월) 및 과천 화훼단지 투자유치(6월 양해각서 체결)로 상승
2	대구 달성군	0.408	테크노폴리스 산업단지 진척(공정률 95%)에 따라 공장용지 가격상승
3	경북 예천군	0.408	경북도청 이전신도시 조성사업 진척(공정률 75%) 및 주변 도로 공사 등에 따라 이주자 택지 거래량 증가로 상승
4	세종특별자치시	0.383	3생활권(공정률 87%) 주변 금남면과 부지조성공사 진행중인 4생활권(공정률 30%) 주변 연동면 중심으로 상승
5	부산 수영구	0.351	남천2재건축구역 및 광안2재건축구역에서 재건축안이 승인되는 등 재개발, 재건축 사업의 가시화로 상승

2014년8월 지가 상승 상위 5개 지역

순위	지역	변동률(%)	주요사유
1	대전 유성	0.53	국제과학비즈니스벨트 개발제한구역(GB) 해제(7월)
2	세종특별자치시	0.48	나들목(IC)인접한 장군면, 부강면, 연서면 외지인 거래 증가
3	충북 옥천	0.38	군북면 등 공업용 토지수요 증가
4	제주 서귀포	0.38	혁신도시개발 및 강정택지개발예정지구 기반공사 완료
5	대구 달성	0.36	테크노폴리스 일반산업단지 진척(97%)

개발과 개발사업이란

토지개발은 작게는 전원주택을 짓는 것부터 크게는 택지개발, 공단조성, 레저단지 개발과 도로 항만 등 SOC(사회간접자본)개발 등에 이른다. 그러나 땅값에 직접적인 영향을 미치는 개발사업이란 넓은 땅을 조성하고, 인구가 많이 집중되는 그런 대형 개발사업이라고 할 수 있다. 특히 관공서, 학교, 공단, 대형공장, 대기업 본사사옥, 연수원, 대규모 유통센터 등의 인구집중유발시설이 신축되는 경우에는 인구흡입력이 커서 개발의 효과가 크다.

이러한 개발사업이 완결되면 그 지역 일대에 인구를 불러 모으고 그 효과는 주변지역으로 확산된다. 예를 들어 어느 지역에 공단이 조성되면 이어서 공단 가까운 곳에는 종업원과 관련업체의 가족이 이주해 올 아파트 등 주거지개발이 뒤따른다. 다음에는 인구가 늘어감에 따라 이러한 주민들의 교육, 유통, 문화, 의료, 유흥시설이 잇달아 필요하게 되어 주변의 더 많은 땅이 필요하게 되는 것이다. 그런 과정에서 개발지와 인근지역의 땅값은 자연스럽게 오르게 되는 것이다.

그러나 이러한 인구유입력과 파생적 연쇄효과가 없는 개발사업인 경우에는 일부 지역을 제외하고는 지가상승이 멈추게 된다. 예컨대 골프장이나 스키장이 건설되는 경우, 건설 초창기에는 부지수용과정에서 일시적으로 땅값이 오르게 되지만, 완공 후에는 진입로 주변의 음식점과 스키장비 렌트하우스 등을 제외하고는 파생적 연쇄효과가 별로 없어 개발효과가 매우 미미해 진다. 소위 "찻잔 속의 태풍"으로 머무는 것이다. 지방의 소규모 개발사업에 이런 경우가 많다.

2. 개발지 땅값은 왜 오르는가

토지투자는 궁극적으로 토지의 개발효과를 보거나 전매차익을 취하는 것이다. 전매차익은 통상적으로 오랜 시간을 경과하고 토지의 주위환경이 변화하면서 발생한다. 땅값이 오르면서 그 차익도 커지게 된다. 그러면 땅값은 어떠한 요인으로 오르는가?

땅값은 경제원칙에 따라 토지의 수요와 공급에 의하여 결정된다. 수요가 많을 때 땅값은 상승하게 된다. 그러나 반대로 땅은 공급이 많다고 하여 반드시 토지가격이 하락하는 것은 아니다. 땅은 일종의 독점적 공급 형태이며 수요에 따라 즉각 생산할 수 있는 것은 아니기 때문이다. 일반적인 경향을 보면 땅값이 하락할 때 지주들은 투자회수를 위하여 반드시 매각하려 하지만은 않는다. 매물을 거둬들여 다시 오르기를 기다리거나, 장기 보유태세 돌입한다. 땅값은 오르기는 쉬워도 내리는 속도는 더딘 것이 일반적인 추세인 것이다. 즉 땅값은 수요와 공급의 원칙에 의하되 완전경쟁시장의 형태는 아니라고 볼 수 있다. 독점적 공급에 의한 일종의 불완전시장의 형태라고 볼 수 있다.

그러나 토지도 기본적으로 수요의 증가가 가격을 올리는 데는 변함이 없다. 그렇다면 토지의 수요는 어디서 오는 것인가? 토지를 필요로 하는 것은 국가일수도 있고 민간일수도 있다. 국가는 도로, 군사, 공단, 주택단지 등 공공목적을 위해 토지를 필요로 한다. 민간은 주거나 농사로 이용을 하거나 이익을 위해 개발사업을 하고자 토지를 필요로 한다. 양자 모두 개발이라는 말로 요약할 수 있다. 이 개발사업이 사람을 부르고 땅값을 올리는 요인이 되는 것이다. 즉 개발에 의해 사람이 많이 모여 살게 되거나, 많이 왕래가 잦은 지역으로 변하면 그 지역의 땅값은 오르게 마련이다. 사람들이 많이 모여 살게 되면 우선 주거지가 필요하며, 아이들을 위한 학교를 지어야 한다. 문화시설과 종교시설이 들어서고, 유통시설이 필요하게 된다. 차량이 늘고, 도로가 개설되며 관공서 등이 필요하다. 그래서 인구의 증가에 따라 토지의 수요는 더욱 늘어나게 되며 땅값이 오르게 된다.

그러면 사람들은 어떻게 모이고 어떤 요인으로 인구가 늘어나게 되는가?
대표적인 요인은 사람들의 일자리와 자녀들의 학교라고 할 수 있다. 다음에 버스터미널, 항만, 공항 등의 사회간접시설이고 그 다음 관광리조트 시설을 들 수 있다.
가장 중요한 것은 관공서, 회사, 은행, 공장, 상가 등 직장이며, 다음에는 아이들의 중, 고, 대학교 와 학원 등 교육 관련이라고 할 수 있다. 대부분의 시민들이 아파트 등 주거지를 결정할 때 부부의 일자리와 아이들 학교 문제를 지역선정의 최우선 순위로 하게 된다. 일자리 이동에 따라 아파트를 옮기거나, 학교 진학을 위해 주거지를 구입한다.

다만 지역선정은 반드시 일자리나 학교가 있는 그 지역이 아니라도 인근지역에서 출퇴근이나 통학의 거리와 시간을 고려하여 결정한다. 따라서 일자리와 학교가 많은 지역이나 그 인근의 통근가능 지역에는 사람들이 모여들고, 집값이나 땅값 등 부동산 가격이 상승하게 되는 것이다. 이러한 일자리, 학교, 사회간접 시설, 관광리조트 등을 새로 만드는 것을 통상 "개발사업"이라 한다. 그리고 이러한 개발사업이 많아서 그 영향이 크게 되면 "호재가 많다"고 부른다. 결국 개발사업이나 호재란 사람이 모일 수 있는 기폭제가 된다는 것을 의미 한다. 신행정도시 지역주변이나, 기업도시, 혁신도시, 경제자유지역 주변 등 국가 개발사업 지역의 땅값이 뛰는 이유는 바로 사람이 모인다는 것을 예측하는 것이다. 도시지역과 농촌지역의 가격차도 바로 그러한 이치에 기인하는 것이다.

3. 호재가 많은 곳을 타겟으로 하라

신도시 개발계획이 발표되어 있거나 진행되는 곳, 대규모 주택단지가 새로 들어서는 곳, 대단위 공장단지가 건설되는 곳, 공항, 항만, 터미널 등 사회간접 시설이 새로 들어서는 곳, 국영기업체, 은행, 회사의 본사나 정부 중앙관서가 들어서는 곳, 대학교나 분교가 새로이 이전해 오는 곳, 스키장, 골프장, 콘도 등 대규모 리조트시설이 복합적으로 들어서는 곳 등은 사람이 많이 모일 수 있는 좋은 호재가 된다.

이러한 호재가 많을수록 규모가 클수록 그 영향력은 커질 것이며 따라서 사람도 많이 모임으로써 토지의 가격을 상승 시키게 된다.

4. 개발정보의 신빙성을 확인하라

땅값은 통상 최초의 개발정보가 흘러나올 때부터 오르기 시작한다. 어떤 개발계획이 검토 중이라던가 수립 중이라던가 하는 정보가 흘러나오면서 그 지역의 땅값이 움직이기 시작한다. 그리고 그 계획이 공식발표 될 즈음이면 이미 땅값은 많이 올라와 있다고 보아야 한다.

그런데 토지투자에 있어서 중요한 것은 이러한 개발정보의 신빙성과 실현가능성이다. 일부 악덕 기획부동산은 미리 매집하거나 예약한 땅을 팔기 위하여 허위 개발정보를 흘리기도 한다. 정부나 지자체의 경우에도 정치적 목적으로 실현성 없는 급조한 계획을 남발하는 경우도 있다. 특히 선거 때가 되면 더욱 심하다. 경전철 도입계획, 연결도로나 교량 신축계획 등이 그런 종류의 것이다. 어떤 때는 외국인 투자자의 자본을 도입한다고 거창하게 발표 해 놓고 막상 투자실적이 전무하거나 흐지부지한 경우도 있다.

따라서 개발정보는 그 사업을 추진하는 주체, 조달자금의 확보가능성, 사업시행기간 등을 잘 들여다보아야 한다. 의욕만 앞선 지자체의 경우, 환상적인 지역개발계획을 수립, 발표해 놓고 10년 가까이 착공도 하지 못하는 경우가 허다하다. 전국 각 지에 허허벌판에 잡초만 우거진 공단 조성예정지도 적지 않다. 지역주민의 반대에 부딪혀 장기간 공사가 중단되는 사례도 흔하다. 때로는 사업추진 중이던 기업체가 부도가 나서 장기간 사업이 표류되는 경우도 있고, 국책사업이라도 정권이 바뀌어 무위로 돌아가는 경우도 없지 않다. 토지투자자의 입장에서는 발표된 개발정보라 할지라도 액면대로 믿지 말고, 그 시행주체와 실현가능성을 꼼꼼히 따져 보아야 할 것이다.

5. 개발정보 입수에 앞장서라

땅값은 개발한다는 소문과 미확인 정보가 돌아다닐 때부터 움직이기 시작하여, 발표를 거쳐 착공하면서 계속 오르게 된다. 따라서 토지투자자는 남보다 앞서서 개발정보를 입수해야 좋은 투자수익을 낼 수 있다. 일반 투자자의 입장에서 정책과 관련한 소위 "고급정보"를 직접 취득할 수는 없을 것이다. 이런 경우 전문가와 상담하거나 믿을만한 투자회사를 통해 간접투자를 할 수 밖에는 없다.

그러나 개인투자자도 개발정보를 빨리 입수할 수 있는 방법이 있다. 인터넷이나 신문의 단 한 줄의 기사에서도 힌트를 얻을 수 있고, 토지세미나나 교육에서 나오는 전문가의 한마디로서도 많은 힌트를 얻을 수 있다. 지역의 지방신문 기사나 믿을만한 현지 공인중개사의 정보도 소중하다. "아침에 일찍 일어나는 새가 모이를 먼저 먹는다."는 격언이 있듯이 부지런한 투자자는 남보다 앞서서 좋은 토지개발정보를 얻을 수 있을 것이다.

6. 인구 흡입력

개발사업이 그 지역의 땅값을 올리는 가장 큰 본질적인 요인은 인구흡입력에 있다.

흡입력은 빨아들이는 힘으로 진공청소기 흡입력, 관광객 흡입력, 상권 흡입력 등에 사용한다. 인구흡입력(人口吸入力)이란 어느 지역에 인구유입을 촉진하는 영향력을 말하는데, 고정인구 흡입력과 유동인구 흡입력으로 나눌 수 있다. 고정인구에는 대규모 아파트단지 등 정주(定住)주민의 유입과 관공서, 대기업, 공단 등의 행장 및 산업 상근기관의 유입이 있다. 유동인구의 흡입은 접근성과 그 지역의 특징과 매력도에 따라 달라진다고 볼 수 있다. 개발지의 인구흡입력은 개발주체, 개발내용, 개발규모와 고용증대, 산업연관효과, 고객수 등에 따라 그 영향력과 존속기간이 크게 달라진다고 할 수 있다.

제25장
개발인접지를 공략하라

1. 개발지의 주변지역을 미리 잡아 놓는다

토지투자는 개발지역을 타겟으로 하게 되지만 개발의 중심이 되는 곳은 오히려 투자가치가 적을 수도 있다. 국가개발사업인 경우 개발대상지는 대부분 토지보상법에 따라 수용 보상되거나 환지처분을 받을 수 있기 때문이다. 투자가치로는 오히려 개발대상지 인근지역으로 접근성이 좋은 곳을 노리는 것이 좋다. 개발대상지의 공사가 진행되면서 주변지역은 지가가 상승될 것이고, 개발이 완료되면 다음 개발지로 발전될 것이기 때문이다. 따라서 유능한 투자자는 개발중심지를 피해서 인근 가장 가까운 주변지역을 미리 잡아 놓는다. 화성 동탄지역이 발전하는 것은 입접한 수원과 평택이 이미 개발되어 있거나 개발이 활발하기 때문이다.

그러나 개발지 인접지역에 투자하는 경우 몇 가지 유의사항이 있다.
우선 인접지역은 개발지 주변에 가까울수록 좋으며 너무 멀리 떨어진 경우에는 많이 기다려야 하거나 전혀 개발이 안 되고 오히려 묶이는 수도 있다. 현행법상 강력한 연접개발제한이나 개발행위 규모제한에도 유의하여야 할 것이다. 또 인접지역은 도로 등이 정비되어 개발지에 쉽게 접근할 수 있어야 한다. 도로개통을 기다리며 인접지에 투자하게 되면, 의외로 많은 세월을 기다려야 하는 경우가 있다.

2. 연담화 효과

대규모 도시개발예정지나 신도시예정지 인접지역은 개발대상지에서 보상받은 지주들의 만만한 대토 가능지역으로서 땅값이 오를 확률이 큰 곳이다. 또 도시의 양쪽에서 개발이 진행됨으로서 개발압력으로 두 도시 가운데 지역이 뚫림으로서 거대한 도시의 확산이 될 수 있다. 이것을 도시의 **연담화현상(都市連擔化 Conurbation)**이라고 한다.

연담화효과는 서울특별시와 인천광역시의 70~80년대 확장과정에서 중간 지역의 부천, 주안, 광명, 시흥 등이 함께 붙어 발전하는 과정에서 쉽게 볼 수 있다. 지금 수도권에서도 고양시와 파주시의 중간인 교하지역, 평택과 용인의 중간인 안성 서부지역이 그런 가능성이 있는 지역이라고 볼 수 있다. 다만 그린벨트 해제 시 인접지역은 매우 좋은 투자처가 될 수도 있으나 오히려 연담화현상을 방지하기 위해 해제를 못하도록 묶어 놓을 가능성도 있어 주의를 요한다.

도시연담화란 영국의 도시계획가 패트릭 게데스(PadrickGeddes)의 저서 진화 속의 도시(Citiesin Evolution)에서 거론된 도시현상으로, 중심도시의 팽창과 시가화의 확산으로 인하여 주변 중소도시의 시가지와 서로 달라붙어 거대도시(巨大都市, 메갈로폴리스(megalopolis))가 형성되는 현상을 의미한다. 도시연담화 되어 있는 여러 도시들이 기능을 서로 분담하여 하나로서의 도시기능을 발휘하는 경우도 있고, 하나의 도시가 우위를 확보하게 되어 상대도시는 아예 종속되거나 교외화되어 버리는 경우도 있다. 이러한 도시연담화는 난개발을 야기하여 도시 기반시설의 부족에 따른 교통적체 등의 혼란과 환경오염, 주거환경 악화 등 다양한 도시문제를 불러올 수 있다.

3. 후광효과 곁불효과

개발지의 개발압력이 인근지역으로 뻗어나가는 것을 흔히 **"후광효과(hallow effect)"** 라고 하는데 이 표현은 사실 정확한 용어가 아니고, 오히려 거꾸로 쓰는 잘못된 사례라고 할 수 있다. 후광효과란 원래 인사고과에 있어서 그 사람의 학벌, 가문 등에 의해 좋은 선입관을 가지고, 다른 행동들도 높게 평가하는 것을 의미하기 때문이다. 곁불효과라고 하는 것이 더 정확한 표현일 것이다.

4. 개발지 인접지역 투자요령

개발인접지에서 특히 주목할 것은 토지보상에 이루어지는 지역이다. 이런 개발지역에서는 통상 수천억대의 토지 및 지상물보상금이 쏟아져 나온다. 이 보상금의 절반가량은 인근지역으로 풀려 나가 대토(代土)구입을 하게 되고, 주변지역의 땅값은 자연스럽게 올라가게 되어 있다.

또 고속도로가 뚫리는 경우 새로 생기는 인터체인지 부근은 접근성이 좋아져, 각종 주택이나 상가단지, 창고 및 공장용지로 개발이 된다. 특히 인터체인지에서 2Km이내 지역이 가장 많은 혜택을 보게 된다. 이런 지역은 용도지역이 변경되어 앉아서 득을 보게 되는 것이다.

　대학교 이전이나 주택개발단지의 경우 인접지는 가급적 개발단지의 정문이나 주 출입구 쪽으로 잡아야 한다. 대학교 캠퍼스나 아파트 단지의 경우 주 출입문 쪽이 학생이나 주민이 이동하는 주된 동선이 되기 때문에 도로가 크게 뚫리고 상가가 형성될 가능성이 높은 것이다. 특히 대학이 신설, 이전되는 경우에 후문 쪽은 아주 별 볼일 없는 외진 곳이 되어 투자가치가 없다고 볼 수 있다.

　그러나 인구유입력과 파생적 연쇄효과가 없는 개발사업인 경우에는 일부 지역을 제외하고는 주변지역의 지가상승은 완전히 멈추게 된다. 예컨대 골프장이나 스키장이 건설되는 경우, 건설 초창기에는 부지수용과정에서 일시적으로 주변지역의 땅값이 오르게 되지만, 완공 후에는 진입로 주변의 음식점과 스키장비 렌트하우스 등을 제외하고는 파생적 연쇄효과가 별로 없어 주변지역에의 개발효과는 매우 미미해 지는 것이다.

5. 개발지 인근지역 투자성공사례

[사례 1] 대규모 도시개발예정지나 신도시 예정지 인접지역 대토 가능지역
　수도권은 과거 거의 모두 토지거래허가구역이기 때문에 수용 당하는 농지의 대토(代土)를 하는 경우, 기존 거주지로부터 80Km 이내의 거리에 소재하는 지역에서 새로이 농지를 구입하는 경우에는 양도세가 감면되었다. 따라서 어느 지역에 신도시가 개발되거나, 대규모 택지개발사업이 시행되어 토지수용이 진행될 때에는, 보상금으로 대토가 예상되는 인접지역을 주목할 필요가 있다. 대토가 가능한 땅값이 싸고 규제가 덜 한 인접지역이라면 후에 수요의 증가로 반드시 땅값이 오를 것을 예상할 수 있다.

[사례 2] 대규모 재개발예정지역 인접 토지
　대규모 재개발사업이 예정되어 있거나, 진행 중인 곳의 인접지를 주목할 필요가 있다. 재개발로 인하여 이주인구가 다량 발생하고, 완공 후에도 인근지역의 주거 및 상권 환경이 개선되어 토지가격이 상승할 여력이 많기 때문이다. 대단위 택지개발예정지구의 인접지역 사정도 동일하다. 이와 같이 어느 지역이 개발지로 각광을 받을 대 이웃 토지도 덩달아 덕을 보는 것을 업계에서는 "곁불효과"라고 한다.

[사례 3] 길이 뚫려 수도권의 접근성이 좋아 지는 수도권 인접지
　새로운 고속도로가 개통되거나, 수도권 광역전철이 연장되어, 수도권과의 접근성이 크게 개선되고, 통행시간이 단축되는 경우에는 그 지역의 땅값이 큰 폭으로 상승할 수 있는 가능성이 있다. 교통이 불편하여 그곳을 외면하던 사람들이 새로운 관심을 가지고 등장하여, 수요가 늘기 때문이다. 동서고속도로 팔당 ~ 춘천 간의 고속도로가 착공 진행됨에 따라 그 노선 연변에 있는 지역인 강촌, 팔봉산, 춘천 남면, 홍천 북방면 등의 땅값이 많이 올랐다. 착공 전에 비하여 약 두 배가량 뛰었다.

[사례 4] 고속도로 IC 건설 추정지 및 IC 근처 2Km 이내 인접지역

신설되는 고속도로의 인터체인지 부근의 땅은 후일 땅값이 오를 좋은 투자처가 됨은 널리 알려진 사항이다. 대개 실시설계 단계에서 인터체인지로 예정하는 지역은 민가와 농토가 적은 산지 및 지역으로서, 공익용산지나 임업용산지가 많은 그런 지역 일대를 IC로 잡게 된다. 민원과 보상을 고려하기 때문에 그런 것이다. 따라서 미리 그런 예상지역을 골라 투자할 수만 있다면, 충분한 보상을 받을 뿐 아니라, 인터체인지 근처의 교통 좋은 땅을 얻을 수 있을 것이다. 그러나 현실적으로 그러한 고급정보를 얻거나, 유사한 예상을 하는 것은 매우 어려운 일일 것이다.

인공호수나 댐의 건설로 인하여 발생하는 수몰예정지구의 인접 산과 임야도 좋은 투자대상이 된다. 다만 정확한 투자를 위하여는 수몰지의 정확한 위치와 수몰시기 등과 향후 이용방안에 대한 사전검토가 필요한 요건이 된다.

[사례 5] 신설 스키장 진입로 부근 인접지

신설 스키장의 진입로 주변의 땅들은 대개 스키장비 렌트나 숙박업소, 음식점 등이 많이 들어서기 때문에 상가토지로 땅값이 비싸고 또 많이 오른다. 그러나 실제 시설이 과잉되어 있으며, 겨울철에 한하여 장사가 되는 계절장사로 생각보다 그리 수익성이 높은 것은 아니다. 인기있는 자연휴양림이나 자연공원의 진입로 입구의 지역도 전원주택이나 펜션부지로 인기가 많다. 이런 지역에 좋은 계곡가의 땅을 잘만 잡으면, 땅값이 많이 오를 수도 있다.

[사례 6] 대규모 맹지 밭의 길가에 붙은 땅

지방도로변에 길을 따라 길게 붙은 땅으로서, 그 배후에 대규모 단위의 맹지인 밭과 논들이 있을 때, 지금은 별로 쓸모없는 땅이라 할지라도, 후일을 대비하여 사 두면 아주 좋은 투자가 될 수 있다. 마찬가지 이치로 지방에서는 장차 개발이나 수용이 예상되는 넓은 임야의 일부에 광(鑛)(규사, 고령토)밖기, 온천 뚫기 등으로 미리 요지를 확보해 두는 경우도 있다.

[사례 7] 양쪽에서 개발이 진행 중인 중간지역

양쪽의 도시 또는 지역에서 개발이 한창 진행 중인 중간지역은, 후일 양쪽으로부터 개발압력이 밀어 올 가능성이 많아 필연적으로 개발범위에 포함되고, 땅값이 오른다. 수도권 남부지역에서 흔히 볼 수 있는 현상으로서, 인구가 급팽창하는 지역이거나, 기존의 신도시 주변에 많은 사례가 생긴다.

[사례 8] 강이나 개울을 마주하고 다리가 없는 시 군 구의 경계지역
강이나 개울을 중간의 경계로 하는 지역 중에서, 한 쪽이 발전하고 있을 때, 강이나 개울에 다리가 놓이게 되면, 덜 발전된 지역은 가장 신속하게 발전지역으로 흡수하게 된다.

[사례 9] 광역시, 시 승격 예정지의 인근행정구역
주변의 군(郡) 지역이 인구증가로 시(市)로 승격한다던가, 혹은 인구 100만명 이상의 대형도시가 광역시의 승격을 추진하는 경우에, 주변에 존재하는 인근 행정구역들은 발전의 가능성이 커지고, 땅값이 오를 수 있는 호재가 된다. 그러나 반면 각종 공공기관의 축소로 일자리가 빠져 나감으로서, 오히려 대도시 주변의 낙후지역이 될 가능성도 있을 것이다.

6. 개발지 인근지역 투자실패사례

[사례 1] 신도시 인근지역의 개발행위 억제구역 지정
개발지역 인접지역 혹은 인근지역은 좋은 투자처가 된다. 그러나 새로운 신도시 개발이나 뉴타운 조성지역의 경우, 토지투기를 막기 위하여 지정고시와 동시에 주변지역까지 허가구역이나 개발행위금지구역으로 지정하는 경우가 종종 있다.
행정신도시 주변지역에 대한 거래제한 조치, 평창지역에서 오대산리조트 근처지역의 개발행위 금지조치나, 동탄 신도시 인접지역에 대한 허가구역 지정 검토가 이런 좋은 예가 된다.

[사례 2] 그린벨트 내 개발 수용지 인접지역 임야
그린벨트의 취락지국에 대한 해제와 동시에 보상 수용 등의 조치가 있는 경우, 그 인근지역에 대한 신규 토지투자는 자칫 규제에 걸려, 개발과 보상이 모두 금지되는 제한을 받을 수 있다.

[사례 3] 골프장 진입로 근처
관광지나 유명사찰, 스키장 입구 진입도로변은 좋은 장사목이 되지만, 골프장 입구의 땅들은 대개 별 볼일 없는 경우가 많다.

[사례 4] 혐오시설 인접지
 나무가 울창한 국유림 인접지에는 향후 자연장(수목장)이 추진될 가능성이 많으며, 마을에서 멀리 떨어진 외진 산골지역은 자칫 고압선 통과지역이나 화장장 인근지역 혹은 쓰레기종말처리장이 될 가능성을 배제할 수 없다. 전원택지를 사 둘 때, 마을과 너무 떨어진 호젓한 곳은 이런 위험성이 항상 있다.

[사례 5] 임야의 연접개발금지
 임야의 경우 기존 대단위로 개발되는 주택단지 등에서는 추가로 개발을 할 수 없는 연접개발금지의 제한규정에 유의하여야 한다. 임야의 경우 기존에 개발행위허가나 산지전용허가를 받은 면적이 30,000㎡(9,000평)이상일 때, 그로부터 직선거리 250m 이내에서는 추가개발이 금지된다.

[사례 6] 시 도의 경계지역에 위치하는 높은 산지와 임야
 면이나 리의 경계는 작은 강이나 개울 혹은 낮은 산등성이를 경계로 하는 경우가 대부분이나, 시 도의 경계지역은 대개 높은 산이나 길게 이어진 험한 산줄기로 경계를 하는 경우가 많다. 이런 높은 산에 인접한 시 군의 경계지역은 민가가 드물어 도로가 잘 안 뚫리고, 발전이 매우 늦으며, 오히려 쓰레기처리장이나 화장장 등 혐오시설이 들어오기 쉽다. 길이 뚫린다 해도, 터널이 생기기 쉽다. 철원군과 연천군의 경계에 있는 신서면의 산악지역이 그런 예다. 따라서 투자 시에 이런 지역은 피해야 한다.

[사례 7] 고속도로 통과지 터널이나 통과지 위 아래 임야
 지도상으로는 분명히 국도나 지방도로가 지나가는 길가 지역으로 되어 있어 마치 도로변의 좋은 땅으로 오해되는 경우가 있다. 주유소 등으로 사용 가능한지 검토하기 위하여 현장을 가보면, 산 중턱의 땅인데, 그 밑으로 터널이 뚫려 있다. 이런 땅은 아무 쓸모도 없으며, 개발할 수도 없다. 전 소유자가 보상을 받았을 가능성도 많다. 이런 땅은 반드시 현장답사를 해야 하는 요 주의 땅에 속한다.

[사례 8] JCT 인근지역
 고속도로 인터체인지 근처는 접근성이 매우 좋아져 땅값이 오르지만, 고속도로가 교차하고 마는 JCT 근처는 전혀 혜택이 없으며, 오히려 소음과 고가도로 등으로 별로 쓸모없는 땅이 되고 만다.

[사례 9] 평범한 관광지 주변의 펜션
 관광지 입구의 펜션이라 할지라도, 수도권에서 접근성이 매우 나빠서, 방문객이 적은 경우, 혹은 별로 유명하지 않은 관광지인 경우에는 기대한 만큼 유동인구가 없어, 토지

투자에 실패한다.

[사례 10] 수도권 접근성의 개선과 빨대효과

수도권에의 접근성의 개선과 인접지역의 장점을 대폭 삭감시키는 경우가 있다. 상권이 오히려 쇠락하여, 지가 하락과 임대료 인하를 가속화시키는 역효과를 내는 경우다. 따라서 인접지역에의 투자 시에는 이러한 위험성을 감안하여야 한다. 최근 광역 고속철도와 수도권 전철의 연장 개통이 서울과 수도권에 집중된 인구와 경제분산 효과에 대한 기대와 달리 오히려 수도권의 비대현상을 초래하며 '**빨대효과**'를 내는 경우가 있다. 상권의 자립력이 없는 경우 인접한 강력한 주체에 이끌리는 현상을 업계에서 흔히 '빨대효과'라고 하며, 지역과 지역, 상권 대 상권 또는 점포 대 점포 간의 한쪽쏠림 흡수력을 간단히 표현하는 속어다. 예컨대 서울과의 접근성이 한층 수월해진 천안은 지난해 전철까지 개통된 이후 지역 내 상권이 재편되면서 일부 상권은 더욱 어려움을 겪고 있다. 또 최근 개통된 중앙선 고속전철 초기구간이 개통되면서, 덕소역 주변의 주민은 청량리, 용산, 구리 등의 상권을 이용하는 층이 늘어나 덕소지역 상권이 고전하고 있다. 이처럼 수도권 전철개통으로 서울의 접근성이 좋아지면서 지역의 아파트와 토지가격은 상승하지만, 상가시세는 거꾸로 하락하는 현상이 발생하고 있다.

[사례 11] 토피카(Topeka) 원리

인구 10만 미만의 소도시 읍 변지역에서 중심지 토지가격은 탑(63빌딩)같이 높지만, 조금만 떨어진 이면도로나 외곽역은 큰 폭으로 하락한다는 연구결과로서, 지방 소도시 투자에 참고할 만하다.

토지의 이용밀도에 따라서 도시의 지가구조가 어떻게 달라지는가를, 미국 소도시 토페카(Topeka)를 대상으로 노스(Duane S. Knos)가 행한 분석적 연구를 토페카 연구라 한다. 지방 중소도시에서 흔히 볼 수 있는 바와 같이 지가구조(地價構造)가 비교적 단순한 곳에서는 중심지의 지가가 마치 서울의 63빌딩처럼 다른 어떤 지역보다도 우뚝 치솟는 형태를 취한다. 그러나 중심지에서 벗어나 접근성(接近性)이 떨어지는 도시외부에 이르면 지가는 아주 급격히 낮아지고, 토지이용도 역시 뜸하게 된다. 노스는 이 연구로 지가가 토지이용의 집약도에 영향을 미친다는 경험적 증거를 제시하였다

제26장
도로개통지로 돈이 흐른다

1. 길이 아니면 가지마라

"길이 아니면 가지마라."
"돈은 길을 따라 모인다."
"사람은 길을 따라 움직인다."
"도로개통은 투자의 호재"
"길이 뚫리면 땅값은 세 번 오른다(토지삼승의 법칙)"

모두 길과 도로의 중요성을 강조한 부동산 격언들이다.

길은 토지투자에 있어서 가장 중요한 점검사항의 하나이다. 길이 생기면서 사람들과 차량의 통행이 늘어난다. 길의 주변과 인터체인지 근처, 도로의 끝부분은 접근성과 교통이 좋아진다. 이에 따라 도로주변에는 새로운 개발사업이 추진되고 각종 건축물이 들어서게 된다. 토지의 수요가 급격히 늘어나는 것이다. 그래서 길이 뚫리는 곳은 땅값이 오르게 되어있다. 특히 고속도로가 새로 생기거나 고속전철, 지하철, 철도 등이 생기면 사람들의 생활반경이 넓어지면서 주택, 레저 등의 수요가 창출된다. 출퇴근이나 통학시간이 절약되고 이동거리가 단축된다.

새로 난 길을 따라 신도시가 생기기도 하고 대규모 주거단지나 골프장이 형성된다. 공장과 창고를 지으려는 이들은 물류비를 절감하기 위하여 새로 난 편리한 길 주변을 찾는다. 그래서 도로가 신설되면 땅값이 오른다. 이러한 도로들에 있어서 가장 큰 혜택을 받는 지역은 종점에 있는 지역과 중간의 인터체인지나 역사부근(역세권)이다. 교통이 편리해지고 접근성이 크게 좋아지기 때문이다.

2. 돈은 길을 따라 움직인다

　부동산 격언에 "길이 아니면 가지마라" 란 말이 있다. 도로는 모든 부동산 특히 토지의 기본적인 조건이라고 할 수 있다. 주택을 짓기 위한 대지는 물론 농지전용이나 산지전용에서 도로는 관청의 허가심사사항이 된다. 길이 없으면 주택이든 연수원이든 공장이든 창고든 모두 지을 수 없다. 이와 같이 부동산의 잠재가치는 길을 떠나서는 생각할 수 없다.

　별 볼일 없던 산이나 땅도 그 안이나 주변에 큰 길이 뚫리거나 넓어지면 그 가치가 엄청나게 올라간다. 맹지였던 땅에 어떤 경유에서이든 새로 길이 생기면 그 것은 죽어 있던 땅이 생명력을 가지고 새로 태어나는 것과 같다. 지가가 크게 상승함은 물론이다. 길이 나면 그 길을 따라 사람들이 다니고 자동차가 통행한다. 집이 들어 서고 길가에는 주유소·음식점·모텔·노래방등이 들어선다. 접근성이 좋아져 부동산의 수요가 늘어난다. 길이 뚫리거나 넓혀질 때 부동산의 용도는 다양해지며 그 가치는 상승하는 것이 일반적이다.

　개발지역에서는 땅값은 개발소문이 돌면서 꿈틀거리기 시작해 계획이 확정되어 발표되기 전에 한 차례 손이 바뀌면서 요동을 치고, 공사가 끝나가는 시점과 개통 직후에 다시 한번 뛴다는 **땅값 삼승법칙**이 있다.

　길이라는 의미에는 도로나 교량 터널뿐 아니라 전철·지하철·고속철도가 모두 포함된다. 도시는 전철역을 중심으로 상권이 발달하고 부동산 값이 움직인다. 지하철이 개통되면 그 주변의 지가는 한 단계 상승한다. 지방은 도로가 개통되면서 개발범위가 확산된다. 지방은 지방도로변과 고속도로 IC주변 및 고속철도역을 중심으로 부채골 모양의 파상적 개발 붐이 형성되면서 매수세가 확장되고 부동산 값이 오른다.

　그러나 도로가 개통됐다고 해서 모든 경우에 꼭 유리한 것만은 아니다. 지방국도 변에서 잘 되던 주유소나 가든 모텔 등이 그 인근을 통과하는 고속도로가 뚫림으로 해서 하루아침에 손님을 잃는 경우가 많다. 또 아파트 단지에서 후문이 새로 생김으로 인하여 사람들의 동선(움직이는 길)이 달라지기도 한다. 소위 **흘러가는 도로**는 오히려 사람을 흩어지게 만든다. 전원주택지가 길끝 막다른 산속에 있다가 그 옆으로 도로가 나면 사람들은 오히려 그 땅을 외면하여 지나쳐 버리게 되는 것이다.
　따라서 길이 새로 생긴다고 또 넓혀진다고 반드시 좋은 것만은 아니라는 사실을 명심해야 한다. 사람은 길을 따라 움직인다. 그러나 돈은 반드시 길을 따라 함께 움직이는 것은 아니다.

도로의 의미

우리가 좋은 투자처로서 접근성과 이동성이 좋아 진다는 의미의 도로는 단지 자동차 도로만을 의미하는 것은 아니다. 가장 일반적인 것이 자동차가 통행하는 고속도로, 국도, 지방도를 말하겠지만, 같은 기능으로서의 광역전철, 지하철, 경전철 등도 마찬가지다. 수도권과 광역시 등 대도시에서는 오히려 복선전철과 지하철이 더욱 유용한 호재가 된다. 그 이외의 지역에서는 광역전철, 일반 철도, 고속도로, 자동차전용도로, 국도 등이 투자자의 관심을 모을 것이다. 지방의 경우 마주보는 강에 새로이 교량이 놓이거나, 높은 산악지대에 터널이 뚫리는 경우 접근성이 좋아져 땅값이 오른다.

대도시에 있어서 지하철 등의 역세권은 좋은 상권을 형성하며, 역 주변의 대단위 아파트단지인 경우 인기가 높아지고 따라서 땅값이 매우 오른다. 지방의 경우에도 철도역이나 고속도로 IC 인근지역이나 고속버스 터미널 근처지역은 땅값이 오른다.

그러나 지방의 고속도로나 국도의 경우 그 영향은 노선에 따라 다를 것이다. 지방의 도시지역 간에 놓이는 도로인 경우보다는, 그 노선의 종점이 수도권에 접해있는 경우가 훨씬 지가상승의 파급효과가 클 것이다. 수도권에 인구가 많고, 따라서 이용자도 많을 것이기 때문이다. 예컨대 장호원-영월 간 38번도로의 경우보다는, 하남-포천 간 도로가 훨씬 이용량이 많을 것이다. 따라서 향후 수도권 안에서 새로 뚫릴 예정인 제2외곽순환도로나 제2영동고속도로, 제2경부고속도로의 건설계획에 관심을 가져볼 만하다.

3. 토지삼승의 원칙

어느 지역에 길이 새로 뚫리는 경우 땅값은 세 번 오른다고 한다. 이를 **토지 3승(三乘)의 원칙**이라고 한다. 땅값은 도로의 개설계획이 확정되어 발표되는 때, 착공 하는 때 그리고 준공시기 등 세 차례에 걸쳐 큰 폭으로 상승한다는 원리다.

그런데 근래에는 행정공개와 인터넷 등의 발달로 정보가 더욱 빨라져서 개발계획의 확정 이전에도 소문이 돌고 땅값이 오르기 시작한다. 특히 정부의 지방균형개발정책과 지방자치단체의 개발의욕으로 초기의 공개적인 구상단계에서부터 정보가 흘러나오는 경우가 많아졌다. 땅값은 이때부터 지역주민 간에 소리없이 오르기 시작하여, 계획발표 시에는 이미 상당 수준 오르게 되는 것이다. 따라서 이러한 투자정보는 빨리 입수할수록 싼 값에 땅을 구입할 수 있는 기회를 잡을 수 있다. 개발정보가 일반화되면 해당지역 땅값은 숨 가쁘게 오를 뿐 아니라 더 좋은 값을 원하는 지주들이 매물을 거두고 시간을 벌려하기 때문에 좋은 땅을 값싸게 사기가 점점 힘들게 되는 것이다.

4. 도로개통지 투자요령

　일반국도가 뚫리는 경우 양쪽 도로 사이의 부분은 다양한 진입로, 편리한 교통으로 개발이 수월해 진다. 이런 지역을 주목하여 투자하는 것이 좋다. 또 지방토지투자에 있어 산 밑으로의 막다른 길과 아직 포장이 안 된길을 주목할 필요가 있다. 막다른 길은 어느 땐가 산을 뚫고 맞은편 도시로 이어지면서 교통이 좋아 질 것이다.

비포장도로와 막다른 길
　포장이 안 된길이 확포장 되는 것은 시간문제다. 요즈음 지자체들은 주어진 예산으로 열심히 길을 뚫고 교통을 개선한다. 이런 막다른 길, 비포장 길이 있는 지역의 땅값은 아직도 매우 저렴한데. 이런 땅에 일찌감치 투자하여 긴 장래를 보는 것도 좋다. 어떤 이는 장기적으로 길도 없는 산 중턱이나 산꼭대기를 사두기도 한다. 이런 버려진 지역도 어느 땐가는 길이 생기고, 별안간 길에 붙는 좋은 임야가 된다. 실제 경기도 연천지역과 강원도 산간지역 및 동해안 지역에는 이런 예가 많다. 그러나 그런 땅은 대개 10년 이상 끈질기게 기다린 인내와 기다림의 대가로 보아야 할 것이다.

도로폭의 확장
　또 국도확장이나 도로 폭이 넓어지는 것이 반드시 모든 시 군에 호재로 작용하는 것만은 아닐 것이다. 도로폭이 4차선에서 8차선으로 넓어지면서 중앙분리대가 생기고, 횡단보도가 폐쇄되어 길 양쪽으로 상권이 분리된다. 도로개설 정보에 어두워 도로계획이 바뀌는 이런 지역의 건물과 땅을 뒤늦게 구입한 경우, 정보에 어두워 잘못한 투자의 전형이라고 볼 수 있다.

노선신설과 변경
　국도노선이 바뀌면서 새롭게 도로와 접하게 될 가능성이 높은 땅을 찾는다. 국도를 확장할 땐 선형개선도 함께 이뤄진다. 구불구불한 길을 곧게 편다는 얘기다. 이때 새롭게 국도와 접하게 되는 땅의 투자가치는 높다. 또 새로운 길이 뚫리면 일반적으로 땅값은 오르게 되지만, 그 효과와 오르는 속도는 지역에 따라 다르다.

　종전에 인프라가 전혀 없거나, 빈약하였던 지역에서 새로이 길이 뚫리면, 그 효과는 가히 폭발적이며, 효과는 극대화된다. 그러나 기존에 국도나 지방도로가 도로가 있던 지역에 고속도로가 생긴다던가, 지방도로가 있던 곳에 국도가 생기면, 때로는 그 효과가 미미할 수도 있을 것이다. 예를 들어 새로운 고속도로나 자동차전용도로가 생기는 경우, 경기 남부지역에 만드는 경우보다는 경기 북부에 생기는 경우에 그 효과가 훨씬 크다. 왜냐하면 남부지역에는 이미 교통 인프라가 잘 구축되어 있어 효과가 적지마는, 북부지역은 낙후된 도로여건으로 인하여 그 효과는 훨씬 클 것이라고 보는 것이다.

고속도로는 IC 인근 2Km 이내 지역이어야

고속도로가 새로 뚫리는 지역이라면 새로 생길 인터체인지 부근에 투자할 것이다. 고속도로가 그냥 통과하는 지역은 별 의미가 없다고 할 수 있다. 그러나 인터체인지가 생긴 지역이라도 IC에서 나와 자동차로 10분 이상 가야하는 지역은 큰 효과가 없다고 할 수 있다. 지방도로에서 10분이라면 대강 10Km 정도로 보는데, 이 정도를 넘어서게 되면 투자처로는 고속도로의 약발이 많이 상쇄되어 버릴 것이다.

더구나 IC에서 진출한 다음 높은 산을 넘어야 하는 경우 투자처로서는 낙제점이라고 할 수 밖에 없다. 그래서 전문가들은 고속도로의 경우 IC에서 나와서 평지 2Km 이내의 거리에 투자하라고 권한다. 이런 인접지역은 접근성이 좋아 공장 창고에 적지일뿐 아니라, 관리지역 세분화지침에서 도 계획관리지역으로 지정될 가능성이 높은 곳이기 때문이다.

길이 뚫려서 더 나빠지는 경우도 있다.

길이 뚫려서 사람과 차량의 통행이 잦아지면서 도로변과 땅값이 오르는 것이 일반적이지만 꼭 그런 것만은 아니다. 오히려 땅이 더 나빠지거나 팔지도 못하는 쓸모없는 땅이 되어 버리는 경우도 드물지 않다. 고속도로변의 땅은 보상을 받는 부분을 제외하고는 땅이 잘리거나 혹은 개발이 어려워진다. 특히 기존의 경치좋은 전원주택 후보지는 고속도로가 지나감으로 인해 그 가치가 크게 떨어진다. 또 고속도로가 생기기 전에는 약간 교통은 불편해도 아늑하고 인기있던 지역이나 전원주택지가 고속도로가 뚫리거나 새로 IC가 생기던지 중간지점의 통과지역이 되면서 오히려 비인기지역으로 전락하는 경우도 있다.

도심 우회도로

도심의 번잡을 피해서 도심지 외곽으로 우회도로가 날 것으로 예상되는 국도도 기피 대상이다. 우회도로가 생기면서 종전의 오래된 국도나 지방도로의 통과도로지역이던 옛날 읍 면의 도심지는 급격히 통행차량이 줄어들어 매상이 격감할 수 있다. 새로 생기거나 확장되는 국도가 통과하는 군 지역 상권의 흥망성쇠를 좌우하는 점도 간과해서는 안 된다. 도로여건이 좋아지면 사람들은 흔히 더 큰 도시로 가서 구매를 하고 소비를 한다. 때문에 근처의 큰 시 군 중심상가의 구도로에 붙어 호황을 누리던 길가 주유소나, 휴게실 음식점, 특산물판매점 등은 지나가는 차량이 줄어듬으로 인하여 영업부진과 폐업으로 치달린다. 기존의 작은 군이나 읍면 소재지의 기존상권은 죽을 수 밖에 없다.

자동차전용도로

또 고속도로나 자동차우회전용도로가 옆으로 새로 나거나 꼬불꼬불한 길이 직선으로 펴지는 지역의 헌 도로변은 땅값이 많이 떨어지게 된다. 이런 도로가 생기면서 종전의 오래된 국도나 지방도로의 통과도로지역이던 옛날 읍 면의 도심지는 급격히 통행차량이 줄어들어 매상이 격감할 수 있다.

부체도로(측도)

새롭게 개통될 예정인 고속도로와 나란히 달리고 있는 국도는 절대 피한다. 이런 길을 **"부체도로"**라고 한다. 측도라고도 한다. 이런 길은 투자가치가 적다. 고속도로가 개통되면 통행차량의 대부분을 고속도로에 뺏기게 된다. 통행료를 지불하더라도 넓고 곧게 뻗은 고속도로를 이용하는 사람들이 훨씬 많기 때문이다.

[자동차전용도로와 부체도로에 관하여는 제8권 도로투자요령 참조]

제27장
고속도로 IC 인근을 노려라

1. 고속도로의 장점

고속도로는 일반도로에 비하여 통행의 대량수송의 가능성과 고속성 정시성 및 안전성이 특징이다. 고속도로가 개통됨으로 인하여 지역 간에 통행시간이 단축됨으로서 공간적 격차가 크게 단축되어, 종전에는 대도시에 집중되었던 주거 산업 및 여가활동이 지방으로 분산된다. 반면 지방도시에서는 고속도로를 통하여 주변지역에 대한 지원기능이 확대되어 광역화된 공간구조의 변화를 가져온다. 고속도로를 통하여 지역간 통행시간의 단축과 물자 및 인력의 수송비용의 절감은 도시주변의 값싼 토지를 이용하여 대규모 주거지역, 공단, 유통단지, 창고 및 물류업체와 관광지의 개발을 가능하게 한다.

2. 고속도로 IC 및 주변지역

고속도로의 특징은 일정한 거리 간격을 두고 인터체인지(IC, Interchange)를 통해 지방의 국도와 지방도로 연결됨으로서 접근성을 높인다는데 있다. 인터체인지를 통해 다른 도시나 농촌지역으로 뻗어 나감으로서, 그 지역의 토지이용을 높이고, 주변 지자체의 발전과 도시계획을 가능하게 한다. 그런 고속도로의 핵은 국도나 지방도로 연결되는 IC라고 할 수 있는 것이다.

따라서 고속도로IC 주변은 토지이용이 활성화되고, 인구가 늘며, 도시계획이 수립되면서 땅값도 올라 좋은 투자처가 될 수 있다. 그러나 구체적으로 IC 톨게이트에서 나와 어떤 방향으로 어디까지가 유망한 투자지역인가? 실증적으로 알아보자.

3. 고속도로 IC 인근지역 투자요령

(1) IC 출구 국도변 10Km 이내 지역

고속도로IC에서 빠져 나와 사람들이 많이 찾는 지역은 대체로 직접적인 영향권인 3Km 이내와 최대 10Km 이내라는 것이 우리나라와 일본의 대체적인 수치라고 한다. 우리나라에서 고속도로에서 IC를 설치하는 간격은 대체로 10Km 내지 12Km로 보고 있으며, 일본에서도 10Km 에서 20Km 이내로 보고 있다. 따라서 10Km가 넘으면, 다음의 IC가 더 가까울 수도 있으므로 유효범위를 10Km로 보는 것이 맞을 것 같다. 실제 50% 이상의 국가공단이라던지 부곡 등 대규모 유통단지 등은 모두 이 범위 내에 있다. 10Km의 거리는 IC에서 나온 뒤 국도인 경우 평균시속을 약 80Km로 보면 승용차나 화물차의 운행시간이 약 7~8분 가량 소요되는 거리이며, 좁은 지방도의 경우에는 시속 60Km라고 볼 때 10분 정도 달려서 도달하는 거리다.

(2) IC에서 나와 2Km 직진하는 국도 우측 도로변

고속도로IC에서 가장 먼저 개발되면서, 발전이 되고, 땅값도 많이 오르는 지역은 IC에서 나와 직진하는 국도변의 우측방향이라고 할 수 있다. 차들이 IC를 벗어나 직진하면서 주정차가 용이하고, 시야도 확실하기 때문이다. 물론 직진하여 목표로 하는 지역은 인구가 많다거나, 공장 창고 등이 많아 차량통행이 많은 지역으로 향하는 도로일 경우이다.

영동고속도로 양지IC의 예를 보면, 양지IC에서 나와 직진하는 17번 국도는 남쪽 밑으로 원삼 백암이 있고, 그 밑으로 안성 일죽과 음성 진천의 공장과 창고들이 많아 IC를 나온 가장 많은 차량들이 이 길로 해서 남쪽으로 직진한다. 양지IC사거리에서 좌로 가는 42번 국도는 이천 마장과 광주로 가는 길인데 차량이 17번국도 만큼 많지 못하다. 우로 가는 42번 국도도 용인 중심부 동지역으로 가는 길이지만 마찬가지로 차량이 많지 않다. IC를 나와 10Km 정도 지점에는 용인시 처인구청이 있는데, 만일 외지에서 영동고속도로를 통해 처인구청을 오려면, 양지IC보다는 용인IC로 해서 들어오는 것이 훨씬 가깝기 때문이기도 하다.

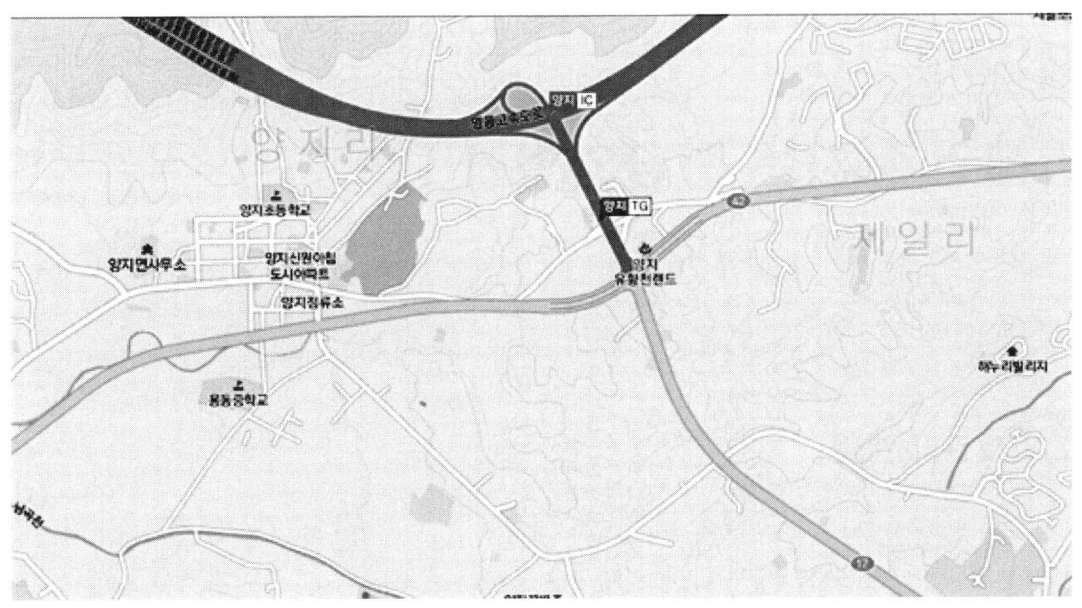

(3) 고속도로 밑으로 반대로 넘어 가는 지역은 인기가 없다

IC주변에서 발전하는 지역은 고속도로IC에서 나와 이내 국도로 연결되는 지역이 대부분이며, 고속도로를 건너는 반대방향의 지역은 대체로 발전하지 못하며, 인기도 없다. 고속도로를 거슬러 올라가려면 굴다리(토끼굴) 같은 곳을 통하여 나가기 때문이다.

제28장
역세권 토지는 황금알인가

1. 역세권의 개념

역세권(驛勢圈, Stations sphere of influence)이란 「철도건설법」, 「철도산업발전 기본법」 및 「도시철도법」에 따라 건설·운영되는 철도역과 그 주변지역을 말한다. 역세권은 보통 기차역, 지하철역 등을 중심으로 다양한 상업 및 업무활동이 이뤄지는 반경 500m 내 지역을 말한다. 역세권은 역(기차, 지하철 등)을 중심으로 한 다양한 상업, 업무, 주거 등의 활동이 이루어진다. 역세권의 범위에 대하여는 명확한 구분은 없으나 보통 도보로 5~10분 이내에 도달할 수 있는, 역사중심으로부터 반경 500m 이내의 지역을 지칭한다.

도시에서의 역은 일상적 이동수단으로서 큰 비중을 차지할 뿐만 아니라 환승기능 등으로 인한 접근성 및 유동인구의 집중이라는 측면에서 상업, 업무, 숙박, 주거 등 많은 복합적인 성격을 가지게 된다. 따라서 역을 중심으로 하는 역세권은 사람과 물자를 운송하는 교통의 결절지로서 시민들에게 다양한 서비스와 편의를 제공하기에 적합한 공간이 되어 여러가지 기능을 수행할 수 있는 복합형 시가지의 형성 및 지하공간의 활용을 포함하는 다차원적 개발양상을 보이게 된다. 또한 압축도시(Compact City)의 개념이 도입되면서 도심고밀복합개발을 통한 친환경 **직주근접(職住近接)형 도시구조**에 대한 관심이 높아졌으며, 이에 따라 역세권은 더욱 주목받는 지역이 되었다.

■ **직주근접(職住近接)**
직장과 주거지역을 인근지역 내지 가까운 곳에 두는 것을 말한다. 대도시의 경우 도심의 과밀로 인한 지가상승과 도시교통의 발달로 인해 직장은 도심에 두고 주거지를 외곽으로 이전하는 경향을 보이게 된다. 하지만 이러한 직장과 주거의 분리는 도심공동화를 야기할 뿐만 아니라 장시간의 출퇴근에 따른 일상적인 시간소모 및 추가적인 에너지 소비를 불러일으키게 되므로 최근에는 도심 재개발을 통한 직주근접형 도시개념이 주목받고 있다.

역세권의 지정 및 개발에 관하여는 역세권 개발 및 이용에 관한 법률이 있다.
이 법률에 의하면 역세권이란 「철도건설법」, 「철도산업발전 기본법」 및 「도시철도법」에 따라 건설·운영되는 철도역과 그 주변지역을 말한다. 역세권개발사업이란 역세권개발구역에서 철도역 및 주거·교육·보건·복지·관광·문화·상업·체육 등의 기능을 가지는 단지조성 및 시설설치를 위하여 시행하는 사업을 말한다. 그리고 역세권개발구역이란 역세권개발사업을 시행하기 위하여 제4조 및 제9조에 따라 지정·고시된 구역을 말한다고 규정한다.

2. 역세권의 유형과 범위

역세권개발계획

역세권개발계획에서는 소위 TOD(Transit-Oriented Development)의 5Ds 요건을 종합적으로 검토한다. 5Ds란 Density(개발밀도), Diversity(시설다양성), Design(역세권 설계), Destination Accessbility(접근성), Distance to Transit(환승거리)를 말한다.

역세권의 유형

역세권은 그 주변에 배치되는 건물 시설 등에 따라 상업-업무중심형, 공업중심형, 고층주거 주제형, 저층주거-소상업 주제형 등으로 나눌 수 있다. 서울시 지하철의 경우 고층-저층 주거형이 가장 많고, 상업업무중심형도 상당 수 있다.

역세권의 범위

역세권의 범위는 1차역세권과 2차역세권으로 나누어 볼 수 있다. 역세권 범위 내 거리는 유형에 따라 다르지만, 대체로 상업 업무중심형에서는 1차역세권이 300m, 2차역세권은 500m로 보고 있으며, 주거형에서는 1차역세권은 300m, 2차역세권은 700m-800m로 보고 있다. 역세권도 상권의 일종이지만, 역세권의 범위는 일반적인 상권의 범위보다는 좁게 보고 있다.

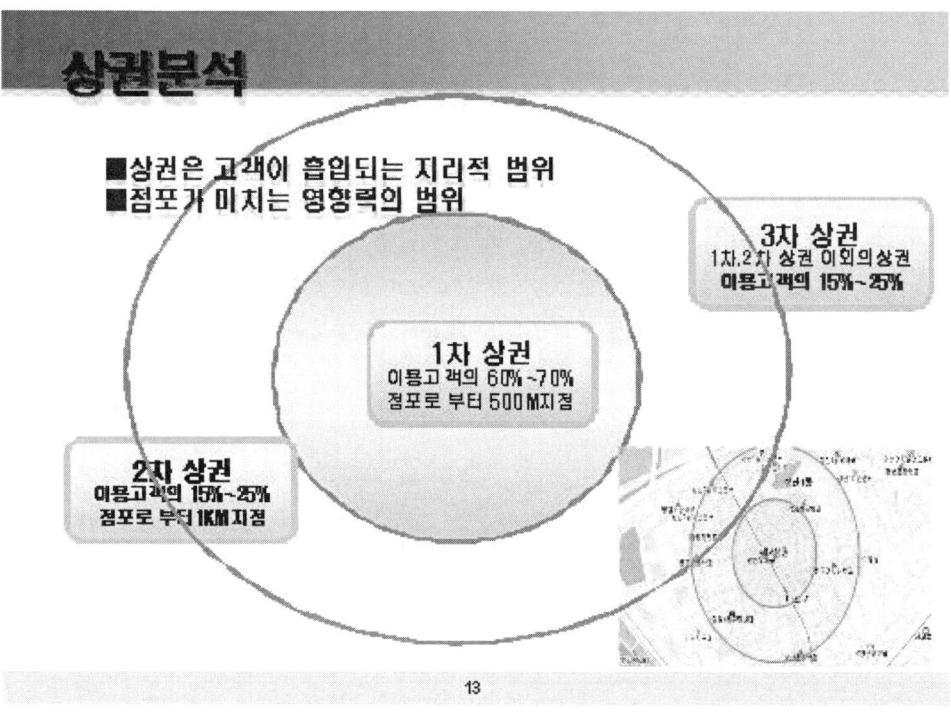

3. 역세권 개발절차

(1) 역세권개발구역의 지정

역세권개발구역은 역세권개발사업을 시행하기 위하여 「역세권의 개발 및 이용에 관한 법률」에 따라 지정·고시된 구역을 말한다. 역세권개발구역은 역세권의 개발을 활성화하고 역세권과 인접한 도시환경의 개선이 필요한 지역을 대상으로 국토교통부장관 또는 특별시장·광역시장 또는 도지사가 지정하며, 역세권개발구역의 지정대상은 다음과 같다.

① 철도역이 신설되어 역세권의 체계적·계획적인 개발이 필요한 경우
② 철도역의 시설 노후화 등으로 철도역을 증축·개량할 필요가 있는 경우
③ 노후·불량 건축물이 밀집한 역세권으로서 도시환경 개선을 위하여 철도역과 주변역을 동시에 정비할 필요가 있는 경우
④ 철도역으로 인한 주변지역의 단절 해소 등을 위하여 철도역과 주변지역을 연계하여 개발할 필요가 있는 경우
⑤ 도시의 기능 회복을 위하여 역세권의 종합적인 개발이 필요한 경우

지정권자가 개발구역을 지정하거나 변경하는 경우에는 사업계획을 관보나 공보에 고시하고, 관계서류의 사본을 관할 시·도지사 및 시장·군수·구청장에게 송부하여야 한다. 이 경우 관계서류의 사본을 송부받은 시·도지사 및 시장·군수·구청장은 관할 지역의 주민이 14일 이상 이를 열람할 수 있도록 하여야 한다. 개발구역을 지정 변경의 사업계획이 고시된 경우 그 고시된 내용 중 국토의 계획 및 이용에 관한 법률에 따라 도시·군관리계획(지구단위계획을 포함한다)으로 결정하여야 하는 사항은 도시·군관리계획이 결정되어 고시된 것으로 본다.

(2) 도시관리계획으로 결정

역세권개발은 도시관리계획으로 결정한다.

(3) 시가화예정용지 및 개발행위허가제한구역 지정

지자체마다 차이는 있으나, 역세권으로 개발하기 전에 미리 시가화예정용지로 지정하거나, 투기방지와 지가폭등을 방지하기 위하여 개발행위허가제한구역으로 묶어 놓는 경우가 많다.

(4) 지구단위계획 수립

통상 역세권 개발은 지구단위계획을 통해 조성된다.
지구단위획수립지침에서는 도시지역내 주거·상업·업무 등의 기능을 결합하는 등 일단의 토지에 복합적인 용도개발을 증진시킬 필요가 있는 지역은 준주거지역, 준공업지역 및 상업지역에서 낙후된 도심 기능을 회복하거나 도시균형발전을 위한 중심지 육성이 필요하여 도시·군기본계획에 반영된 다음 지역은 지구단위계획을 수립하는 것으로 되어 있다.
① 주요 역세권, 고속버스 및 시외버스 터미널, 간선도로의 교차지 등 양호한 기반시설을 갖추고 있어 대중교통 이용이 용이한 지역
② 역세권의 체계적·계획적 개발이 필요한 지역
③ 세 개 이상의 노선이 교차하는 대중교통 결절지(結節地)로부터 1킬로미터 이내에 위치한 지역
④ 「역세권의 개발 및 이용에 관한 법률」에 따른 역세권개발구역, 「도시재정비 촉진을 위한 특별법」에 따른 고밀복합형 재정비촉진지구로 지정된 지역

(5) 철도역사 터미널은 입지규제최소구역 지정

기성 시가지의 공동화와 노후·쇠퇴 현상이 심해지고 있으며, 인구 감소 및 경제저성장이 지속되면서 도시의 경제기반이 악화되고 도시 경쟁력도 저하되고 있어, 도시정비를 촉진하고 기성 시가지를 활성화하기 위해. 2015년1월 국토계획법의 개정으로 새로운 용도지구인 입지규제최소구역이 신설되었다. 입지규제최소구역에서는 주택법, 주차장법 등 다른 법률 규정의 일부를 완화 또는 배제할 수 있도록 하고, 입지규제최소구역으로 지정된 지역은 특별건축구역으로 지정된 것으로 간주하며, 입지규제최소구역에 건축하는 건축물에 대하여 건축법에 따라 건축기준 등의 특례를 적용할 수 있도록 했다. 철도역사와 터미널 등은 향후 입지최소구역으로 지정되어 개발될 전망이다.

국토계획법

제40조의2(입지규제최소구역의 지정 등) ① 국토교통부장관은 도시지역에서 복합적인 토지이용을 증진시켜 도시 정비를 촉진하고 지역거점을 육성할 필요가 있다고 인정되면 다음 각 호의 어느 하나에 해당하는 지역과 그 주변지역의 전부 또는 일부를 입지규제최소구역으로 지정할 수 있다.

1. 도시·군기본계획에 따른 도심·부도심 또는 생활권의 중심지역
2. 철도역사, 터미널, 항만, 공공청사, 문화시설 등의 기반시설 중 지역의 거점 역할을 수행하는 시설을 중심으로 주변지역을 집중적으로 정비할 필요가 있는 지역
3. 세 개 이상의 노선이 교차하는 대중교통 결절지로부터 1킬로미터 이내에 위치한 지역
4. 「도시 및 주거환경정비법」 제2조제3호에 따른 노후·불량건축물이 밀집한 주거지역 또는 공업지역으로 정비가 시급한 지역
5. 「도시재생 활성화 및 지원에 관한 특별법」 제2조제1항제5호에 따른 도시재생활성화지역 중 같은 법 제2조제1항제6호에 따른 도시경제기반형 활성화계획을 수립하는 지역

역세권예정지 개발행위허가 제한 고시(이천시)

■ 역세권예정지 개발행위허가 제한 고시(이천시)

이천시 고시 제2008 - 144 호

고　　　시

1. 시가화예정용지(역세권)의 합리적인 도시관리계획 수립을 위하여 국토의계획및이용에관한법률 제63조 규정에 의거 개발행위허가 제한하고자 동법제 63조 제2항 규정에 의거 제한고시하고, 토지이용규제법 제8조 제2항, 동법시행령 제7조 규정에 의거 지형도면을 작성 고시 합니다.

2. 관계도서는 이천시청 도시과(☎ 031-644-2490)에 비치하고 이해관계인 및 일반인에게 보이고 있습니다.

2008. 9. 1.
이 천 시 장

가. 개발행위허가 제한대상지역

연번	지구명	위 치	규 모	비고(용도지역)
	3개지구		2,461,921 ㎡	
1	이천역세권	이천시 중일동,율현동 일원	794,253 ㎡	녹지지역
		이천시 중리동,진리동 일원	253,300 ㎡	녹지지역
2	신둔역세권	신둔면 수광리, 남정리 일원	572,681 ㎡	녹지지역
3	부발역세권	부발읍 신하리,아미리 산촌리 일원	841,687 ㎡	녹지지역

나. 개발행위허가 제한사유 : 시가화예정용지의 합리적인 도시관리계획 수립.
다. 개발행위허가 제한 대상행위
　○ 국토의계획및이용에관한법률 제56조 제1항 제1호의 건축물의 건축 또는 공작물의 설치, 제2호의 토지의 형질변경, 제3호의 토석의 채취
　○ 개발행위허가 제한 제외대상
　　- 건축부지로 형질변경이 완료된 토지에 건축하는 건축물 또는공작물의 설치.
　　- 제한고시일 전에 개발행위허가된 사항중 국토의계획 및이용에관한법률 제52조 규정에 의한 개발행위허가의 경미한 변경.
　　- 국가 및 지방자치단체등에서 공공목적으로 시행하는 개발행위허가.
　　- 기타 시장이 도시관리계획수립에 지장이 없다고 인정하여 도시계획위원회 심의를 득한 개발행위.
라. 개발행위허가 제한기간 : 고시일로부터 3년간.

3. 개발행위허가제한 지형고시도면: 설음생략.

4. 역세권 투자요령

(1) 접근성 – 역사 예정지와의 거리

역세권 투자에서 가장 중요한 것은 역까지의 접근성이다. 지하철역에서 가장 일반적인 주거-상업-업무 중심 역세권인 경우 1차역세권은 300m, 2차역세권은 500m-800m 로 보고 있으므로 이 범위 내 지역에의 투자가 가장 안전하다. 만일 역에서 1Km가 넘으면 개발여부나 개발시기가 불명하여 장기화될 수도 있으므로, 확실한 투자처로 인정하기는 어렵다. 역에 얼마만큼 접근성이 있느냐에 따라 땅의 용도가 달라지고 후일 투자가치도 달라지기 때문이다.

일반전철역사의 경우는 대개 500m 이내는 직접 역세권으로 지자체에서 개발하는 것이 보통이며, 2km 내외로는 아파트 등 민자택지개발이 이루어지는 경우가 많다. 500m 이내 역세권에는 업무시설 유통시설 금융기관 복합용도시설 주차타워 같은 상업시설이 들어서고, 인접한 배후단지에는 관공서와 종교시설 대형병원시설 등이 들어선다. 역세권에는 거미줄 같은 연결도로가 들어서서 교통이 편해지고, 이면도로가 많이 생긴다. 이면도로변에는 숙박시설과 음식점 주점 등 유흥시설이 많이 입주한다.

(2) 역세권 외곽지역의 투자가치

역세권은 역사가 완공되고, 전철이나 철도가 운행되면서 급속히 도시화 되면서, 점차 인접지역으로 개발범위를 넓혀간다. 그러므로 역사로부터 거리가 2Km 정도라도 장기적으로 보아서는 땅값 상승여력을 기대해 볼 수 있다.

(3) 역세권 개발용지로 지정될 땅은 현 용도지역을 따지지 않는다.

비도시지역의 역세권 개발용지로 지정되거나 지정될 땅은 대개 한적한 곳의 농지 나 임야로서 통상 농림지역이나 관리지역이겠지만, 현재의 용도지역은 그다지 문제될 것은 없다. 농지인 경우에 경지정리된 농업진흥구역 땅이라 할지라도, 후일 이 지역은 모두 역세권으로 개발되어, 상업지역 주거지역 등으로 변하게 될 것이므로, 현재의 용도지역은 크게 문제가 되지 않는 것이다. 다만 역사예정지에서 너무 멀리 떨어진 임야 등의 경우에는, 개발이 늦어지거나 자칫 도시공원이나 녹지로 보전될 우려가 있기 때문에 가급적 농지를 택하는 것이 좋다.

(4) 역세권 개발지역 땅 투자는 지분등기만으로 충분하다.

역세권 지역의 땅은 개발이 이뤄지면서 투자지분에서 감보율을 차감한 후 이를 환지 형태로 다시 돌려받는 경우가 대부분이다. 아니면 개발과정 전이나 개발 도중에 개인이나 민간 건설업체에 되팔아 높은 투자수익을 챙기기도 한다. 이 과정에서 토지가 단독소유냐 공유물이냐는 전혀 문제가 되지 않는다. 또한 주변 땅의 개발이 확실하다면 전혀 길이 없는 소규모 맹지 토지라도 상관이 없다.

(5) 역세권의 투자가치는 인구흡입력

역세권이라고 다 좋은 투자처가 되는 것도 아니다. 역세권의 투자가치와 성공 여부는 역세권의 규모와 인구유입력에 달려 있다. 인구유입력은 역세권 배후인구와 고정 업무시설, 유동인구, 환승인구 등의 영향을 받는다. 즉 역세권의 최대장점은 유입인구와 환승인구가 많다는 것인데, 이것은 역세권의 규모, 내용과 배후단지의 크기 등에 의해 좌우되는 것으로 볼 수 있다. 따라서 역세권이라고 무조건 다 좋은 것은 아니고, 역세권의 고정인구와 유동인구를 장기적으로 살펴보아야 할 것이다.

■ **인구흡입력 사례 검토**

다음에 서울시 지하철의 경우와, 수도권 복선전철 및 KTX 역사를 사례로 보기로 한다. 분석의견은 독자 여러분에게 맡긴다.

① 서울시 지하철 1-4호선 전철역

서울시 지하철 1-4호선 전철역의 통계수치에서 보듯이 1일 유입인구가 제일 많은 역(홍대입구역)과 제일 적은 역(신답역)의 경우 무려 170배의 차이를 보이고 있다. 같은 역세권이라 할지라도, 유입인구 등 유동인구가 많아야 좋은 상권이 형성되고, 인구흡입력이 커지며, 땅값이 오르는 것이지, 그냥 그 지역에 사는 주민이 오르고 내리는 전철역은 역세권으로서 별 매력이 없다는 것이다.

서울지하철(1-4호선) 2014 1일 전철역별 유입인구

1	홍대입구	34,603	21	명동	16,834
2	서울역(1)	32,238	22	시청(1)	16,077
3	신도림	30,479	23	청량리	15,908
4	강남	29,987	24	종로5가	15,751
5	종각	27,461	25	선릉	14,575
6	고속터미널	27,384	26	강변	14,284

7	구로디지털	22,514
8	신촌	22,158
9	신림	20,782
10	삼성	20,340
11	양재	20,231
12	잠실	19,849
13	을지입구	19,411
14	종로3가(1)	18,743
15	역삼	18,121
16	건대입구	18,091
17	혜화	17,338
18	연신내	17,164
19	압구정	17,159
20	남부터미널	16,957

27	신사	14,194
28	서울대입구	13,803
29	수유	13,481
30	합정	13,443
31	교대(2)	13,304
32	대림	13,026
33	충무로	12,899
34	사당(2)	12,826
35	창동	12,818
36	회현	12,521
37	사당(4)	12,318
38	총신대입구	11,880
39	안국	11,796
40	성수	10,685

하위 10개역

109	잠원	1,686
110	신설동(2)	1,569
111	학여울	1,464
112	무악재	1,303
113	동작	1,288
114	지축	594

115	도림천	579
116	용두역	556
117	용답	536
118	남태령	503
119	신답	192

② 신설 수도권 복선전철(성남-여주 간 복선전철)

성남~여주 복선전철 개발현황

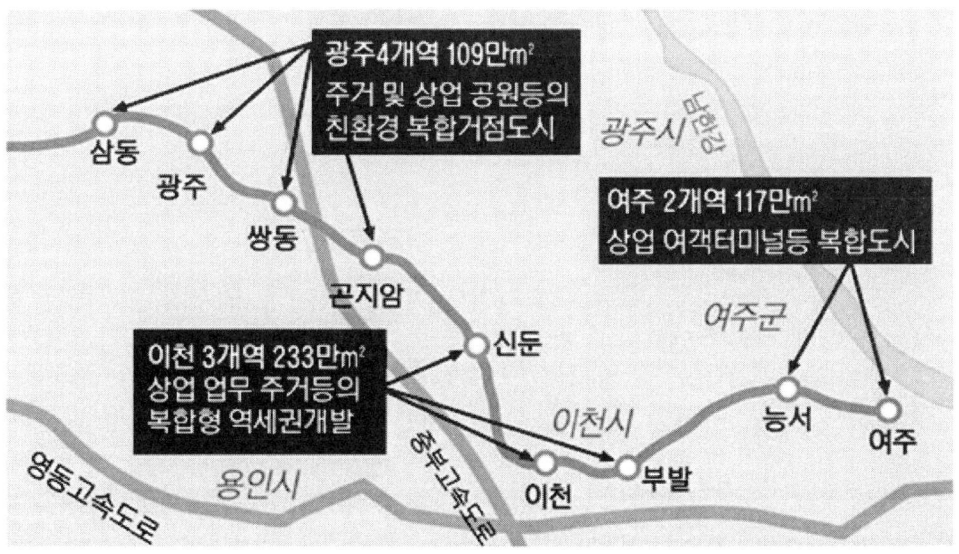

③ KTX 오송역

오송역세권

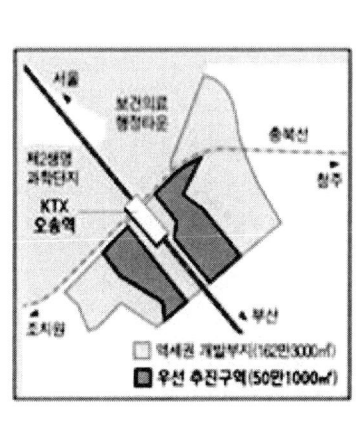
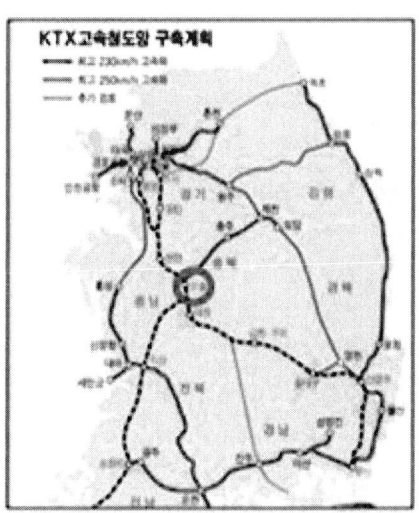

제29장
인구가 증가하는 지역에 묻어라

전문가들이 토지투자의 적지로 꼽는 대표적인 것이 지속적으로 인구가 증가하는 지역을 주목하라는 것이다. 과거 5년 이상 지속적으로 인구가 늘어나고 있는 시, 군 지역이라면 땅값이 오를 가능성이 높다는 것이다. 장기적으로 보아 인구증가지역은 땅값이 오르고 있는 지역일 것이며, 따라서 좋은 장기 투자대상지역으로 꼽을 만 할 것이다.

1. 아기울음소리가 들려야 땅값이 오른다

아기울음소리가 들려야 땅값이 오른다는 토지관련 격언이 있다. 어린아이의 출생율이 높아지면 인구의 자연증가율이 높다는 말과 같다. 그리고 어린아이가 크면서 아이들의 숫자도 늘어 날 것이다. 아이를 낳는 것은 젊은 부부일 것이므로 일자리도 많을 것이다. 젊은 부부와 아이들에게 가장 필요한 것은 무엇일까?

첫째 부부가 일하면서 돈을 벌어야 할 일자리일 것이고, 다음으로는 아이들이 공부할 학교와 학원일 것이다. 일자리란 관공서, 금융기관, 공사, 공단, 대기업 본사 등으로서, 이런 직장은 많은 인원을 고용하고 있으며, 좋은 일자리가 된다. 그리고 관련기관도 많아서 인구흡입효과가 크다. 따라서 수요가 많은 그런 지역의 땅값은 오를 수밖에 없을 것은 쉽게 상상할 수 있다.

지방에 도청소재지가 이전되거나 중소도시에서도 새로운 행정타운이 조성되면 그 일대의 땅값은 일제히 오르는 현상이 그런 것을 말해준다. 학원가에 있는 건물들과 땅값이나 학군이 좋은 지역의 아파트값이 비싼 이유도 마찬가지다. 땅의 수요가 많아지기 때문인 것이다. 그래서 아기울음소리가 들리면 땅값이 오르고, 젊은 부부와 아이들이 많은 지역의 땅값은 비싸지게 마련이다.

2. 인구의 자연증가율과 순이동증가율

어느 지역의 인구증가 감소 여부는 인구증가율을 보면 된다. 시, 군, 구 등 어느 지역의 인구증가율을 알려면 국가기관의 인구증가율에 관한 통계자료를 보면 된다. 통계청, 행정자치부, 국토교통부와 해당 시, 군구의 홈페이지를 보면 대개 과거 10여년간의 인구수와 인구증가율이 나온다.

인구증가율은 자연증가율과 순이동증가율로 구성된다. 인구자연증가는 연간 출생인구에서 사망인구를 뺀 것이다. 순이동 증가인구는 그 지역에 전입된 인구에서 전출하는 인구를 뺀 것이다.

인구가 증가하는 지역은 자연증가율과 순 이동증가율이 모두 높은 지역이다. 자연증가율은 그 지역에 생활터전을 잡고 살면서 아이를 낳는 젊은 층이 많은 지역에서 인구가 늘어나는 경우다. 지금 경기도와 인천의 경우 자연증가율이 안정적이다. 또 경기도와 울산, 경남지역은 과거 수년간 전입인구가 많아서 순 이동증가율이 높다. 반면에 그 인접 지역인 서울, 부산, 충청도 등은 전출인구가 전입인구보다 많아 인구가 감소하는 추세에 있다. 그래서 수도권은 서울은 감소 추세이지만 경기도와 인천의 지속적인 인구증가로 국내에서 가장 높은 인구증가율를 보여준다. 통계청의 인구추세자료에 따르면 10년 후인 2020년경에는 전국의 인구감소에도 불구하고, 수도권 인구는 전국 인구의 절반을 넘을 것이라고 전망하고 있다.

2000년에서 2005년까지 전국에서 인구증가율이 가장 높은 6개 지역을 보면, 땅값 상승율도 전전국평균치를 훨씬 상회하는 것을 볼 수 있다.

■ 인구증가율과 땅값상승율(2000-2005)

인구증가율 상위 지역과 땅값 상승률

구분	인구(천명)			땅값 상승률(전년대비)				
	2000	2005	증가율(%)	2001	2002	2003	2004	2005
화성시	189	289	52.4	3.4	14.4	6.9	5.2	9.1
용인시	386	690	78.6	3.9	12.2	3.5	5.7	7.7
파주시	178	242	35.8	2.8	15.4	4.3	13.3	5.8
대전유성구	162	223	37.2	1.3	4.7	7.4	4.1	10.2
김포시	150	196	35.8	-	-	-	-	-
영주시	110	152	37.8	-	-	-	-	-
전국평균	-	-		1.3	9.0	3.4	3.9	5.0

(자료 : 한국토지공사)

3. 인구유입력과 도시의 팽창속도를 보라

장기적으로 어느 지역이 땅값 상승의 전망이 있는지, 따라서 투자처로서 매력이 있는지를 검토하려면, 단순한 인구증가뿐 아니라 그 지역과 도시가 자체적으로 발전할 수 있는 자생력이 있는지, 지속적인 인구 유입력과 개발호재가 있는가 등을 종합적으로 살펴보아야 한다.

인구를 증가시키는 결정적인 요인과 개발호재

인구집중 흡수요인인 사업, 시설인 관공서, 대기업, 산업체, 공단, 대학교 등과 확정된 대단위 정책사업 및 개발사업이 있는가 살펴본다. 개발계획의 확실성과 규모, 그 영향력의 강도와 지방재정 자립도 그리고 직장 일자리 학교 등 도시자체의 자생력을 가질 수 있도록 받혀주는 제반 인구집중시설과 인구흡입력이 강력한 경제활동이 도시의 땅값에 많은 영향력을 주고 있다. 다만 지역의 발전형태가 단순한 관공서 밀집지대나 공장, 학교를 중심으로 한다던가, 아파트주거단지를 중심으로 베드타운화 되어 있다면 발전에 한계가 있을 수 밖에 없다.

지자체의 인구유입 의지와 장기도시발전계획

지자체의 인구유입 의지와 장기도시발전계획을 살펴본다. 지자체의 인구증가와 행정구역 격상의지와 노력을 살펴보면, 향후 도시가 발전할 수 있는 역동의 방향을 가늠할 수 있다. 지역 국회의원과 지자체장의 노력과 영향력 또한 중요한 점검사항이다. 또 지역개발 호재의 신빙성 타당성과 전망을 보고, 그 지역(도시)의 지역개발정책과 확정된 장기도시발전기본계획을 살펴보아, 내가 투자를 하려는 지역이 향후 도시발전과 연계되어 있는가를 검토해 본다.

생활권과 인구가 이동하는 방향

어느 도시의 발전방향을 보려면, 그 도시에서 거주하는 성인인구의 이동방향을 보면 좋다. 대개의 경우 일자리나 사업체를 위하여 인근도시로 이동하게 되므로, 어느 지역의 생활권에 속해 있는가를 살펴 볼 수 있다. 또 학생의 경우에는 어느 쪽의 학교로 많이 가는지를 볼 필요가 있다. 소위 통근자와 통학자의 수와 방향과 비율을 보아서, 그 도시에 자생력이 있는지, 또 어느 생활권에 속하는지, 아니면 베드타운에 불과한 것인지를 가늠할 수 있을 것이다. 그리고 그러한 요소들이 인접지의 땅값 인상에 중요한 요소가 된다.

인근 지역과 도시의 팽창속도와 개발압력

인근 지역과 도시의 팽창속도와 개발압력을 살펴본다. 두 도시의 중간에 있는 어느 도시의 상권은 거리가 가깝거나, 인구가 많은 쪽으로 생활권이 형성된다는 **유통입지의 이론**이 있다. 예컨대 경기도 가평에 있어서는 남북으로 지역이 넓고, 군 내에 인구를 흡수할 수 있는 자생력과 구심점을 가진 지역이 없다고 보여지기 때문에, 북쪽지역은 춘천생활권이고, 남쪽의 청평지역은 남양주 구리지역의 생활권에 흡수되고 있다. 같은 가평이라도 어느 족이 어느 방향으로 발전하여 땅값이 오를 것인가는 접하고 있는 인근의 발전도시를 살펴보는 것이 빠르다. 이처럼 이웃도시의 팽창이 인근지역의 땅값을 상승시키는 것을 나비효과라고도 부르고 있으나, 정확한 표현은 아니다.

주변 인접지역 통행인구 집중시설

주변 인접지역에 명승지, 문화재, 관광지, 유명 산, 유명 사찰, 휴양림, 스키장, 리조트, 온천 등이 있다면 통행인구가 많을 것이고, 그 길목에서 이러한 유동인구를 흡수할 수 있는 접객시설을 갖추는 것이 유리하다. 이러한 시설로는 펜션, 콘도, 숙박업소, 유명 전원식당(가든), 박물관, 식물원 등이 좋다. 따라서 초기투자 시에도 이러한 시설을 건축할 수 있는 입지를 선택하여 투자한다면, 땅값의 오름을 기대할 수 있을 것이다.

행정구역 거주인구 수와 인구의 증가유입속도

더 오를 수 있는 땅을 찾으려면, 땅이 소재하고 있는 어느 행정구역의 땅값 추이를 보거나, 혹은 지난 3년, 5년 혹은 10여년 간의 인구증가율과 이동방향을 보면 매우 유용하다. 확실한 데이터는 없지만, 일반적으로 3년 내지 5년 간 지속적인 인구증가율을 보이는 지역은 분명히 땅값이 오르는 지역이라는 견해가 유력하다. 인구증가율을 증가율이 높거나, 증가속도가 빠를수록 땅값이 오를 수 있다는 확신과 근거를 준다고 본다. 경기도 용인시나 충남 천안시, 경남 김해시의 경우를 보면 잘 알 수 있다.

행정구역의 승격 통합

행정구역의 승격 통합 혹은 신 도청소재지 개발증조 인구증가의 한 형태라고 볼 수 있다. 어느 지역의 행정구역 단위가 달라지면서, 개발에 대한 기대감으로 땅값이 오르고 또 용도지역의 변경이 일어 날 수 있다. 도농복합시로 승격하면 행정조직과 그에 딸린 산하기관이 늘어난다.(여주, 당진 등) 광역시로 승격하는 경우 많은 행정용 공공청사가 필요할 것이며(수원, 성남, 전주시 등), 또 군지역이 인근 시에 통합되면 용도지역의 변경이 일어 날 수 있으며(청원군→청주시로), 만일 대도시가 광역시로 승격하는 경우 많은 행정용 공공청사가 필요할 것이며(수원, 성남, 전주시 등), 도소재지가 이전하면 주변에 많은 변화가 일어 날 것이다.(충남도청, 경상북도 도청 이전지) 토지투자자는 이러한 행정구역의 변화 움직임에 대한 정보를 잘 알아 두면 좋을 것이다.

통합 청주시

청주시는 2012년6월21일 주민투표 없이 청주시의회의 만장일치 의결로 통합을 결정하였고, 청원군은 2012년6월27일 청주시·청원군의 행정구역 통합을 위한 주민투표를 실시한 결과, 투표율 36.75%, 찬성률 79%로 통합이 확정되었다. 이에 따라 충북 청주시와 청원군이 인구 83만 명의 통합시로 2014년 7월에 공식 출범하게 되었다. 통합 후 청주시는 인구순위로 전국 시 중에 7번째로 큰 도시가 되었다.

■ 인구 많은 시 지역 : 수원, 창원, 성남, 고양, 용인, 부천, 청주 순

4. [사례연구] 2010 수도권/시도별 인구현황 및 증가 추이

다음은 토지투자요령과 관련하여 통계청 자료를 인용 분석한 내용이다.

(1) 전국인구

(단위 : 천명)

	2005년	2010년	증 감	증감률(%)
총조사 인구	47,279	48,219	940	2.0
남 자	23,624	24,045	421	1.8
여 자	23,655	24,174	519	2.2

○ 2010년 전국 인구는 48,219천명으로 2005년(47,279천명)보다 2.0% 증가

(2) 수도권 인구변화

년 도	2000년	2005년	2010년
수도권 인구(천명)	21,354	22,767	23,616
수도권 인구비율	46.3%	48.2%	49.0%
도시화율	79.7%	81.5%	82.1%

○ 수도권(서울, 인천, 경기) 인구는 23,616천명으로 전체의 49.0%
○ 수도권(서울, 인천, 경기) 인구는 23,616천명으로 '05년보다 850천명(3.7%) 증가하였으며, 전체인구의 49.0%를 차지

○ 서울시 유출인구를 흡수하는 경기·인천지역을 중심으로 수도권 집중화현상 계속 진행
○ 2000년 이후 인구가 가장 많이 증가한 시군구는 경기 화성시로 지난 5년간 189천명('05년 289천명에서 '10년 477천명)이 증가하였으며, 경기 용인시(163천명증가), 경기 남양주시(97천명 증가) 등의 순

* 도시화율은 도시(동지역)에 거주하는 인구비율로, 수도권은 매년 증가하여 2010년 82.1%

(3) 시도별 인구증가율

증 가	감 소
경기(8.2%), 충남(6.4%), 인천(4.2%), 대전(3.6%), 광주(3.6%), 울산(3.1%), 경남(3.2%), 충북(3.0%)	전남(-5.6%), 부산(-3.4%), 전북(-1.7%), 서울(-1.1%), 경북(-0.9%), 대구(-0.8%), 제주(-0.7%), 강원(-0.6%)

- 시도별 인구는 경기도가 11,270천명(23.4%)으로 가장 많으며, 서울 9,708천명(20.1%), 부산 3,403천명(7.1%), 경남 3,154천명(6.5%) 순
- 과거 5년간 인구변동이 가장 컸던 시도는 경기(8.2% 증가), 충남(6.4% 증가), 전남(5.6% 감소)

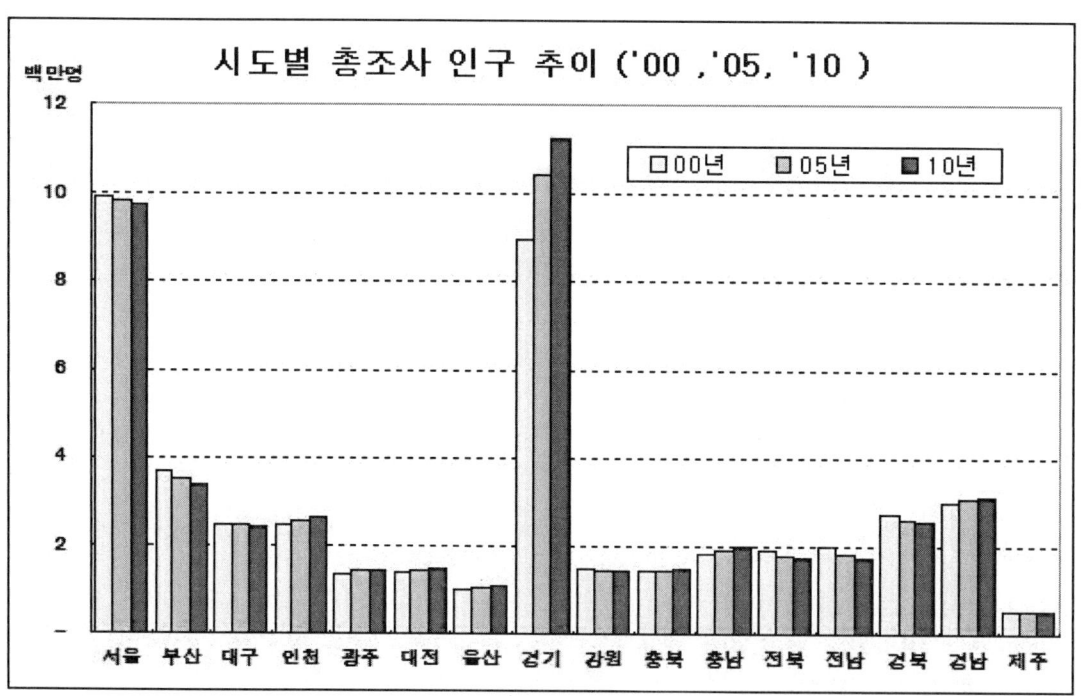

	2000년(A)		2005년(B)		2010년(C)		증감(C-B)	
	인구	구성비	인구	구성비	인구	구성비	인구	증감률
전국	46,136	100.0	47,279	100.0	48,219	100.0	940	2.0
동부	36,755	79.7	38,515	81.5	39,611	82.1	1,097	2.8
읍부	3,756	8.1	3,944	8.3	4,143	8.6	199	5.1
면부	5,625	12.2	4,820	10.2	4,465	9.3	-356	-7.4
수도권	21,354	46.3	22,767	48.2	23,616	49.0	850	3.7
특·광역시	22,249	48.2	22,249	47.1	22,240	46.1	-9	-0.0
서울	9,895	21.4	9,820	20.8	9,708	20.1	-112	-1.1
부산	3,663	7.9	3,524	7.5	3,403	7.1	-120	-3.4
대구	2,481	5.4	2,465	5.2	2,444	5.1	-20	-0.8
인천	2,475	5.4	2,531	5.4	2,638	5.5	106	4.2
광주	1,353	2.9	1,418	3.0	1,469	3.0	52	3.6
대전	1,368	3.0	1,443	3.1	1,495	3.1	53	3.6
울산	1,014	2.2	1,049	2.2	1,082	2.2	33	3.1
도지역	23,887	51.8	25,030	52.9	25,979	53.9	949	3.8
경기	8,984	19.5	10,415	22.0	11,270	23.4	855	8.2
강원	1,487	3.2	1,465	3.1	1,456	3.0	-8	-0.6
충북	1,467	3.2	1,460	3.1	1,504	3.1	44	3.0
충남	1,845	4.0	1,889	4.0	2,010	4.2	121	6.4
전북	1,891	4.1	1,784	3.8	1,755	3.6	-29	-1.7
전남	1,996	4.3	1,820	3.8	1,719	3.6	-101	-5.6
경북	2,725	5.9	2,608	5.5	2,583	5.4	-25	-0.9
경남	2,979	6.5	3,056	6.5	3,154	6.5	98	3.2
제주	513	1.1	532	1.1	528	1.1	-4	-0.7

(4) 시도별 인구 순유입 순유출

인구유입율 경기도가 최고

인구이동자수와 이동률은 감소추세가 이어지고 있다. 지역별로 보면 지난 10년간 경기도의 경우는 순유입(전입에서 전출인구를 뺀 것)이 지속되고 있지만 기타지역인 ▲서울 ▲부산 ▲대구 ▲전북 ▲전남 ▲경북은 지속적으로 순유출을 보이고 있다.

순유입지역

순유입 지역은 경기(14만2,000명)가 가장 많았고 이어 충남(1만6,000명), 충북(6,000명) 순이었다. 연령별로는 20~30대의 경우 경기도로 유입되는 경우가 가장 많았고 40~50대는 충남, 60대는 경기도로 유입되는 인구비율이 가장 높았다. 시군구별로 보면 경기 남양주시의 순유입자수(3만1,048명)이 가장 많았고 이어 경기 파주시(2만7,245명), 경기 용인시(2만6,684명) 순이었다.

순유출지역

순유출 지역은 서울 1.1%(11만5,000명) 부산(2만8,000명), 대구(1만2,000명) 순이었다. 순유출인구가 많은 시군구로는 경기 수원시(1만2,700명), 서울 서대문구(1만963명), 경기 부천시(9,916명) 등이었다.

제30장
시가화예정용지 개발은 시간문제

도시지역이 확산되어 용도지역이 변경될 곳에 투자하라

도시계획 상 도시와 인접한 지역인 사가화예정용지는 도시의 확산으로 시가용지로 용도지역이 변경되는데, 이런 지역은 좋은 투자처가 된다.

1. 도시확산의 필요성

가용토지 확보 필요성

도시지역의 산업화와 인구증가가 진행됨에 따라 필요한 땅은 계속 늘어지지만 쓸 만한 땅은 갈수록 부족해진다. 특히 수도권을 비롯한 대도시나 광역시 주변의 사정이 더욱 그러하다. 우선 공장과 창고를 지을 땅의 수요는 끊임없이 증가하지만 도시주변의 갖가지 토지규제로 지을 땅은 부족하다. 인구증가와 세대분가수의 증가로 주택수요도 늘어가고, 이를 수용할 신도시나 대단위 아파트단지가 필요해진다. 거기에 쾌적하고 건강한 삶의 질의 향상을 요구하는 도시지역 주민의 기본욕구를 충족하기 위한 문화, 유통, 의료, 체육, 레저시설 등을 확충함 땅의 수요가 갈수록 늘어만 간다.

이렇게 땅의 수요는 급격히 증가함에도 불구하고, 많은 인구에 좁은 국토는 그나마 갖가지 공법규제로 인하여 용도대로 쓸 수 있는 땅은 점점 귀해진다. 거기다가 땅값이 상승하여 건설회사, 개발회사나 개인들의 개발은 더욱 어려워진다. 공적섹터로 추진하는 주택이나 산업단지도 수용지의 비싼 보상가로 인하여 분양가가 높아만 간다.

공장건설비와 주택가격의 상승은 필연적으로 물가상승과 임금인상 압력으로 이어지는 악순환의 주요원인으로 볼 수 있다는 것이다. 이 문제의 해결책으로는 결국 정부차원에서 쓸 수 있는 땅의 공급을 늘려 누적된 가용토지의 부족을 메우고, 장기적으로는 땅값을 안정시켜 가자는 것이 농지 산지를 비롯한 토지규제 완화와 용도지역 변경의 배경이라고 볼 수 있다. 농지와 산지의 규제완화와 수도권 규제완화라던가 군사보호구역해제, 그린벨트해제요건 완화 등도 말하자면 모두 이런 맥락에서 이해할 수 있을 것이다.

국토교통부는 가용토지 확보를 위해 도시용지를 국토의 6.2%에서 2020년까지 9.2%로 늘리겠다고 발표했다. 국토연구원의 제4차 국토종합계획에 따르면 2020년에는 도시용지가 국토의 9.2%가량이 필요한 것으로 전망되는 만큼 '수요를 충족시키는 공급정책'을 펴겠다는 것이다.

도시용지란 국토계획법상의 주거 상업 공업지역을 말한다. 즉 도시용지는 주택 공장 상업시설 공공시설 도로 등이 들어설 수 있는 지역이다. 어느 지역의 인구가 늘게 되면 대개의 경우에는 도시용지가 부족하게 되어, 토지개발이 필요하게 된다. 도시가 포화상태가 되거나 노후화하여 주변지역으로 확대되는 현상을 **도시지역의 확산**이라고 한다. 도시지역의 확산은 대체로 용도지역의 변경으로 이어지며, 이에 따라 땅값이 상승하게 되는 것이다. 이와 같이 도시용지 확대를 예상해 시가화예정용지 등 미리 용도변경 가능성이 높은 땅을 사두는 것도 하나의 좋은 투자요령이 될 수 있는 것이다.

도시확산

도시확산(urban sprawl)이란 도시의 확장으로서 도시 외곽지역이나 대도시 주변의 농촌지역에서 일어나는 분산적인 개발이다. 도시확산은 도시지역에의 인구집중으로 일어나며, 핵가족, 교회분할, 도로발달에 따른 자동차 사용의 급증은 도시확산을 일으키는 주된 요인이 된다. 도농복합도시는 전형적인 도시확산의 예다.

무분별한 도시확산을 난개발(unplanned development)이라고 흔히 부른다. 도시용지의 이용 효율성을 높여 무분별한 도시확산을 막고, 직장과 주거지 또는 학교와 주거지간 거리를 좁히되 녹지 및 자연공간을 최대한 확보하는 신개념으로 압축도시라는 것도 등장하고 있다. 현행법 상 무분별한 도시확산을 방지하고자 하는 것으로 대표적인 것이 개발제한구역과 자연녹지지역의 지정제도가 있다. 국토교통부장관은 도시의 무질서한 확산을 방지하고 도시주변의 자연환경을 보전하여 도시민의 건전한 생활환경을 확보하기 위하여 도시의 개발을 제한할 필요가 있거나 국방부장관의 요청으로 보안상 도시의 개발을 제한할 필요가 있다고 인정되면 개발제한구역의 지정 및 해제를 도시관리계획으로 결정할 수 있다. 개발제한구역의 지정 및 해제의 기준은 대상 도시의 인구·산업·교통 및 토지이용 등 경제적·사회적 여건과 도시 확산 추세, 그 밖의 지형 등 자연환경 여건을 종합적으로 고려하여 정한다.

개발제한구역의 주된 목적은 무질서한 도시확산의 방지이며, 도시연담화로 인한 피해의 예빙에 있다. 연담화(Conurbation)란 인접한 두 도시의 확산에 따라 인접도시가 연결되어 하나의 거대도시가 되는 현상을 말한다. 과거 서울 인천 중간의 부평, 부천지역이 연담화되었고, 구리와 남양주시가 연담화되어 가고 있다. 그러나 행정구역 개편으로 등장한 도농복합시는 긍정적인 연담화현상으로 도농통합적 상호보완적인 지역생활권이 형성된다.

자연녹지지역은 도시의 녹지공간의 확보, 도시확산의 방지, 장래 도시용지의 공급 등을 위하여 보전할 필요가 있는 지역으로서 불가피한 경우에 한하여 제한적인 개발이 허용되는 지역이다. 도시확산이 되면 도시 주변의 일부 자연녹지지역은 도시관리계획에 의해 시가용지로 편입되어 도시지역으로 변경된다. 또 도시주변의 농촌지역의 경우에는 농림지역이 관리지역으로 바뀌어, 개발이 가능하도록 변경된다. 가용토지를 확보하기 위해 농업진흥지역이나 보전산지를 해제하여 주기도 한다. 이럴 경우에 용도지역이 변경되는 지역 혹은 변경이 예상되는 지역은 좋은 투자처가 될 수 있는 것이다.

2. 시가화예정용지의 지정

도시지역이 확산되는 경우 주변의 계획관리지역이나 자연녹지지역의 농지나 산지는 우선적으로 도시지역에 포함되게 된다. 그리고 이러한 계획은 도시장기계획에 포함되어 있다. 이것을 **시가화예정용지**라고 한다. 즉 시가화예정용지란 장기도시계획 상 장차 도시지역이 확산할 것을 대비하여 미리 잡아 놓은 지역을 말하는 것이다. 도시용지로 공급이 가능한 지역은 계획관리지역으로 지정되었거나 지정이 가능한 곳이다.

국토교통부 훈령으로 나온 광역도시계획수립지침에서는 시가화예정용지를 도시화예정용지라 부르며, 지정대상은 녹지지역 및 관리지역중 장래 도시용지로 이용할 지역, 개발제한구역 중 보전가치가 낮은 지역으로 규정하고 있다. 또한 도시화예정용지는 광역계획권의 개발밀도, 인구증가, 소득증가 등을 고려하여 광역계획권 전체를 대상으로 하여 선정하고, 도시간·생활권간 균형개발, 개발축·교통축·녹지축, 도시간의 연담화 방지, 환경오염 예방 등을 충분히 고려하여 선정하여야 한다고 하며, 목표연도의 인구규모 등 주요지표를 달성하는 데 필요한 토지수요량에 따라 이용유형별로 총량을 계획하며, 개발제한구역에서 해제되는 지역은 원칙적으로 저밀도·환경친화적으로 이용될 수 있도록 수립한다고 방침을 밝히고 있다.

시가화예정용지는 대체로 수도권을 중심으로 자연녹지와 계획관리지역을 도시장기계획 상 도시관리계획으로 지정한다. 시가화예정용지는 각 시, 군의 장기도시계획도면을 통해 확인할 수 있다. 시가화예정지구는 장차 도시화되어 주거, 상업, 공업지역 등으로 개발될 지역이다. 시가화예정지는 지구단위계획을 수립하며 수립시 용도지역을 주거, 상업, 공업 지역 등으로 개발된다. 시가화예정지구는 도시지역내 자연녹지, 관리지역의 계획관리지역이나 동지역의 개발진흥지구내 개발계획이 미수립된지역에 주로 지정하며, 지정시기는 도시기본계획이나 도시관리계획을 수립시 지정하거나 고시를 하게 된다.

3. 수도권 시가화예정용지

안성시 시가화예정용지

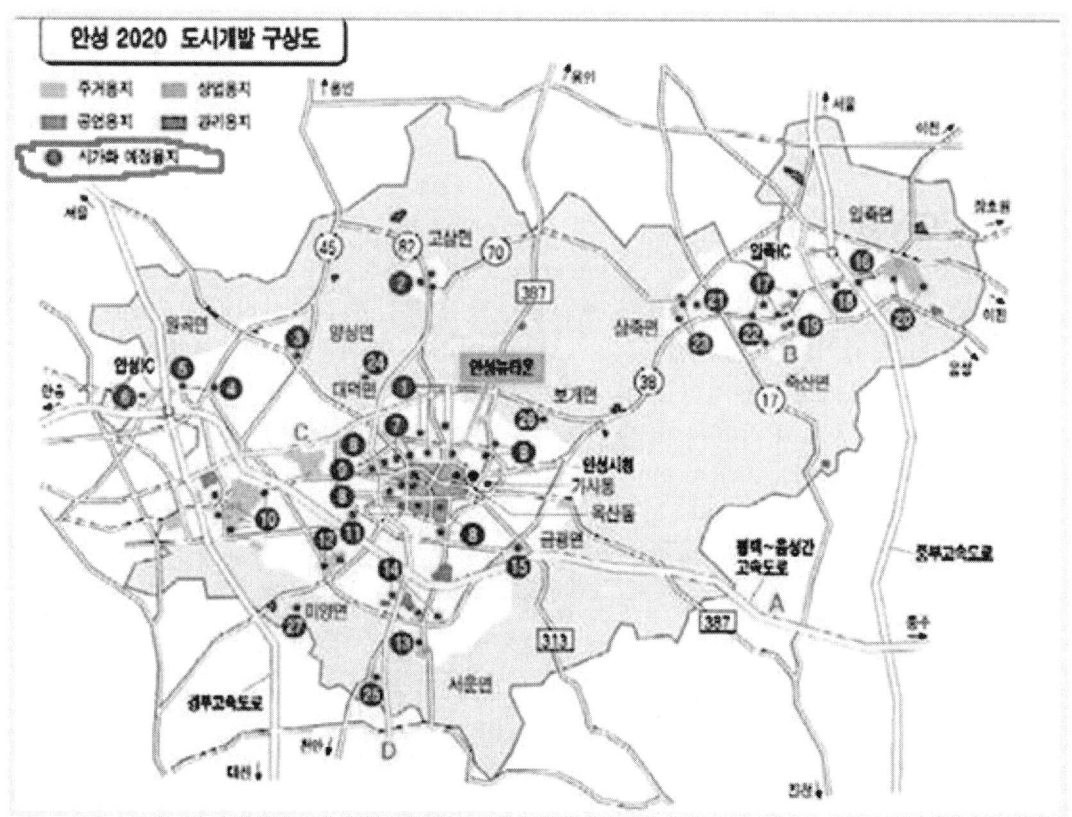

시가화예정용지는 장래 도시지역 땅

각 지자체의 장기도시계획도를 보면 시가화예정용지로 그려져 있는 지역을 볼 수 있다. 예컨대 용인시의 경우 동남쪽 백암면 일대는 대부분이 시가화예정용지로 표시되어 있다. 시가화예정용지란 향후 도시가 커질 것에 대비하여, 주거지나 상업, 공장용지 등 토지조성의 용도로 쓰일 만하다고 보아, 장기적으로 미리 확보해 두는 땅을 말한다. 도시지역 내의 자연녹지와 관리지역 등을 대상으로 각 시, 군이 지정하는데, 개발가능성과 인구증가 전망이 가장 중요한 기준이 된다. 또 지정할 때에는 향후 땅의 용도와 우선 개발순위를 미리 개략적으로 정한다.

경기도의 경우 2008년까지 확정 발표된 각 시의 도시기본계획을 보면 도내 시가화 예정용지로 지정되거나 지정할 면적은 대강 200㎢가 넘는다. 이 면적은 서울시 면적(605㎢)의 1/3에 해당하는 규모다. 경기도 31개 시, 군 중에 10여 곳이 시가화예정용지를 확정하였거나 향후 확정할 예정이다.

시가화예정용지는 장차 주거지나 상업용지로 바뀌어 도시로 편입될 수 있는 점에서 전망이 밝으며 유망한 투자처로 선호되고 있다. 그러나 시가화예정용지는 5년~10년의 장기계획일 뿐이며, 장차 변경될 가능성도 없지 않다. 장기간 투자금이 묶이고, 대단위택지개발 등이 이루어 질 경우 수용되거나 각종 제한이 있을 수 있다. 더 나아가 향후 지역사정에 따라 개발이 전혀 안되거나 지정이 취소될 수 있다. 따라서 시가화예정용지의 투자 시에는 기존 도심과의 인접성, 접근성과 인구유입 전망 등을 잘 살펴서 적지를 골라야 할 것이다.

또 시가화예정용지와 혼동되는 **"시가화조정구역"** 있는데, 이는 현재 이미 시가지가 형성되어 있는 개발지로서 기존 토지이용을 변경할 필요가 있을 때 지정하는 구역이다. 시가화조정구역은 새로운 용도로 변경하기 위하여 통상 일정기간 건물의 신축 등 개발행위를 제한한다. 영종도의 경우 경제자유구역 도시조성계획에 따라 기존지역이 시가화조정구역으로 지정된바 있다.

수도권 시가화예정용지

지자체	세 부 지 역
평택시	청북면(현곡리, 토진리, 후사리), 서탄면(수월암리), 고덕면(여염리), 진위면(신리)
수원시	장안구(이목동), 권선구(오목천동, 고색동, 권선동, 곡반정동, 행정타운), 영통구(이의동, 원천동, 우만동), 팔달구(화서동)
광주시	오포읍(추자리, 장지동, 매산리), 실촌읍(곤지암리)
용인시	모현면(초부리), 백암면(용천리), 원삼면(죽능리), 남사면(봉명리), 양지면(양지리), 포곡읍(금어리)
오산시	서동, 벌음동, 가장동 가장산업단지 주변, 세교1지구 북측
의정부	가능동, 금오동
파주시	파주읍(백석리, 봉서리, 부곡리), 문산읍(운천리, 당동리, 선유리, 내포리), 월롱면(덕은리, 영태리), 탄현면(금승리), 교하읍(신촌리, 금촌동)
김포시	대곶면(갈산리), 양촌면(마산리), 고촌면(전호리, 풍곡리, 신곡리)
이천시	호법면(유산리), 신둔면, 마장면
여주군	대신면
양주시	고읍동, 삼숭동, 옥정동, 백석읍, 은현면
고양시	일산동구(장항동, 설문동), 덕양구(덕은동), 일산서구(탄현동)

4. 시가화예정용지 투자요령

(1) 시가화예정용지의 확인

시가화예정용지는 용도지역이 아니어서 토지이용규제확인서에 표시되지 않는다. 어느 필지의 토지가 시가화예정용지인지 여부를 확인할 수 있는 방법은 그 지역(시 군)의 장기도시계획 상 토지이용계획도면을 통해서만 알 수 있다. 따로 명문으로 확인해주는 사항은 없다. 즉 시가화예정용지는 법적인 개념이라기보다, 지자체의 개발의지를 표시하는 단지 도시계획 상의 청사진이라고 파악하면 된다.

(2) 시가화예정용지의 개발단계와 개발예정 연도를 확인해야 한다

도시장기도시계획 상 시가화예정용지는 단계별로 구분되어 있고, 주용도 및 예정 개발연도가 기재되어 있다. 투자 전에는 미리 이러한 사항을 점검해야 할 것이며, 설혹 계획이 잡혀 있더라도 지자체 예산 부족, 도로개설 지연, 인구유입 부진 등 사유로 집행되지 않는 경우가 허다하다. 따라서 집행가능성과 사업추진 신빙성을 사전에 면밀히 조사해 보는 것이 좋다.

(3) 5년마다 바뀌는 도시관리계획을 유의해야....

시가화예정용지는 말 그대로 장차 도시화를 위한 개발이 예정된 용지일뿐, 국가가 반드시 개빌해야 한다는 법적인 구속력이 있는 것이 아니다. 따라서 개발이 마냥 지연되거나, 5년 마다 하는 도시관리계획의 변경으로 지정이 취소될 수 있다. 따라서 시사화예정용지에 투자하였다 하더라도 5년마다 바뀌는 도시관리계획 의 변경 여부를 점검해야 하는 것이다.

(4) 역세권 예정지는 대표적인 시가화예정용지

역세권 예정지는 대표적인 시가화예정용지다.

제31장
규제가 해제되는 지역은 땅값이 오른다?

1. 규제완화는 땅값의 변수

　부동산 특히 토지부분에 있어서 규제완화는 토지이용과 거래에 중대한 영향을 끼치며, 거래활성화에 있어서 획기적인 계기가 된다. 토지규제는 어떤 지역의 땅값 변동에 있어서도 중요한 한 축을 이룬다. 일반적으로 땅값을 변동시키는 요인으로서 개발과 개발정보, 개발지 인접지역. 도로개통과 접근성의 향상, 지역인구의 증가와 함께 토지규제의 변화를 들고 있다. 확실히 토지규제의 완화는 토지거래를 촉진하고, 늘 그런 것은 아니지만 특히 지가상승의 핵심요인으로서 작용한다고 볼 수 있다. 규제가 많은 우리나라에서는 특히 그런 현상이 심하다고 본다.
　땅은 처음부터 지목과 용도지역에 따라 그 이용이 예정되며, 개발가능한 건물의 종류는 물론 건폐율과 용적율이 결정된다. 그리고 활용도는 땅값과 직결된다. 그 외에도 개별입지의 땅에는 국토계획법을 비롯하여 농지법, 산지관리법, 자연공원법, 그린벨트법, 군사시설보호법과 각종 환경관련법의 엄격한 규제를 받는다. 팔당호 등 호숫가에는 그 인근지역의 상수원을 보호하기 위한 각종 규제가 겹쳐있다. 이렇게 땅에 붙은 규제는 땅값에 직접적인 영향을 미치기 때문에, 심지어 "땅은 규제다"라는 말도 나온다.
　따라서 어떤 지역의 규제가 완화 혹은 해제된다면 거래는 활발해지고, 통상적으로 땅값은 오르게 된다. 예컨대 토지거래허가구역으로 묶여있던 땅이 해제에서 풀리게 되면, 거래는 좀 더 자유스러워 질것이고, 수요자가 늘면서 땅값은 상승하는 것이 그 예인 것이다. 2008년 5월에 토지거래허가구역에서 풀린 강화도의 농림지역에 수도권 투자자들이 몰리면서, 그해 9월에는 전국 2위의 지가상승율을 기록한 것 실례도 있다.

2. 토지규제완화 시기의 투자전략

　근래에 농지와 산지의 규제완화를 신호탄으로 하여, 일부 토지거래허가구역의 해제 및 개발제한구역과 군사시설보호구역 해제 등 연이은 토지규제 완화로 토지시장의 분위기가 상승되어 가는 분위기다. 더구나 이러한 규제들은 우리나라 현행 토지규제에 있어서, 대단히 중요하고 도 적용지역이 광대하여 국민생활에 많은 영향을 기치고 있는 것들이다. 더구나 수도권에 관한 한 농지와 산지를 제외한 것들은 토지이용을 극도로 제한하고 있는 대표적인 규제로서 수도권발전에 절대적인 멍에라고 볼 수 있는 것들이다. 이것들은 팔당호 관련 규제를 합쳐서 소위 "수도권 5대 규제"라고 불리 우는 것들이다.

이렇게 규제가 크게 변동 완화되는 시기는 사람들의 토지에 대한 관심과 기대가 커지면서, 토지거래가 서서히 기지개를 켜는 시발점이 될 수 있다. 소위 토지투자를 잘할 수 있는 기회라고도 볼 수 있는 것이다. 우선 그 동안 규제에 묶여 있어, 이용이 불편하고, 거래가 힘들던 땅의 용도가 많아진다. 사람들은 투자나 실수요 등 다양한 목적으로 땅을 찾게 되고, 이러한 실수요 뿐만 아니라 잠재적 수요와 가수요가 늘게 되면서 땅값은 서서히 오른다고 생각하게 된다. 그 틈으로 전매차익을 노리는 땅 투자가 활발해질 것은 뻔히 예상할 수 있는 일이다.

그러나 반대로 가용토지가 늘면서, 공급이 많아져서 땅값은 우려할만큼 급등하지는 않는 것이 일반적이다. 여건이 좋지 않은 일부지역의 땅값은 오히려 떨어질 수도 있을 것이다. 규제가 많았던 시기의 준독점적가격은 경쟁가격으로 서서히 바뀌면서, 일정 범위 내의 땅값은 평준화되어 갈 수도 있다. 이러한 시기에 투자자들의 올바른 투자전략은 무엇일까?

첫째는, 완화되는 규제의 정확한 내용과 대상지역을 신속하게 파악하는 일이다.
그러한 정보는 남보다 빨리 알아낼수록 좋을 것이다. 더구나 경기도 양평군 청운면 비룡리와 광주시 퇴촌면 무수리 일대와 같이 거꾸로 새로이 군사시설보호구역으로 묶이는 경우도 있다.

둘째는 많은 땅 중에서 좋은 땅, 후일에 땅값이 오를 수 있는 그런 땅을 고르는 일이다. 그렇게 하려면 땅에 대한 올바른 지식과 식견을 가지고 있어야 할 것이다. 분위기에 편승하여 해제되는 지역의 땅은 아무 땅이나 오를 것이라고 착각하는 것은 매우 위험하다.

셋째는, 어느 하나의 규제가 풀렸다고 해서, 그 땅의 활용도나 거래가 갑자기 달라지지 않는 경우가 대부분이다. 예컨대 과거에 군사시설보호구역이 많이 해제된 김포나 경기북부지역의 경우, 어느 지역의 군사관련 규제가 해제 혹은 완화되었다 하더라도, 기존의 토지거래허가제도의 규제나, 그린벨트, 상수원규제며 부재지주 양도세 중과 등 중복된 거래규제는 여전히 존재하기 때문이다. 그래서 규제완화가 있다고 하여도, 생각보다 많이, 빨리 효과를 보지는 못하게 된다.

　　넷째로, 규제완화로 지주에게 항상 좋은 결과만이 있다고 볼 것은 아니다.
　　예컨대 종전 군사시설보호구역 내에 있던 임야는, 팔 때에 부재지주 양도세중과의 적용을 받지 않았다. 만일 그 지역이 이번에 군사시설보호구역에서 해제된 경우, 지주는 꼼짝없이 부재지주의 양도세 중과세를 당하게 된다. 이런 경우에는 오히려 거래가 위축될 수도 있을 것이다.

　　규제완화의 시기에는 지주와 투자자의 현명한 판단이 더욱 요청된다고 볼 수 있다.

3. [사례연구]규제완화에도 땅값이 오르지 않은 사례

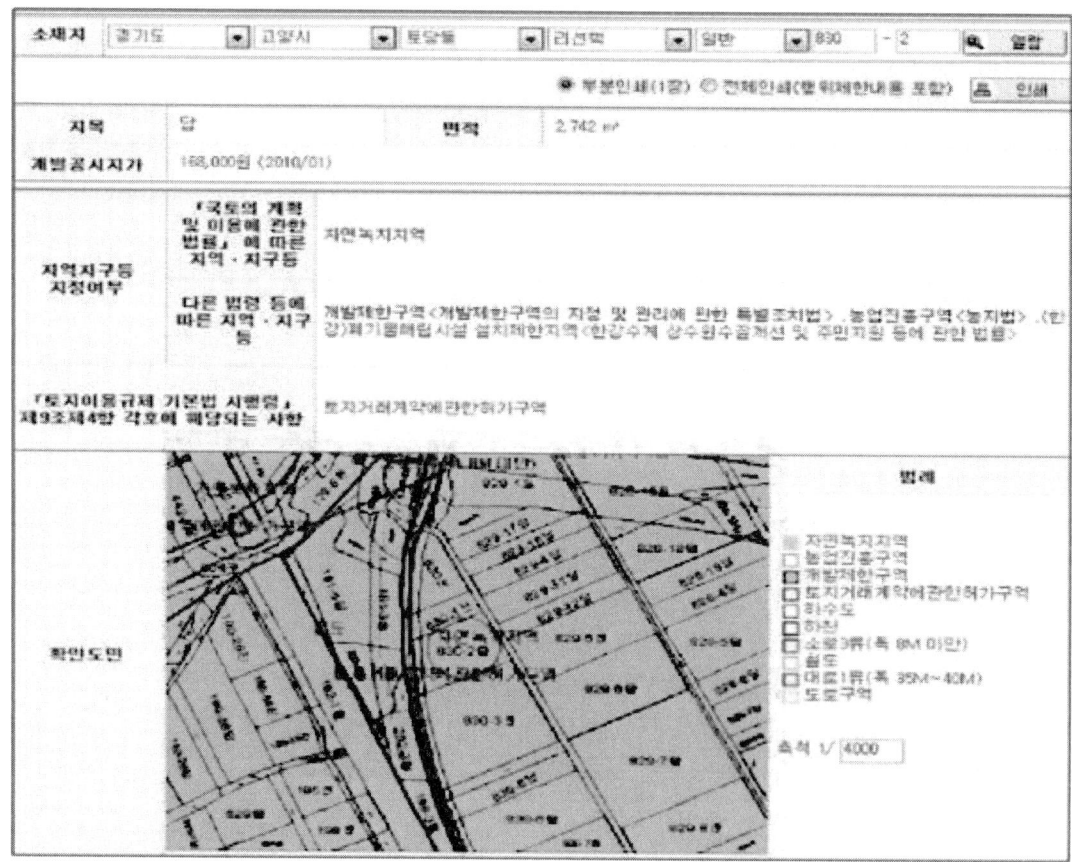

대상지는 지하철 3호선과 경의선의 교차점인 덕양구 토당동 소재 대곡역 주변 농지(농업진흥지역 내 논)다. 대상지는 오래 전부터 그린벨트에 농업진흥지역으로 되어 있었고, 현재도 논농사를 짓고 있다. 논 한가운데의 허허발판인 대상지 주변에 대곡역이 들어서면서 부터 이 지역에 대한 기대가 커지고, 땅값도 물론 크게 올랐다.

한 때 그린벨트가 풀리고 고양시청이 옮겨 온다는 설도 있었으나, 실현되지는 않았다. 사람들의 관심을 받아온 이 땅은 그래서 2010년 이전부터 토지거래허가구역으로 묶였고, 2010년 당시 공시지가는 평당 50만원 수준이었다.(실제 매도호가는 100만원 이상). 그러나 2014년 현재는 토지거래허가구역에서 풀렸지만, 농업진흥지역과 그린벨트에는 여전히 묶여 있으며, 땅값(공시지가)은 2010년과 크게 변동이 없다. 토지거래허가구역 해제라는 규제완화가 땅값에 별 약효가 없다는 증거다. 그 이유는 허가구역 해제 이전부터 이 땅의 입지적 호조건이 이미 땅값(호가)에 반영되어 있었기 때문이라고 해석될 수 있다. 이처럼 규제해제만으로 땅값이 반드시 오른다는 기대는 지역과 입지와 조건에 따라 다르다는 사실을 명심해야 할 것이다.

■ **농업진흥지역 해제 요건**

농업진흥지역제도는 경지정리 등 기반이 정비된 우량농지가 집단으로 존재하는 구역 전체를 농업진흥지역으로 지정하여 권역별로 우량농지를 보전하는 제도. 1990년 4월 「농어촌발전특별조치법」의 제정에 의해 도입하여, 1972년 제정된 「농지의 보전 및 이용에 관한 법률」에 의해 필지별로 절대농지 또는 상대농지를 지정하던 필지별 농지보전 방식이 권역별 농지보전 방식으로 전환하였다.

농업진흥지역으로 지정된 농지는 기반정비 투자를 집중하여 농업생산기지로 보전하고, 농업진흥지역 밖의 농지는 전용규제를 완화하여 공장용지 등 농외부문의 토지수요에 탄력적으로 대응하기 위한 취지로, 농지법은 자경의무 견지와 우량농지로서의 농업진흥지역의 보전을 주된 목적으로 하고 있다. 농업진흥지역은 서울특별시의 녹지지역을 제외한 녹지지역과 관리지역·농림지역·자연환경보전지역 등의 용도지역에 지정한다. 농업진흥지역은 농업진흥구역과 농업보호구역으로 구분된다.

농업진흥구역은 농지가 집단화되고(평야지 10ha, 중간지 7ha, 산간지 3ha 이상) 농업기반이 정비된 지역, 토양·경사도 면에서 기계화가 가능한 지역, 농지조성사업·기반정비사업이 시행되었거나 시행 중인 지역은 우선 지정한다. **농업보호구역**은 농업진흥구역의 용수원 확보와 수질보전 등 농업환경을 보호할 필요가 있는 지역에 지정한다.

농업진흥지역의 변경·해제
① 국토의 계획 및 이용에 관한 법률에 의한 용도지역 변경,
② 도시지역 안에 도시계획시설을 결정할 때 그 안에 농지가 포함되어 있어 미리 농지전용 협의를 하는 경우,
③ 당해지역의 여건변화로 농업진흥지역 지정요건에 적합하지 않게 된 토지가 2ha 이하인 경우 농업생산기반정비 등에 의해 지정 요건을 새로 갖춘 경우 신규지정 기준 및 절차를 준용하여 농업진흥지역에 편입한다.

제32장
지리모델링이 가능한 땅은 몸값이 오른다

1. 토지 리모델링으로 돈되는 땅 만들기

땅값을 올릴 수 있는 대표적인 방법으로 토지 리모델링이 있다. 땅을 구입할 당시부터 목적을 분명히 하고, 예상되는 땅의 리모델링을 추진한다면 땅값을 크게 올릴 수 있을 것이다. 즉 토지리모델링의 가능성은 투자하기 좋은 땅의 조건이 된다. 토지리모델링은 물리적 리모델링과 법률적 리모델링으로 구분할 수 있다.

(1) 토지의 물리적 리모델링

우선 잡초가 무성한 빈 땅은 잡초를 베고, 평평하게 하며, 땅을 고른다. 진입도로는 평평하고 넓게 만들며, 포장이 가능하면 시멘트 포장을 한다. 빈 땅에는 과수를 심어 놓거나, 농막을 놓아둔다.

땅의 현황이 깨끗하게 정돈되어 있고, 들어가는 진입도로가 넓고 편하면 땅을 사려는 이에게 좋은 인상을 줄 수 있다. 소위 땅을 화장시키는 것이다. 길 가의 논이 있다면, 흙을 부어 옆길에 맞추어 땅을 높인다. 논과 과수원을 밭으로 만든다. 오래된 묵전이나 묵답과 산 중턱의 다랑이 논과 밭을 손질한다. 잘 쓰지 않는 야산의 나무를 베어 토임(토지임야)을 만든다. 정식 벌채나 개간허가를 받아 임야를 밭이나 목장용지로 만든다.

일반적으로 지방에서 임야보다는 농지가 두 배 이상 비싸다, 또 같은 농지라도 논보다는 밭이 비싸다. 논을 밭으로 만들어 둔다면 적어도 10% 이상의 지가상승을 노릴 수 있다. 또 토임은 대부분 나무가 없고 평평한 작은 임야이기 때문에 전원주택을 짓거나 개발이 용이하다. 토임은 실수요자에게는 매우 인기가 있는 땅으로 잘 팔린다. 넓은 농지나 임야를 잘게 쪼개어 실수요자에게 직접 파는 토지분할의 기법은 이미 많은 업체가 애용하는 전형적인 토지 리모델링이다. 또 진입로가 없어 싸게 경매로 나온 맹지를 헐값에 낙찰받아 이웃 지주의 토지사용승락을 받아 사도를 개설하거나 포장도로를 만든다. 혹은 길과 접한 이웃 토지를 매입한 후 합필(토지합병)하여 진입도로가 완비된 넓은 좋은 땅을 만든다.

이렇듯 리모델링한 땅은 종전의 땅에 비하여 땅의 이용도를 높이며, 종전보다 높은 값을 부를 수 있고, 매각이 수월해 질 것은 뻔한 일이다.

(2) 토지의 법률적 리모델링

토지의 가격을 올릴 수 있는 획기적인 방법은 바로 법률적 리모델링이다.

토지의 지목을 논이나 밭에서 대지로 바꾼다든지, 임야를 개발하여 대지와 도로를 만든다. 토지의 지목이나 용도를 변경하는 이런 것이 대표적인 토지의 법률적 리모델링이다. 토지에는 지적법 상 28개의 지목이 있다. 논, 밭, 과수원 등 농지와 임야, 초지 축사 등 목장용지며, 대지, 잡종지, 공장용지, 창고용지라든가, 도로, 하천, 구거 등은 모두 지목의 명칭이다. 토지는 각 필지별로 그 주된 용도에 따라 지목이 주어지며, 토지대장 등 지적공부에 의해 기재 공시된다. 지목은 주어진 그 용도대로 써야 하고, 개인이 함부로 바꿀 수는 없다. 그러나 인위적으로 지목을 변경하여 땅값을 올리는 방법이 널리 알려져 있다.

지목에 있어 논 밭 등 농지보다는 집을 지을 수 있는 대지가 훨씬 비싸다. 지방 땅값에 있어서 통상 대지는 농지의 2.5배 내지 3배 수준이라고 한다. 대지는 쓰임새가 많고, 또 건축물의 신축 시 절차가 간편하며 비용이 적게 들기 때문이다. 따라서 논이나 밭을 대지로 만들어 농가주택이나 전원주택을 지을 수 있다면, 그만큼 땅값을 올릴 수 있는 셈이 되는 것이다. 이것이 바로 토지의 전용(轉用)제도이다. 전용이란 말하자면 법이 인정하는 형질변경이며, 용도변경이요, 지목변경인 셈이다. 토지에 관한 공법상 대체로 대지 등으로 전용할 수 있는 땅은 농지와 임야 및 초지 등 세 가지로 예정한다. 농지에 관하여는 농지전용, 임야에 대하여는 산지전용이라 부른다.

농지법에서는 전용이 가능한 농지의 종류와 농지전용의 상세한 절차 및 전용기준을 규정하고 있다. 농지전용 시에는 전용대상 농지면적에 대해서 개별공시지가의 30%에 상당하는 농지보전부담금을 내야한다, 농지전용으로 농지가 사라지기 때문에 대신 우량농지를 보존하는 비용을 부담하라는 취지다. 산지전용에 관하여는 역시 산지관리법에서 관련 상세한 규정을 두고 있다. 산지전용 시에는 대체산림자원조성비를 납부한다.

이 이외에도 땅의 가치를 올릴 수 있는 방법으로는 토지의 용도지역변경이 있다. 예컨대 도시지역의 농업진흥지역 내 논을 해제하여 도시계획지역으로 편입시키거나, 보안림 등 공익용 보전산지를 해제하여 준보전산지를 만드는 것이다. 물론 이러한 용도지역 변경은 국가에서 엄격한 절차에 의하여 결정하는 것이고, 개인이 할 수 있는 것은 아니다. 그렇지만 개발이 진행되어 땅의 주변 환경이 명백히 달라졌을 때에는 지주의 민원 등으로도 가능한 일이다.

또 내 땅 안에 지적도에만 존재하고, 실제 물이 전혀 흐르지 않는 구거가 있으면 이를 다른 물줄기로 바꾸거나 용도폐지 신청한다. 내 땅 옆이나 인근에 붙어 있는 하천이나 구거에 대한 점용허가를 받아, 건축물 신축이나 도로 등으로 활용하는 방법도 있다.

(3) 땅값을 올릴 수 있는 토지리모델링 방법

본장에서는 땅값을 올릴 수 는 대표적인 토지리모델링으로 토지의 형질변경, 토지분할과 합병, 토지의 용도변경, 지목변경과 용도지역 변경에 대해서만 간략하게 설명하기로 한다. 기타 토지의 법률적 리모델링은 모두 토지개발의 이론에서 상세하게 다루게 된다.(가야토지시리즈 제5권 및 제6권 참조)

2. 토지의 형질변경

토지의 형질변경 만으로도 땅값을 올리고, 잘 안 팔리는 땅을 쉽게 팔 수 있다. 푹꺼진 논이나 밭을 성토하여 길 높이와 같이 평평하게 만들고, 주변의 언덕을 깎아(절토) 측대를 만든 뒤 대지로 조성하며 만들며, 안 쓰고 있는 밭을 포장하여 주차장이나 주기장으로 활용한다. 농사용으로는 더 이상 쓰지 않는 집 앞의 작은 연못을 메워(매립) 농지나 대지를 만드는 예가 작은 돈을 들여서 하는 토지 형질변경 만으로도 훌륭하게 땅의 활용도를 높이고, 땅값을 올리는 좋은 방법에 되는 것이다.

토지의 현질변경은 원칙적으로 개발행위허가를 받아 시행하게 된다. 다만 경미한 사항(50㎝ 이하) 또는 농지개량은 허가를 받지 않아도 된다.

3. 토지분할과 합병

큰 땅을 토지분할로 작게 만들고, 길을 내며 모양을 좋게 해서 땅을 팔기 쉽게 만드는 방법은 전통적으로 많은 사람들이 해오는 토지리모델링 기법이다. 만일 땅의 모양이 안 좋으면, 이웃 땅을 매입하여 토지합병 후 쓰기 좋은 규모의 땅을 만들고 땅모양을 좋게 하여 판다면 토지차익을 남길 수 있다. 이와 같은 토지리모델링 기법을 토지의 분할 합병이라고 한다. 토지의 분할과 합병에 관하여는 지적법(측량 수로조사 및 지적에 관한 법률)과 부동산등기법에서 그 요건과 절차를 상세히 규정하고 있다. 부동산등기법에서는 토지분할과 합병을 등기용어로 토지의 분필과 합필등기라는 용어를 쓴다.

토지분할과 유사한 것으로 구별할 것으로 공유물분할이 있다.
공유물분할은 원래 2인 이상의 공유로 되어 있는 땅을 당사자 합의 또는 재판을 통하여 각자 지분대로 나누어 갖는 절차를 말한다. 사유재산권 보장의 원칙에 따라 공유자에는 공유물분할청구권이 인정되고, 분할절차는 민법에 의해 진행되며, 공유물분할은 지적법에 따르는 토지분할과는 다르다.

■ **공유물분할청구권**
우리나라 부동산법제에 있어서는 부동산을 기본적으로 토지와 건물로 나누고 있다. 그리고 그 하나의 부동산의 단위를 토지의 경우에는 "필지"로 구분라고, 건물의 경우에는 "동" 단위로 나누어 관리하고 있다. 그리고 "일물일권의 원칙"에 의하여 하나의 부동산에는 하나의 물권(소유권, 저당권 등....)만이 존재한다. 즉 하나의 필지에는 하나의 소유권만 존재한다. 땅의 경우 한 사람의 소유권자인 단독소유가 일반적이지만 또한 둘 이상의 주체가 공동소유하는 경우도 있다. 이것을 공유(共有)라고 하며, 2인 이상이 "지분"(몇분의 몇)의 형태로 하나의 부동산을 함께 소유하고 있는 땅을 공유물이라고 한다. 지분처분 자유의 원칙에 따라 공유자는 공유물의 분할을 요구할 수 있는데, 이것을 공유물분할청구권이라고 하는 것이다. 공유물분할청구권은 공권(公權)이 아니고 민법에 의해 인정되는 사권(私權)이다.

4. 토지의 용도변경

토지의 용도변경이란 법이 당초 지목으로 결정한 주용도 이외의 용도로 바꾸어 사용하는 것을 말한다. 광의로는 목적외 일시사용도 포함된다. 대체로 토지를 용도변경하려면 법이 정한 전용 혹은 사용승인의 절차를 밟아 심사를 받은 후에 타용도로 전환하는 것이 원칙으로서, 그렇지 않으면 토지의 무단전용이 되어 불법행위가 된다.

모든 토지가 다 용도변경이 되는 것은 아니며, 법은 29개 지목 중 농지와 임야와 초지 등 일부분에만 전용을 예정하고 있다. 나머지 공장용지. 창고용지, 학교용지, 철도용지, 수도용지, 체육용지, 종교용지, 묘지, 주유소, 주차장 등은 국가의 행정재산이거나 또는 이미 그 용도가 분명하여 그 상태로 이용 중에는 전용이 안된다. 도로, 하천, 구거,

광천지, 염전 등은 용도변경이 사실상 어렵다. 반면 대지와 잡종지는 용도가 다양하여 별다른 전용절차 없이도 그 상태로 자유로이 사용하거나, 바로 건물을 지을 수 있다.

법으로 전용절차을 규정하는 것으로는 전, 답, 과수원 등 농지에 대한 농지전용과 임야에 대한 산지전용 그리고 목장용진인 초지의 전용 등 세 가지가 있다. 그리고 전용을 허가(또는 신고)해 주는 경우에는 허가 후 일정기간은 타 용도로의 변경을 제한하며, 만일 그 기간 중 용도변경을 하려면, 별도의 용도변경 승인을 받도록 하고 있다. 예컨대 농지를 전용하여 농업인주택을 짓거나 축사(목장용지)는 경우 5년간은 다른 용도로 변경하여 쓸 수 없다. 만일 그 기간 중 타 용도로 사용하려면 관계관청의 별도 허가나 승인을 받아야 하는 것이다. 마찬가지로 임야에 대해 산지를 전용하여 건물을 짓거나 식물원을 조성한 경우에는 허가 후 5년간은 원래의 전용목적대로 사용해야 할 것이다.

단기간의 광물이나 골재채취, 물건적치나 진입로 사용, 가설건물의 설치 등의 용도변경은 토지의 **목적외 일시사용** 혹은 **타용도 일시사용**으로 기간을 정해 별도의 허가를 받아 사용할 수 있다. 이런 경우에는 전용의 절차나 지목의 변경 없이 사용하다가 사용기간이 만료되면 원래 상태로 복구하여 토지 본래의 용도로 이용하게 되는 것이다.

5. 토지의 지목변경

토지의 용도변경이 지목의 변경까지 가져오는 법적절차를 지목변경이라고 한다. 개발시업을 하는 이들이 가장 많은 관심을 가지는 부분의 하나가 바로 지목변경이다. 그 이유는 두 가지로 요약할 수 있다.

첫번째는 토지를 이용하거나 개발하는 과정에서는 대부분의 경우 필연적으로 지목변경이 일어나기 때문이다. 전원주택을 지으려면 우선 전원주택 부지로 쓸 농지를 구입하게 된다. 이 농지에 농지전용을 받아 전원주택을 짓게 되면 주택이 들어서게 되는 토지 부분은 대지로 지목변경된다. 진입로나 단지 내 도로부분은 도로로 바뀐다. 논을 주차장으로 만들면 답(논)이 잡종지 혹은 주차장용지로 바뀌며, 밭(농지)을 농지전용하여 물류창고로 만들면 밭이 창고용지가 된다. 산지를 개간하면 임야가 전(밭)으로 지목변경되고 지방도로변의 산지를 벌채하고 깎아서 산지전용 후 주유소를 만들면 임야는 주유소용지가 된다.

이처럼 토지 위에 건축물 혹은 구축물을 짓는 경우에는 건물 준공 후에 그 건물이 들어서는 부지의 지목이 건물의 주된 용도에 따라서 지목변경이 일어난다. 이처럼 토지는 그 주 용도가 바뀜으로서 그 결과로 지목이 변경되는 것이지, 용도변경이나 건물이 없이 먼저 지목만을 바꿀 수는 없는 것이 원칙이다.

지목변경의 두 번째 이유는 자기가 보유하는 땅의 가치를 올리기 위해서다. 즉 땅의 활용도를 높인다던가 땅값을 올리려는 목적으로 의도적으로 지목변경을 한다. 토지는 지목에 따라서 그 위에 할 수 있는 용도가 다르고, 이 용도는 각종 토지공법에서 세부적으로 규제하고 있기 때문에, 일단 지목이 정해지면 그에 따라 활용도와 땅값이 크게 차이가 난다. 일반적으로 대지와 잡종지로 되어 있는 토지가 가장 비싸지만, 수도권에서는 주유소용지, 공장용지, 창고용지가 오히려 대지보다 비싼 경우가 많다. 이에 비하여 농지인 밭과 논은 대지의 삼분의 일 이하로 싸다. 또 통상 임야는 농지보다 절반 이하 싸다. 그래서 농지를 대지로 바꾼다면 땅값을 세 배 이상 더 받을 수 있다. 임야를 대지나 창고용지로 지목변경 한다면 땅값은 어림잡아 여섯 배 이상 오른다는 계산이 나온다. 이것이 지목변경을 하는 이유가 된다.

임야를 싼 값에 사서 산지전용 한 후 전원주택부지로 만들어 분할하여 개별매각 한다면, 전용비와 부대비용을 제하고서라도 상당한 수입을 기대할 수 있는 것은 바로 이런 이치라고 보면 된다.

토지의 지목변경은 개인이 마음대로 할 수 있는 것이 아니라, 지적법에 따라 요건에 맞아야 하고, 법정절차를 밟아야 한다.

6. 농지전용 산지전용 건축허가 등 개발행위허가

농지를 개발하려면 농지전용, 임야를 개발하려면 산지전용절차를 밟고, 집을 지으려면 건축허가를 받아야 한다. 이 모든 것을 묶어서 개발행위허가라고 할 수 있다. 좋은 땅이란 원하는 용도의 건축물을 올릴 수 있는 땅이어야 하므로, 이러한 개발행위 허가가 날 수 있는 땅인지를 사전에 점검해야 하며, 허가가 가능하다면 이 땅을 투자가치가 있다고 볼 수 있는 것이다.

7. 토지의 용도지역변경

토지의 용도변경제한과 유사한 용어로 용도지역 변경이 있다.
용도지역은 국토계획법에서 국토를 용도에 따라 분류한 것을 말한다. 국토계획법은 전 국토를 도시지역, 관리지역, 농림지역, 자연환경보전지역 등 4개 지역으로 나눈다. 이 같은 용도지역은 각기 지을 수 있는 건축물의 종류와 범위는 물론 건폐율과 용적율을 달리한다. 말하자면 개발이나 이용조건이 서로 다른 것이다. 준공업지역을 상업지역으로 변경하는 등 용도지역 간에 변동을 줄 수 있다면 토지소유자의 입장에서는 매우 유리하고 편리할 것이다. 그러나 용도지역 변경권한은 국가에게 있다.

일반인으로서는 용도지역이 변경되는 땅에 투자하던지, 그에 인접한 지역을 고를 것이다. 역세권 토지, 시가화예정용지의 땅이 용도지역 변경이 예상되는 대표적인 경우다.

제33장
묵은땅과 버려진 땅도 다시 보자

토지투자에 관한 격언에 묵은 땅이나 버려진 땅을 주목하라는 것이 있다.
팔려도 팔 수 없고, 쓰려 해도 쓸 수 없는 땅, 나쁜 주변환경으로 인하여 아무도 오지 않는 땅, 너무 멀고 험하여 아무도 접근할 수 없는 땅 그리고 엄격한 통제로 출입이 금지된 땅들을 버려진 땅이라고 볼 수 있다. 이러한 땅은 원래 토지로서의 상품가치 없는 것이다, 사용가치가 없음은 아무도 그 교환가치를 인정해 주지 않는 땅이다. 이러한 땅들은 경매에도 많이 나온다, 그리고 헐값에 팔려 나간다. 그러나 토지투자 전문가는 이러한 땅이라도 유심히 주목하여 상품으로 만들어 많은 부가가치를 창출한다.

버려진 땅과 묵은 땅도 다시 보자
버려진 땅과 묵은 땅은 현 소유자가 구입하여 취득하는 것도 있으나 대개는 상속을 받는다든가, 채무자로부터 대물로 받는 경우가 대부분이다. 간혹 현장에 가보지도 않고 질 나쁜 토지중개인의 말만 듣고 구입하여 쓸모없는 땅을 보유하게 된다.

이런 경우 자의든 타의든 그 땅은 오래 보유할 수밖에 없다. 세월이 흐름에 따라 이런 땅에는 운 좋게 도로나 터널이 개통되기도 하고 철도부지로 수용되어 보상금을 수령하기도 한다. 고속도로 인터체인지가 생기는 경우는 보상과 더불어 인접지가 계획관리지역으로 개발되어 말 그대로 대박이 날 수도 있다. 때로는 주변지역이 도시화되어 그 지역이 개발대상지에 포함되어 땅값이 크게 오르는 경우도 있다. 근래의 신행정도시나 기업도시, 혁신도시 지정지 인근에는 그러한 경우가 적지 않다.

아파트 등 건물은 오래 보유하면 낡아져서 내리고, 보수유지비가 늘어나고 값이 내린다. 그러나 땅은 오래될수록 진가를 더욱 발휘한다, 주변이 개발됨으로서 땅값이 오르는 것이 보통이다. 또 외지고 한적한 시골구석에 상하수도나 도시가스가 새로 인입되면, 생각지도 못한 주택지로 가격이 상승한다. 또 여주 양평 등 수도권 동부 자연보전권역 내륙지역에 인근 강가에 하수종말처리장이 신설되고, 하수처리시설이 연결되면, 건축을 할 수 있는 가능성이 커진다. 시골의 묵은 땅과 축사 쓰레기소각장 등의 혐오시설이 있던 곳도 세월이 흐름에 따라 그 용도가 변해 간다. 그리고 부동산 호황 시에는 개발붐으로 개발지의 범위가 늘어난다. 그러므로 토지투자는 장기간의 시간을 두고 느긋하게 기다리는 여유가 필요하다. 시간의 경과로 토지가치가 상승되는 사례들이다.

다음에 버려진 땅을 근사하게 활용하거나 재테크하는 실사례를 알아보자.

[사례 1] 짜투리 땅
A씨는 택지 분양 후 남은 가각의 작은 짜투리 땅을 체비지로 싼 값에 분양 받아 쇼 케이스나 광고탑등을 설치하여 많은 수익을 올리고 있다.

[사례 2] 폐광 근처의 땅
영월과 태백지역의 석탄 폐광지역 부근의 임야를 장기간 보유한 B씨는 부근의 카지노 개설로 인항 주거지역으로 변경되어 큰 이익을 보았다.

[사례 3] 농촌지역의 버려진 땅 한계농지
2003년부터 농촌지역에 버려진 땅에 대한 도시자본의 투자가 쉬워졌다.

농림부(당시)는 농촌지역에 산재해 있는 한계농지와 빈집, 폐교 등을 누구나 개발할 수 있도록 한 "농어촌정비법"을 개정하여 2003년 1월1일부터 시행했다. 이에 따라 그 동안 시장. 군수. 농업기반공사. 농협. 임협만이 개발에 참여할 수 있었던 한계농지(경사가 15% 이상이거나 농지로서 활용도가 낮은 2ha 미만의 토지)나 농촌지역의 빈집, 폐교 시설 개발이 내년부터는 자본투자가 가능한 사람이면 누구나 자격을 얻을 수 있게 되었다. 한계농지에서는 농어촌 휴양자원. 체육시설 등으로 제한돼 있던 개발사업 범위를 크게 완화해 의료, 교육, 전시장관, 청소년수련시설, 노인복지시설 등으로 다양화 했다,

[사례 4] 깊은 산속의 강가 공익용산지
원주 인근 지역 마을에서 음식점을 운영하던 C씨는 돈을 버는 대로 인근 지역의 값싼 임야를 사두곤 하였다. 20년 전 아무도 거들 떠 보지 않던 황둔 지역의 높은 산속 임야와 평창강 강변의 우거진 임야 구입 해 두었다. 모두 공익임지(공익용산지)로서 용도는 극히 제한되었지만, 구입가는 평당 500원도 채 안되었다. 그런 임야에 20년후 인 최근에 그런 곳에도 강변도로와 다리가 놓이고 산 속으로 터널이 뚫리면서 C씨는 꽤 많은 토지보상금을 받았다. 지금은 남은 토지 인근에 휴양림이 조성된다는 소식에 은근한 기대함을 가지고 산다.

[사례 5] 돌산의 절벽도 쓸데가 있어요.

D씨는 10여년전 경매로 영월의 임야(산) 수만평을 구입 하였다. 2차선 지방도로변에서 계곡으로 약간 들어가는 지역이었지만 한쪽으로 50m가 넘는 높은 바위 절벽이 있어 악산(惡山)이라고 부르는 그런 쓸모없는 산이었다. 그러던 그 산을 근처의 레저업자가 록클라이밍 연습장으로 쓰겠다고 매각 제의가 왔다. 쓸모없다고 버려둔 땅이 빛을 보게 되는 순간이 가까워져 오는 것이다.

[사례 6] 대도시 인근 공동묘지 입구 땅을 주목하다.

대도시 인근에 있는 대규모 공동묘지의 입구 땅을 장기투자로 구입하라는 말이 있다. 대개 공동묘지는 종래 도심에서 10km이내 거리에 있었기 때문에 교통이 좋고, 도시가 팽창하면서 자연스럽게 다른 곳으로 이전하게 된다는 것이다. 이러한 땅은 지금은 아무도 거들 떠 보지 않기 때문에 비교적 싼 값에 구입할 수 있어 장기적인 투자관점에서 검토 해 볼 가치가 있다. 수십년 전의 홍제동, 미아리, 망우리 등을 떠 올려보자.

[사례 7] 도시의 석탄야적장 변전소

40여년 전의 청량리와 답십리 그리고 수색 등지의 기차역 근처에 시커먼 야산을 이루던 석탄야적장은 지금은 훌륭한 주거지 등으로 개발되었다, 도심의 변전소 주변의 땅을 사두라는 말이 있듯이 오래된 도시안의 혐오시설인 변전소 폐기물야적장 공해공장 집단가구공장 등은 어느 땐가 철수될 것이고 그 터에는 건물이나 주거단지가 들어서게 되기 쉽다.

[사례 8] 도시 주변의 시내버스 차고지

도시주변에는 그린벨트에도 시내버스 차고지가 들어설 수 있다. 아무것도 없는 산 속이나, 허접한 변두리 지역에 있던 버스차고지는 10년 이상이 지나면 그 부근에 주택가가 들어서면서, 좋은 쇼핑센터나 물류창고 혹은 아웃렛 자리로 변한다.

[사례 9] 난지도(蘭芝島) 쓰레기 매립장 월드컵공원으로 다시 태어났다.

지난 1978년 쓰레기 매립을 시작한 이래 버려진 땅으로 1993년 폐쇄될 때까지 15년 가까이 서울시의 어두운 그림자 역할을 했던 거대한 '쓰레기 산' 난지도가 새롭게 태어났다. 코를 쥘 정도의 쓰레기 악취, 철새들과 아이들의 놀이터였던 샛강을 물들인 검은 침출수 등으로 밖에는 기억되지 않던 난지도는 생활 쓰레기와 건설 폐자재 등 9200만t이 매립돼 높이 100m에 가까운 산을 이뤘다. 맑은 물이 흐르던 샛강은 쓰레기와 침출수에 막혀 생명이 끊겨서고 갈대와 포플러 나무가 우거졌던 섬은 먼지와 파리, 악취가 들끓었다.

그렇게 이름마저 파묻힌 섬 나지도가 '월드컵공원'이라는 이름으로 다시 태어났다. 매립 중단 이후 안정화 작업에 들어간 지반 위에서는 새 생명의 싹이 피어올랐다. 월드컵 축구대회 계기로 난지도 일대 105만평을 5개 테마 공원으로 조성, 생태계를 살리고 시민들을 위한 휴식공간으로 개발되고 있다. 지금 이곳은 상암경기장이 훤히 내려다보이는 '하늘공원'과 솔바람이 시원한 '평화의 공원' 등은 이미 월드컵 명소로 자리 잡아 인파가 몰리고 있다.

[사례 10] 산 속의 묵은 땅, 묵전과 묵답

중개업자가 많이 쓰는 말로 묵전(田), 묵답(畓)이라는 말이 있다. 묵전 묵답이란 오래된 묵은 밭과 논을 말한다. 묵전은 대개 깊은 산 속이나 산중턱에 있는데 예전에 화전민이 일구어 먹다가 버려 둔 땅이나, 화전민이 살던 집터가 대지 혹은 밭의 지목으로 남아 있는 것이 보통이다. 1970년도 초반에 전국의 화전민들에 대하여 국방과 임야보호의 취지로 철수령이 내려졌고, 그 이후 길이 없는 깊은 산속에는 묵전이 많이 생겼다. 묵전은 지금은 농사지은 흔적이 전혀 없고 나무가 무성하며, 돌들이 널려 있다. 길도 잘 보이지 않고 경계도 알 수 없으며 지적도 상으로만 남아 있어 찾기조차 힘들다.

또 묵답은 다랭이 논이라고도 하며 대개가 산중턱 등의 천수답이다. 천수답이란 산 중턱에 층층이 놓인 작은 논들로 대개가 자연적으로 산에서 내려오는 물이나 빗물에 의존하여 오랜 옛날부터 농사를 짓던 논들이다. 예전에 농지가 부족하고, 노동력이 풍부할 때는 유용한 논으로 쓰였으나 지금은 다니는 길도 없고, 농기계도 출입할 수 없어 내버려놓는 논들이다. 이런 묵전과 묵답은 대개가 청정한 지역에 위치하고 있어 길을 내고 잘 개발하면 좋은 전원주택지가 될 수 있다.

제5부

나쁜땅 버릴 땅 기피할 땅

제34장 땅모양 주변환경이 나쁜 땅

제35장 접근성과 진입도로가 나쁜 땅

제36장 공법적 제한으로 개발이 어려운 땅

제37장 사법상 제약으로 취득 사용에 지장이 예상되는 땅

나쁜 땅 버릴 땅 기피할 땅

이 세상에 나쁜 땅은 없다

제5부에서는 토지를 선별하는데 있어서 네가티브(negative)하고 감성적인 관점에서 나쁜 땅과 버릴 땅, 기피할 땅, 쓸모없는 땅에 대해 알아보기로 한다. 우선 나쁜 땅이란 무엇인가?

결론적으로 말하여 세상에 나쁜 땅이란 없다고 말할 수 있다.

수많은 동물 중 나쁜 동물이 없고, 수천만 종의 식물에 나쁜 식물은 없다. 각자 신의 섭리에 따라 이 세상에 태어나 나름대로 수만년 간 치열한 생존경쟁에서 살아남은 동물이요 식물이다. 인간에게 가장 혐오감을 주는 동물 중의 하나가 뱀이며 쥐, 전갈 등이라고 보이지만 그건 사람들의 느낌과 판단일 뿐이다. 여름 장마철에 무성하게 자라는 논밭의 풀을 잡초라고 부르며 하찮게 베어버리고 태우지만 따지고 보면 걔네들도 생명을 가지고 태어 나와 종족을 보존하기 위하여 몸부림치며 세상을 살아 나가는 것이다. 우리가 혐오동물이라고 싫어하고 잡아 죽이며, 잡초라고 마구 짓밟는 것은 아디까지나 이기적인 인간의 입장에서 평가하는 것일 뿐이다. 사람에게 유익하냐 안하냐 하는 관점일 뿐이다.

더 비근한 예로 개(犬)를 보자. 인간에게 가장 친근한 개를 보면 두가지 종류가 있다. 좋은 종자로 잘 태어난 운명의 개는 반려견으로서 사람들의 귀여움과 애정을 듬뿍 받고 살고 있다. 반면 사막에는 먹이를 찾아 헤매는 야생 늑대에 유사한 사나운 들개무리가 있고, 사시사철 사철탕 재료로 쓰이는 개들도 있다. 다 똑같은 개인데 말이다. 이들 개가 세상에 태어난 섭리는 동일하겠지만, 차이라면 다만 태어난 환경과 인간에게 관심과 사랑을 받느냐 여부에 따라 그 운명이 달라진다고 할 수 밖에 없다. 그건 사람의 잘못도 개의 잘못도 아닌 것이다.

땅도 마찬가지라고 본다. 세상에 못쓸 땅은 하나도 없다 라고 말해도 과언이 아니다. 땅은 창조주가 우리에게 내려준 고귀한 대자연의 일부다. 산과 계곡과 강과 바다와 호수, 그리고 밀림 초원 사막이나 빙하까지 모두 나름대로 모두 훌륭한 신(神)의 작품이다. 그중 육지부분을 우리는 땅이고 부른다. 그리고 인류는 그 위에 살며 그 땅을 파헤쳐가면서 이용하고 개발하며 매매한다. 그런 땅 중에서 나쁜 땅이라고 우리가 지칭하는 배경에는 분명히 어떤 잣대가 있을 것이다. 그렇다면 그 기준은 무엇일까?

나쁜 땅이란 무엇인가?

나쁜 땅, 버릴 땅, 못쓸 땅, 쓸모없는 땅, 던져야 할 땅, 돈 안되는 땅...............사람들이 땅을 이야기할 때 많은 의문을 가지면서 즐겨 묻는 질문을 모은 것이다. 그런데 이 모든 질문의 답이 모두 동일한 것은 아니다. 분명히 땅은 누군가에게는 쓸모가 있다. 전혀 쓸모없는 땅도 버릴 땅도 세상에는 존재하지 않는 것이다. 그러나 땅도 인간과의 관계에서, 어떤 특정한 용도에 맞지 않는다면, 분명히 나쁜 것이고 버려야 할 것이다.

경제학적으로 보면 분명히 땅은 경제재다. 경제재는 공기와 같은 자연재와 달리 유용성과 동시에 유한성이 있어서 필요 시 사람들이 돈을 주고 사는 재화다. 우리가 땅을 사고 파는 중요한 이유는 땅의 유용성 또는 효용에 있다. 이것을 토지전문가들은 땅의 개발가능성이라고 부른다. 그러나 땅은 용도의 다양성이 있기 때문에 그 활용도는 단지 개발만이 목적이 아니라 있는 그대로 이용하거나 약간의 손을 대어 활용하는 방법도 있다. 또 필요로 하는 이에게 팔아서 돈을 벌기도 한다.

본서는 토지투자서적이다. 그렇다면 땅을 보는 관점과 기준도 토지투자에 맞추어야 할 것이다. 누차 강조했듯이 토지투자의 핵심은 전매차익이나 시세차익 혹은 개발이익을 얻고자 함에 있다. 그리고 이런 모든 경우에 공통적인 핵심은 적기에 투자자금을 회수해야 한다는 사실이다. 투자회수를 위해서는 좋은 값 이전에 우선 잘 팔릴 수 있는 땅이어야 한다. 잘 팔릴려면 일반적으로 사람들이 싫어하거나 기피하는 땅이 아니어야 할 것이다. 그렇다면 결론적으로 좋은 땅이란 잘 팔리는 땅이요, 나쁜 땅이란 사람들이 일반적으로 싫어하거나 기피하는 땅이라는 결론이 나온다.

토지투자 시 기피하여야 할 땅은?

다음에 토지투자 시에 일반인들이 공통적으로 기피하는 땅의 유형을 제시해 본다. 이러한 체크리스트는 결국 땅을 보는 눈에 있어서 입지, 접근성, 진입도로, 규제, 땅값, 전망 등과 같은 궤도에 있는 것이다.

1. 지세, 모양, 향, 지질이 나쁜 땅
2. 진입도로가 없거나 진입도로 내기 어려운 땅
3. 개발비용이 많이 드는 땅
4. 접근성이 안 좋은 땅
5. 주변환경이 안 좋은 땅
6. 위험지역
7. 혐오감을 주는 기피시설에 인접한 땅
8. 규제가 엄해 개발가능성이 없는 땅
9. 용도가 극히 제한된 땅
10. 권리관계가 복잡한 땅
11. 주인이 여러 번 바뀐 땅
12. 불난 땅, 대형참사가 있던 땅, 재수없는 땅, 교통사고·자살·비명횡사·집단살인 등의 이력이 있는 땅은 무조건 회피하라. 흉한 기운이 남아 있을 수 있기 때문이다. 교통사고나 익사사고가 나는 곳은 계속해서 같은 사고가 반복되는 경우가 있다.(속설)

제34장
땅모양 주변환경이 나쁜 땅

1. 땅의 입지 지세 모양이 나쁜 땅

옆으로 높은 산이 감싸고 있는 깊은 계곡에 숨어 있어 하루 종일 일조량이 적은 땅, 이런 땅은 습하고 겨울에 너무 추워서 일반적으로 전원주택지로서는 인기가 없다. 가축을 키우거나 화훼나 약초재배 등 농사짓기도 힘들다. 앞에 산이나 언덕이 가로 막혀 조망이 답답한 땅은 풍수지리를 떠나서 일반인들이 별로 좋아 하지 않는 땅으로 가급적 피하는 것이 좋다. 호숫가에 너무 바짝 붙은 땅도 안개가 많고, 홍수 위험이 있어 일반적으로 좋은 땅이 아니다. 깊은 계곡의 물가에 가까이 붙은 땅도 마찬가지다.

땅 모양이 삼각형이나 칼 모양으로 뾰죽한 것, 자루모양으로 한쪽이 좁아지는 부정형 땅도 재수없다고 하여 별로 인기가 없다. 땅의 향은 건축물에 따라 다른데, 전원주택지는 남향, 동남향, 서남향을 선호하고, 북향이나 서북향을 가장 꺼린다. 일조량과 난방문제 때문이다. 그러나 요즈음은 태양열주택이나 지열난방 등 난방이 많이 보급되어 있어서 전망을 위주로 선택하기도 한다. 반면 연수원 종교시설 기도원 모텔 유통시설 병원 요양원 등 일반시설에 있어서는 향(向)이 그다지 문제되지 않는다.

예전부터 땅의 지세는 풍수지리와 밀접한 관련이 있어, 아직도 땅을 볼 때 풍수지리를 따지는 사람들도 있다. 택지에 관한 풍수지리에서는 배산임수(背山臨水)와 전저후고(前低後高)의 입지를 선호한다. 전저후고란 전면은 평평하고 넓으며 남쪽의 따뜻하고 좋은 기가 모여야 하고, 뒤쪽은 북풍한설을 막을 수 있도록 앞쪽보다 조금 높은 땅을 말한다.

경사도가 높은 산지는 개발이 불가능하다. 우리나라 산지관리법과 지방자치단체의 도시계획조례에서는 평균경사도가 최대 25도가 넘는 산지지역의 개발이 전면 금지되고 있어, 이런 지형을 가진 땅은 특별한 용도가 아닌 한 투자가치가 없다. 또한 해발 300m 이상의 산은 5부능선 윗 지역은 고도제한을 받아 개발이 불가능하므로 이런 땅을 전원주택지나 개발지로 잡으면 안된다.

2. 땅의 기반과 지질

주말농장에 약초를 재배하거나 과수를 심고, 조림을 하는 경우 배수가 잘되고 부식토 등이 많다면 좋다. 또 석회분이 많은 땅은 마늘이나 수박 등에 좋다. 지질이 나쁜 땅, 너무 습한 땅, 지반이 암석인 땅은 피해야 한다. 특히 지반이 온통 바위인 경우 농사는 물론 집조차 지을 수 없어 피해야 한다. 홍수 태풍피해가 빈번한 지역이나 전에 간석지 간척지인 경우에도 지반이 무르기 때문에 잘 살펴보아야 한다. 상수도가 구비 안되어 있는 외딴 지역에서는 지하수를 끌어 올수 있는지, 양질의 식수가 나오는지 등을 미리 탐문조사해야 한다. 전에 쓰레기나 폐기물의 매립장이었던 곳도 기피물건이다. 인근에 지하 땅굴이나 대형공사장이 있는 경우에도 동공(洞空)이나 균열 함몰 등 지반에 문제가 있을 수 있어 특히 유의해야 한다.

3. 입지 상 용도가 극히 제한된 땅

공단 내 공장 옆 나대지, 주택가 공지, 학교 앞 공지 등은 땅값만 비싸고, 딱히 쓸만한 용도가 마땅치 않으므로 투자대상으로 적합하지 않다. 지구단위계획이 수립되어 있는 지역 내의 땅도 이미 용도가 지정되어 있으므로 가급적 투자를 안하는 것이 좋다.

4. 개발비용이 많이 드는 땅

절벽, 급경사지, 암반, 함몰지, 포락지, 습지 등은 토목공사 등 토목공사비나 자재 비 장비비 인력수송 등 개발비용이 많이 드는 땅이므로 특별한 목적이 아니라면 피하는 것이 좋다. 바윗돌과 수목이 많은 산지, 돌섬, 무인도 섬 등은 개발에 많은 장비와 인력이 소요되어 공사비 부담이 만만치 않아, 중도에 공사를 포기하는 경우도 많다.

5. 위험지역 소음지역

중장비주기장, 폐차장 근처, 채석장, 레미콘공장 주변은 대형차량이 많이 출입하고 소음이 심해 기피지역으로 꼽힌다. 주유소, 유류 고압가스저장소, 발전소, 화학물질제조공장 인근은 폭발이나 대형화재의 우려가 있다. 선하지(고압송전선 아래에 있는 땅), 송전철탑, 변전소, 고속도로 교각, 고속철도 교각 인근은 위험지역으로 되어있다. 사격훈련장, 예비군훈련장, 비행장 주변지역은 위험하기도 하지만, 하루 종일 소음에 시달려 인기가 없는 지역이 된다. 홍수 다발지나 산사태 위험 예상지는 기피물건으로 인정된다.

6. 기피시설 혐오시설 주변 땅

공동묘지, 장례식장, 화장장, 폐기물매립장, 쓰레기소각장, 하수종말처리장, 폐광지 대규모 축사, 가축분뇨처리공장, 도축장, 축사분뇨 비료공장 가죽공장 등 공해유발 공장 등은 혐오감을 주는 기피시설로 인정되어 이들 시설에 인접한 땅은 인기가 없고, 땅이 잘 팔리지 않는다. 따라서 이런 기피시설에 인접해 있는 땅은 아예 구입하지 말고, 가지고 있더라도 빨리 처분하는 것이 바람직하다.

■ 혐오시설 기피이유

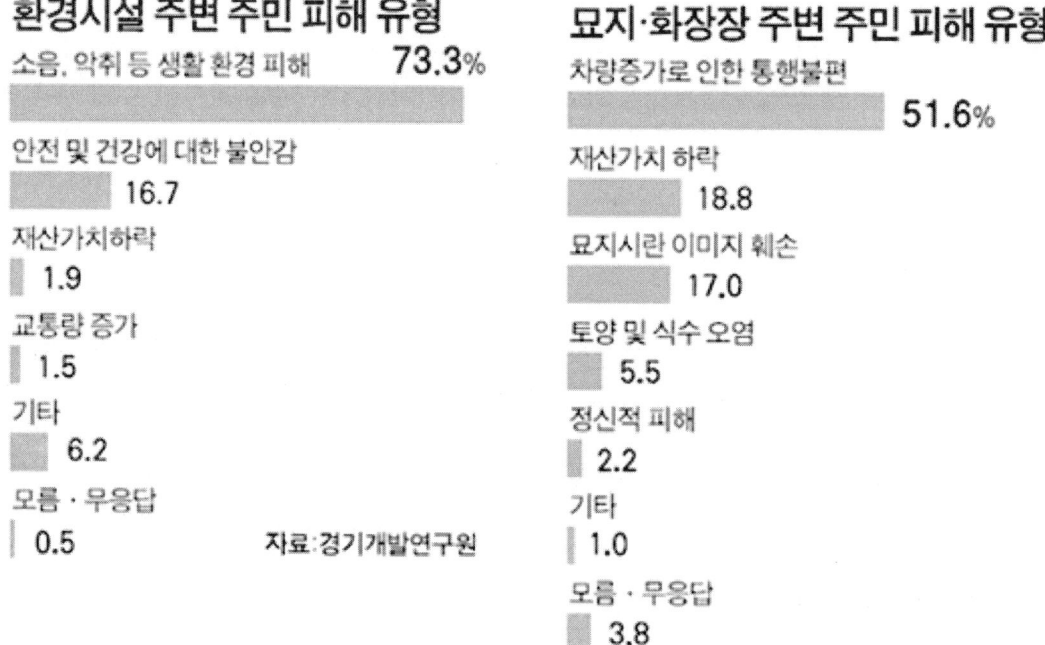

제35장
접근성과 진입도로가 나쁜 땅

1. 접근성은 땅값을 좌우한다

입지 접근성 도로

통상 토지에 이르는 거리와 시간 그리고 편이성을 접근성(接近性, accessibility)이라는 말로 표현한다. 접근성이 좋은 땅은 사람들이 쉽고 빨리 갈 수 있어 이용도가 높아지며 따라서 땅값도 오르게 된다. 접근성은 대체로 도로에 의해 결정된다. 여기서 도로란 단지 고속도로 국도 지방도 등 일반도로 뿐만 아니라, 철도 지하철, 운하, 바다항로 등 사람이 이동할 수 있는 모든 수송수단을 포함한다.

강원도 땅을 보면 수도권 특히 서울 강남으로부터 멀리 갈수록, 도로와 교통이 불편할수록 땅값이 떨어지는 현상이 있는데, 접근성이 땅값에 반영되는 좋은 예라고 할 수 있다. 높은 산속의 임야라던가 무인도 섬 등은 경치는 좋겠지만 거기에 갈 방법이 없거나, 매우 힘들어 땅값이 형성 안 되고, 거래를 하지 못하는 것도 접근성의 한 예라고 할 수 있다. 접근성을 개선하거나 좋게 하려면, 새로 도로를 뚫거나, 도로를 넓히고 직선화하며, 포장을 하는 방법이 가장 효과적이다. 그 중 고속도로는 안전성 정시성 신속성 편이성이 우수하여 접근성을 높이는 가장 강력한 소재가 된다.

접근성은 심리적인 것도 있다

접근성은 대개 거리와 소요시간 등 신속성 그리고 편이성 안정성 매력성 등을 기준으로 좋다 나쁘다를 가린다. 그러나 사람들이 어느 특정지역의 접근성을 생각할 때는 과거의 경험 지식이나 추억 혹은 상상으로 인하여 잘못된 편견을 가지는 경우가 많다. 먼 길도 자주 다니는 사람에게는 멀다고 안 느껴지겠지만, 가까운 길도 처음 가거나 간혹 가게 되면 생소하고 서툴러 접근성이 안 좋은 땅으로 생각하는 경우가 드물지 않다.

접근성은 땅값을 좌우한다

어느 토지의 땅값은 접근성에 의하여도 많은 영향을 받는다. 아무리 마음에 들고 매력적인 땅도 너무 멀리 떨어져 있거나, 가는 길이 불편해 많은 시간이 소요된다면 사람들은 "좋지만 너무 멀어서..."란 생각에 선택을 포기하고 만다. 접근성은 토지구입 선택에 중요한 요소가 되는 것이다.

접근성을 결정하고 판단하는 가장 중요한 요소는 도로다. 도로는 접근성을 개선한다. 길이 뚫리면 접근성은 좋아지고, 굽은 허리 양편에 있는 땅은 직선도로가 나면 접근성이 대폭 좋아진다. 통상 철도보다는 도로가 접근성 개선효과가 크다. 또 시골의 땅을 보면 산을 가기 위해 마을에서 비포장 소로로 10분 이상 몇 Km나 들어가는 경우가 있는데, 아무리 경치가 좋아도 개발 여부를 떠나 접근성이 나빠 인기가 없다.

2. 진입도로가 없거나 새로 내기 어려운 땅

토지활용에서 가장 중요한 것이 건축행위인데, 건축을 하려면 반드시 건축법에서 정하는 진입도로가 확보되어야 한다. 그리고 이 진입도로의 폭과 길이는 다른 개별법에 의해 강화되어 있는 것이 많다. 따라서 진입도로가 없는 맹지는 개발이 안되는 땅이다. 이와같이 진입도로는 개발가능성 점검의 출발점이다. 땅테크하려는 땅은 반드시 진입도로가 확보되어 있어야 하며, 맹지는 금물이다. 왜냐하면 진입도로가 확보되어야 건축허가를 받을 수 있기 때문이다. 따라서 투자의 대상이 되는 토지는 진입도로가 반드시 확보되어, 바로 개발이나 활용이 가능한 땅이어야 한다. 진입도로가 없는 소위 맹지는 누구나 기피하고 있어, 제값을 받기 힘들며, 투자회수가 매우 어렵다.

맹지의 전형적이 예로 산속의 산, 다른 사람 밭을 지나야 올라갈 수 있는 산, 논 가운데의 논, 천수답, 개울 건너의 밭 등 우리가 흔히 보는 농촌의 논 밭 임야에는 맹지가 많다. 길가에서 보면 맹지가 아닌 것처럼 보이지만 완충녹지에 가로 막힌 토지나 자동차전용도로변 토지도 맹지인 경우가 많다. 바둑판식으로 분할한 기획부동산의 조각 땅도 전형적인 맹지라고 볼 수 있다.

진입도로가 없는 땅은 맹지(盲地)는 잘 팔리지 않고, 땅값도 길가 의 땅에 비해 50% 내지 70% 밖에 받을 수 없어 투자대상토지로는 원칙적으로 피해야 한다.

제36장
공법적 제한으로 개발이 어려운 땅

1. 공법적 제한으로 개발이 어려운 땅

　땅의 진정한 가치는 다양한 용도와 개발가능성에 있다. 땅값은 용도의 다양성과 활용의 범위에 따라 결정되는 것이다. 따라서 개발이 불가능하거나, 매우 어려운 땅은 거래가 안되기 때문에 투자가치가 없는 땅으로 보아야 한다. 개발이 불가능한 땅은 입지적 지형적으로 개발이 어려운 땅과 토지규제측면에서 인허가가 불가능한 땅과 개발이 전혀 불가능한 것은 아닐지라도 일반인이 입지적 지형적으로 개발하기 어려운 땅으로 구분할 수 있다.

　규제측면에서는 군사통제보호구역, 상수원보호구역, 자연공원구역(핵심지역), 문화재보호구역, 생태계보전구역, 백두대간보호구역과 같은 곳은 공공목적의 필요성에 의하여 보존의 필요성이 강하여 개발이 전혀 불가능하거나 심한 개발규제를 받고 있어, 투자처로는 적당치 않다. 또 입지적으로 육지에서 멀리 떨어진 무인도라던가, 지형적으로 고산지역이나 돌이 많고 경사가 가파른 악산(惡山)은 개발이 불가능하다.

　무인도는 대개가 자연환경보전지역과 군사시설보호구역에 묶여 있고, 무인도 관리에 관한 법률의 개발제한을 받으므로, 거래가가 형성되어 있지 않고, 거래가 거의 이루어지지 않으므로 단지 취향으로 취득하는 것은 모르나, 투자로 취득하는 것은 금물이다. 국립공원이나 도립공원 등에 있어서 공원구역 중 공원자연지구나 공원환경지구와 같은 핵심구역은 일반인이 개발할 수 있는 여지가 없으므로 투자가치가 전혀 없을 것이다. 또한 경사도가 심힌 산은 산지관리법 상 개발 시 평균경사도 25도 제한 규정에 걸려, 개벌이 불가능하다.(지자체에 따라 경사도 제한은 더 가중되는 경우가 많다) 해발 300m 이상되는 산악지역에서 5부 능선 위의 지역도 산지관리법 상 고도제한을 받아 건축이 불가능하므로, 투자기피물건이 된다. 50년 이상된 조선소나무가 많은 임야도 개발이 어렵다.

2. 개발이 불가능한 땅은 투자해서는 안된다

개발이 불가능한 토지는 임야에 있어서 특히 많다. 백두대간보호구역 산지전용제한지역 등 특수한 공익용산지는 전혀 개발가능성이 없다. 경사도와 고도가 심한 임야, 수십년된 소나무와 잣나무가 울창한 임야, 숲이 무성한 임야는 개발이 거의 불가능한 임야로 투자대상으로는 피해야 한다. 산림보호구역(구 보안림)의 대부분 지역에서도 건축행위가 제한된다.

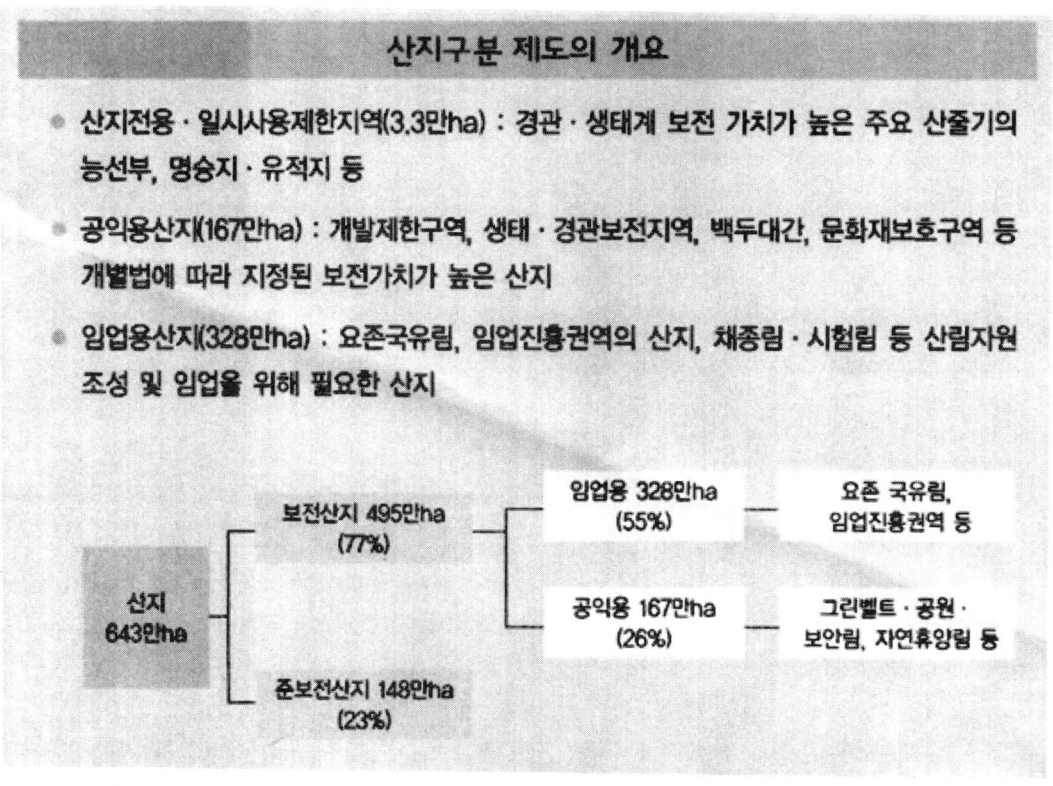

자연공원 핵심구역인 공원자연보존지구, 공원자연환경지구, 공원문화유산지구는 공원자연환경보존의 목적이 강하여 투자가치가 없다. 그러나 자연공원구역 중에서도 공원마을지구(예. 설악산 설악동)는 마을이 형성된 지역으로서 주민생활을 유지하는 데에 필요한 지역으로서 개발이 광범위하게 허용되어 있어서 투자가능성이 있다. 비오톱1등급 토지, 하천저촉 토지, 도로구역 등은 전혀 개발가능성이 없다.

통제보호구역과 DMZ 내 토지
군사시설보호구역 중 통제보호구역과 DMZ 내 토지는 지목 여하를 불문하고 정상적인 투자대상이 되지 않는다. 간혹 투기대상이나 장기투자대상으로 군사분계선 인근토지와 DMZ 내 토지를 구입하는 경우가 있는데, 정상적인 투자는 결코 아니다. 남북통일 후에도 DMZ지역 대부분은 평화공원벨트로 지정하는 장기플랜이 있기 때문이다. 또 향후 남북관계의 변화를 고려하여, 민간인통제선 이북지역 산지의 지역적 특수성을 감안한 특별법을 제정하여, 생태가 우수한 지역은 보전하고 산지전용이 필요한 지역은 계획적·생태적으로 산지전용토록 하였다. 민통선 이북지역 산지관리 특별법은 2012년 4월5일부터 시행되고 있는데, 이 법에서는 민간인 통제선 이북지역 산지 중 지적공부에 등록되지 아니한 산지는 **공익용산지**로 지정된 것으로 보도록 하고, 민북지역의 산지 중 10년생 이상의 입목이 생육하고 있는 산지에 연접한 농지 등 임야 외의 토지(1.000㎡ 이상)는 보전산지 중 **임업용산지**로 지정된 것으로 본다.

<DMZ 평화공원 벨트 구상지도>

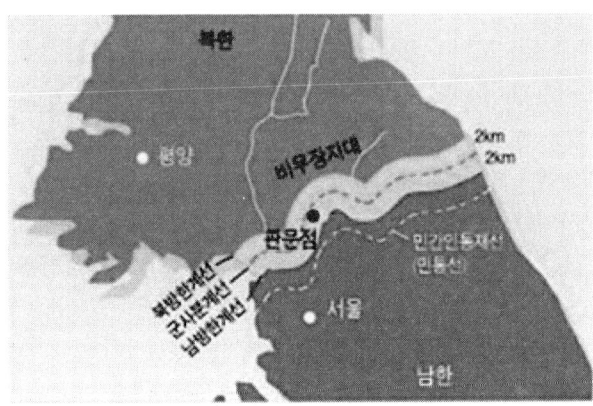

3. 용도가 극히 제한되거나 입지적 지형적으로 개발이 어려운 땅

100% 개발이 금지된 것은 아니지만, 용도가 극히 제한되거나 입지적 지형적으로 개발이 어려운 땅의 예로는 그린벨트 임야, 고도제한을 받는 제한보호구역, 군용비행장 주변지역, 군 동의가 필요한 제한보호구역의 토지, 연접개발에 걸리는 임야, 미집행 장기 도시계획시설 용지 등을 예로 들 수 있다.

그린벨트 임야

그린벨트 땅은 대개 도시에 인접한 주변지역에 있어 접근성이 좋고, 해제에 대한 기대와 해제 시 높은 시세차익을 얻을 수 있으며, 도로 주택단지 공사 등으로 이축권이 생길 수 있어 사람들이 투자대상으로 많은 관심을 가진다. 그러나 그린벨트에는 투자처로 부적합한 많은 위험과 함정이 도사리고 있어 주의를 요한다.

그린벨트는 기대하는 만큼 빠른 시일 내에는 해제되지 않으며, 해제범위도 예측하기 어렵다. 또 그린벨트 토지는 활용과 개발이 매우 까다롭다. 특히 그린벨트 임야는 법에 원칙적으로 개발을 하지 않아야 한다는 규정이 있고, 기존의 도로나 수도 전기 개스 등 인프라가 없으면 개발하기 어렵다. 또 그린벨트는 해제 후에도 규제가 있어 개발이 자유로운 것은 아니다. 일반인이 기대하는 이축권의 발생 판단은 매우 어렵기 때문에 사전에 이축권 발생 여부에 대한 정밀한 검토과정이 필요하다. 또 수도권 일부 지역(광주, 하남, 시흥, 고양 등)의 경우 그린벨트 일부는 토지거래허가구역으로 중복 지정되어 있어, 취득절차도 만만치 않다. 따라서 그린벨트 투자는 신중한 접근이 필요하다.

군사시설 제한보호구역의 군 동의 절차가 필요한 경우
다음의 예를 보자(과거 기사 인용)

군부대 동의 못 받아 8억원 묶여

인천에서 작은 주유소를 하던 강모씨는 매출감소로 고민하다 새로 음식점을 차리기로 결심하고 김포에서 마땅한 땅을 찾던 중, 한 중개업소에서 김포신도시가 들어서면 유동인구가 늘고 투자가치도 상승할 수 있다는 추천과 함께 급매물로 나왔다는 김포 하성면 땅을 소개받았다. 대상지는 2차선 도로변 농지인데도 주변시세보다 저렴한 평당 80만원 수준이었고, 강씨는 8억원에 1000평을 매입했다. 그러나 음식점 건축을 위해 농지전용허가신청을 내려 김포시에 갔더니, 이곳은 군사제한보호구역이라 군부대 동의를 받아야 한다는 것이었다. 그러나 군에서는 용도를 전환해 줄 수 없다는 통보를 해왔고 결국 8억원이나 투자했지만 아직까지 사업을 시작하지 못하고 말았다. 현행법에서 군사시설보호구역 중 제한보호구역 내에서 건축을 하려면 건축법뿐만 아니라 군사시설보호법에 따라 관할 부대를 통해 동의(허가)를 받아야 한다. 그러므로 토지를 매입하기 전에 반드시 해당 용도에 건축을 하기 위한 군부대의 동의가 확실히 나올 수 있는지를 사전에 파악해야 한다.

고도제한을 받는 제한보호구역, 군용비행장 주변지역

군용비행장 주변지역과 제한보호구역에서는 지역에 따라 8m(2층) 혹은 15m(4층)의 고도제한을 받는다. 국도 도로변 땅은 일반적으로 비싼데, 고도제한과 층고제한을 받으면 경제성이 없어 사려는 이가 드물게 된다.

축사신축 시 제한지역

축사를 하려 한다면, 축사가 금지 또는 제한되는 지역에 투자해서는 안된다. 대규모 축사의 신축이 허용되지 않기 때문이다. 현행법 상 배출시설설치제한지역, 축사신축제한지역, 상수원보호구역, 수변구역 등에서는 축사 신축이 허용되지 않는다.

교육환경보호구역

학교보건법에 의하여 학교 주변 일정 거리 내에는 청소년유해시설이 들어 설 수 없도록 되어 있다. 이를 교육환경보호구역이라고 하며, 절대보호구역과 상대보호구역이 있다. 따라서 땅을 사서 근린생활시설 위락시설 숙박시설을 지어 임대할 계획인 경우에는 이런 저촉사항이 없는 땅을 사야 할 것이다. 다만 학교정화구역 내일지라도 단독주택을 짓거나, 상가 임대 등 수익성과 관련이 없는 건축물을 짓는다면 상관이 없을 것이다. 학교에는 유치원부터 대학까지를 포함하고, 도시지역 여부를 불문하기 때문에, 아파트단지를 비롯해 곳곳에 학교정화구역이 설정되어 있다. 절대보호구역은 학교 정문에서 50m 이내 지역, 상대보호구역은 학교 담 등에서 200m 이내 지역에 지정한다.

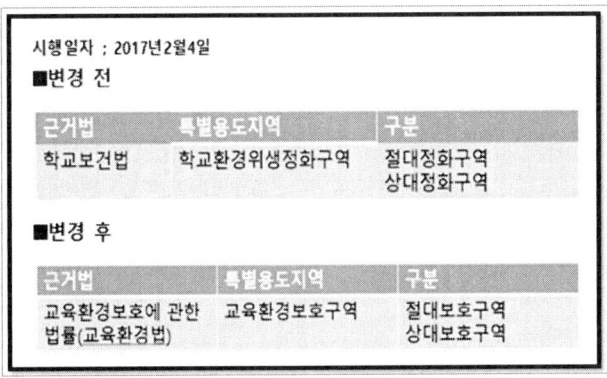

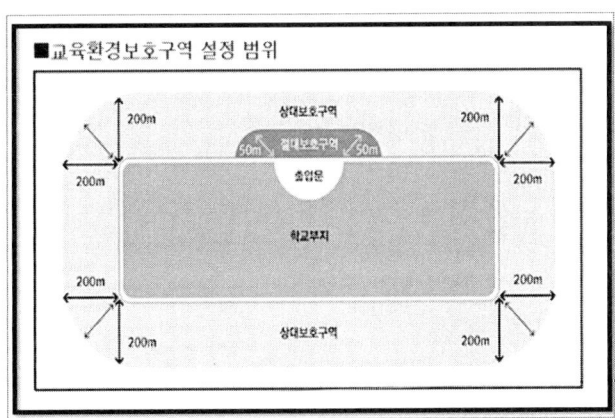

제37장
사법상 제약으로 취득 사용에 지장이 예상되는 땅

1. 분쟁이 예상되는 땅

취득과정이나 취득 후에도 분쟁이 예상되는 땅은 일반투자자가 특별한 법률전문지식이 없거나 전문가의 도움없이 해결하기 어려우므로 기피할 땅으로 꼽는다. 예를 들면 현재 경 공매 중인 땅, 소송 중인 땅, 압류 가압류 가처분등기가 붙은 땅, 유치권 분쟁이 있는 땅, 사망자 명의로 되어 있는 땅, 종중명의의 땅은 거래하지 않는 것이 좋다. 분쟁에 휘말려 오랜 시간과 많은 비용이 들 수도 있기 때문이다.

등기부상 사망자가 소유권자로 되어 있는 땅은 법정상속인과 계약을 해야 하는데, 상속인의 범위와 상속비율이 명확하지 않고, 또 상속인 전원의 동의와 명의로 해야 하기 때문에 복잡한 분쟁으로 발전할 수 있어 피하는 것이 좋다. 꼭 마음에 든다면 상속등기 이후에 등기부 상 상속인과 계약을 추진해야 할 것이다.

2. 사법상 제약으로 취득 사용에 지장이 예상되는 땅

다음과 같은 땅은 사법적 제한으로 일반적으로는 투자하기 어려운 토지로 인정된다.

① 법정지상권이 있는 건물이 존재하는 땅
② 묘지가 많이 있는 땅, 분묘기지권이 있는 땅
③ 바둑판식으로 잘게 쪼갠 기획부동산 공유지분토지

상세한 설명은 ①에 관하여는 본서 제6부 제46장 지상권주택, ②에 관하여는 가야 토지시리즈 제6권 제46장 산에 있는 묘지의 처리대책과 분묘기지권, ③에 관하여는 본서 제6부 제42장 토지분할이 제한되는 땅 참조

제6부

토지투자의 함정

제38장 지적불부합지

제39장 비오톱1등급토지

제40장 맹지

제41장 토지사용승락서의 위험성

제42장 토지분할 제한 토지

제43장 종중 땅

제44장 명의신탁 투자신탁된 땅

제45장 그린벨트 땅

제46장 지상권주택

제47장 경사도가 심한 산

제48장 연접개발제한을 받는 임야

제49장 장기미집행 도시계획시설

토지투자의 함정

제6부에서 다루는 토지투자의 함정은 12개장에 걸쳐 다음과 같은 순서로 설명한다.

제38장 지적불부합지
제39장 비오톱1등급토지
제40장 맹지
제41장 토지사용승락서의 위험성
제42장 토지분할제한 토지
제43장 종중 땅
제44장 명의신탁 투자신탁된 땅
제45장 그린벨트 땅
제46장 지상권주택
제47장 경사도가 심한 산
제48장 연접개발제한 임야
제49장 장기미집행 도시계획시설

제38장
지적불부합지

1. 지적불부합지란?

지적불부합지란 지적공부에 등록돼 있는 소재, 지번, 지목, 경계, 면적, 위치, 소유자가 실제 현황과 서로 일치하지 않는 토지를 말한다. 그 외에 이러한 기재사항들이 지적공부 간에 상이하거나 자적공부와 등기부 등 토지공시부와 불일치하는 경우도 모두 지적불합지라고 한다. 종전 지적법에서는 이러한 토지를 인정하여 "지적불부합지"라 칭하고 있었다. 현행 지적법에서는 "등록사항정정대상 토지"라 규정하고 있다.

지적이라 함은 토지의 지번·면적·경계·권리관계 등을 밝혀 주는 국가에서 작성한 공적인 등록장부를 말하는 것으로, 이러한 지적공부에 기재된 사항은 당연히 실제와 일치하여야 한다. 그러나 현실에서는 장부와 실제 또는 장부 간에도 일치하지 않는 경우가 자주 발생한다. 지적공부상의 경계·면적과 실제 현지의 경계·면적이 부합하지 않는 지적불부합지 면적은 2008년 말 현재 총 554만 필지로 전국 3,760만 필지의 약 15%에 달하고, 면적으로는 6,154km²로 서울시 면적(605.25km²)의 10배에 이른다. 지적불부합으로 인하여 경계분쟁에 연간 소송비용 약 3,800억 원, 경계확인측량으로 연간 약 900억원이 국민부담으로 가중되고 있다.

지적불부합지의 경우에는 주변 토지소유자의 동의나 확정판결 없이는 매매 수용 및 대출도 어렵게 된다. 개발행위도 애를 먹는다. 이처럼 지적불부합지는 국민의 토지거래 상에 많은 불편과 분쟁을 야기하기도 하므로, 토지매입 시에 꼼꼼히 확인 대조해 보아야 할 사항이라고 할 수 있다.

[행정판례]
지적불부합 토지는 수용할 수 없다.

지적불부합관계에 있다면 위 토지들의 위치와 상호간의 경계를 전혀 확인할 방법이 없어 수용되는 토지부분이 물리적으로 특정이 가능하다고 하더라도 과연 어느 토지가 얼마만큼 수용의 목적물이 되는지를 알 길이 없으므로, 먼저 적법한 절차를 거쳐서 위치와 경계가 확정되지 아니하는 이상 수용할 수는 없다.

임야도상 위 분할전의 토지만 표시되어 있을 뿐 거기로부터 분할된 이 사건 토지가 표시되어 있지 아니하고, 또한 분할 전의 토지가 같은 동 429-1, 430-1, 430-2 및 430-3 등의 토지와 사이에 지적불부합 관계에 있다면, 위 토지들의 위치와 상호간의 경계를 전혀 확인할 방법이 없이 수용되는 토지부분이 물리적으로 특정이 가능하다고 하더라도, 과연 어느 토지가 얼마만큼 수용의 목적물이 되는지는 알 길이 없으므로, 먼저 적법한 절차를 거쳐서 위치와 경계가 확정되지 아니하는 이상 이를 수용할 수 없다고 할 것이다.

사업시행자가 여러 정황을 토대로 하여 이 사건 토지의 위치와 경계를 상세도면 및 용지도에 특정하여 이를 근거로 수용대상 토지와 그 지분을 선정한 것으로 보이나, 그 신빙성을 확인할 방법이 없을 뿐만 아니라 그 절차에 지적정정에 갈음하는 효력을 부인할 수는 없다고 할 것이므로 위와 같은 도면을 근거로 하여 수용의 목적물을 특정할 수 없다. 따라서, 위치와 경계가 특정되지 아니한 토지의 일부분을 임의로 지분을 정하여 수용한 이 사건 재결은 위법하다. (서울고법 2007. 12. 27. 선고 2007누12769)

지적불부합지의 발생원인

이러한 지적불부합지의 발생원인으로는 지적측량의 착오, 측량원점의 통일성 결여, 도면축척의 다양성, 행정구역 경계의 목측 등록, 지적도면 관리의 부실, 지적도면 재작성의 부정확, 지적복구의 오류 등 여러 가지가 있다.

이러한 불일치원인은 지적공무원의 작성 상 착오도 있겠지만, 원천적으로 과거 100년 이상 누적되어 온 결과로 볼 수 있다. 현재의 지적공부는 100년 전 일제 강점 초창기에 일본인에 의해 작성된 토지 및 임야조사령에 의해 작성된 종이지적의 형태를 유지하고 있어 당시 측량기술의 부정확성, 종이의 마모 훼손 등으로 인해 누적된 결과라고 할 수 있다.

지적불부합지의 정리방법

지적불부합지는 그 토지의 진실한 위치, 면적, 경계 등을 알 수 없고, 인접토지와의 권리 및 이해관계가 대립되고 등록된 토지의 면적, 경계, 위치 등이 달라지기 때문에 감정에 있어서도 실제 그 토지를 특정할 수가 없다. 지적소관청은 지적불부합지를 발견하면 토지거래상의 안전을 해치고 권리행사가 부정확 또는 불공정하게 이루어지는 것을 막기 위하여 해당 필지에 대하여 "등록사항정정 대상토지"라고 등록하고 일체의 토지분할 등 측량을 수반하는 사항과 지목변경 등 모든 지적정리사항을 정지하게 된다.

지적관련법(측량·수로조사 및 지적에 관한 법률 제84조)은 지적불부합지의 문제를 해결하기 위한 방법으로서 인접 토지소유자의 승낙 또는 법원의 대항력 있는 확정판결을 얻는 방법만을 규정하고 있다. 지적불부합지의 정리에 관한 민원은 시군구청 지적과에서 담당하고 있으므로 담당공무원과 협의하여 처리한다.

- ■ 정정대상
  - 경계정정: 면적에 관계없이 경계만 변경된 경우
  - 위치정정: 면적증감 없이 위치만 변경된 경우
  - 면적정정: 경계와 위치의 변경없이 면적만 변경된 경우
  - 오기정정: 지적공부정리 중에 잘못 정리되었음을 발견하고 정정하는 경우

- ■ 지적재조사사업

지적불부합지를 정비하여 새로운 디지털 지적정보를 구축할 수 있는 지적재조사사업의 실시근거 및 절차규정을 위한 제도적 기반을 조성하려는 취지로 지적재조사사업을 위한 특별법이 제정되었다.[지적재조사에 관한 특별법 2011.09.16제정]

2. 지적불부합지의 유형

현재 나타나고 있는 지적불부합지는 대체로 다음과 같이 분류해 볼 수 있다.
1. 지적상지목과 현황지목의 차이
2. 지적도상 위치 경계와 실제 위치 경계의 차이
3. 지적상 면적과 실제면적의 차이
4. 토지대장과 임야대장의 면적 차이
5. 토지대장 임야대장과 토지등기부의 면적 소유자 차이

일반적으로 지적불부합지가 많이 발생하는 곳은 주로 도로나 법정행정구역 경계선으로, 한쪽에서 측량을 시작하다 보면 나중에 몰리는 쪽이 과부족 현상이 나타나게 되는데 이때, 도로나 행정구역 경계선은 움직일 수 없는 경우로 불부합이 발생하기 쉬운 지역이다. 지방 어느 일부 지역의 경우 정밀지적측량 결과 마을전체가 몇십㎝ 씩 기존 경계에서 물러나 있다는 말도 있다.

3. 지적불부합지의 매매계약시 유의사항

　지적불부합지로 확인된 토지를 매입하는 경우에는 우선 불일치하는 부분이 무엇이냐에 따라 대응방법이 달라질 것이다. **가지번(假地番)**이 주변에 있는 경우에는 매입하지 않는 것이 좋으며, 지적상 경계나 면적이 현황과 다른 경우에는 특약사항을 활용하여 사전에 조정하여야 한다. 우리나라에서는 매매 전 측량을 하지 않는 것이 관례로 되어 있고, 공인중개사에게도 측량의 의무가 없기 때문에, 만일 지적불부합지로 의심이 가는 경우에는 사전에 측량해 보고, 결과에 따라 매도자 매수자 간에 가격조정을 하는 것이 좋다. 특히 도심지의 고가 땅이거나, 하천변 강변 호숫가 땅이 함몰되어 버린 우려가 있는 땅은 반드시 측량하는 것이 좋다. 측량을 안 하는 경우에도 매매토지의 지변과 면적수량(m^3)을 반드시 병기하여 정산하는 것으로 해두는 것이 안전하다.

4. 지적불부합지 사례와 대책

[사례1] 토임(토지임야) – 법정지목과 현황지목이 다른 경우

[질문]
　토지매입현장을 가다 보면 가끔 토임 또는 토지임야란 용어를 듣곤 하는데 그 정확한 의미를 모르겠습니다. 토임이란 임야인가요? 아니면 밭인가요?

[답변]
　토지매입을 위한 현장답사 또는 상담시 중개업소에서 가끔 "이 땅은 임야인데 토임으로 되어 있다"는 말을 듣는 수가 있습니다. 토임(土林)이란 토지임야의 약자로서 지목상으로는 여전히 임야입니다. 다만 분명한 경계와 지적도상 도로를 확인하기 위하여 그 부분의 임야도를 다시 확대하여 그 축적을 크게 한 지적도로 옮겨 놓은 임야를 말합니다.(이것을 등록전환이라고 한다) 왜냐하면 통상의 1/3000 또는 1/6000의 임야도에서는 대상 토지가 너무 작게 그려져 있어 그 경계와 도로를 확인하기 어렵기 때문입니다. 통상 평평한 지반 상태의 1000평 미만 소규모 임야에 적용되고 있지만, 제법 넓은 임야도 있습니다.

　우리가 지적도나 임야도를 보는 이유는 세가지로 볼 수 있습니다.
　첫째는 대상토지의 위치를 확인하는 것입니다.
　둘째는 주변토지와의 경계와 모양을 확인하는 것입니다.
　세째는 대상토지에 이르는 도로상태와 또 도로에 접하였는지 여부를 확인하는 것입니다.

통상의 임야도는 1/3,000 또는 1/6,000로 되어 있어 임야에 붙어 있거나 임야에 위치한 작은 다른 지번의 임야인 경우에는 이 세가지가 모두 여의치 않습니다. 따라서 이 경우에는 대상토지를 중심으로 1/500~1/1,200의 확대된 지적도를 작성할 필요가 생깁니다. 임야인데도 임야도 뿐 아니라 지적도를 새로 만든다는 말입니다. 즉 지적도가 작성된 임야를 토지임야라고 부르게 됩니다. 이런 토지는 임야도 외에 지적도를 떼어야 정확한 위치와 경계 및 도로를 알 수 있습니다.

토지임야의 특징

토지임야의 특징을 보면 대개 1,000평 미만의 평탄한 지반의 소규모 임야를 매매하거나 산지전용을 하고자 할 때에 소유자의 신청에 의하여 새로운 측량 후 도면을 작성하게 된다. 토임의 지번에서는 앞에 산(山)자가 없어지고, 그냥 지번에 뒤에 임(林)자가 붙는다. 토임의 지적공부를 뗄 때는 임야대장과 임야도를 떼는 것이 아니리, 지적도와 토지대장을 발급받아야 한다. 예전부터 사실상 형질변경되었거나, 대개 언덕이라 할 만큼 지세가 낮고 따라서 대개 논밭이나 마을주변에 소재한 연고로 임야도에 등재를 아니하고 지적도에 등재한다.

임야를 등록전환하려면 농지, 대지, 기타 목적으로 형질변경허가를 받아 준공을 한 후 지목변경과 함께 등록전환을 하게 된다. 그러나 지목은 임야인데 실제로는 오래 전의 불법개간으로 농지로 사용되는 경우도 있는데, 이런 경우는 현황에 입각하여 농지로 등록전환이 될 수도 있다.

토임은 주변의 토지이용상황으로 보아 순수임야와 구분되며, 주로 경작지 또는 도시주변에 위치해 있는 구릉지와 같은 임야로서, 택지. 공장용지. 농지 등으로의 이용이 가능한 임야로서, 산지번이 붙은 순수임야보다는 개발이 수월하고 이용가치나 투자가치가 상당히 높다고 볼 수 있다. 전·답 등 농지는 사후관리 등 농지법의 대상이 되나, 토임은 농지관리의 대상도 아니고, 대개 관리지역에 속할 가능성이 많다. 그러나 개발행위를 위한 절차는 일반 임야와 똑같다. 토임의 개발 시에는 필요에 따라 임야에 관한 산지 규정을 적용하거나 혹은 농지법의 규정을 적용하여 전용 후 주택을 지을 수 있다.

임야를 주장하는 경우에는 산지전용허가와 건축신고로서 신축을 하게 되고, 농지를 주장하는 경우에는 먼저 농지(밭)으로 지목변경 한 후에 농지전용 및 건축신고로서 주택을 지을 수 있다. 만일 집을 지으려는 경우에는 일반적으로 임야를 주장하여 바로 산지전용을 하는 것이 농지전용보다 절차도 간단하고, 비용도 적게 들 것이다. 농지전용비용의 부담과 지목변경의 번거로운 절차를 거치지 않아도 되기 때문이다.

등록전환

　토지의 등록전환이란 토임의 경우와 같이 임야대장과 임야도에 등록된 토지를 토지대장과 지적도에 옮겨 등록하는 것으로서 대체로 토지의 형질변경, 지목변경으로 인하여 발생한다. 등록전환은 축척이 작은 임야도의 등록지를 축척이 큰 지적도에 옮겨 토지에 관한 정밀성을 높임으로써 지적관리를 합리화하려는데 그 목적이 있다.

　등록전환을 신청할 수 있는 토지는 산지관리법·건축법 등 관계법령에 의한 토지의 형질변경 또는 건축물의 사용승인 등으로 인하여 지목을 변경하여야 할 토지를 대상으로 하는 것이 원칙이다. 다만 대부분의 토지가 등록전환되어 나머지 토지를 임야도에 계속 존치하는 것이 불합리한 경우와 임야도에 등록된 토지가 사실상 형질변경되었으나 지목변경을 할 수 없는 경우 또는 도시관리계획선에 따라 토지를 분할하는 경우에는 지목변경없이 등록전환을 신청할 수 있다.

　등록전환할 토지가 있을 때에는 토지소유자는 그 날로부터 60일 내에 소관청에 등록전환을 신청하여야 한다. 토지소유자가 등록전환을 신청하고자 하는 때에는 먼저 측량을 하여 측량성과도를 발급받고 등록전환사유를 기재한 신청서에 관계법령에 의한 토지의 형질변경 등의 공사가 준공되었음을 증명하는 서류의 사본을 첨부하여 소관청에 제출하여야 한다.

　등록전환 시 종전의 임야도에서 지적도로 등록변경 하는 것이며 이 경우 종전의 축척보다 정밀한 축척으로 변경되므로 도면이 더욱 커진다. 그런데 실제 측량결과 토지의 면적이 도면상의 면적보다 적게 확인되는 경우 면적이 감소될 수 있다. 이 경우 토지소재지의 지적과에서는 토지소유자의 동의를 받아야만 정정된 면적으로 등기를 낼 수 있다.

[지적불부합지 사례 2]

지적상 경계와 실제경계가 다른 경우

　측량을 하여 면적의 차이가 큰 경우나 지적공부와 실제상황이나 현지의 경계가 일치하지 않는 토지로서 지적불부합지 중에서 가장 사례가 많은 것이라고 할 수 있다. 실제의 유형으로는 중복형, 공백형, 편위형, 불규칙형, 위치오류형 등이 있다.
　특히 매입하고자 하는 주변의 토지 중에 공백형으로 가(假)지번이 붙어 있는 땅이 있는 경우에는 구입을 포기해야 한다. 이것을 놔두고, 매입지를 개발하거나 매각하는 것을 불가능하기 때문이다.

[지적불부합지 사례 3]

공백형으로 가(假)지번을 부여한 경우

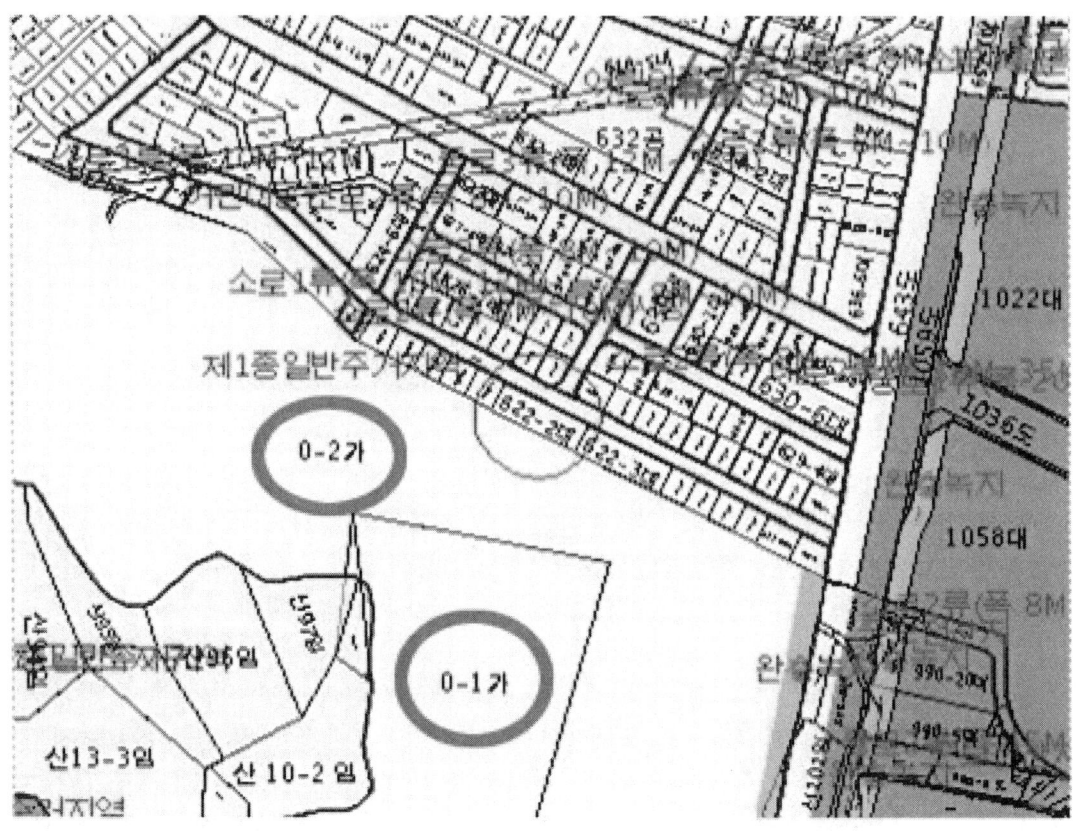

경계로 인한 지적불부합토지는 인근 토지소유자 전원의 합의나 확정판결을 받지 아니하고는 수용재결은 물론 일체의 담보대출을 받기도 어렵고 개발행위허가가 어렵다. 그리고 지적불부합 면적만큼 타인의 토지를 점유한 것이 되므로 시효취득의 문제나 부당이득반환의 문제도 제기될 수 있다. 더구나 우리나라 법제에서는 지적공부나 부동산등기부에 공신력을 인정하지 않아 지적불부합지에 대해 국가를 상대로 하는 손해배상청구도 인정되지 않는다.

[지적불부합지 사례 4]

지적도의 경계와 현실경계가 서로 다른 경우

실제의 경계가 지적공부상의 경계와 상이한 것을 모르는 상태에서 실제의 경계를 대지의 경계로 알고 매매하였다면 어떻게 될 것인가가 문제이다. 이 경우 대법원 판례는 현실경계를 인정하지 않고 지적공부상의 경계에 따라 매매한 것이라고 인정하고 있어 매매 때 반드시 지적공부 상의 면적과 지적도를 확인해야 할 것이다.

대법원은 일관되게 지적공부에 등록된 1필지의 토지는 특별한 사정이 없는 한 지적공부상의 경계선에 의해 확정지어지고, 특별한 사정이 있는 경우에만 현실의 경계에 의해야 한다고 하고 있다. 현실경계가 인정되는 특별한 경우란 지적도 작성 때 기술적인 착오로 경계설정이 명백히 잘못됐거나, 거래 때 당사자 간에 현실경계를 인정하기로 합의한 의사가 명백한 때 등으로 한정하고 있다.

[지적불부합지 사례 5]

지적공부와 토지등기부의 면적이 서로 다른 경우

토지대장 내용과 등기부등본 내용이 다른 경우의 지적불부합지는 기본적으로 불일치하는 기재내용에 따라 다르다. 즉 소유권에 관한 내용이 다를 경우에는 등기부등본 상 소유주가 진정한 소유주로 볼 수 있으며, 부동산의 면적, 지목, 지번 등 부동산의 표시가 사실과 다른 경우에는 토지대장이나 임야대장에 등재된 면적이나 지목이 법적으로 인정되는 되는 것이 기본이다. 어느 토지의 토지대장에 나온 면적과 토지등기부에 나온 면적이 차이가 나는 사례는 그리 드물지 않다. 경매물건에서도 종종 나올 수 있다. 이런 경우 통상 토지등기부를 믿고 그에 기해 매매계약서를 작성한다든가, 혹은 경락을 받았다면 어떻게 될까?

이론상으로는 우선 토지대장에 나온 면적이 우선하는 것으로 해석할 수 있다. 그 이유는 토지의 사실관계에 관한 것은 최초로 그것을 작성한 행정관청에 신뢰성이 부여되기 때문이다. 지적국정주의에 의해 지적공부는 국가에서 직권으로 작성하며, 권한을 가진 부서에서 일정한 절차로 필지별로 작성되는 것이기 때문이다.

문제는 토지대장에 나온 면적이 토지등기부보다 적을 때, 매매계약에서 등기부를 우선적으로 신뢰한 매수자의 입장에서는 실제 ㎡당 단가를 더 준 셈이 된다. 이 경우에는 민법 상 수량부족으로 인한 하자담보책임(민법 제580조)을 추궁할 수도 있을 것으로 보인다.

반대로 경매로 나온 토지를 등기부에 나온 면적을 기준으로 낙찰받아 취득하였으나, 실제 지적도에 따라 측량한 실제 면적이 등기부 상 면적보다 많을 경우에는 등기부 상 면적을 초과하는 면적은 경매목적물인 토지의 일부로서 등기부상의 면적과 함께 경락인에게 귀속되는 것으로 본다.

[지적불부합지 사례 6]

토지대장과 토지등기부의 토지소유자가 서로 다른 경우

토지대상 상에 기재된 토지소유자와 토지등기부에 등재된 소유자가 서로 다른 경우에는 토지등기부에 나온 토지소유자를 진정한 소유자로 추정한다. 부동산 물권변동 등 권리관계에 있어서는 등기부의 공시적 효력이 있기 때문이다. 그러나 우리나라 법제 하에서 부동산등기부에는 공신력은 없기 때문에 진정한 권리자가 나타나는 경우에는 그 자가 명의회복을 할 수 있다. 토지등기부에 나온 토지소유자를 정정하려면 지적과에 가서 토지등기부를 제시하여 기재를 정정하는 절차를 밟으면 될 것이다.

제39장
비오톱1등급토지

1. 비오톱1등급토지란?

서울시 주변의 그린벨트 및 관악산 북한산 등과 연결된 지역에 있는 토지의 토지이용규제확인서를 떼다 보면 "비오톱1등급지역"이라는 용도지역규제가 나온다. 일반적으로 이를 무시하거나 잘 알지 못하고 넘어가는 수가 많은데, 비오톱1등급지역은 땅을 전혀 개발할 수 없는 엄격한 규제대상으로서 대단히 중요하므로 그 의미를 정확하게 알고 있어야 한다. 제2의 그린벨트라고도 부르지만, 알고 보면 그린벨트보다 더한 절대적 개발불능토지라고 알고 있으면 된다.

비오톱을 확인하는 방법
비오톱 규제는 해당 지번의 토지이용규제확인서를 떼어 보면 두번째 칸에 나온다.

비오톱 1등급 토지의 개발규제를 조례 상 규정한 지역
국내에서는 서울시를 비롯해 성남시, 광양시 원주시를 비롯한 다수의 지역에서 도시생태현황도를 제작했지만, 아직은 서울시와 일부 지자체만 도시개발에 적용하여 토지이용규제확인서에 올려 개발규제를 하고 있다. 나머지 지역은 아직은 중장기 도시개발 정책자료로 활용하고 있다. 최근 원주시에서 도시생태현황도를 이용하여 비오톱1등급과 2등급을 규제하려는 움직임이 있어 주민의 반발을 사고 있는 실정이다. 2015년 1월1일 현재 지자체의 도시계획조례를 통해 개발행위허가심사준으로 비오톱 규제를 명문으로 설정한 것이 확인된 지역은 다음과 같다.

- 서울특별시, 광주광역시, 세종시
- 수원, 여주, 안성(경기도), 춘천(강원도), 청주(충청도)
  문경, 경주, 거제, 진주, 함안(경상도)
  부산은 직접적으로는 비오톱에 관한 언급이 없지만, 취지 상 유사한 형태로 보인다.

부산광역시 도시계획조례 제22조(개발행위허가의 기준)
9. 「야생동물 보호 및 관리에 관한 법률」 제33조에 따라 멸종위기 야생동·식물, 보호야생동식물, 국제적 멸종위기종 등이 자생하고 있거나, 생물종 다양성이 풍부한 습지 등과 연결되어 생태보전이 필요한 지역은 훼손되지 아니하도록 할 것〈개정 2005. 2. 16, 2006. 2. 1, <u>2014. 7. 9</u>〉
10. 녹지지역으로서 조수류 등이 집단적으로 서식하거나, 수목이 집단적으로 생육되고 있는 경우 또는 우량농지 등으로 보전의 필요가 있는 지역은 훼손되지 아니하도록 할 것

2. 비오톱과 도시생태현황도

비오톱

비오톱(Biotope)은 생물을 뜻하는 Bios와 장소를 뜻하는 Topos를 결합한 용어로서 간단히 생물서식공간이라고 할 수 있다. 즉 특정의 생물군집이 생존할 수 있도록 특정의 환경조건을 갖춘 어떤 한정적 지역이라고 해석한다.

생태자연도

비오톱지도 작성 근거는 자연환경보전법 제34에 있다. 자연환경보전법 제34조에 따르면 환경부장관은 전국의 땅을 자연환경에 따라 생태자연도를 작성하여야 한다고 한다. 생태·자연도(自然圖)라 함은 산·하천·내륙습지·호소(湖沼)·농지·도시 등에 대하여 자연환경을 생태적 가치, 자연성, 경관적 가치 등에 따라 등급화하여 작성된 지도를 말한다.

자연환경보전법 제34조(생태·자연도의 작성·활용) ① 환경부장관은 토지이용 및 개발계획의 수립이나 시행에 활용할 수 있도록 하기 위하여 제30조 및 제31조의 규정에 의한 조사결과를 기초로 하여 전국의 자연환경을 다음의 구분에 따라 생태·자연도를 작성하여야 한다.
1. 1등급 권역 : 다음에 해당하는 지역
    가. 「야생생물 보호 및 관리에 관한 법률」 제2조제2호에 따른 멸종위기 야생생물의 주된 서식지·도래지 및 주요 생태축 또는 주요 생태통로가 되는 지역
    나. 생태계가 특히 우수하거나 경관이 특히 수려한 지역
    다. 생물의 지리적 분포한계에 위치하는 생태계 지역 또는 주요 식생의 유형을 대표하는 지역
    라. 생물다양성이 특히 풍부하고 보전가치가 큰 생물자원이 존재·분포하고 있는 지역

마. 그 밖에 가목 내지 라목에 준하는 생태적 가치가 있는 지역으로서 대통령령이 정하는 기준에 해당하는 지역
2. **2등급 권역** : 제1호 각목에 준하는 지역으로서 장차 보전의 가치가 있는 지역 또는 1등급 권역의 외부지역으로서 1등급 권역의 보호를 위하여 필요한 지역
3. **3등급 권역** : 1등급 권역, 2등급 권역 및 별도관리지역으로 분류된 지역외의 지역으로서 개발 또는 이용의 대상이 되는 지역
4. **별도관리지역** : 다른 법률의 규정에 의하여 보전되는 지역중 역사적·문화적·경관적 가치가 있는 지역

도시생태현황도

시·도지사는 환경부장관이 작성한 생태·자연도를 기초로 하여 관할 도시지역의 상세한 생태·자연도(**도시생태현황지도**)를 작성할 수 있다. 도시지역의 생물군집의 종과 수가 급속히 줄어들게 되어 그 보존 및 복원의 시급성이 제기되자 도시관리의 방향도 보존 및 복원 위주로 전환되어 도시 내에 인간과 자연이 공존할 수 있는 환경을 만들고자 각종 도시계획의 입안 결정시 도시생태 보전을 고려하도록 하고 있다. 하지만 생태적인 특성분석 및 보전대책 수립의 기초가 되는 자료가 충분하지 않으며, 특히 생태적 잠재가치, 평가기준 등 도시계획에 직접 적용이 가능한 자료의 축적은 매우 부족하므로 도시전역에 대한 생태현황을 조사하고 이를 지도화하여 향후 도시계획 수립에 활용하고자 **도시생태현황도(비오톱 지도)**의 제작이 필요하게 되었다.

도시생태현황도를 활용할 경우 도시기본계획 수준에서 산림이나 공원, 대규모 녹지를 대상으로 하는 녹지축의 설정뿐 아니라 단지계획 수준에서 가로망과 하천, 개인 주택정원, 소규모 공공녹지 등이 함께 어우러질 수 있는 녹지 네트워크의 구축대안 제시가 가능할 뿐만 아니라 생태계에 대한 진단이 포함되어 있으므로 물리적인 녹지 네트워크 구축과 더불어 훼손된 도시생태계에 대한 복원대책 등을 병행하여 계획할 수 있게 된다. 서울시는 2000년부터 국내에서 최초로 도시생태현황도를 작성해 비오톱등급에 따라 도시관리계획 환경성검토를 해왔다.

3. 서울시의 비오톱 규제 내용

서울시에서는 국토계획법의 관련 규정에 근거하여 관내의 자연생태계를 보호하기 위하여 조례를 제정하여 비오톱지역의 개발을 규제하는 것이다. 관련근거는 서울시 도시계획조례라고 할 수 있다.

(1) 비오톱의 유형평가와 개별평가 (근거/서울특별시도시계획조례 제3조제3항)

비오톱은 유형평가와 개별평가로 나누어 평가된다. 비오톱지도는 지역 내 공간에 경계를 가진 비오톱으로 구분하고 각 비오톱의 생태적 특성을 분류한 비오톱유형과 비오톱의 보전가치 등급을 나타낸 것이다.

① 비오톱 유형평가 등급
  가. 1등급: 대상지 전체에 대해 절대적으로 보전이 필요한 비오톱유형
  나. 2등급: 대상지 전체에 대해 절대적으로 보전을 우선해야 하는 비오톱유형
  다. 3등급: 대상지 일부에 대해 보전을 우선하고 잔여지역은 토지이용제한이 필요한 비오톱유형
  라. 4등급: 대상지 일부 토지에 대한 토지이용제한이 필요한 비오톱유형
  마. 5등급: 부분적으로 개선이 필요한 비오톱유형

② 개별 비오톱평가 등급
  가. 1등급: 특별히 보호가치가 있는 비오톱(보전)
  나. 2등급: 보호할 가치가 있는 비오톱(보호 및 복원)
  다. 3등급: 현재로서는 한정적인 가치를 가지는 비오톱(복원)
    (근거: 서울특별시도시계획조례 제3조제3항)

(2) 서울시의 비오톱1등급지에 대한 개발행위 규제

서울시는 2010년6월1일부터 기존 대규모 도시계획사업시 적용했던 비오톱 등급별 기준을 1만㎡ 미만 소규모 토지개발까지 확대 적용해 오고 있다. 조례에 따라 소규모 개발사업지도 도시생태현황 조사결과 비오톱유형평가 1등급이고 개별비오톱평가 1등급인 토지는 개발할 수 없다. 또 도시생태현황 조사결과 비오톱유형평가 1등급이고 개별비오톱평가 1등급인 토지 이외의 비오톱이 우수한 토지는 도시계획위원회에서 비오톱등급을 반영해 개발행위허가에 대한 심사를 받게 된다.

서울시 도시계획조례 [별표1] 개발행위허가기준
  가. 공통사항
    ⑷ 제4조제4항의 도시생태현황 조사결과 비오톱유형평가 1등급이고 개별비오톱평가 1등급인 토지는 대상지 전체에 대하여 **절대적으로 보전**하여야 한다.
      ㈎ **"비오톱"**이란 특정한 식물과 동물이 하나의 생활공동체를 이루어 지표상에서 다른 곳과 명확히 구분되는 생물서식지를 말한다.

(나) **비오톱유형**평가는 5개의 등급으로 구분하여 서식지기능, 생물서식의 잠재성, 식물의 층위구조, 면적 및 희귀도를 종합하여 평가한다.
　　(다) 개별비오톱평가는 자연형 비오톱유형과 근자연형 비오톱유형을 대상으로 평가하여 3개의 등급으로 구분하며 자연성, 생물서식지기능, 면적, 위치 등을 평가항목으로 고려한다.

나. 비오톱유형평가 1등급 및 개별비오톱평가 1등급의 개발행위제한
　도시생태현황 조사결과 비오톱유형평가 1등급이고 개별비오톱평가 1등급인 토지는 대 상지 전체에 대하여 절대적으로 보전하여야 한다.

4. 비오톱의 지정 변경 및 해제

　비오톱의 지정 변경 및 해제는 절대적인 것은 아니고, 도시관리계획으로 고시되는데, 불합리한 지역의 조정과 주변환경의 변화에 따라 변경되거나 해제할 수 있다.
　다음 서울시 비오톱 변경 사례를 본다.

◆서울특별시고시 제2013-11호

서울시도시생태현황도 비오톱1등급 토지의 변경결정 및 지형도면 고시

　서울시도시생태현황도 비오톱1등급 토지(비오톱유형평가 1등급이고 개별비오톱평가 1등급인 토지)의 변경결정 내용을「도시계획조례」제68조의 2 및「토지이용규제 기본법」제9조제4항, 같은법 시행규칙 제2조제2항의 규정에 따라 그 내용과 지형도면을 고시합니다.

2013년 1월 17일
서 울 특 별 시 장

　1. 고시취지
　　서울특별시 도시계획조례 제68조의 2에 따라 토지이용계획확인서에 등재된 비오톱1등급 토지 중 비오톱1등급 면적이 변경된 토지에 대하여 그 변경내용을 고시하고자 함.

　2. 고시내용
　가. 비오톱1등급지 변경 결정(안)

연번	지 번	기정(㎡)	변경(㎡)	변경후(㎡)	비고
1	강동구 암사동 131	538.04	감)538.04	0	
2	강북구 번동 181-2	7.54	감)7.54	0	
	강북구 번동 182	42.11	감)42.11	0	
	강북구 번동 183	94.26	감)94.26	0	
	강북구 번동 195-1	19.64	감)19.64	0	
	강북구 번동 199	62.74	감)62.74	0	
3	강북구 우이동 186-2	346.29	감)346.29	0	
	강북구 우이동 186-19	346.29	감)346.29	0	
	강북구 우이동 186-20	346.29	감)346.29	0	
4	도봉구 도봉동 494-3	48.69	감)48.69	0	
5	동대문구 휘경동 286-329	25.98	감)25.98	0	
	동대문구 휘경동 286-321	23.45	감)23.45	0	
	동대문구 휘경동 286-330	10.10	감)10.10	0	
6	서대문구 연희동 541-13	34.96	감)34.96	0	
7	서초구 우면동 29-2	109.85	감)109.85	0	
9	전농동 76	2131.63	감)609.63	1522	
	전농동 73-1	173.37	감)173.37	0	
9	은평구 불광동 산134	205.74	감)53	152.74	
10	서대문구 연희동 712-14	210.91	감)210.91	0	

3. 관계도면 : 첨부 #1

 ※ 첨부된 지형도면은 참고용 도면이므로 측량 및 그 밖의 용도로 사용할 수 없음

4. 문의 : 서울특별시 시설계획과(☎2133-8420)

강동구 암사동 131

강북구 번동 183 외

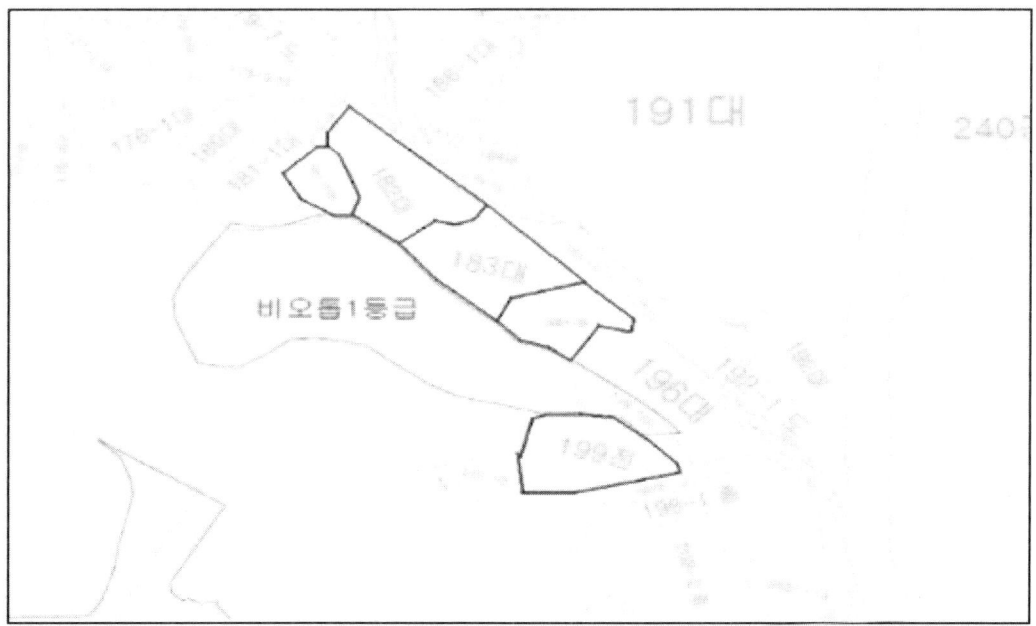

5. 비오톱 지정 토지에 대한 대책

(1) 비오톱은 조정이 가능하다.

비오톱으로 지정된 토지는 원칙적으로 매 5년 단위로 조정한다.

서울시는 최초 비오톱이 지정 고시된지 5년차가 되는 2015년 4월에 등급 재조정 예정이다. 그러나 중간에도 민원형식으로 비오톱 재조사 및 등급지정 변경을 요청할 수 있다.

(2) 비오톱 등급 조정 신청

도시생태현황도 비오톱1등급지에 대한 등급 조정 요청서

신청인(소유자)	성 명	
	주소(거주지)	시 구 동 번지
	연 락 처	
재조사대상 토지	서울특별시	구 동 번지
재조사 요청사유		

신청자:　　　　　（서명）

서울특별시장 귀하

(3) 행정소송

비오톱을 지정하는 자치단체의 고시는 국민의 법률상 이익에 직접적인 변동을 가져오거나 직접적인 변동을 가져오는 것과 다를바 없어 항고소송의 대상이 되는 행정처분으로서의 성질을 가진 것으로 보아야 하기 때문에 행정행위의 일종으로서 행정소송의 대상이 된다는 것이 일반적인 견해이며, 대법원 판례도 같은 취지다.
[정확하게는 항고소송의 대상이 되는 행정처분]

(4) 비오톱은 위헌이 아니며, 토지보상도 없다.

비오톱 규제 자체가 위헌이라는 판결은 아직 없고, 이에 대한 토지보상규정도 아직은 없다.

6. [사례] 서울시 비오톱1등급 토지

(1) 신림동 신림역 근처 관악산 줄기에 있는 땅(임야)
역세권에 있으나 비오톱1등급토지로 지정되었다.

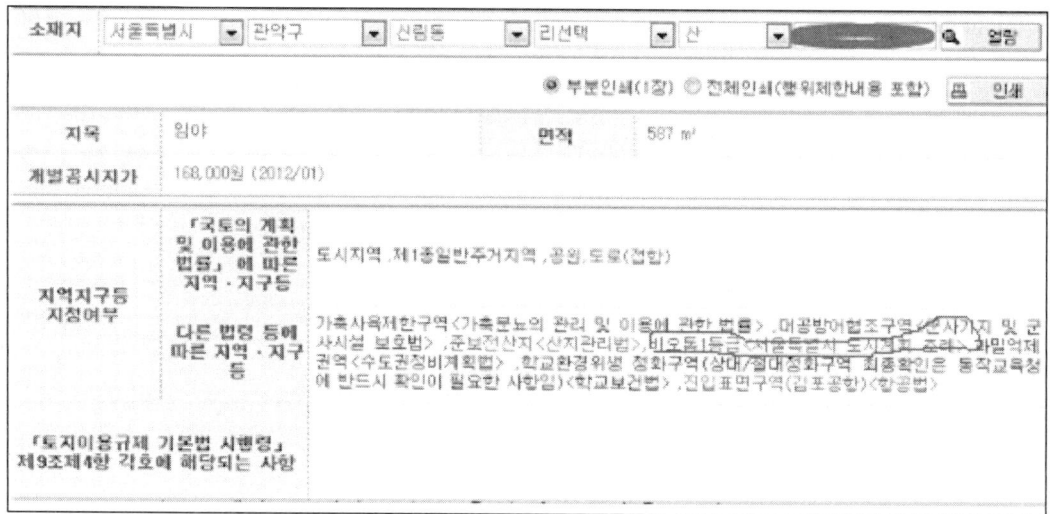

(2) 평창동 주택가 옆에 있는 대지
대지나 잡종지 등 주택지도 비오톱에 포함될 수 있다.

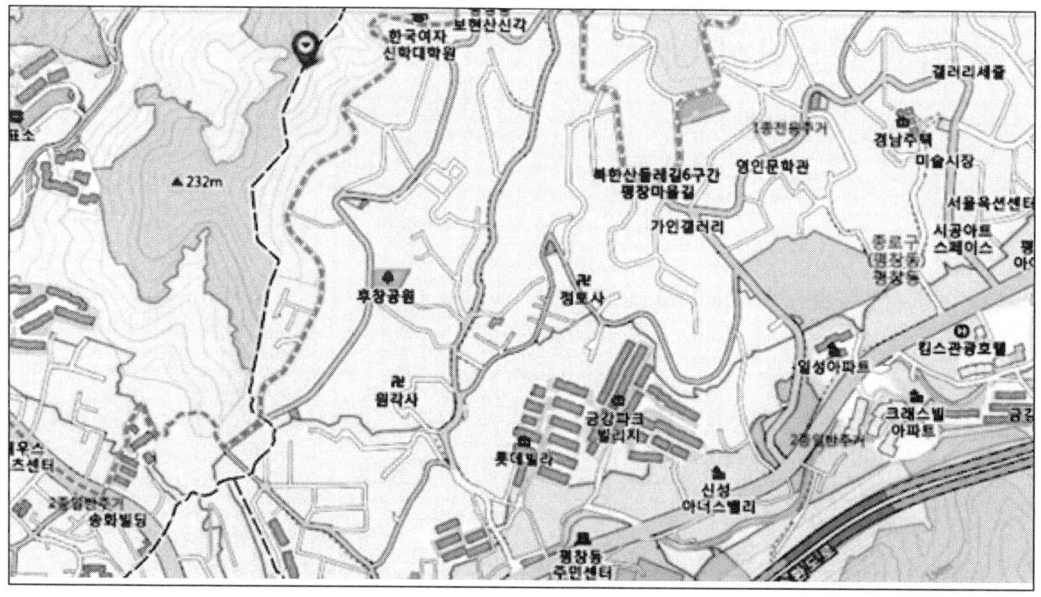

소재지	서울특별시 ▼ 종로구 ▼ 평창동 ▼ 리선택 ▼ 외 562 - 4	열람

○ 부분인쇄(1장) ○ 전체인쇄(행위제한내용 포함) 인쇄

지목	대	면적	3,620 ㎡
개별공시지가 (㎡당)	520,000원 (2012/01)		

지역지구등 지정여부	「국토의 계획 및 이용에 관한 법률」에 따른 지역·지구등	도시지역 , 제1종전용주거지역 , 자연경관지구 , 제1종지구단위계획구역(입안) , 일단의주택단지조성사업지역
	다른 법령 등에 따른 지역·지구 등	가축사육제한구역<가축분뇨의 관리 및 이용에 관한 법률> , 대공방어협조구역(위탁고도:54-236m)<군사기지 및 군사시설 보호법> , 비오톱1등급<서울특별시 도시계획 조례> , 과밀억제권역<수도권정비계획법>
「토지이용규제 기본법 시행령」 제9조제4항 각호에 해당되는 사항		<추가기재> 국토의계획및이용에관한법률제56조행위허가를요함

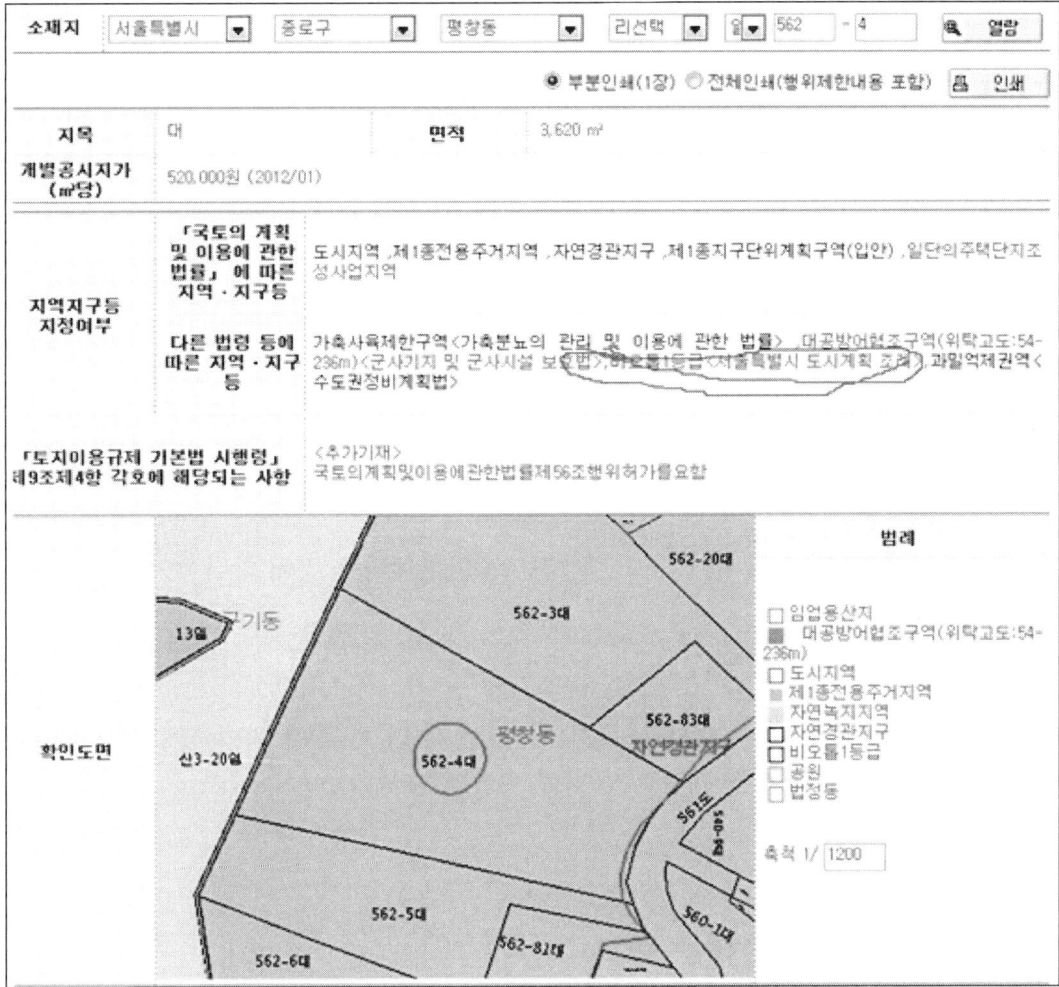

제39장 비오톱1등급토지

제40장
맹지

1. 맹지 땅값 평가

맹지의 토지가격은 통로개설비용을 감안하여 평가한다.
맹지는 길에 붙은 주변 땅 시세의 70% 수준으로 거래되는 것이 일반적이다.

■ 국토부 감정평가 실무기준
1.7.12 맹지
지적도상 공로에 접한 부분이 없는 토지(이하 "맹지"라 한다)는 민법 제219조에 따라 공로에 출입하기 위한 통로를 개설하기 위해 비용이 발생하는 경우에는 그 비용을 고려하여 감정평가한다.

2. 맹지에 투자해도 괜찮은 경우

맹지에 꼭 길을 내야할까?
일반적으로 맹지는 투자에 있어서 모든 사람들이 기피하는 물건으로 인정된다. 그러나 맹지라 할지라도 값은 오히려 주변에 비해 싸기 때문에 후일을 감한다면 오히려 투자대상으로서 유용한 경우가 있다. 즉 멀지 않아 보상이 요구되는 도시지역이라든가, 후일 어느 땐가 도로개설이 예정되는 임야 또 주변의 토지와 합병하여 리모델링의 가능성이 있는 곳은 오히려 투자가치가 있을 수 있다.

또 큰 몇십만평 임야와 같은 큰 땅의 경우 우선은 길을 내지 않아도 임도나 관습상 도로를 이용하여 조림 묘지 등으로 사용할 수 있고, 임자가 나오면 매수자가 알아서 길을 내는 방법을 찾기 때문에, 팔기 위하여 굳이 내 돈을 들여 길을 내려고 노력할 필요가 없다. 바둑에 "대마(大馬)는 불사(不死)"란 말이 있듯이 산속의 산이 아니라면 큰 임야는 어느 구석으로던지 길을 낼 수 있는 방법은 있기 마련이다.

3. 맹지탈출 9가지 전략

맹지에 진입도로를 내는 방법으로는 다음과 같은 아홉가지 방법이 있다.

① 국가 또는 지방자치단체의 도로를 이용하는 경우
② 자기 토지에 사도법에 의한 사도를 개설하는 방법
③ 도로부분 토지의 단독 또는 공동매입
④ 도로부분 토지의 교환 취득
⑤ 토지사용승락서에 의한 진입도로 개설
⑥ 농로, 관습상 도로, 사실상도로 등 현황도로를 이용한 진입도로 확보
⑦ 구거 하천점용허가로 개울에 다리 놓기
⑧ 통로를 개설하기 위한 민법상 통행지역권의 설정
⑨ 민법 상 주위토지통행요구권에 의한 통행권 확보

(1) 국가 또는 지방자치단체의 도로를 이용하는 경우

국가 또는 지방자치단체에 의해 도로가 개설되는 경우는 이를 공도(公道)라고 하며, 가장 이상적이고 또 문제가 없다. 다만 이 경우 도로로 지정하거나, 도로로 고시하는 경우 외에도, 도시계획에 의하여 도로예정지로 지정되어 있는 경우에도 이를 이용하여 건축허가가 가능하다.

(2) 자기 토지에 사도법에 의한 사도를 개설하는 방법

사도(私道)는 토지소유자가 자기 토지의 이익을 위하여 스스로 설치한 도로로서, 도로법상의 도로에 연결되는 도로를 말한다. 사도는 토지소유자 또는 토지소유자로부터 사용권한을 부여받은 자가 특별시장, 광역시장, 시장, 군수의 허가를 받아 개설한다.

사도는 사도를 개설한 자가 관리하며, 사용료를 징수하고자 하거나, 정당한 사유가 없으면 사도의 통행을 금지하거나 제한하지 못한다. 사도법이 정하는 금지 제한의 정당한 사유로는 사도의 구조보전, 통행상의 위험방지이며, 통행제한금지허가신청서에는 구간과 기간, 제한 금지의 내용과 이유, 제한 금지의 대상자, 기타 참고사항을 기재한 허가신청서를 직할시장과 군, 구에게 제출하여야 한다.

사도는 토지소유자나 토지사용권을 가진 자가 개설신청을 하는데, 맹지인 토지매입 시부터 자기 땅의 내부에 일부 토지를 잘라내어 도로(사도)를 내거나, 전원주택 단지의 경우에는 단지 진입도로와 내부 통행도로를 개설한다. 개인의 전원주택지인 경우에는 도로용 토지를 따로 매입하여 기존 도로와 연결하게 된다. 이때에 단독으로 진입도로용 토지를 매입하기가 힘들다면 자기 땅 뒤나 주변의 지주와 공동으로 진입도로용 토지를 공동으로 매입하는 방법이 좋다. 물론 다른 지주와는 공유지분이 되지마는 이 지분의 땅은 자기 땅의 일부로서 진입도로로 활용하며, 후일 매각 시에도 함께 팔게 되면 족한 것이다. 반대로 맹지를 사게 되는 경우에도 이러한 지분이 있다면 함께 구입하여야 할 것이다.

2012년12월18일 경제활성화를 지원하기 위하여 사도개설이 가능한 범위를 확대하였다.(사도법 제2조 개정 - 시행 2013년6월19일))

■ **사도개설 가능범위 확대(사도법 제2조)**
개발사업을 위한 진입로를 확보하기 위하여 「도로법」상 도로나 「도로법」의 준용을 받는 도로뿐만 아니라 「농어촌도로 정비법」상 도로 및 「농어촌정비법」에 따라 설치된 도로에 연결되는 곳에도 사도의 개설이 가능하도록 함.

(3) 도로부분 토지의 단독 또는 공동매입

맹지의 경우 인접토지의 토지사용승락으로 진입도로를 개설하는 것이 가장 보편적인 방법이지만, 후일의 안전과 토지가치 상승을 위해 도로부분을 아예 사두는 좋다. 다만 이 경우 지주가 땅값으로 너무 고액을 요구하는 경우가 있는데, 이럴 때는 교환계약으로 내 땅의 일부를 땅값으로 대신 잘라 내주는 방법도 있다.

또 내 뒤로도 맹지를 가진 이들이 많다면, 그들과 연합하여 공유지분으로 땅을 사서 등기해두는 방법도 있다. 도로지분등기를 해 두면 내가 도로로 사용하는데 전혀 지장이 없을뿐더러, 후일 내 땅을 팔 때에도 도로지분을 포함하여 잘 팔 수 있기 때문에, 합의만 잘 된다면 실제 아주 유용한 방법이라고 할 수 있다.

(4) 도로부분 토지의 교환 취득

토지의 분필과 합병이 동시에 일어나는 경우 이를 분합필등기 혹은 합병등기라고도 한다. 갑지를 분할하여 그 일부를 을지에 합병하는 경우 분합필의 등기를 하며, 이 경우에는 갑지에는 분할이 발생하고, 을지에는 합병이 발생한다. 이 경우 갑지의 등기용지가 폐쇄되거나 을지의 등기용지가 개설되는 것은 아니다.

토지의 분합필 시 교환계약의 활용

이웃한 토지에 있어서 진입도로를 내고자 하는 경우, 맹지소유자와 도로변 소유자 간에 일정 비율로 토지를 교환하는 방법이 실무상 활용되고 있다. 교환계약을 이용하면 돈도 적게 들고 한결 수월하게 일을 처리할 수 있다.

부동산교환계약서

"甲" 과 "乙"은 상호 합의하에 아래와 같이 부동산 교환계약을 체결한다.

"甲"소유 물건소재지	경기도 용인시 양지면 평창리 000(대)
교환대상물건 설명	첨부 지적도 상 동 번지 우측 상단 부분 20평
"乙"소유 물건소재지	경기도 용인시 양지면 평창리 0000(전)
교환대상물건 설명	첨부 지적도 상 동 번지 좌하측 100평

제1조 위 교환계약을 체결함에 있어 계약당사자간의 합의하에 교환차액을 아래와 같이 지불하기로 한다.

교 환 차 액	金	0 원정(무상교환)
계 약 금	金	원정은 계약시에 지불하고 영수함.
중 도 금	金	원정은 년 월 일에
잔 금	金	원정은 년 월 일에 지불한다.

제2조 "甲" 과 "乙"은 각자 책임으로 상기 갑 을 대상 분할대상지에 대한 측량 및 토지분할등기를 2012년   월   일까지 완료하여야 한다. 본 계약체결 후 이 절차진행은 공인중개사에게 위임하기로 하되, 소요비용은 각자 부담하기로 한다.
제3조 토지분할등기가 경료된 후 3일 이내에 "甲" 과 "乙"은 본 교환계약에 의거하여 분할한 토지의 소유권 이전등기서류를 상대방에게 상호 교부하기로 한다.
제4조 각종 세금 및 제반공과금 등은 소유권이전등기일을 기준으로 "甲"의 물건에 대하여는 "甲"이, "乙"의 물건에 대하여는 "乙"이 부담하기로 한다.
제5조 "甲" 과 "乙"은 상호 교환하기로 약정한 토지의 면적 및 평가액에 관하여 이의를 제기하지 않기로 한다.
제6조 ① "甲" 또는 "乙"이 본 계약 제2조 및 제3조의 정한 기일 내에 약속을 이행하지 않는 경우 상대방은 불이행을 한 자에 대하여 서면으로 이행을 취소하고 계약을 해제할 수 있다.
　　　② 계약이 해제된 경우 "甲"과 "乙"은 각각 상대방에 대하여 손해배상을 청구할 수 있다. 이 경우 위약 손해배상액의 예정금액은 금 1천만원으로 약정한다.
제7조 ① 공인중개사의 중개수수료는 본 계약의 체결과 동시에 "甲" 또는 "乙" 쌍방이 각각 전액 지불한다.
　　　② 공인중개사는 "甲" 또는 "乙 본 계약상의 채무불이행에 대해서는 책임을 지지 않는다.
　　　공인중개사의 고의나 과실없이 "甲 또는 "乙"의 사정으로 본 계약이 해제되어도 이미 지급한 중개수수료는 반환하지 않는다.

※특약사항 :

　본 계약에 대하여 "甲"과 "乙"은 이의없음을 확인하고 서명 또는 날인 후 "甲", "乙", 공인중개사 각1통씩 보관한다.

甲	주　　　소					
	주민등록번호		전　화		성　명	印
乙	주　　　소					
	주민등록번호		전　화		성　명	印
공인중개사	사무소소재지					
	허 가 번 호		사무소명칭			
	전 화 번 호		대표자성명			印
	사무소소재지					
	허 가 번 호		사무소명칭			
	전 화 번 호		대표자성명			印

2012년　월　일

(5) 토지사용승락서에 의한 도로 개설

　맹지에 진입도로를 내는 방법으로 가장 많이 쓰는 것이 진입로를 낼 부분의 지주의 토지사용승락을 받는 방법이다. 도로개설을 위한 토지사용승락서는 따로 법적인 양식은 없으나, 사용하는 토지의 지번, 지목, 면적, 사용목적을 명기하고, 사용하는 자의 주소 성명과 토지소유자의 인감을 날인한 다음 등기부등본, 토지(임야)대장과 인감증명서를 첨부해야 한다. 그리고 필요한 경우에는 후일 도로개설을 위한 토지분할을 위해 측량과 설계도 면을 작성해서 붙인다. 사용승락 시에 지주가 요구하면 사용료를 낼 수도 있고, 아니면 무상으로 사용할 수도 있다.
　■ 토지사용승락서에 관하여는 본서 제6부 제41장 토지사용승락서의 문제점 참조

(6) 농로, 임도, 관습상 도로, 사실상도로 등 현황도로를 이용한 진입도로 확보

　일반적으로 폭 4m의 공로인 진입도로 등을 확보하지 못하면 건축허가를 받기 어렵다.

그러나 지방에 있어서 때로는 이 도로조건이 다 완비되지 않아도 집을 지을 수 있는 경우가 있다. 예컨대 농로도 지역에 따라서는 조례로 진입도로로 인정되는 시 군도 있다. 5호 이상이 오랫동안 관습적으로 이용해 온 좁은 농로나 마을 안 도로라도 진입도로가 될 수 있다. 진입도로의 조건에 미달하는 어느 도로를 이용하여 이미 어느 집이 건축허가를 받았다면, 같은 도로를 이용하는 그 이웃이나 근처의 다른 곳에서도 건축허가가 가능할 수도 있다. 20년 된 마을의 관습상 도로나 사실상의 도로를 이용한 건축허가도 지방의 시 군에 따라서는 조례로 허용되기도 한다.

지방의 땅을 볼 때에 분명히 지적도 상 길은 없으나 현황도로가 있는 경우 그 토지를 구입하려 할 때에는 혹시 이런 예외조치가 가능한지도 한번 쯤 검토해볼 일이다.

이런 방법 외에 기본의 현황도로가 있다면 이를 정식도로로 만들도록 해볼 일이다. 예컨대 내 땅에 이르는 오래된 농로가 있어서 현재 차량과 사람이 통행하고 있다면 시, 군, 구에 관습상도로로 하여 도로개설을 요구해볼 수도 있다. 충청북도 충주시와 같이 지방자치단체에 따라서는 이런 관습상 도로는 토지소유자의 승낙없이도 도로로 개설할 수 있다는 조례의 근거가 있다. 또 오랜 기간 길로 사용한 제방이나 복개된 구거의 경우도 마찬가지이다. 그 외에도 도시계획에 의하여 도로예정지로 지정되어 있는 경우에도 이를 이용하여 건축허가가 가능하다.

(7) 구거 하천점용허가로 도랑에 다리 놓기

내 땅에 진입하는데 구거나 하천이 가로막고 있다면, 하천점용허가를 받아 다리를 놓아 진입도로를 개설하는 방법도 있다. 지방 임야의 경우 산의 입구와 지방도로 사이에 하천이 흐르거나 구거가 놓여 있는 경우가 많다. 이런 임야도 맹지인 셈이다. 이런 경우 산에의 진입로를 만들 수 있다면, 임야는 맹지에서 벗어나고, 산주는 땅값을 올릴 수 있다. 어떻게 다리를 놓아 도로를 만들 수 있을까?

이 경우에는 우선 임야와 도로 사이의 구거에 구거(하천)점용허가를 받아 자비로 복개하거나 다리를 놓아 관계관청에 기부채납한다. 이 후 이를 도로로 사용하면서 도로로 고시토록 하여 정식도로로 인정받으면 된다. 다만 구거 중의 어떤 것은 농어촌정비법상 농업기반시설로 관리청(지자체나 한국농촌공사)의 목적외사용허가를 받아야 하는데, 심사기준이 까다롭고, 검토기간이 길다. 기존 점용허가자나 하천(구거)사용자의 기득권 보호조항도 있다. 따라서 이를 도로로 만들기는 실무상 그리 쉽지는 않을 것이다,

(8) 통로를 개설하기 위한 민법상 통행지역권의 설정

산 중에 있는 내 논이나 밭으로 농사를 지으려 경운기를 타고 가기 위하여는 남의 산을 지나야 한다. 시골에서는 통상 관습상으로 마을사람들은 종중땅이나 사유지에 농로나 산길을 내어 마을공동으로 오랜 기간을 내려오며 사용하고 있다. 이것을 관습상의 지역권이라고 한다. 지역권(地役權)이란 이와 같이 내 토지를 이용하기 위하여 내 토지와 이웃해 있는 타인의 토지를 이용할 수 있는 권리로서 등기된 것을 말한다. 지역권은 현행 민법상 물권의 하나로 인정된다.(민법 제291조 ~ 제302조)

맹지의 소유자는 자기 토지로 출입하기 위한 토지를 확보하기 위하여, 타인의 토지 중 도로에 해당하는 부분 만큼에 지역권을 설정할 수 있다. 설정된 지역권은 특약이 없으면 양측의 어떤 측의 소유자가 바뀌어도 여전히 효력이 있으며, 맹지의 양도와 처분이 있어도 함께 따라간다.(지역권의 부종성, 민법 제292조) 따라서 맹지소유자로 보면 대단히 유용하며, 작은 돈(지역권 비용)으로 땅을 사는 것과 동일한 효과를 누릴 수 있어 매우 좋을 것이다.

통행지역권의 시효취득[판례]
지역권은 계속되고 표현된 것에 한하여 민법 제245조의 규정을 준용하도록 되어 있으므로, 통행지역권은 요역지의 소유자가 승역지 위에 도로를 설치하여 승역지를 사용하는 객관적 상태가 민법 제245조에 규정된 기간 계속된 경우에 한하여 그 시효취득을 인정할 수 있다.

(9) 민법 상 주위토지통행요구권에 의한 통행권 확보

내 땅에 진입통로가 없어 농사나 심지어 일상생활을 위한 통행조차 못하게 함은 매우 가혹한 일이다. 굳이 토지공개념을 들먹이지 않아도 내 땅을 뻔히 보면서도 접근하지 못하게 한다면 이는 사람의 공동생활에서 바람직하지 않은 부당한 일인 것이다. 그래서 민법은 게르만인의 공동체 법규에 기원하여 상린관계에 관한 규정(민법 제216조 ~ 제244조)를 두어 이웃한 토지간의 이용을 도모하고 상호간의 형평과 이해관계를 조절하고 있다. 토지의 공동개념에 입각하여, 인정되는 토지의 상린관계의 하나로, 민법에 의하여 보장되고 있다.

이 규정 중의 하나로 맹지의 소유자는 토지의 용도에 필요한 범위 내에서 토지출입에 꼭 필요한 경우 또는 다른 방법이 있더라도 과다한 비용이 들 경우에는 맹지와 도로의 중간에 있는 타인소유 토지의 일부를 통행에 쓸 수 있도록 해 달라는 요구를 할 수 있게 되어 있다. 이를 **민법상 주위토지통행권**이라고 부른다. 민법 제219조와 220조에 규정되어 있다. 민법은 인접한 토지 주인들의 이해관계를 조정하기 위하여 상린관계 규정을 두고 있다. 이중 주위토지통행권을 이용하여 개발행위에 필요한 진입로를 개설할 수 있는 가에 대해 논의가 있다.

민법
제219조 (주위토지통행권) ①어느 토지와 공로사이에 그 토지의 용도에 필요한 통로가 없는 경우에 그 토지소유자는 주위의 토지를 통행 또는 통로로 하지 아니하면 공로에 출입할 수 없거나 과다한 비용을 요하는 때에는 그 주위의 토지를 통행할 수 있고 필요한 경우에는 통로를 개설할 수 있다. 그러나 이로 인한 손해가 가장 적은 장소와 방법을 선택하여야 한다.
②전항의 통행권자는 통행지 소유자의 손해를 보상하여야 한다.
제220조 (분할, 일부양도와 주위통행권) ①분할로 인하여 공로에 통하지 못하는 토지가 있는 때에는 그 토지소유자는 공로에 출입하기 위하여 다른 분할자의 토지를 통행할 수 있다. 이 경우에는 보상의 의무가 없다.
②전항의 규정은 토지소유자가 그 토지의 일부를 양도한 경우에 준용한다.

주위토지통행권은 민법 제219조에 의하여 통행로가 없는 맹지소유자에게 공로에 접한 인접지(포위지 圍圍地) 소유자에게 요구하여 인정되는 사법상 권리로서, 통로개설청구권이라고도 한다. 이를 근거로 길을 내달라는 소송이 통로개설청구소송이다. 주위토지통행권을 인정하는 목적은 포위된 토지(맹지)소유자의 개인적인 이익을 보호하기 위해서라기보다는 오히려 이웃하는 토지 상호간의 장소적 이해관계를 조절하고, 모든 토지로 하여금 그 본래적 기능을 완전하게 발휘할 수 있도록 하려는 사회 경제적인 공동체 목적에 더 중심이 있다고 할 수 있다. 그러나 민법상의 상린관계 규정은 인접하는 토지 상호간의 이용관계를 조정하기 위하여 인지(隣地)소유자에게 소극적인 수인의무를 부담시키는 데 불과하고, 사권의 설정은 아니다. 따라서 주위토지통행권을 행사할 경우에는 통행이용은 통행지소유자의 피해가 가장 적도록 해야 하고, 또 그 피해를 보상해야 한다는 제약조건이 있다. 또 현재의 이용상태에 필요하고 적합한 범위(폭과 길이)의 통로만 인정한다.

주위토지통행권을 갖는 자는 토지소유자 또는 지상권자 전세권자 등 토지사용권을 가진 자에게만 인정되는 권리이다. 토지소유자는 그 토지에 대한 소유권 등기를 경료하지 않은 경우에도 주위토지통행권을 주장할 수 있다. "통로가 없는 경우'란 다른 토지에 둘러싸인 경우, 늪·하천·해양 등이 가로 막아 외부로 나갈 수 없는 경우 및 토지와 통로 사이에 심한 고저의 차가 나는 경우를 말한다. 다만 기존의 임차권 지역권 등을 포기한 결과로 통로가 막힌 경우는 통행권을 주장할 수 없다.

그런데 판례는 과연 몇 미터를 통로로 인정할 것인가에 대하여는 분명한 입장이 없는 상태이다. 1.5미터의 폭으로 통행로를 인정하면서 그 정도면 통행에 충분하므로 건축허가조건을 충족할 필요는 없다는 판례가 있는가 하면, 건축허가요건 충족을 위한 2m 도로 확보 규정을 참작하여 통행로 폭을 2m로 인정한 것도 있다.

[관련 판례]

① 도로 폭에 관한 건축 관련 법령 규정과 주위토지통행권의 범위의 관계 및 그 통행권의 범위를 정할 때에 피포위지의 장래 이용상황까지 대비하여야 하는지 여부(소극)

통행권의 범위는 현재의 토지의 용법에 따른 이용의 범위에서 인정할 수 있을 뿐, 장래의 이용상황까지 미리 대비하여 정할 것은 아니다. 주위토지통행권의 범위는 통행권을 가진 자에게 필요할 뿐 아니라 이로 인한 주위 토지 소유자의 손해가 가장 적은 장소와 방법의 범위 내에서 인정되어야 하며, 그 범위는 결국 사회통념에 비추어 쌍방 토지의 지형적, 위치적 형상 및 이용관계, 부근의 지리 상황, 상린지 이용자의 이해득실 기타 제반 사정을 참작한 뒤 구체적 사례에 응하여 판단하여야 하는 것이고, 현재의 토지의 용법에 따른 이용의 범위에서 인정되는 것이지 더 나아가 장래의 이용 상황까지 미리 대비하여 통행로를 정할 것은 아니라고 할 것인데(대법원 2002. 5. 31. 선고 2002다9202 판결, 대법원 1996. 11. 29. 선고 96다33433, 33440 판결 등 참조),

② 타인 소유의 토지부분에 대하여 주위토지통행권이 있음을 확인한다는 내용의 확정판결로써 건축법시행령 제64조 제1항 소정의 "이해관계를 가진 자의 동의"에 갈음할 수 있는지 여부[소극]

주위토지통행권은 토지 소유자가 타인 소유의 주위토지를 통행할 수 있고 필요한 경우에는 통로를 개설할 수 있는 권리에 불과하므로, 타인 소유의 토지부분에 대하여 주위토지통행권이 있음을 확인한다는 내용의 확정판결로써 시장, 군수가 그 토지부분을 도로로 지정하는 데 필요한 건축법시행령 제64조 제1항 소정의 "이해관계를 가진 자의 동의"에 갈음할 수 없다.

③ 토지분할 시 맹지가 된 경우의 무상통행권

무상주위통행권에 관한 민법 제220조의 규정은 토지의 직접 분할자 또는 일부 양도의 당사자 사이에만 적용되고 포위된 토지 또는 피통행지의 특정승계인에게는 적용되지 않는다. 분할 또는 토지의 일부 양도로 인하여 공로에 통하지 못하는 토지가 생긴 경우에 분할 또는 일부 양도 전의 종전 토지 소유자가 그 포위된 토지를 위하여 인정한 통행사용권은 직접 분할자, 일부 양도의 당사자 사이에만 적용되는 것이라 할 것이므로, 포위된 토지 또는 피통행지의 특정승계인의 경우에는 무상사용권은 인정되지 않는다. 동일인 소유 토지의 일부가 양도되어 공로에 통하지 못하는 토지가 생긴 경우에 포위된 토지를 위한 주위토지통행권은 일부 양도 전의 양도인 소유의 종전 토지에 대하여만 생기고 다른 사람 소유의 토지에 대하여는 인정되지 아니하며, 또 무상의 주위토지통행권이 발생하는 토지의 일부 양도라 함은 1필의 토지의 일부가 양도된 경우뿐만 아니라 일단으로 되어 있던 동일인 소유의 수필지의 토지 중의 일부가 양도된 경우도 포함된다.

■ **토지의 분할 또는 일부양도로 인한 무상주위통행권에 관한 민법 제220조가 포위된 토지 또는 피통행지의 특정승계인에게 적용되는지 여부(소극)**

분할 또는 토지의 일부 양도로 인하여 공로에 통하지 못하는 토지가 생긴 경우의 무상주위통행권에 관한 민법 제220조의 규정은 직접 분할자 또는 일부 양도의 당사자 사이에만 적용되고 포위된 토지 또는 피통행지의 특정승계인에게는 적용되지 않는다.

④ 행정재산인 토지에 대하여 주위토지통행권을 인정할 수 있는지 여부[적극]

지방재정법 제74조 제1항, 제82조 제1항에 의하면 공유재산은 지방자치단체의 장의 허가 없이 사용 또는 수익을 하지 못하고, 또 그중 행정재산에 관하여는 사권을 설정할 수 없게 되어 있음은 물론이나, 민법상의 상린관계의 규정은 인접하는 토지 상호간의 이용관계를 조정하기 위하여 인지소유자에게 소극적인 수인의무를 부담시키는 데 불과하므로, 그중의 하나인 민법 제219조 소정의 주위토지통행권이 위에서 말하는 사권의 설정에 해당한다고 볼 수 없고, 또 그러한 법정의 통행권을 인정받기 위하여 특별히 행정당국의 허가를 받아야 하는 것이라고도 할 수 없다.

⑤ 판례로 인정되는 도로 폭 인정 기준
주위토지통행권은 건축허가에 필요한 진입도로 폭을 보장하는가?

① 판례의 입장을 보면 "민법 제219조에 규정된 주위토지통행권은 공로와의 사이에 그 용도에 필요한 통로가 없는 토지의 이용이라는 공익목적을 위하여 피통행지 소유자의 손해를 무릅쓰고 특별히 인정되는 것이므로, 그 통행로의 폭이나 위치 등을 정함에 있어서는 피통행지의 소유자에게 가장 손해가 적게 되는 방법이 고려되어야 할 것이나, 최소한 통행권자가 그 소유 토지를 이용하는 데 필요한 범위는 허용되어야 하며, 어느 정도를 필요한 범위로 볼 것인가는 구체적인 사안에서 사회통념에 따라 쌍방 토지의 지형적, 위치적 형상 및 이용관계, 부근의 지리상황, 상린지 이용자의 이해득실 기타 제반 사정을 기초로 판단하여야 한다"라고 하였다. [대법원 2002.5.31.선고 2002다9202 판결]

② 그런데 판례는 과연 몇미터를 통로로 인정할 것인가에 대하여는 분명한 입장이 없는 상태이다. 1.5미터의 폭으로 통행로를 인정하면서 그정도면 통행에 충분하므로 건축허가조건을 충족할 필요는 없다는 판례가 있는가 하면, 건축허가요건 충족을 위한 2m 도로 확보 규정을 참작하여 통행로 폭을 2m로 인정한 것도 있다(대판 96다10171 등). 최근 하급심에서는 자동차 통행이 가능한 3m 정도의 폭을 인정한 경우도 있다.

[부정한 판례]
① 민법 제219조에 규정된 주위토지통행권은 공로와의 사이에 그 용도에 필요한 통로가 없는 토지의 이용이라는 공익목적을 위하여 피통행지 소유자의 손해를 무릅쓰고 특별히 인정되는 것이므로, 그 통행로의 폭이나 위치 등을 정함에 있어서는 피통행지의 소유자에게 가장 손해가 적게 되는 방법이 고려되어야 할 것이고, 어느 정도를 필요한 범위로 볼 것인가는 구체적인 사안에서 사회통념에 따라 쌍방 토지의 지형적·위치적 형상 및 이용관계, 부근의 지리상황, 상린지 이용자의 이해득실 기타 제반 사정을 기초로 판단하여야 하며(대법원 2005. 7. 14. 선고 2003다18661 판결 등 참조), 토지의 이용방법에 따라서는 자동차 등이 통과할 수 있는 통로의 개설도 허용되지만 단지 토지이용의 편의를 위해 다소 필요한 상태라고 여겨지는 정도에 그치는 경우까지 자동차의 통행을 허용할 것은 아니다 (대법원 2006.06.02. 선고 2005다70144 판결, 대법원 1994. 10. 21. 선고 94다16076 판결)
② 건축 관련 법령에 정한 도로 폭에 관한 규정만으로 당연히 피포위지 소유자에게 반사적 이익으로서 건축 관련 법령에 정하는 도로의 폭이나 면적 등과 일치하는 주위토지통행권이 생기지는 아니하고, 다만 법령의 규제내용도 참작사유로 삼아 피포위지 소유자의 건축물 건축을 위한 통행로의 필요도와 그 주위토지 소유자가 입게 되는 손해의 정도를 비교형량하여 주위토지통행권의 적정한 범위를 결정하여야 한다. 그리고 그 통행권의 범위는 현재의 토지의 용법에 따른 이용의 범위에서 인정할 수 있을 뿐, 장래의 이용상황까지 미리 대비하여 정할 것은 아니다. [대법원 2006.10.26, 선고, 2005다30993, 판결]
③ 주위토지통행권은 주위토지소유자의 그 토지에 대한 독점적 사용권을 제한하는 권리로서 인접한 토지소유자간의 이해를 조정하는데 목적이 있으므로, 사람이 출입하고 다소의 물건을 공로로 운반할 정도의 폭만 확보할 수만 있다면 주위토지소유자의 손해가 가장 적은 장소와 방법을 선택하여야 하는 것이고, 이에 더 나아가 위요지소유자에게 장래 그 토지에 건축을 할 것에 대비하여 건축허가에 필요한 폭의 통행로를 미리 보장하고 주위토지소유자로 하여금 이를 수인하도록 하는 것까지를 그 내용으로 하는 것은 아니다.[대법원, 1991.5.28, 91다9961]
④ 민법 제219조에 규정된 주위토지통행권은 공로와의 사이에 그 용도에 필요한 통로가 없는 토지의 이용이라는 공익목적을 위하여 피통행지 소유자의 손해를 무릅쓰고 특별히 인정되는 것이므로, 그 통행로의 폭이나 위치 등을 정함에 있어서는 피통행지의 소유자에게 가장 손해가 적게 되는 방법이 고려되어야 할 것이고, 어느 정도를 필요한 범위로 볼 것인가는 구체적인 사안에서 사회통념에 따라 쌍방 토지의 지형적·위치적 형상 및 이용관계, 부근의 지리상황, 상린지 이용자의 이해득실 기타 제반 사정을 기초로 판단하여야 하며(대법원 2005. 7. 14. 선고 2003다18661 판결 등 참조), 토지의 이용방법에 따라서는 자동차 등이 통과할 수 있는 통로의 개설도 허용되지만 단지 토지이용의 편의를 위해 다소 필요한 상태라고 여겨지는 정도에 그치는 경우까지 자동차의 통행을 허용할 것은 아니다 [대법원 1994. 10. 21. 선고 94다16076 판결]
⑤ 건축법에 건축과 관련하여 도로에 관한 폭 등의 제한규정이 있다 하더라도 이는 건물 신축

이나 증 개축 허가시 그와같은 범위의 도로가 필요하다는 행정법규에 불과할 뿐 위 규정만으로 당연히 포위된 토지 소유자에게 그 반사적 이익으로서 건축법에서 정하는 도로의 폭이나 면적 등과 일치하는 주위토지통행권이 바로 생긴다고 할 수도 없다(당원 1991.6.11. 선고 90다12007 판결, 대법원 1994.02.25. 선고 93누20498 판결)

[긍정한 판례]

① 민법 제219조에 정한 주위토지통행권의 범위는 사람이 겨우 통행할 수 있는 정도로 제한되는 것이 아니고 통행자가 주택에 출입하여 일상생활을 영위하는데 필요한 범위의 노폭까지는 인정되어야 한다. [대법원, 1991.7.23, 90다12670]

② 이 사건에서 원심이 확정한 사실관계에 의하면 원고는 이 사건 토지를 건축물의 부지로 사용하려 한다는 것이고, 이 경우 건축법 제33조 제1항 및 제8조의 규정에 의하면 이 사건 토지가 2m 이상 도로에 접하여야 건축허가를 받을 수 있으므로, 원고로서는 노폭 2m의 통행로를 확보하여야 할 필요성이 절실하다 할 것이고, 피고도 장차 원고가 이 사건 토지 상에 건물을 신축할 것에 대비하여 노폭 2m의 통행로를 남겨두고 건축허가를 받은 것으로 보여지므로, 통행로의 노폭이 건축허가에 필요한 요건을 충족하느냐의 여부는 원고의 주위토지통행권의 범위를 결정함에 있어 중요한 참작 요소가 된다 할 것이고, 여기에 이 사건 기록에 나타난 원·피고 소유 토지 및 통행로의 위치와 면적, 현재의 토지이용 상황을 덧붙여 보면 이 사건 토지에 필요한 통행로의 노폭을 2m로 본 원심의 판단을 수긍할 수 있고, 거기에 민법 제219조의 법리를 오해한 위법이 있다고 할 수 없다. (대법원 1996.05.14. 선고 96다10171 판결)

제41장
토지사용승락서의 위험성

1. 토지사용승락서 용도

　토지사용승인서란 토지소유주가 타인이 본인의 토지를 사용할 수 있도록 승인하는 내용을 문서로 작성한 서류를 말한다. 실무상 진입도로를 내는데 가장 많이 활용하며 소유권이 없는 상태에서 타인 토지에 사업승인이나 건축허가를 득하기 위해 사용되기도 한다. 토지사용승락서는 반드시 서면으로 작성하고, 토지등기부 상 토지소유자의 인감도장을 찍은 다음, 그의 인감증명서를 첨부해 두어야 한다.

　토지사용승락서는 토지사용권을 취득하였음을 서면으로 증명하도록 작성하는 서류다. 우리나라는 토지소유권과 토지사용권을 분리한다. 토지사용권은 지상권, 지역권, 전세권과 같이 등기하여 배타적효력을 가지는 물권적사용권과, 임대차·사용대차와 같이 등기없이 채권계약에 의해 당사자 간에서만 효력을 가지는 채권적사용권으로 나눌 수 있다. 토지사용승락서는 이 중 채권적효력을 가지는 증서다.

　토지사용승락서가 필요한 경우는 대체로 다음과 같다.

(1) 토지 주변과 지상 지하공사를 하기 위한 일시적 토지사용승락
　토지 또는 그 주변의 도로공사 하천공사 굴착공사 전주나 철탑공사나 구거정비공사 등을 할 때 행정관청이나 시공업자가 요구하는 것으로, 공사기간이 짧으면 해주어도 별 문제가 없으며, 비교적 단기간에 끝나므로 문제가 없다.

(2) 진입도로 개설과 이용을 위한 토지사용승락
　맹지인 토지에 건축허가 요건인 진입도로를 확보 개설하기 위해 인접하는 타인의 토지주로부터 토지사용승락서를 받는 것이 가장 일반적이고, 사례가 많다.

토지사용승락서 양식

토 지 사 용 승 락 서

부동산의 표시

토 지 소 재 지				지목	면적 (㎡)	편입면적 (㎡)	비고
시	읍.면	리.동	지번				

■토지 사용목적 및 유효기간 :
■토지사용자(피승락자)
    주   소 :
    성   명 :
    주민등록번호 :

본인은 상기 토지의 소유자로서 본 토지를 위 사용목적으로 사용함에 있어서 이의가 없기에 상기 조건으로 토지의 사용을 승낙합니다.

■토지소유자(승락자)
    주   소 :
    성   명 :   ㊞
    주민등록번호 :

                                            201 년   월   일

※ 첨부서류 : 승낙자 인감증명서 1부 (용도 : 토지사용승락용)

(3) 사업승인이나 토지개발 인허가를 위한 토지사용승락

토지사용승인서는 시행자가 토지의 소유권을 확보하지 못하고 계약만 이루어진 상황에서 인·허가용으로 요구하는 경우도 있다. 즉 소유권이전등기를 하지 않고 그 땅에 사업승인이나 건축허가를 받을 필요가 있거나 금융기관 대출을 받으려고 할 때 사전에 미리 토지소유주에게 토지사용승인서와 인감증명을 요청하게 된다. 지구단위계획 진행, 재개발 재건축사업 추진, 주택사업자나 건축업자가 공사를 착공하기 전, 석산개발, 토석채취, 조림사업, 묘지조성, 농가주택 건설, 비닐하우스 축조, 담 설치 등을 위해 요구하는 경우가 많다.

2. 토지사용승락서의 성격과 유의사항

실무상 진입도로를 내는 가장 많이 활용하는 것이 토지사용승락서에 의한 진입도로 개설과 건축허가를 구하는 방법이다. 진입도로 확보를 위한 토지사용승락서에서는 다음 사항을 유의하여야 한다.

첫째, 토지사용승락서는 양 당사자 이외에는 그 효력이 승계되지 않는 것이 원칙이다. 토지사용승낙서는 매매로 인해 소유주가 바뀌면 더 이상 인정받을 수 없는 권리다. 즉 토지사용승락서의 법적성질은 토지사용을 목적으로 하는 일신전속적 채권계약으로 볼 수 있으므로, 승낙을 해준 토지소유자와 사용승락을 받은 자 간에만 효력을 가진다. 이를 등기할 수 없음은 물론이다. 따라서 사용승락을 해 준 지주가 사망했다거나 혹은 목적 토지를 타인에게 매각한 경우에는 사용승락을 받은 자는 상속인 또는 토지매입자에게 사용승락사실을 당연히 주장할 수는 없을 것으로 보인다. 반대로 사용승락을 받은 후 맹지의 땅을 매각했다면, 매수인은 전 소유자가 받은 토지사용승락서가 여전히 유효하다고 주장할 수는 없다고 본다.

그러나 토지사용승락을 받아 이미 진입도로를 개설하여 건축을 완료했고 또 계속해서 사용료를 지불해 왔다면, 사용승락을 해 준 지주는 이유없이 사용승락을 철회할 수는 없는 것으로 해석할 것이다. 승낙을 받은 자가 건축허가 신청 중에 이미 토지사용승락서가 관공서에 제출되어 있다면, 승낙자는 마찬가지로 철회할 수는 없다고 해석된다. 승낙서를 관공서에 제출하는 행위는 사법적인 동시에 준행정행위이기 때문이다.

만일 "토지사용승락서를 받는자"란을 백지로 해서 발급한 경우에는, 마지막으로 진입도로 개설을 위해 사용하는 자가 이를 보충하여 자기 이름을 기입해도 유효한 것으로 볼 수 있기 때문에, 이 경우에는 승낙서의 회수나 적법한 철회가 이루어 지지 않으면 그대로 유효한 것으로 해석할 수 있다. 발급자의 주의를 요하는 대목이다.

둘째, 사용승락은 사용료를 받고 해 줄 수도 있고, 무상으로 해줄 수도 있다.

무상사용인 경우는 몰라도, 유상사용인 경우에는 맹지의 소유자가 만일 정해진 사용료를 정시에 지급하지 않는다면, 사용승락의 철회(해제)사유가 될 것이다. 그러나 사도가 이미 개설되었다면, 사용승락을 해 준 지주라 할지라도 함부로 통행을 금지하지는 못한다. 일단 진입도로가 개설되어 도로대장에 등록되어 있다면, 도로교통법과 형법(통행방해죄)의 적용을 받게 되기 때문이다. 사도인 경우에는 사도법에 따라 정당한 사유를 소명하고, 직할시장, 군수의 통행제한허가를 받아야 할 것이다.

그러나 사용승락서를 써준 사람이 만일 돈을 받고 써주었다면 그 땅을 매각할 때에는 사용승락서를 받은 사람에게 신의측 상의 고지의무가 있다고 해석한다. 사용승락서를 써준 토지소유자가 후일 그 땅을 매각하면서 사용승락서를 받은 사람에게 땅을 판다고 고지를 했다면 이후 토지승락의 승계문제는 매입자의 책임이고, 고지를 안했다면 사용승락서를 써 준 사람의 책임이라고 해석할 수 있다.

셋째, 사용승락의 목적은 구체적이어야 한다.

진입도로의 개설 및 통과용으로만 제한되기 때문에, 이 범위를 벗어나 진입로에 대문을 설치한다든가, 야적장으로 사용한다든가 하면 승낙해 준 취지에 어긋나 계약위반이 될 것이다. 따라서 사용승락서를 작성해 주는 경우에는 사용목적과 범위를 명백하게 기재할 것이 필요하다.

네째 사용승락의 기간 문제이다.

통상의 승낙서에는 사용기간에 대한 명시를 안 하는 것이 일반적이다. 만일 사용승락의 기간을 영구로 한다면 맹지의 소유자는 영원히 사용할 수 있는 것일까?

이런 경우는 드물겠지만 만일 기간을 영구로 했다 할지라도 일단은 유효하지마는, 만일 맹지소유자가 사용료를 지불하는 조건인 경우에 사용료 지불을 연체한다면 역시 승낙철회(해제)의 사유가 될 것이다. 또한 첨부 승낙자의 인갑증명서의 발급기일이 너무 오래된 경우, 승낙자의 의사를 확인하기 위하여 행정관청의 새로운 발급요청이 있을 수 있다. 따라서 승락자는 승락서 작성시 유효기간을 명시하는 것도 좋은 방법이 될 것이다.

다섯째, 사용승락의 취소가 가능한가이다.

사용승락은 승낙서가 진입도로 개설용으로 행정관청에 제출되고 접수되어 도로개설공고가 나기 전까지만 가능하고, 그 이후에는 취소 철회가 불가하다고 보아야 한다. 그러나 승낙서를 지참한 자가 승낙목적과 다른 용도로 사용한다던지 혹은 승낙서가 제3자의 손에 들어간 경우에는 승락자는 사용승락을 취소할 수 있다고 보아야 한다. 다만 취소 철회방법은 승락서를 회수하는 것이 가장 안전하겠지마는, 그것이 여의치 않을 경우에는 민법에 따라 서면통보 혹은 공고 등으로 철회 취소의 효력이 생기는 것으로 해석할 수 있을 것이다. 다만 피승락자, 승락목적, 승낙기간 등을 백지로 해서 준 경우에는 승낙서를 교부한 상황에서 포괄백지위임의 의사였는지 여부를 판단해야 할 것이다.

여섯째, 토지사용승락서가 필요한 부지 매매 시에는 계약서 상에 도로부지사용승락서 건을 특약으로 넣어 명문화하고, 승낙서와 인감증명을 첨부하여 두어야 한다. 만일 진입도로 개설을 위한 토지사용승락서가 이미 첨부된 토지를 매입하는 경우에는 토지사용승락을 해 준 도로부분 지주의 동의를 별도로 받아야 할 것이다.
(기존 승낙서 밑에 승계동의 문구와 인감날인, 새로운 인감증명서 첨부)

3. 진입도로개설에 토지사용승락이 필요한 이유

건축허가신청에 있어서는 폭 4m의 진입도로 확보가 필수적인 조건인데, 기존에 진입도로가 없는 경우에는 새로 진입도로개설신청을 해야 한다. 건축허가에 적합한 진입도로는 국토의 계획 및 이용에 관한 법률, 도로법, 사도법, 그 밖의 관계 법령에 따라 신설 또는 변경에 관한 고시가 된 도로 또는 건축허가 또는 신고 시에 특별시장·광역시장·특별자치시장·도지사·특별자치도지사 또는 시장·군수·구청장이 위치를 지정하여 공고한 도로이어야 한다. 건축허가권자는 이 도로의 위치를 지정·공고하려면 그 도로에 대한 이해관계인의 동의를 받아야 한다. 토지사용승락서는 바로 이 "이해관계인의 동의"에 해당하는 것이다.

4. 토지개발인허가를 위한 토지사용승락의 위험성

건축법 상 건축허가를 받거나 농지법 상 농지전용 혹은 산지관리법 상 산지전용을 받기 위하여는 신청자의 자기소유 토지이거나 아니면 토지사용권이 있음을 증명하는 서류가 필요하다. 이 때 토지사용권을 증명하는 서류로는 지상권 등 물권적사용권이나 임차권 혹은 사용대차권같은 채권적권리의 입증서류가 필요한데, 채권적서류에 해당하는 것이 토지사용승락서인 것이다.

현실적으로 큰 땅을 매매하는 경우에 매입자는 일단 계약금만 치루고 매도자의 토지사용승락서를 받아 개발사업인허가를 받은 다음, 이를 근거로 금융기관의 대출을 받아

중도금과 잔금을 치루고자 하는 경우가 적지 않다. 처음부터 토지대금 전액을 완납할 능력이 없기 때문이기도 하고, 인허가가 난 땅은 땅값 이상의 훨씬 많은 융자금을 받을 수 있기 때문이다. 이 과정에서 매도자는 졸지에 채무자로 되어 버리기 때문에, 수령하는 융자금 관리를 잘하지 못하면, 사기를 당하여 땅만 잡히고, 땅값은 전액 회수하지 못하는 불상사가 발생할 수도 있다. 이미 인허가에 들어간 토지사용승락서는 이제는 취소할 수 없을뿐더러, 공사가 중단된다고 해도 더 이상 땅을 다른데로 팔아 버릴 수도 없게 되는 진퇴양란에 빠져버리게 되는 것이다. 또 이런 사기행각도 있다. 매수인이 대금을 일시에 지급한다고 하면서 잔금일에 대금전액을 수표로 지급하면서 소유권이전등기서류를 받아 이전등기를 마쳤는데, 지급 후 즉시 은행에 수표 사취계(詐取屆)나 분실계(수표를 도난 분실했다는)를 내어 수표의 지급을 부도내는 방법으로 남의 토지를 눈뜨고 가로채는 사기수법도 있었다.

제42장
토지분할 제한 토지

1. 토지분할 사례

　토지이용에 있어서 분할은 토지구입 및 개발 활용에 있어서 자주 있는 일로서 토지리모델링의 대표적인 기법이다. 가장 흔한 예를 들어 보자.

　전원주택 단지를 개발할 때에는 통상 넓은 한 필지의 임야에 대한 산지전용허가를 받아 대단지 토목공사를 한다. 이 때 기초설계단계에서부터 진입도로와 단지 내 도로를 뽑고, 660㎡(200평)에서 1,650㎡(500평) 넓이의 크고 작은 여러 필지로 나눈 단지배치도를 작성한다. 단지 완공 후에는 단지에 출입하는 진입도로와 단지 내 도로 그리고 분양예정인 전원주택지는 각기 한 필지로 나누게 된다. 공사 전에는 한 필지였던 임야가 여러 필지로 나뉘어져, 대부분은 대지로 분할되고 일부는 도로로 바뀐다. 토지의 분할이 이루어지는 것이다.

　또 개인이 전원주택을 지으려 1,650㎡(500평)의 관리지역 밭을 사서 집을 짓는 경우를 보자. 밭 1,650㎡(500평) 중에서 주택을 지을 대지로 쓸 660㎡(200평)은 농지전용을 받아 농가주택을 지으면, 그 부지는 준공 후 대지로 바뀐다. 남은 1,000㎡(300평)은 그대로 농지로 남아 텃밭으로 사용한다. 농지 1,650㎡(500평)이 분할되어 660㎡(200평)의 대지와 1,000㎡(300평)의 농지로 분할되는 것이다.

　토지분할은 이와 같이 토지구입 및 개발 활용에 있어서 자주 있는 일로서 토지리모델링의 대표적인 기법이다. 토지의 분할은 현실적으로 땅을 효과적으로 쉽게 매각할 수 있으며, 또 분할토지의 취득자는 각자가 단독 토지소유권을 확보하여 유용하게 쓸 수 있는 유용한 방법이 되고 있다.

2. 토지분할허가제

　토지의 분할은 지주에게는 유용하지마는 때로는 토지행정의 번잡을 초래하고, 토지이용의 비효율화를 야기하며, 토지투기의 수단으로 악용되므로, 이를 전적으로 토지소유자의 자유의사에만 맡길 수만은 없다. 따라서 토지의 분할은 일단 모두 허가를 받아야 하는 개발행위의 내용에 포함되어 있으며, 토지분할의 허가심사기준은 국토계획법 등에서 구체적으로 상세히 규정하고 있다. 또 필요 이상으로 잘게 쪼개는 토지분할을 금하는 건축법상 규정이 있으며, 또 개발제한구역의 땅과 농업진흥지역 내의 농지에 대하여는 분할면적의 하한선을 따로 두고 있다.

　토지분할에 관하여 2006년3월7일까지는 도시지역에서는 토지분할허가제가 시행되었으나, 비도시지역인 관리지역, 농림지역과 자연환경보전지역에서는 분할이 자유로왔다. 그러나 지방토지에 대한 기획부동산업자들의 투기조장과 거래의 위험성에 따른 영세 투자자의 피해를 방지하기 위하여 2005년 12월 7일 관련 국토계획법을 개정하여 2006년 3월 8일부터는 전국의 모든 토지에 대하여 토지분할허가제가 시행되게 되었다. 현재는 전국의 어떤 토지던지 분할하고자 할 때에는 토지소재지 시 군 구에서 토지분할허가를 받아야 한다.

토지분할허가를 받지 않아도 되는 경우

　그렇지만 모든 경우 모든 토지의 분할에 허가제를 적용하는 것은 과잉규제와 행정번잡을 초래할 수 있다. 그래서 법은 합리적인 분할사유가 있는 경우 허가를 받지 않고 자유로이 분할을 할 수 있는 경우를 두고 있다. 예컨대 토지소유권이 공유로 된 토지를 공유지분에 따라 분할하는 토지나 다른 토지와의 합병을 위하여 분할하는 토지, 그 밖에 토지분할이 불가피한 경우 등이다.

　또 녹지지역ㆍ관리지역ㆍ농림지역 및 자연환경보전지역 안에서 기존묘지를 분할하거나, 사설도로를 개설하기 위한 분할, 사설도로로 사용되고 있는 토지 중 도로로서의 용도가 폐지되는 부분을 인접토지와 합병하기 위하여 하는 분할의 경우에는 분할최소면적의 제한을 받지 않는다. 또한 토지이용상 불합리한 토지경계선을 시정하여 당해 토지의 효용을 증진시키기 위하여 분할 후 인접토지와 합필하고자 하는 경우에는 제한이 완화된다.

3. 토지분할 절차

토지의 분할이란 지적공부에 등록된 1필지를 2필지 이상으로 나누어 등록하는 것을 말한다. 지적공부란 지적대장과 지적도면 및 경계점좌표등록부를 말한다. 지적대장에는 토지대장, 임야대장, 공유자연명부, 대지권등록부가 있고, 지적도면에는 지적도와 임야도가 있다

토지를 분할할 수 있는 자는 원칙적으로 토지소유자에 한한다. 지적법 상 지적분할을 신청할 수 있는 경우는 ①토지소유자가 소유권 이전, 매매 등을 위하여 필요한 경우와 ②토지이용 상 불합리한 지상경계를 시정하기 위한 경우에 한한다.

토지소유자가 토지분할을 하고자 하는 때에는 지적소관청 즉 지적공부를 관할하는 특별시장, 광역시장, 구청장 및 군수에게 토지분할신청서와 분할허가신청서 및 지적측량성과도를 제출하고, 그 외 토지분할의 합리적인 사유를 소명하여야 한다. 또한 지적공부에 등록된 1필지의 일부가 형질변경 등으로 용도가 다르게 된 때에는 60일 이내에 의무적으로 소관청에 토지분할을 신청하여야 한다. 토지분할을 하기 위한 분할의 절차는 우선 대상 토지의 분할측량을 거쳐 지적도, 토지대장 등의 지적공부의 정리와 공시장부인 부동산등기부 상의 분할등기를 함으로서 끝이 난다

(1) 토지소유자의 분할측량

분할측량 신청 → 분할측량실시 → 측량검사(지적공사) → 측량검사 및 성과도 교부

지적측량은 분할측량, 등록전환측량, 경계복원측량, 현황측량으로 구분하는데 여기서의 측량은 분할측량이 된다. 분할측량이란 지적공부에 등록된 1필지를 2필지 이상으로 나누어 등록할 때 실시하는 측량을 말한다. 분할측량의 비용은 매년 지적공사에서 고시하는 지적측량업무 기준단가 수수료요율표에 따르는데, 분할토지의 위치와 면적에 따라 다르다. 측량신청~성과도 교부까지의 측량소요기간은 통상 10일~2주가 소요된다.

(2) 토지분할 신청
신청서에 지적도, 분할측량성과도 및 허가서(허가사항인 경우) 첨부하며 공유토지의 분할인 경우에는 공유자 전원의 합의서 첨부한다. 토지분할의 필요성을 신청서에 기재하여야 한다.

(3) 행정관청의 토지분할 허가
지금 토지분할은 모두 허가제로 되어 있어서, 토지를 분할하려 하는 경우에는 분할허가를 받아야 한다.

(4) 지적공부 정리

분할허가 후 관청 공무원은 직원으로 지적공부 정리를 하게 된다. 지적공부는 일반 토지의 경우 토지대장 및 지적도이며 임야의 경우에는 임야대장과 임야도를 말한다. 분할 토지에 대하여는 새로운 지번이 부여된다. 분할과 동시에 지목변경이 되게 되면 동시에 변경신청하게 된다.

(5) 토지분할(분필)등기

토지의 분할등기는 부동산등기법 상 분필등기라고 하며, 토지의 변경등기에 속한다. 토지의 변경등기란 토지등기부의 표시란에 기재된 등기사항이 변경된 경우에 하는 등기로서, 분할등기의 경우에는 토지의 지번, 지목과 면적 등이 바뀌는 변경등기이므로, 토지소유자는 분할이 있는 때에는 1월 이내에 의무적으로 변경등기를 신청하여야 한다.

4. 토지분할이 금지 제한되는 경우

토지분할신청 시 제출하는 지적공무원이 분할허가신청서를 심사하는 과정에서는 우선 관련법이 정한 분할금지와 제한규정에의 위배여부를 검토하게 된다.

현행 국토계획법 상 토지분할이 금지되는 경우를 보면 녹지지역 · 관리지역 · 농림지역 및 자연환경보전지역 안에서 관계법령에 따른 허가 · 인가 등을 받지 아니하고 토지를 분할하는 경우와 건축법 및 각 지방자치단체의 조례가 정하는 분할제한면적에 미달한 경우 또는 토지에 대한 투기가 성행하거나 성행할 우려가 있다고 판단되는 지역(투기지역)으로서 국토해양부장관이 지정 · 고시하는 지역에서의 토지분할은 금지된다. 그 외 토지분할의 목적이 건축물의 건축 또는 공작물의 설치, 토지의 형질변경인 경우에 그 개발행위가 관계법령에 따라 제한되는 경우에는 분할허가가 나지 않는다. 예컨대 산림형질변경, 농지전용 등이 불가능하여 개발자체가 곤란한 지역, 예컨대 경사도가 심한 공익용 산지 등에서는 단순매매를 위한 토지분할은 금지된다.

그러나 국토해양부장관이 분할금지지역으로 특별히 지정한 지역은 아직 없고, 그 이외의 구체적인 분할금지 혹은 제한에 관한 세부심사기준은 지금까지도 아직 나와 있지 아니하다. 여기에 각 지방자치단체는 분할필지수, 분할회수, 연속분할기간, 분할목적의 타당성 등에 대하여 각기 나름대로의 분할심사기준을 마련하여 운용하고는 있으며, 일부 지자체에서는 기획부동산의 피해를 막기 위한 분할금지 및 제한 조례를 제정 시행

하고 있다. (가평 용인 남양주 등),

토지분할 제한기준에 관하여는 전국적으로 통일적이고 합리적인 명문화된 심사기준과 지침이 없는 관계로, 지역개발에 걸림돌이 되고 있으며, 토지소유자나 토지구입자와의 분쟁도 적지 않다. 이에 관한 통일적인 합리적인 지침이나 예규가 있어야 할 것이다.

(1) 건축법 상 최소토지면적 분할제한

건축물이 있는 대지는 시행령이 정하는 범위 안에서 당해 지방자치단체의 조례가 정하는 면적에 미달하게 분할할 수 없다. 도시계획지역 안에서 건축물이 있는 토지의 분할은 다음의 최소면적 이하로 할 수 없다,
- 주거지역 : 60제곱미터
- 상업지역 : 150제곱미터
- 공업지역 : 150제곱미터
- 녹지지역 : 200제곱미터
- 그 외의 지역 : 60제곱미터

조례 상 최소토지면적 분할제한
건축물이 있는 대지는 시행령이 정하는 범위 안에서 당해 지방자치단체의 조례가 정하는 면적에 미달하게 분할할 수 없다.

♣용인시 건축조례의 경우
제32조(건축물이 있는 대지의 분할제한) 건축법 제57조제1항 및 영 제80조에 따라 건축물이 있는 대지는 다음 각 호의 1에서 정한 규모 이상이어야 한다.
1. 주거지역 : 60제곱미터.
2. 상업지역 : 150제곱미터
3. 공업지역 : 150제곱미터.
4. 녹지지역 : 200제곱미터
5. 제1호 내지 제4호에 해당하지 아니하는 지역 : 60제곱미터.

(2) 농지법상의 토지분할 제한

농업생산기반사업이 시행된 농지(논과 밭) 경우에는 농업인의 생산성을 감안한 대규모 영농을 권장키 위해 2,000제곱미터(600평) 이하로의 농지분할이 금지된다.

(3) 그린벨트 내의 토지분할의 제한

개발제한구역 내에서는 일반필지는 분할된 후 각 필지의 면적이 200제곱미터(60평), 지목이 대인 토지를 주택 또는 근린생활시설의 건축을 위하여 분할하는 경우에는 330제곱미터(100평) 이내로 분할할 수 없다.

(4) 건축물이 있는 토지의 분할

① 건축물이 있는 대지의 분할
[관련예규 3-79] 건축물이 있는 대지분할(최소면적 개발행위허가 대상인지 여부)

[질의내용]
건축물이 있는 대지분할과 관련하여 질의, 지목은 대지이고 건축물이 있는 부지를, 분할 후 나머지 부분이 대지최소면적 이하일 경우 개발행위허가 대상인지 여부

[회신내용]
1. 건축물이 있는 부지 분할시 건축물이 있는 토지와 건축물이 없는 토지로 분할함에 있어 건축물이 있는 1필지는 건축법 제49조의 규정에 의한 대지면적 최소한도 이상이나 분할 후 토지의 면적이 대지면적 최소한도 미만인 경우 개발행위 허가를 받아야 하는지 여부로

2. 위 조건에 의한 분할을 검토한 결과, 국토의 계획 및 이용에 관한 법률에 의하여 건축법 제49조제1항의 규정에 의한 분할제한면적(이하 이 칸에서 "분할제한면적"이라 한다) 미만으로 분할하는 경우에는 개발행위허가 기준에 맞는 경우에는 개발행위허가를 받아 분할 할 수 있으나, 조건이 충족되지 않는 경우라면 개발행위허가를 받을 수 없어 토지분할을 할 수 없다고 판단됩니다.

3. 토지지용상 불합리한 토지경계선을 시정하여 당해 토지의 효용을 증진시키기 위하여 분할 후 인접토지와 합필하고자 하는 경우에는 다음의 1에 해당할 것. 이 경우 허가신청인은 분할 후 합필되는 토지의 소유권 또는 공유지분을 보유하고 있거나 그 토지를 매수하기 위한 매매계약을 체결하여야 한다.
   ① 분할 후 남는 토지의 면적 및 분할된 토지가 합필된 후의 면적이 분할제한면적에 미달되지 않을 것
   ② 분할전후의 토지면적에 증감이 없을 것
   ③ 분할하고자 하는 기존토지의 면적이 분할제한면적에 미달되고, 분할된 토지와 인접 토지를 합필한 후의 면적이 분할제한 면적에 미달되지 아니할 것

② 토지분할 시 지상건축물이 짤리게 분할할 수 있는지 여부(적극)

담당기관	국토해양부		
카테고리	지적		
관련법령	null		
담당부서	지적기획과	전화번호	044-201-3485
등록일자	2012.12.31	수정일자	2012.12.31
제 목	- 토지분할시 지상건축물을 걸리게 분할가능여부		
첨부파일			
질의내용	- 토지분할시 지상건축물을 걸리게 분할가능여부		

※※ -「측량.수로조사 및 지적에 관한 법률 시행령」제55조제4항에 따르면 분할에 따른 지상경계는 지상건축물을 걸리게 결정해서는 아니 된다. 다만, ①법원의 확정판결이 있는 경우 ②같은 법 제87조제1호(신청의대위)에 해당하는 토지를 분할하는 경우 ③같은 법 시행령 제3항제1호 또는 제3호에 따라 토지를 분할하는 경우에는 토지분할이 가능하도록 규정하고 있음을 알려드립니다.

5. 기획부동산과 토지분할 금지

(1) 토지분할허가제

　토지의 분할은 지주에게는 유용하지마는 때로는 토지행정의 번잡을 초래하고, 토지이용의 비효율화를 야기하며, 토지투기의 수단으로 악용되므로, 이를 전적으로 토지소유자의 자유의사에만 맡길 수만은 없다. 따라서 토지의 분할은 일단 모두 허가를 받아야 하는 개발행위의 내용에 포함되어 있으며, 토지분할의 허가심사기준은 국토계획법 등에서 구체적으로 상세히 규정하고 있다. 또 필요 이상으로 잘게 쪼개는 토지분할을 금하는 건축법상 규정이 있으며, 또 개발제한구역의 땅과 농업진흥지역 내의 농지에 대하여는 분할면적의 하한선을 따로 두고 있다.

　토지분할에 관하여 2006년3월7일까지는 도시지역에서는 토지분할허가제가 시행되었으나, 비도시지역인 관리지역, 농림지역과 자연환경보전지역에서는 분할이 자유로왔다. 그러나 지방토지에 대한 기획부동산업자들의 투기조장과 거래의 위험성에 따른 영세 투자자의 피해를 방지하기 위하여 2005년 12월 7일 관련 국토계획법을 개정하여 2006년 3월 8일부터는 전국의 모든 토지에 대하여 토지분할허가제가 시행되게 되었다. 현재는 전국의 어떤 토지던지 분할하고자 할 때에는 토지소재지 시 군 구에서 토지분할허가를 받아야 한다.

(2) 토지분할허가제와 확정판결 변천과정

① 도시지역에만 분할허가제가 있던 2003년 이전
비도시지역에는 토지분할이 자유롭고, 도시지역에만 분할허가제가 있던 2003년 이전에도, 도시지역에서는 토지분할판결을 받으면, 분할허가를 받지 않아도 분할이 가능하다는 판결이 있어왔다.

확정판결에 의한 토지분할에도 행정청의 토지분할 허가가 필요한지 여부(소극)
대법원 1996. 11. 12. 선고 96누7519 판결 【토지분할거부처분취소】
[공1996.12.15.(24),3606]

[판시사항]
확정판결에 의한 토지분할에도 행정청의 토지분할 허가가 필요한지 여부(소극)

[판결요지]
도시계획구역 안에서 건축법령 및 건축조례와 도시계획법령이 정하는 대지면적 최소한도, 건폐율, 대지 안의 공지, 분할토지의 너비 등에 관한 제 기준에 미달되게 토지를 분할하고자 할 경우에는 원칙적으로 미리 시장·군수의 허가를 받도록 하되, 다만 법원의 확정판결에 의한 토지분할의 경우에는 대상토지가 그와 같은 관계 법령상의 기준에 미달된다 할지라도 시장·군수의 별도의 허가를 받을 필요 없이 그 분할이 가능하다.

② 비도시지역을 포함하여 전국이 분할허가제로 바뀐 2003년 이후 이후

비도시지역을 포함하여 전국이 분할허가제로 바뀐 2003년 이후 이후에도 이와같은 판례와 주무관청의 견해는 지속되었다.

확정판결에 의한 분할 질의회신

[질의요지]
○○시 지적업무 처리과정 중 법원의 확정판결(공유물분할, 소유권이전, 화해조서 등)에 대한 토지분할가능 여부에 대하여 양설이 있어 질의함.
● 갑설 : 국토의 계획 및 이용에 관한 법률 개정 시행(2006.3.23) 이후 비도시지역의 토지분할허가에 관한 규제사항이 발생항한 것으로 보아, 확정판결에 대한 내용이 명시되지 않아도, 개발행위(토지분할)허가를 득해야 분할이 가능하다는 의견.
● 을설 : 국토의 계획 및 이용에 관한 법률이 개정된 이후에도, 확정판결에 대한 토지분할 규

제사항이 없으므로 종전과 같이 지적법에 의거, 분할이 가능하다는 의견.

[회신내용]
법원의 확정판결(기판력)에 의하여 토지분할을 하고자 하는 경우에는, (구)지적법시행령 제14조제2항 및 동법 시행규칙 제24조제1항제2호의 규정에 따라 분할사유를 기재한 신청서에 확정판결서 정본 또는 사본을 첨부하여 소관청에 분할을 신청할 수 있습니다.(지적팀- 3168, 2006.07.03) - 을설 입장으로 판단됨(가야컨설팅)

③ 국토계획법의 개정

기획부동산의 악용사례가 빈번하게 일고, 이로 인한 시민의 피해가 늘자, 국토계획법시행령 상의 개발행위허가기준(별표)를 개정하여 토지분할에 관한 제한권한을 지자체 조례에 위임하게 되었다. 이러한 규정에 근거하여 제정된 것이 일부 지자체의 기획부동산 기분할제한 운영지침이다.

개발행위허가기준(별표)
이 법 또는 다른 법령에 따른 인가·허가 등을 받지 않거나 기반시설이 갖추어지지 않아 토지의 개발이 불가능한 토지의 분할에 관한 사항은 해당 특별시·광역시·특별자치시·특별자치도·시 또는 군의 도시·군계획조례로 정한 기준에 적합할 것

제목	기획부동산의 토지분할 사기 분양 문제		
담당기관	국토교통부		
카테고리	도시	관련법령	국토의 계획 및 이용에 관한 법률 시행령 제51조 (개발행위허가의 대상)
담당부서	도시정책과		
등록일자	2010.03.29	수정일자	2014.12.30
첨부파일			
질의내용	기획부동산의 토지분할 및 분양 사기 등을 규제하는 법이 있는지		
회신내용	「국토의 계획 및 이용에 관한 법률」(이하 국토계획법) 제58조 제1항에서 허가권자는 당해 개발행위 허가의 신청내용이 개발행위허가기준에 맞는 경우에만 허가를 하여야 한다고 규정하고 있습니다. 이와 관련하여 국토계획법 시행령 별표1의2 제2호 라목 (1)에서는 녹지지역·관리지역·농림지역 및 자연환경보전지역 안에서 관계법령에 따른 허가·인가 등을 받지 아니하고 토지를 분할하는 경우 갖추어야 할 요건에 대하여 규정하고 있으며, 위 규정 (다)에서는 토지분할의 목적이 건축물의 건축 또는 공작물의 설치, 토지의 형질변경인 경우 그 개발행위가 관계법령에 따라 제한되지 아니할 것을, (라)에서는 이 법 또는 다른 법령에 따른 인가·허가 등을 받지 않거나 기반시설이 갖추어지지 않아 토지의 개발이 불가능한 토지의 분할에 관한 사항은 도시·군계획조례로 정한 기준에 적합할 것을 규정하고 있음을 알려 드립니다.		

(3) 기획부동산의 토지분할제한 운영지침 도입

쓰지도 못할 임야 등을 칼같이 쪼개어 파는 일부 기획부동산의 피해를 막기 위하여, 일부 지역에서는 토지분할을 제한하는 조례를 제정하여 운영하고 있다. 수도권에서는 용인시와 여주, 남양주등 일부 지자체의 경우에 다음과 유사한 조례가 제정되어 있다. 따라서 이런 지역에서 전원주택건축 및 분양사업을 하려고 토지를 취득하려는 경우, 자칫 토지분할이 제한되므로 특히 주의를 요한다. 기획부동산의 토지분할로 인정되면, 송유물분할에 관한 확정판결이라도 분할이 되지 않는다.

남양주시 기획부동산 분할제한 운영 지침

(제정) 2011.03.17 예규 제59호

제1조(목적) 이 지침은 『국토의 계획 및 이용에 관한 법률』제1조(입법취지) 및 제56조(개발행위허가), 같은 법 시행령 제58조(개발행위허가의 기준)를 근거로 건전한 도시관리계획 도모와 부동산 시장의 안정 및 기획부동산으로 인한 선의의 피해를 사전에 방지하기 위하여 토지분할허가에 대한 세부기준을 규정함을 목적으로 한다.

제2조(용어의 정의) 이 지침에서 사용하는 용어의 뜻은 다음과 같다.
　1. "택지식 분할"이란 인·허가를 득하지 않고 도로형태를 갖추어 그 필지에 접하게 다수 필지로 분할하는 것을 말한다.
　2. "바둑판식 분할"이란 인·허가를 득하지 않고 도로형태를 갖추지 않은 바둑판형태의 다수 필지로 분할하는 것을 말한다.
　3. "기획부동산"이란 관계법령에 의하여 원칙적으로 개발이 불가능한 토지 또는 개발이 허용되는 범위와 다르게 기획하여, 광고 등을 통하여 토지를 분양 또는 판매하는 자를 말한다.

제3조(적용범위) 이 지침은 "기획부동산(추정되는 업자 등을 포함한다)"의 토지분할에 대하여 적용한다.

제4조(기획부동산의 판단기준) "기획부동산"의 판단기준은 다음과 같다.
　1. 관련부서 협의 결과 개발이 불가능한 토지를 택지식 및 바둑판식 형태로 토지를 분할하려는 자.
　2. 관계법령에서 허용하는 내용과 다르게 거짓으로 광고하여 부동산 질서를 해치는 자.
　3. 제2조제1호와 제2호에 해당하는 유형의 토지를 신문, 인터넷, 전화 등을 통하여 다수에게 분양·판매를 목적으로 토지분할을 하려는 자.
　4. 토지를 취득한 후 3년 이내에 택지식 및 바둑판식 형태로 토지를 분할하려는 자.

제5조(토지분할허가기준) 토지분할은 다음 각 호의 기준에 모두 적합한 경우에 한하여 허가하여야 한다.
　1. 공유지분 및 매매에 의해 분할 할 경우 도시지역은 990㎡이상, 비도시지역은 1,650㎡이상으로 한다.
　2. 이미 분할된 필지의 재분할은 소유권 이전일로부터 1년 이상 경과되어야 한다.
　3. 관계법령에 의하여 인·허가를 득하지 않고 분할 할 경우 택지식 및 바둑판식 형태의 토지분할이 아닐 것.

제6조(공유지분 분할허가) 토지분할허가기준을 회피하고자 공유지분(법원의 판결 등)을 통하여 분할하는 경우에도 제5조를 적용한다.

부칙
이 지침은 발령한 날부터 시행한다.

■ 바둑판식 토지분할금지 조례가 있는 지역

남양주시와 유사한 기획부동산의 바둑판식 토지분할 금지 조례가 있는 지역은 다음과 같다.(2015년1월 현재)
- 수도권 : 서울 남양주 여주 양평 용인
- 지방 : 춘천 평창 연기 세종시 군산 예천 부산 제주

6. 확정판결과 토지분할

(1) 건축물 있는 대지도 판결로 토지분할이 가능하다.

확정판결에 의한 토지분할

안건번호 회신일자 1987-08-04

1. 질의요지

○ 개인 당사자간의 대지소유권의 귀속에 관한 확정판결이 있는 경우, 건축물이 있는 당해 대지를 「건축법 제39조의2제2항」의 규정에 불구하고 분할할 수 있는지 여부

2. 회답

○ 「도시계획법시행령 제5조제3항」의 규정에 의하면, 도시계획 구역 안에서 「건축법 제39조의2」에서 정하는 면적이하의 지적분할은 시장 군수의 허가를 받아야 하고 다만, 확정판결에 의한 것은 허가없이 분할할 수 있다고 규정하고 있는데, 이때 확정판결이라 함은 지적분할 허가권자인 시장 군수를 당사자로 하는 확정판결을 뜻한다 할 것인 바, 단순히 개인 당사자간의 대지의 소유권의 귀속에 관한 민사판결이 확정되는 경우를 뜻하는 것이 아니라고 봄(대판 4290, 행상 23,1957.7.26. 관계행정기관을 기속하는 확정판결은 행정소송 절차에 따른 판결에 한하고, 민사소송법에 의한 판결은 이러한 기속력이 없음)○ 따라서 건축물이 있는 대지는 개인 당사자간의 대지소유권의 귀속에 관한 확정판결이 있다고 하더라도 「건축법 제39조의2제2항」의 규정에 적합하는 경우에 한하여 동대지를 분할할 수 있다고 해석 됨.

(2) 확정판결로 인한 분할 결과 건폐율 미달도 가능하다.

확정판결에 의한 토지분할

안건번호   회신일자 1980-07-18

1. 질의요지

○ 건축물이 있는 대지가 도시계획구역 안에 있고 그 분할에 관하여 법원의 확정판결이 있는 경우에는 「도시계획법 제4조제1항제3호」 및 「동법시행령 제5조제3항 단서」의 규정에 의하여 「건축법 제39조의2」에서 정하는 기준면적 이하로의 분할이 시장 군수의 허가없이 가능하다면 분할로 인하여 건폐율, 용적율 등에 위배되는 결과가 발생할 경우가 있게 되는데 이 경우에도 분할이 가능하다는 의미인지 여하

2. 회답

○ 「건축법 제39조의2」에서 정하는 기준면적 이하로의 분할이 가능하다는 의미에는 분할로 인하여 건폐율 용적율 등에 위배되는 결과가 발생해도 그 분할은 불가피하다는 의미이며 이 때문에 분할할 수 없다는 것은 아니라는 의미 임.

(3) 그린벨트 내 공유지 분할

제목	토지분할(공동소유)		
담당기관	국토교통부		
카테고리	도시	관련법령	개발제한구역의 지정 및 관리에 관한 특별조치법
담당부서	녹색도시과		
등록일자	2006.07.09	수정일자	2014.12.31
첨부파일			
질의내용	개발제한구역안에 지목이 "대"인 423제곱미터의 토지를 공동소유 하고 있는 바, 본인 지분인 355제곱미터만큼 분할이 가능한지?		
회신내용	- 개발제한구역안에서의 토지 분할은 「개특법시행령」 제16조에 의거 분할된 후 각 필지의 면적이 200제곱미터 이상이어야 하며, 또한 지목이 대인 토지를 주택 또는 근린생활시설의 건축을 목적으로 분할하는 경우에는 분할된 후 각 필지의 면적이 330제곱미터 이상이어야 하므로 귀 질의와 같은 경우는 분할이 불가능 할 것입니다.		

(4) 확정판결을 받은 후 분할등기권자

> 확정판결에 따른 토지분할

안건번호 **회신일자** 1988-11-03

1. 질의요지

일필지의 공유토지중 특정위치 및 면적을 지정한 부분에 대하여 피고 "을"은 원고 "갑"에게 분할하여 이전하라는 법원의 확정판결이 있었으나.○ 원고 갑은 특정위치를 분할을 하지 않은 채 공유지분 상태로 병에게 공유지분 소유권이전 등기를 경료한 후.○ 현재에 이르러 법원의 확정판결 내용에 따라 특정위치의 분할신청이 있을 경우 다음과 같은 의견이 있어 질의다 음 ○ 갑론 현재 소유자는 "병"이나 전 소유자인 원고 "갑"이 판결내용에 따라 분할 신청이 가능함. ○ 을론 현재 소유자 "병"이 원고의 권한을 승계 분할 신청 가능함. ○ 병론 원고 "갑" 피고 "을"당사자간에 판결로 "병"에게 소유권이전된 상태에서 판결의 효력이 상실되어 "갑", "병" 모두 분할 신청 불가능함.

2. 회답

○ 귀구 "을론"에 의거 처리하기 바람.

제43장
종중 땅

1. 종중과의 토지거래시 유의사항

종중의 법률상 특징
종중은 자연인의 집단이지만, 권리주체로서 자연인도 아니고 법인도 아니다.

민법상 소위 권리능력 없는 사단 혹은 법인 아닌 사단이라고 불리우는 것이다. 다만 이러한 종중도 세법상이나 부동산등기법 상으로는 부동산거래를 할 수 있도록 특별한 배려를 하고 있다. 즉 사업자로서나 부동산의 소유권을 가질 수 있는 거래주체로서 한정적으로 인정하고 있는 것이다. 그러나 종중은 일반적인 권리주체로서 당연한 계약당사자가 될 수는 없는 것이므로, 종중의 물건인 경우에는 농지냐 임야냐 등 지목에 따라 거래가 가능한지를 미리 검토해 보고 주의할 필요가 있다.

우선 종중 소유의 농지나 임야나 대지 잡종지 등인 경우에는 종중은 자유로이 처분할 수도 있다. 그러나 종중은 임야는 새로이 취득할 수는 있으나, 농지는 새로이 취득할 수 없다. 다만 부동산특별조치법에 의하여, 과거에 종중이 소유하고 있었던 위토 등 기존의 농지는 그대로 보유할 수는 있다.

종중과의 토지거래시 유의사항
종중은 친족단체로서 자연적으로 발생하는 자연인의 집단이지만, 민법상 권리주체로 인정된다. 그러나 종중은 자연인도 아니고 법인도 아니다. 민법상 소위 권리능력없는 사단 혹은 법인 아닌 사단이라고 불리우는 것이다. 부동산 거래 등 종중의 대외적 행위는 종중대표로 선임된 자가 하지만, 법인과 같은 독립된 실체가 없기 때문에 규약에 따르거나 종중원 총회결의를 거쳐야 유효한 행위를 할 수 있다.

즉 종중 소유의 재산은 종중원의 총유(總有)에 속하는 것이므로 그 관리 및 처분에 관하여는 먼저 종중규약에 정하는 바가 있으면 이에 따라야 하고, 종중규약이 없거나 규약에 그러한 규정이 없는 경우에는 종중원 총회의 결의에 의하여야 한다. 따라서 비록 종중의 대표자와 종중재산을 매입하기로 계약을 체결하였다 하더라도 이런 절차를 거치지 아니하였다면 그 계약은 무효가 된다. 더구나 종중의 정식 위임을 받지 않은 대표자가 아닌 자와 매매계약을 하였다면 그 계약은 당연히 무효가 되어, 후일 소유권 반환청구의 대상이 될 수도 있을 것이다.

종중은 현행 부동산등기법 상 종중 명의로 부동산을 취득하고 또 처분할 수 있다.
종중이 부동산 취득하여 등기를 하려면 **부동산 등기용 등록번호**를 받아야 한다.
부동산등기용 등록번호는 종중이 소재지 시 군 구에 등록을 하며, 등록된 종중은 그 증명서를 발급받을 수 있다. 그러나 과거 부동산을 보유한 종중은 등록번호가 없는 경우가 많다, 종중의 부동산은 대체로 종손이나 연장자 혹은 대표자 명의로 명의신탁을 하는 관례가 있기 때문이다. 현행 부동산 등기특별법에서도 일반 명의신탁은 무효라고 하고 있지만, 종중에 관하여는 예외적으로 유효한 것으로 하고 있다.

2. 종중은 농지를 취득할 수 없다

그래서 종종 종중부동산에 대하여 명의신탁 해지로 인한 소유권반환소송이 생긴다. 종중이 소송에 승소한 경우 반환된 부동산은 종중명의로 등기되어야 하지만, 농지인 경우와 임야인 경우 각기 다르다. 우선 농지인 경우를 보자.

(1) 농지의 경우
명의신탁 해지된 그 농지가 농지개혁법 당시의 위토(位土)가 아니라면 종중명의로 소유권이전등기를 할 수 없다. 명의신탁 해지가 아닌 경우에도 현행법 상 종중 명의로는 농지를 새로이 농지를 취득할 수 없다. 헌법상 경자유전(耕者有田)의 원칙에 반하기 때문이다. 다만 부동산등기특별조치법에 의하여, 과거에 종중이 소유하고 있었던 위토 등 농지에 한하여 그대로 보유할 수는 있을 뿐이다. 그러나 소유권이전청구권보전을 위한 가등기는 할 수 있다고 본다.(2001.6.9 등기 3402-391 질의회신)
■ **위토(位土)**란 문중의 제사 또는 이와 관련된 일에 필요한 비용을 충당하기 위하여 마련된 토지를 말한다.

[농지의 소유권이전등기에 관한 사무처리지침]
[시행 2011.10.13] [대법원등기예규 제1415호, 2011.10.12, 일부개정]
대법원(법원행정처), 02-3480-1100

종중의 농지취득

종중은 원칙적으로 농지를 취득할 수 없으므로 위토를 목적으로 새로이 농지를 취득하는 것도 허용되지 아니하며, 다만 농지개혁 당시 위토대장에 등재된 기존 위토인 농지에 한하여 당해 농지가 위토대장에 종중 명의로 등재되어 있음을 확인하는 내용의 위토대장 소관청 발급의 증명서를 첨부하여 그 종중 명의로의 소유권이전등기를 신청할 수 있다.

[등기선례 3-717] 소유권이전등기청구권보전의 가등기 신청시에 농지매매증명 등의 필요 여부

농지나 임야에 대하여 소유권이전등기청구권 보전의 가등기를 신청할 때에는 소관지 관서의 농지매매증명이나 임야매매증명을 첨부할 필요가 없다.(92.9.24 등기 2036호)

[등기선례 4-728] 농지에 관하여 명의신탁해지를 원인으로 한 종중명의로의 소유권이전등기 신청시 농지취득자격증명 제출 요부

농지에 관하여 명의신탁해지를 원인으로 한 종중명의로의 소유권이전등기를 신청함에 있어서 당해 농지가 농지개혁법시행당시 그 종중의 위토임을 증명하는 위토확인증을 제출하는 경우에는 농지취득자격증명을 제출할 필요는 없다.(1996. 3. 6. 등기 3402-137 질의회답)

(2) 종중의 임야 취득과 처문

임야에 관하여는 종중의 취득 및 처분에 관한 제한이 없다. 따라서 명의신탁 해지로 인한 소유권 이전 대상 토지가 임야라면 종중의 자기명의로 그 임야의 소유권이전등기를 할 수 있다. 토지거래허가구역 내 종중의 임야 대체취득도 조선부로 가능하다.

(3) 종중의 토지거래허가구역 내 농지 임야 취득

[문의]

경기도 파주지역에 거주하는 회원입니다.

행정중심복합도시지역으로 지정된 공주지역에서 종중의 임야가 수용되어 보상을 받았습니다. 그래서 그곳 종중산에 모셔있는 선조의 묘 십여기를 이전코자 파주지역의 임야를 알아 보고 있습니다. 종중의 묘를 모실 선산을 종중명의로 구입할 수 있을가요?

또 농지가 약간 붙어있는 그런 산을 보았는데 종중명의의 농지구입도 가능한지 알고 싶습니다. 참고로 파주지역은 토지거래허가구역입니다.(파주에서 가야컨설팅 회원)

[가야컨설팅 답변]

회원님 안녕하십니까? 종중의 농지와 임야취득은 흔한 일은 아니며 또 매우 까다로운 문제입니다. 먼저 종중위 농지취득은 안됩니다. 현행 헌법의 경자유전의 원칙과 농지법에 의하여 농지는 실 경작자인 농업인과 농업법인 그리고 준농업법인만이 소유할 수 있는 것이 원칙입니다. 종

중은 농지취득자격을 받을 수 없고, 그래서 종중명의로는 농지를 신규로 취득할 수 없습니다. 전국 어디서든 토지거래허가구역인지 여부를 불문하고 안되는 것입니다.

다음에 종중의 임야취득은 현행법 상 가능합니다. 종중은 법률상 소위 〈권리능력 없는 사단〉으로 인정되어, 토지의 이전등기를 받을 수 있고, 또 소송을 할 수도 있기 때문입니다.
따라서 토지거래허가구역이 아닌 곳에서는 종중명의의 임야 구입도 가능할 것입니다. 그러나 종중이 토지거래허가구역 내의 임야를 구입하고자 할 때에는 매우 까다로운 규제를 받습니다. 전혀 불가능한 것은 아니구요……

토지거래업무처리규정 제9조 제3항과 제11조 제6항에는 신규 혹은 대체취득이 가능하며 이를 허용하는 명문의 규정이 있습니다. 이 경우 당해 토지취득자의 거주지(재촌 및 1년 거주요건)는 허가요건에 포함시키지 않구요…….다만 기존의 묘지를 이장할 목적으로 토지거래허가구역 임야 취득의 허가신청을 하게 되면 다음의 몇가지 제약과 관문을 통과해야 할 것으로 사료됩니다.

첫째 종중의 단순한 영림목적 임야 취득은 안됩니다.
토지거래업무처리규정 제8조 제12호에는 종중 등이 영림목적으로 임야를 취득하는 것은 토지의 이용목적에 부적합한 것으로 본다는 규정이 있습니다.

둘째 종중의 선산의 묘지를 이장하고자 새로운 임야를 취득할 때에는 그 면적이 장사법(장사 등에 관한 법률)에서 정한 묘지 당 허용 최대면적의 범위 내이어야 합니다.
과도한 면적의 임야 구입은 면적의 적정성 위반으로 허가 불허사유가 될 것입니다.

세째, 묘지의 이전이기 때문에 새로 이전하는 지역의 주민과 자연환경보전 및 토지이용 등의 관점에서 허가가 나지 않을 수도 있습니다. (규정 제13조)

네째 묘지의 신설 이장이기 때문에 장사법에서 정하는 지역인 경우 묘지이전이 안될 수도 있습니다. 즉 상수원보호구역. 군사시설보호구역. 문화재보호구역, 학교정화구역, 학교와 마을에서 500m 이내의 거리에 있는 지역 등의 경우에는 묘지를 쓸 수 없으므로, 이런 지역의 묘지이장용 대체임야 취득은 허가되지 않을 수도 있습니다[가야컨설팅]

 * 질의응답 당시 파주지역은 토지거래허가구역이었으나, 현재는 완전 해제되었음[가야컨설팅]

담당기관	국토해양부		
카테고리	토지		
관련법령	국토의 계획 및 이용에 관한 법률		
담당부서	토지정책과	전화번호	044-201-3405
등록일자	2006.04.03	수정일자	2010.11.11
제 목	토지거래허가구역내 종중의 대체토지 취득		
첨부파일			
질의내용	토지거래허가구역내 종중의 대체토지 취득가능 여부는?		
회신내용	평소 국토해양부에 관심과 애정을 가져주시어 감사 드리며, 질의하신 사항에 대하여 아래와 같이 알려드립니다. - 토지거래업무처리규정(국토해양부 훈령 제108호) 제11조제6항의 규정에 의하면 종중이 국토의 계획 및 이용에 관한 법률 제119조제1호사목 및 같은법 시행령 제119조제2항제1호에 의하여 대체되는 임야를 취득하고자 할 때에는 그 토지의 이용목적에 적합한 것으로 보도록 규정되어 있습니다. 같은 법 시행령 제119조제2항제1호의 규정에는 「공익사업을 위한 토지 등의 취득 및 보상에 관한 법률」, 그 밖의 법령에 따라 「농지법」 제2조제1호에 따른 농지 외의 토지를 공익사업용으로 협의양도하거나 수용된 자가 그 협의양도 또는 수용된 날부터 3년 이내에 그 허가구역(그 토지가 소재한 시·군과 그와 연접한 시·군)안에서 협의양도 또는 수용된 토지에 대체되는 토지를 취득하려는 경우로서 새로 취득하는 토지의 가액(공시지가를 기준으로 하는 가액은 종전의 토지가액 이하일 경우 대체취득이 가능하도록 되어 있음을 알려드리니, 구체적인 사항은 허가권자와 상의하여 주시기 바랍니다.		

3. 종중과의 토지 거래 시 확인해야 할 서류

종중의 소유는 총유(總有)이며, 대표자가 행위를 하지만, 법인과 같이 등기되어 공시되는 것이 아니기 때문에, 법인 부동산을 매입하려는 경우 실제 그 대표행위의 적법성과 서류의 진정성을 검증해야 할 책임이 매수자에게 있다.

확인해야 할 서류는 다음과 같다.(부동산등기법)

1. 종중의 부동산등기용 등록번호 증명서를 징구한다.
2. 종중규약을 징구한다.
3. 상기 증명서 상의 대표자 또는 관리인 명의로 계약서를 작성한다.
4. 대표자 또는 관리인임을 증명하는 서면을 징구한다.

5. 종중규약에서 정하는 의결기관의 구입 또는 매도의결서(인감증명 첨부)
6. 대표자 도는 관리인의 인감증명서(종중이 매도하는 경우, 발행 3개월 이내의 것)
7. 대표자 또는 관리인의 주소 및 주민등록번호를 증명하는 정보

종중 소유의 재산은 종중원의 총유에 속하는 것이므로 그 관리 및 처분에 관하여 먼저 종중규약에 정하는 바가 있으면 이에 따라야 하고 그 점에 관한 종중규약이 없으면 종중총회의 결의에 의하여야 한다. 따라서 비록 종중의 대표자에 의한 종중재산의 처분이라고 하더라도 이러한 절차를 거치지 아니한 채 한 행위는 무효가 될 수 있기 때문에 절차에 충실하여야 한다.

종중재산을 매입하는 경우 만일 상기 1번(부동산등기용 등록번호 증명서)과 2번(종중규약)이 없는 경우, 결국 총회결의를 하도록 해야 한다. 오래된 종중의 경우 부동산등기법에서 후에 정한 이러한 서류들이 없는 경우가 많다. 이 경우에는 총회를 열어 이런 서류부터 작성 의결을 받아 보완해야 이전등기를 할 수 있다. 총회에서는 그와 동시에 부동산 처분에 관한 종중총회 회의록을 받고 회의에 참석한 사람의 확인을 또 받는 등 절차가 적법한지 사실 확인을 해야 하고, 또한 종중의 내부적인 문제로 거래가 무효가 되는 경우의 대비책도 계약서에 특약으로 명시하는 것이 좋다.

총회 소집절차와 의결정족수 등도 점검 확인도 필요하다.
종중 총회를 개최함에 있어서는, 특별한 사정이 없는 한 족보 등에 의하여 소집통지 대상이 되는 종중원의 범위를 확정한 후, 국내에 거주하고 소재가 분명하여 통지가 가능한 모든 종중원에게 개별적으로 소집통지를 함으로써 각자가 회의와 토의 및 의결에 참가할 수 있는 기회를 주어야 하므로, 일부 종중원에 대한 소집통지 없이 개최된 종중 총회에서의 결의는 그 효력을 다투는 경우가 많다. 통상 관공서에서는 총회인원이 최소 10명은 되어야 한다고 한다. 아울러 대법원 판결(2005. 7. 21. 선고 2002다1178 전원합의체 판결) 이후에는 공동 선조의 자손인 성년 여자도 종중원이므로, 종중 총회 당시 남자 종중원들에게만 소집통지를 하고 여자 종중원들에게 소집통지를 하지 않은 경우 절차의 하자로 그 종중총회에서의 결의는 효력이 없다.

종중의 부동산 거래 관련 분쟁과 소송도 적지 않다.
예를 들면 종중과 토지거래한 제3자 간의 분쟁(종중의 종중땅 매입자에 대한 소유권 이전등기 말소청구), 종중과 종중원과의 분쟁(종중땅 명의신탁 해지. 총회소집 여부 또는 소집 의결절차 적법성), 종중원 상호 간의 분쟁(종중 대표자의 대표권 유무 확인) 등이다.

4. 교회의 재산소유관계

학설과 판례는 일반적인 교회의 법적지위를 '법인 아닌 사단'으로, 교회재산의 소유형태는 '교회신도의 총유'로 보고 있다.

만약 개별교회가 사단법인 혹은 재단법인으로 법인등기를 한 경우에는 법적으로는 독립인격체로 인정받아 재산은 교회의 단독소유가 된다. 그러나 법인이 아닌 교회가 재산을 보유하는 방식은 주로 세가지 형태가 있다.
① 민법상 법인 아닌 사단으로서 부동산등기법에 의해 설립한 유지재단 이름으로 부동산등기법에 의해 부동산등기용 등록번호를 부여받아 부동산을 소유하는 방식, ② 지교회 대표자인 담임목사나 교인 대표자인 장로 또는 재정담당자 개인명의로 등기하는 방식,
③ 교단 총회유지재단 명의로 등기하는 명의신탁 유형 방식.
기타 구세군처럼 신탁회사를 설립·운영하는 경우도 있다.

■ 교회재산 소유관계는 총유가 원칙

대부분의 교회(지교회)는 법인도 아니고 자연인도 아니며, 특별한 경우에 비영리법인으로 존속하고 있는 일부 장로교단이 있지만, 일반적으로 말하는 교회(지교회)는 원칙적으로 민법상 "법인이 아닌 사단"이라고 보는 것이 학설과 판례다. 따라서 교회의 모든 재산의 소유권은 민법상 "총유"가 된다고 본다. (대법 2009다67665,67672 건물명도 사건에 따른 판결)

따라서 일부 교인들이 그 교회를 탈퇴하여 그 교회 교인으로서의 지위를 상실하게 되면 탈퇴가 개별적인 것이든 집단적인 것이든 이와 더불어 종전 교회의 총유재산의 관리 처분에 관한 의결에 참가할 수 있는 지위나 그 재산에 대한 사용 수익권을 상실한다. 반면 종전 교회는 잔존 교인들을 구성원으로 하여 실체의 동일성을 유지하면서 존속하며, 종전 교회의 재산은 그 교회에 소속된 잔존 교인들의 총유로 귀속됨이 원칙이다.

교회재산 처분에 있어서 법인인 교회가 정관에 규정된 기본재산을 처분할 경우에는 주무관청(문화체육관광부 등)의 허가가 필요하지만, 일반 법인아닌사단인 교회의 경우에는 주무관청이 존재하지 아니하므로, 비록 정관에 규정된 기본재산을 처분하는 경우에도 주무관청의 허가가 필요한 것은 아니다.

[사례] OOOOO 교회운영정관

제77조(교회재산) 본 교회의 재산이라 함은 교인들의 십일조 등 각종헌금과 연보, 기타 교회의 수입으로 이루어진 동산 및 부동산을 말하며 이는 교인들의 총유(總有)로 한다.

제78조(재산권) 본 교회는 교회가 소유한 재산에 대하여 다음과 같은 원칙을 둔다.

1. 본 교회의 재산은 00교회의 소유로 등기하여야 하며, 등기상의 대표자는 당회장(담임목사)으로 한다.
2. 본 교회 재산의 취득과 처분, 관리 및 보존은 본 정관에 따라 당회에 위임하며, 이와 관련된 법률행위 및 사실행위는 교회대표자인 당회장에게 위임하되, 당회 결의로 이를 대행할 수 있다.
3. 지교회 분립은 장로회헌법 규정(정치 제10장제6조5항)에 준한다.
4. 어떤 경우에서든 교회분립과 분열로 인한 재산분할은 불가하다

제44장
명의신탁 토지신탁된 땅

　토지경매물건 혹은 부동산컨설팅이나 부동산 중개실무에서는 토지등기부를 보면 가끔 토지신탁된 땅이 나타난다. 이럴 때 법조인이 아닌 일반인의 입장에서는 매우 당혹할 수 밖에 없다. 도대체 이 땅의 주인은 누구란 말인가? 과연 토지매매거래는 누구와 계약을 맺어야 하는가? 부동산신탁회사인가? 아니면 신탁을 한 의뢰인인가? 간혹 신탁을 의뢰한 사람(신탁자)로부터 직접 부동산 거래를 하자는 말도 나온다. 신탁을 잘못해서 땅을 날렸다는 소문도 있다. 도대체 어느 것이 진실이고, 어느 것이 허위란 말인가? 우리 법제에서 아마도 가정 어렵고 곤혹스러운 부분의 하나가 이런 토지신탁이나 명의신탁 문제가 아닌가 싶다. 법률적인 깊은 지식이나 변호사의 도움없이 이런 거래에 휘말린다면 그야말로 헤어 나올 수 없는 수렁이요 함정이 아닐 수 없다. 그 의문의 실체를 알아보기로 한다.

1. 신탁이란?

　토지신탁은 부동산신탁의 일종으로 신탁법의 적용을 받는다.
　신탁법 상 신탁이란 신탁을 설정하는 자(위탁자)와 신탁을 인수하는 자(수탁자) 간의 신임관계에 기하여, 위탁자가 수탁자에게 특정의 재산(영업이나 저작재산권의 일부를 포함)을 이전하거나 담보권의 설정 또는 그 밖의 처분을 하고 수탁자로 하여금 일정한 자(수익자)의 이익 또는 특정의 목적을 위하여 그 재산의 관리, 처분, 운용, 개발, 그 밖에 신탁 목적의 달성을 위하여 필요한 행위를 하게 하는 법률관계를 말한다. 수탁자가 여럿인 경우 신탁재산은 수탁자들의 합유(合有)로 하며, 신탁사무의 처리는 수탁자가 공동으로 하여야 한다. 다만, 보존행위는 각자 할 수 있다. 수탁자가 여럿인 경우 수탁자 1인에 대한 의사표시는 다른 수탁자에게도 효력이 있다.

신탁자는 신탁재산에 대한 처분권이 없다

탁자는 신탁목적에 따라 신탁재산의 관리·처분에 제한을 받으므로 따라서 매수자는 신탁자와 신탁재산에 관한 매매계약을 해서는 안된다.

수탁자는 신탁재산과 고유재산을 분리해야 한다.

신탁재산은 수탁자의 고유재산과 구별되는 독립적인 재산으로 위탁자를 위하여 관리·처분하여야 하며, 그 신탁재산에서 발생하는 경제적 이익은 모두 위탁자에게 돌아가게 되어 신탁으로 수행하는 사업의 실질적인 사업주는 위탁자가 된다. 신탁재산은 수탁자의 상속재산에 속하지 아니하며, 수탁자의 이혼에 따른 재산분할의 대상이 되지 아니한다. 신탁재산에 대하여는 강제집행, 담보권 실행 등을 위한 경매, 보전처분 또는 국세 등 체납처분을 할 수 없다.

2. 부동산신탁과 토지신탁의 종류

일반적으로 부동산신탁은 부동산을 활용하여 수익을 얻을 목적으로 부동산소유자가 해당 부동산을 부동산신탁회사에 신탁하면, 수탁자는 해당 부동산을 신탁목적에 따라 관리·개발·처분 등을 통하여 얻은 이익을 수익자에게 환원하는 제도다. 신탁계약에 따라 해당 토지의 개발사업을 수행하는 것도 토지의 이용목적을 달성하기 위한 다양한 토지개발의 방법 중 하나다. 신탁계약에 따른 토지소유권의 이전은 대가를 수반하는 계약이 아니므로 별도의 토지거래계약허가를 받을 필요가 없을 뿐만 아니라, 지방세법 상 신탁에 따른 토지의 소유권 이전은 취득세와 등록세를 면제하고 있고, 신탁재산에 대한 재산세의 납세의무자는 위탁자로 정하고 있다.

토지신탁의 종류

신탁계약의 내용에 따른 종류별로 담보신탁, 관리신탁, 토지신탁과 처분신탁이 있다. 기본규제는 신탁법에 따른다. 이 중 토지신탁은 수탁자가 토지개발사업의 주체가 되어 자신 명의로 신탁받은 토지를 위탁자가 원하는 개발형태에 따라 효율적으로 이용·개발하여 발생한 수익을 수익자 또는 위탁자에게 돌려주는 신탁방식이다. 토지신탁은 신탁계약의 내용에 따라 관리형토지신탁, 개발형토지신탁, 분양형토지신탁으로 나눈다.

관리형토지신탁은 수탁자가 건축주 또는 시행자의 지위를 승계하여 자금의 입출금 업무 또는 분양계약 등의 업무를 부담하고, 위탁자는 사업비 조달, 사업에 필요한 인·허가 등의 제반 업무 등을 부담하면서 해당 토지의 건축절차를 수행한 후, 수탁자가 완공된 건축물을 임대·분양 등의 관리·처분을 통하여 발생한 수익을 위탁자에게 돌려주는 것이다.

개발형토지신탁은 수탁자가 건축주로서 신탁재산을 기초로 건설계획의 수립과 시공사의 선정, 자금조달 등의 모든 절차를 거쳐 독자적으로 건축공사를 추진한 후, 건축물이 완성되면 이를 임대·분양 등의 처분행위를 통하여 발생한 수익을 수익자 또는 위탁자에게 돌려주는 것이다.

분양형토지신탁은 건축물의 분양에 관한 법률에 따라 분양사업자가 건축물의 선분양을 위하여 부동산신탁회사에게 부동산 소유권 및 분양대금을 보전·관리하게 하여 피분양자를 보호하고, 채무불이행 시 신탁된 부동산을 환가 처분하여 정산하는 형태다.

3. 명의신탁의 종류

명의신탁의 의의

명의신탁이라 함은 대내적으로 신탁자가 소유권을 보유하여 이를 관리·수익하면서 공부상의 소유명의만 수탁자 앞으로 해 두는 것이다. 즉 당사자간의 신탁에 관한 채권계약에 의하여 신탁자가 실질적으로는 자기 소유 부동산의 등기명의를 실체적인 거래관계가 없는 수탁자에게 매매 등의 형식으로 이전하여 두는 것을 말한다(판례). 명의신탁은 종래 종중이나 배우자의 명의신탁을 중심으로 논란이 되어 왔다.

명의신탁의 종류

명의신탁의 유형

명의신탁의 유형	내용
양자간 등기명의신탁	부동산의 소유자 기타 물권자가 그 등기명의를 타인에게 신탁하기로 하는 명의신탁 약정을 맺고, 그 등기를 수탁자에게 이전하는 형식의 명의신탁이다.
3자간 등기명의신탁	신탁자가 수탁자와 명의신탁약정을 맺고, 신탁자가 매매계약의 당사자가 되어 매도인과 매매계약을 체결하되, 다만 등기를 매도인으로부터 수탁자 앞으로 직접 이전하는 형식의 명의신탁이다.
계약명의신탁	신탁자와 수탁자가 명의신탁약정을 맺고, 수탁자가 매매계약의 당사자가 되어 매도인과 매매계약을 체결한 후, 그 등기를 수탁자 앞으로 이전하는 형식의 명의신탁이다.

4. 명의신탁의 유효성

이론상으로 대부분의 학설은 명의신탁을 신탁행위로 보지 않고, 허위표시로 보아 무효라고 하나, 다만 수탁자로부터 부동산을 양수한 제3자는 그가 선의인 경우에 한하여 허위표시 규정에 관한 민법 제108조제2항을 유추적용하여 보호받는다고 한다. 그러나 판례는 명의신탁을 신탁행위로 보아 대외관계에서는 수탁자를 완전한 소유자로 평가하여, 수탁자로부터 부동산을 양수한 제3자는 원칙적으로 선의 악의를 불문하고 적법하게 소유권을 취득하는 것으로 이해하고 있다(대판1963.9.19. 63다388). 현행 부동산실권리자명의등기에관한법률은 명의신탁을 원칙적으로 금지하는 입장이나, 예외적으로 일정한 명의신탁의 경우에만 허용된다. 이하 판례를 중심으로 명의신탁을 간략하게 정리해 본다.

(1) 명의신탁의 성립

명의신탁의 대상

명의신탁의 대상은 등기·등록에 의하여 공시되는 재화에 한한다. 그러므로 부동산, 선박(대판1988.11.8. 87다카2188), 자동차(대판1996.6.25. 96다12009) 등을 들 수 있지만, 동산은 공부상으로 그 소유관계를 공시할 수 없기에 그에 대한 명의신탁이 성립될 여지가 없다(대판1994.10.11. 98다16175).

명의신탁약정

명의신탁은 신탁자와 수탁자 사이에 명의신탁관계의 설정에 관한 합의가 있어야 한다. 일반적으로 부동산의 소유자 명의만을 다른 사람에게 신탁한 경우에 등기권리증과 같은 권리관계를 증명하는 서류는 실질적인 소유자인 명의신탁자가 소지하는 것이 상례이므로 명의신탁자라고 주장하는 사람이 이러한 권리관계 서류를 소지하고 있는 사실은 명의신탁을 뒷받침하는 유력한 자료가 된다(대판1997.1.24. 95다32273).

명의신탁등기

명의신탁이 성립하려면 명의신탁관계 설정에 관한 합의 외에 수탁자 명의의 등기가 있어야 한다. 이때의 등기는 본등기에 한하지 않고 가등기라도 무방하다(대판1992.7.28. 92다10173).

(2) 내부관계

수탁자의 지위

신탁자는 수탁자에 대한 관계에서 소유권을 보유한다(상대적 소유권 이전설). 수탁자는 명의신탁약정에 따라 신탁부동산의 소유명의를 보존하고 이와 관련된 사무를 처리하게 된다는 점에서 위임과 유사한 성질을 가지며, 당사자 사이에 특약이 없으면 위임에 관한 규정이 준용될 것이다. 명의신탁이 유효하게 성립되어 있는 경우에 계약당사자 중 어느 일방이 사망하더라도 명의신탁관계가 당연히 소멸되지는 않고, 명의신탁관계는 상속인과의 사이에 그대로 존속하게 된다(대판1981.6.23. 80다2809). 수탁자가 명의수탁토지상에 건물을 신축하고 그 후 명의신탁이 해지된 경우에도, 이 건물은 어디까지나 명의신탁자 소유의 토지위에 지은 것이므로 수탁자가 신탁자에 대하여 지상건물의 소유를 위한 관습상의 지상권을 취득하였다고 주장할 수 없다.

신탁부동산의 취득시효

명의수탁자는 그 점유권원의 성질상 타주점유라 할 것이므로 수탁부동산의 취득시효를 주장할 수 없고, 또한 수탁자 명의로 등기된 기간이 10년이 경과하였다고 하더라도 이를 신탁자의 등기로 볼 수 없으므로 신탁자에게 등기부시효취득도 인정될 수 없다(대판1987.11.10. 85다카1644).

(3) 외부관계

제3자와의 관계에서는 수탁자만 소유자다. 따라서 신탁자와는 매매계약을 체결하더라도 효력이 없다. 제3자가 부동산을 불법점유하거나 방해하는 경우에 신탁자는 소유권에 기하여 제3자에 대하여 방해배제청구권을 행사할 수 없고 수탁자를 대위하여서만 이를 행사할 수 있다(대판 전원합의체1979.9.25. 77다1079). 수탁자가 법률상 소유자이므로 명의수탁 토지를 양수한 제3자는 제103조의 반사회적 법률행위가 아닌 한 선의·악의를 불문하고 소유권을 취득한다.

(4) 명의신탁관계의 해지

명의신탁자는 특별한 사정이 없으면 언제든지 신탁을 해지하고 수탁자에 대하여 신탁재산의 반환을 청구할 수 있다(대판(전원합의체)1980.12.9. 79다634). 그러나 명의신탁 해지의 효과는 장래에 향하여 효력이 있음에 불과하므로, 신탁자 앞으로 등기명의를 이전하기 전에 수탁자로부터 부동산을 취득한 자는 (선·악의를 불문하고) 적법하게 소유권을 취득한다(대판1991.8.27. 90다19848).

(5) 공동명의신탁

수인에 대한 부동산의 명의신탁에 있어 수탁자 상호간의 소유형태는 단순한 공유관계라 할 것이다(대판1982.11.23. 81다39). 공동명의수탁을 받은 경우 수탁자들이 수탁받은 부동산에 대하여 공유물분할을 하는 것은 명의신탁의 목적에 반하고 신탁자가 명의신탁을 한 취지에도 어긋나는 것이므로 허용되지 아니한다(대판1993.2.9. 92다37482). 그러나 공동명의수탁자들이 그 부동산에 대하여 공유물분할을 한 경우 신탁자의 의사에 반한 것이더라도 그 지분이전등기가 원인무효의 등기라고는 할 수 없다(대판1987.2.24. 86다215,86다카1071).

5. 상호명의신탁

부동산의 위치와 면적을 특정하여 2인 이상이 구분소유하기로 하는 약정을 하고 그 구분소유자의 공유로 등기하는 경우를 상호명의신탁이라고 한다.

지분등기가 되어있지 않은 상태에서 공유자가 자기 지분에 해당하는 토지의 일부를 매매하였으나 분할등기가 되어 있지 아니한 관계로 그 전부에 대한 소유권이전등기를 하였다면 특별한 사정이 없는 한 매매하지 아니한 부분에 대한 등기는 명의신탁에 의한 유효한 등기라 할 것이고, 구분소유적공유에서 특정매수부분 이외의 부분에 대한 등기는 공유자 상호간의 상호명의신탁관계에 있다. 상호명의신탁이 성립하는 경우 공유자는 제3자의 방해행위가 있는 경우에 자기의 구분소유부분 뿐만 아니라 전체 토지에 대하여 공유물의 보존행위로서 그 배제를 구할 수 있다(대판1994.2.8. 93다42986).

6. 부동산실명제

부동산 실권리자 명의 등기에 관한 법률은 원칙적으로 금지되는 명의신탁의 대상을 부동산 소유권뿐만 아니라 모든 부동산 물권에까지 확대하고 있다 그러나 부동산을 양도담보와 가등기담보로 하는 경우(가등기담보등에관한법률)와 신탁법 또는 신탁업법에 의한 신탁재산인 사실을 등기한 경우와 상호명의신탁에는 적용하지 않는다.

또한 명의신탁은 원칙적으로 무효임에도 불구하고 종중재산의 명의신탁과 부부간의 명의신탁은 조세포탈·강제집행의 면탈 또는 법령상 제한의 회피를 목적으로 하지 않는 한 유효한 것으로 본다.

(1) 명의신탁 금지

부동산은 실권리자의 명의를 등기하여야하며, 타인의 명의로 등기함을 금지한다, 다만 다음의 경우는 예외로 한다.
- ① 상호 명의신탁
- ② 부부간의 통상 등기
- ③ 종중이 이미 보유하고 있는 재산의 등기

(2) 미등기 전매금지

부동산 거래에 있어서 등기 안한 상태로 제3자에게 전매함을 금지한다.

(3) 종중명의 신규 토지소유 제한

종중은 농지 등을 막론하여 신규로 토지를 취득 소유함을 금지한다. 종중명의로 이미 보유하고 있는 위토 등 부동산의 처분 시에는 종중의 대표자격 확인서와 종중의 매도결의서가 필요하다.

제45장
그린벨트 땅

1. 전국 그린벨트 지정범위

개발제한구역 내에 토지를 가지고 있거나 상속받은 이들에게 그린벨트의 활용 개발 혹은 매각은 최대의 관심사로 되어 있다. 주변의 그린벨트 아닌 땅과 비교하면 땅값이 너무나 안 오르고 거래도 안 돼 억울한 것이 바로 그린벨트다. 그린벨트로 지정된지 수십년간 보유해 온 땅을 지금 그냥 놀리거나 경작만 하기에는 너무나 접근성이 좋은 땅이다.

그린벨트는 모두 서울특별시를 둘러싼 지역과 인천광역시 등 6대 광역시와 마창진지역(현 창원시)등 인구가 많은 지역주변에 지정되어 있기 때문에, 접근성이 좋은 땅들이다. 그린벨트가 아닌 주변의 땅값은 지난 수십년간 많이 올랐다. 그래서 그린벨트 내에 땅을 가진 지주들의 불만은 많다. 원하지 않은 규제에 묶인지 벌써 40년이 넘었다. 따라서 그린벨트 농지와 임야에서의 개발가능행위를 알아보는 것은 매우 의미있는 일로서, 최근 정부에서 그린벨트 토지의 활용도를 넓혀주고 있는 추세에 주목해야 할 것이다.

그린벨트 최초 지정 당시(1971-72)에는 전국 14개 대도시 및 도청소재지 주변

그린벨트는 '71년 7월 수도권을 시작으로 71~77년 까지 총 8차례에 걸쳐 전국 14개 중소·대도시권에 지정하였다. 전국 지정면적은 5,397㎢(국토의 5.4%) 까지 달하였으나, 이후 2000년부터 그린벨트 존치 실효성이 낮은 7개 중소도시권은 전면 해제하였고, 대도시권은 수차례 부분 해제(국책사업, 집단취락, 지역현안 등)해 왔다.

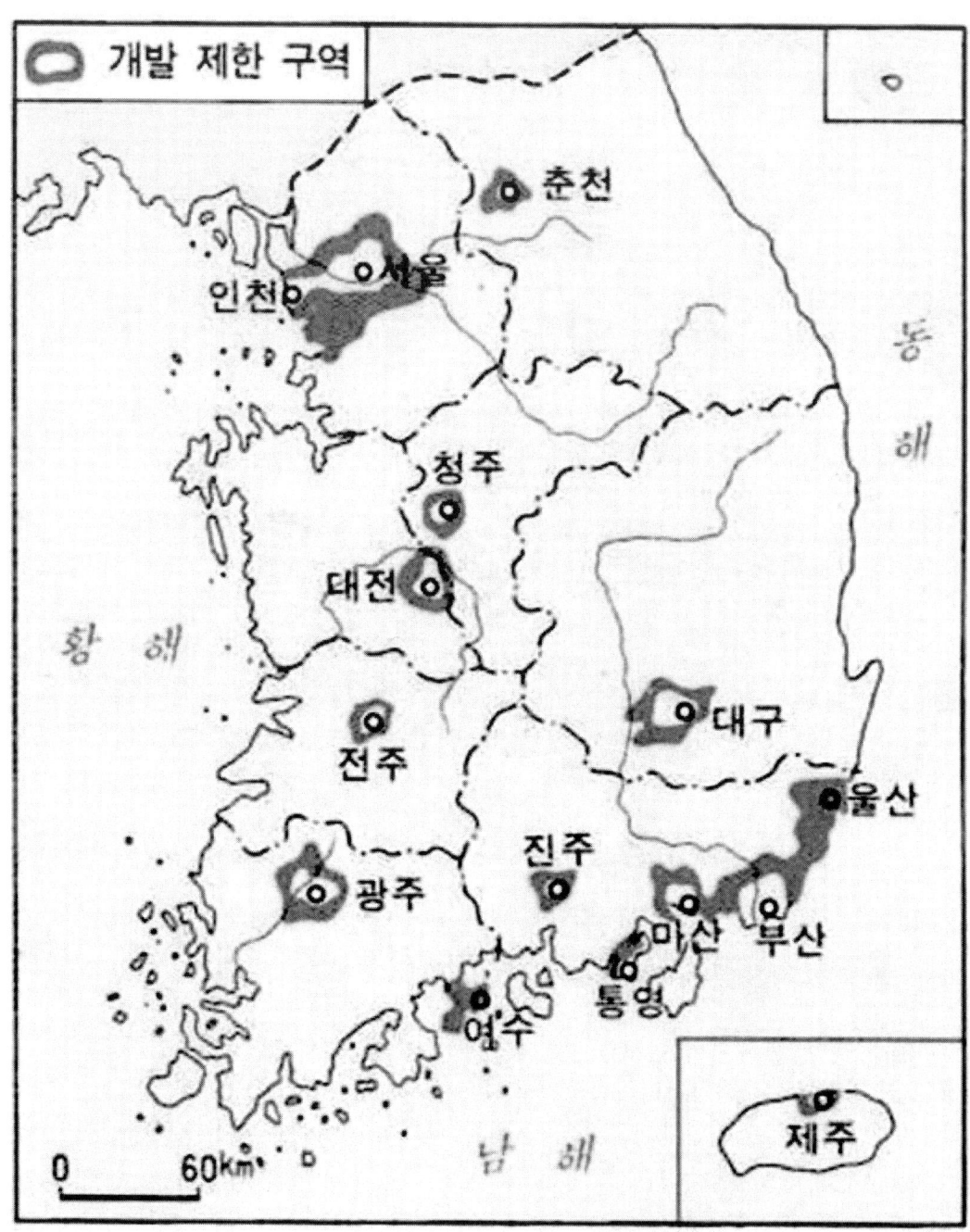

현재 남아 있는 대도시 주변의 그린벨트

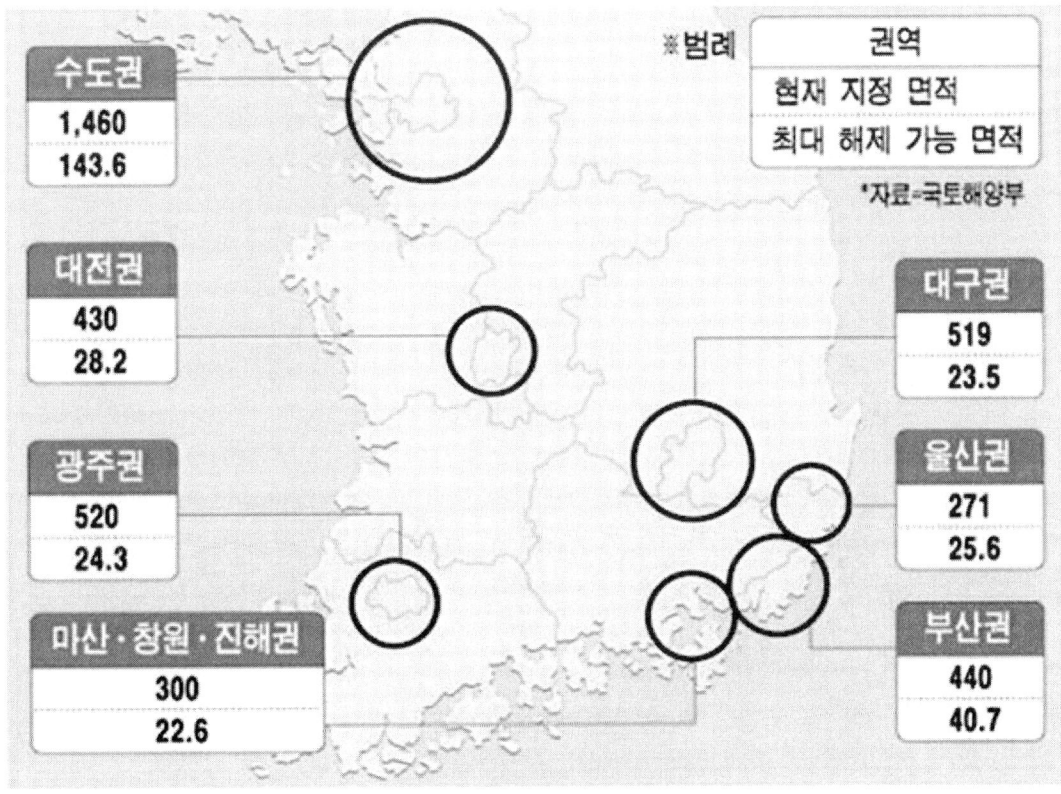

2. 수도권 그린벨트 현황

(1) 경기도 시 군별 그린벨트 면적(2015년1월 현재)

(단위 : ㎢)

구 분	행정구역 면적	개발제한구역 면적			지정 비율 (%)
		지 정	해 제	현 재	
계	10,172.31 [1]	1,302.080	126.604	1,175.476	11.6 [2]
수원시	121.05	36.500	3.300	33.200	27.4
성남시	141.68	54.800	6.012	48.788	34.4
부천시	53.44	20.410	3.723	16.687	31.2
안양시	58.46	31.000	1.471	29.529	50.5
안산시	149.40	39.910	2.085	37.825	25.3
용인시	591.37	3.600	-	3.600	0.6
광명시	38.50	29.820	13.780	16.040	41.7
시흥시	135.02	111.530	25.274	86.256	63.9
군포시	36.46	24.710	1.972	22.738	62.4
화성시	689.58	96.220	4.848	91.372	13.3
김포시	276.64	18.810	1.797	17.013	6.1
광주시	430.99	106.490	2.131	104.359	24.2
하남시	93.04	86.410	14.410	72.000	77.4
의왕시	53.97	49.810	3.121	46.689	86.5
양평군	877.81	17.200	0.057	17.143	2.0
과천시	35.85	33.030	2.391	30.639	85.5
고양시	268.04	134.430	15.035	119.395	44.5
의정부시	81.54	63.890	5.920	57.970	71.1
남양주시	458.06	241.120	14.552	226.568	49.5
구리시	33.31	23.370	2.870	20.500	61.5
양주시	310.32	79.020	1.855	77.165	24.9

- 그린벨트가 50% 이상인 지역 : 의왕, 하남, 과천, 안양, 시흥, 군포, 의정부, 구리
- 그린벨트가 25% 이상인 지역 : 수원, 성남, 부천, 안산
- 그린벨트가 없는 지역(10개 시 군) : 연천, 가평, 포천, 파주, 동두천(북부)
　　　　　　　　　　　　　　　　여주, 이천, 오산, 평택, 안성(남부)

(2) 서울시 그린벨트

□ **서울시 개발제한구역 구별 현황('13.12 현재)**
   25개구 중19개구 149.67㎢ (24.7%)

그린벨트가 구 전체면적 중 절반 가까운 40%-50% 지정되어 있는 구는, 강북지역에 강북구, 도봉구, 노원구, 은평구, 강남지역에 서초구, 강동구, 강서구 등 7개구가 있다.

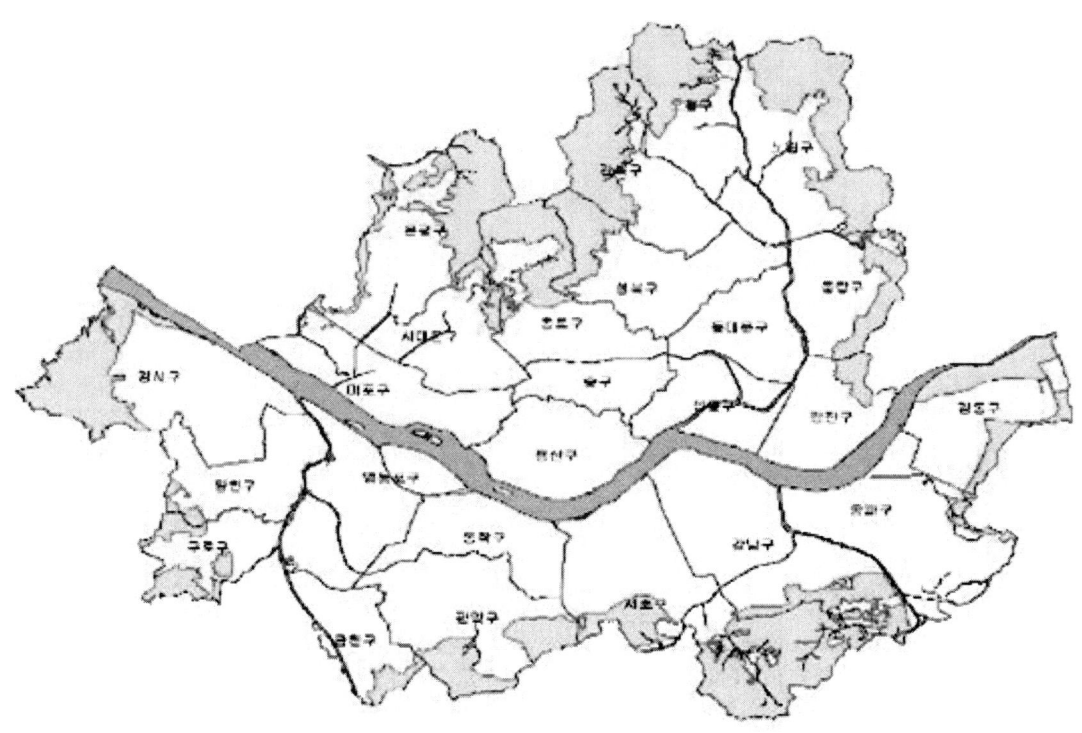

서울시 구별 그린벨트 지정현황

구 별	행정구역 (km²)	GB 면적 (km²)	GB비중 (%)	구 별	행정구역 (km²)	GB 면적 (km²)	GB비중 (%)
계	605.25	149.67	24.73	서대문구	17.61	1.78	10.09
종로구	23.91	8.33	34.82	마포구	23.87	0.08	0.33
중 구	9.96	-	-	양천구	17.40	0.99	5.69
용산구	21.87	-	-	강서구	41.43	18.92	45.68
성동구	16.85	-	-	구로구	20.12	3.43	17.02
광진구	17.06	1.89	11.08	금천구	13.00	1.69	13.02
동대문구	14.20	-	-	영등포구	24.56	-	-
중랑구	18.50	4.75	25.68	동작구	16.35	-	-
성북구	24.57	5.31	21.63	관악구	29.57	8.28	28.00
강북구	23.60	11.67	49.45	서초구	47.00	23.88	50.82
도봉구	20.70	10.20	49.28	강남구	39.54	6.48	16.39
노원구	35.43	15.90	44.88	송파구	33.88	2.64	7.79
은평구	29.69	15.21	51.25	강동구	24.58	8.24	33.52

3. 그린벨트에서의 개발행위제한

그린벨트에서는 개발행위가 원칙적으로 금지된다.

관련법을 보면 개발제한구역에서는 원칙적으로 건축물의 건축 및 용도변경, 공작물의 설치, 토지의 형질변경, 죽목(竹木)의 벌채, 토지의 분할, 물건을 쌓아놓는 행위 또는 국토의 계획 및 이용에 관한 법률에 따른 도시계획사업의 시행을 할 수 없다고 원칙적인 선언을 하고 있다. 현행 그린벨트의 행위규제는 네가티브 시스템으로 원칙적으로는 전면 개발행위를 금지하고 있으며, 구체적인 개발가능행위를 제한적으로 열거하고 있는 것이 특징이다.

그린벨트 지역에서 할 수 있는 개발행위는 그린벨트 관련법인 개발제한구역의 지정 및 관리에 관한 특별법이 우선하여 적용된다. 그러므로 국토계획법 상의 용도지역에서 개발할 수 있는 행위 규정은 원칙적으로 적용되지 않는다. 다만 그린벨트 내 농지인 경우에는 농지법이 동시에 적용되며, 임야인 경우에는 산지관리법이 적용된다. 그러나 그린벨트법이 우선 적용되기 때문에 농지법 상 농지에서 가능한 농지전용이나 산지관리법 상 임야에서 가능한 산지전용이라 할지라도 사실상 그린벨트 내에서는 거의 허용되지 않는다고 보아야 한다. 또한 그린벨트 개발행위에서 일반적인 토지의 형질변경이나 지목변경과 용도변경도 엄격히 제한하고 있으므로, 그린벨트 내에서 법에서 정한 범위 내의 지목변경만 허용되고, 일반적인 지목변경은 어렵다고 보아야 한다.

그린벨트에서 가능한 개발행위는?

그린벨트 내에서 할 수 있는 개발행위에는 어떤 것이 있을까?

이것을 알려면 관련법인 개발제한구역의 지정 및 관리에 관한 특별법과 동법 시행령을 자세히 살펴보아야 한다. 국토교통부장관은 도시의 무질서한 확산을 방지하고 도시 주변의 자연환경을 보전하여 도시민의 건전한 생활환경을 확보하는 것을 목적으로 개발제한구역을 도시관리계획으로 지정 및 해제 결정할 수 있다. 이러한 그린벨트 설정 목적에 따라 그린벨트 내에서는 목적에 맞지 않는 건축 및 토지형질변경 등 각종 개발행위가 전면적으로 금지된다. 그린벨트 내에서는 주민의 일상생활과 공동생활에 필요한 범위 내에서의 시설과 일부 공익시설만이 허용될 뿐이다. 따라서 외지인으로서는 그린벨트 토지투자나 토지 이용행위 및 개발사업은 원천적으로 봉쇄되고 있다고 보면 될 것이다.

4. 그린벨트 땅의 투자요령

그린벨트 땅 투자의 매력은 무엇보다도 그린벨트의 양호한 접근성 때문이다. 그린벨트는 서울특별시와 6대 광역시(마창진지역 포함) 주변에 포진하고 있기 때문에 도시지역에서의 접근성이 뛰어나다. 수도권의 경우 1970년 최초 그린벨트 지정당시 그린벨트 범위는 대략 현 서울시청을 기준으로 하여 20Km에서 30Km 지역을 기준으로 한 것을 보아도, 그린벨트가 얼마나 대도시권 주변과 그에 접한 주변지역인지 알 수 있다. 부산의 경우에도 동북부 기장군 일대가 그린벨트며, 울산의 경우에도 기존 중심부를 에워싼 서쪽 언양군 일대(현 울주군)가 모두 그린벨트다. 이러한 도시지역에의 접근성이 그린벨트 투자의 최대 매력이어서, 해제만 된다 하면, 그간 주변지역에 비해 오르지 못한 토지가격을 일시에 보상받을 수 있다는 기대가 큰 것이다. 따라서 그린벨트 투자는 규제해제에 대한 반사적 이익을 누릴 수 있는 기회라고 보는 것이다. 또 하나 그린벨트 투자에서는 이축권으로 인한 보상과 투자차익을 기대할 수 있다는데 또 하나의 매력이 있다.

반면 그린벨트 투자의 위험성도 적지 않다. 그린벨트 해제는 전적으로 국가와 정권의 권한 재량이므로, 원하는 시기에 해제될 수 없고, 국민은 그 해제시기와 범위를 전혀 예측할 수 없다. 그린벨트는 언젠가는 해제된다는 신념도 맞는 것이 아니다.

또 설혹 해제된다 하여도 내가 투자한 지역이 포함되는지, 그 주변지역이 될지, 혹은 아예 해제범위에서 벗어날 지도 예측할 수 없다. 해제기준에 들어가 어느 정도 예측이 가능한 지역이라면 이미 해제기대가 땅값에 반영되어 버려, 투자가치가 없는 경우가 대부분이다. 그러므로 그린벨트 투자는 정부의 해제방침이 발표되기 전인 평소에 면밀한 검토 끝에 본인의 판단으로 결정하는 것이 옳다고 본다. 지자체의 장기개발계획이나 그린벨트 해제 준비 동향을 살펴보는 것도 좋다.

그린벨트에 관련된 투자요령을 살펴보자.

(1) 그린벨트 투자대상지는 정부의 해제기준에 따라 그때그때 그 대상이 달라진다.

그린벨트 해제기준은 2009년 이후 개발제한구역의 조정을 위한 도시관리계획 변경안 수립 지침(국토교통부 훈령)에 따라 집행되며, 해제시기에 따라 지침이 변경되므로, 정권에 따라 해제기준을 달리하게 된다. 따라서 해제 유력지를 과거의 기준을 중심으로 보아서는 안된다. 2012년9월에 나온 지침상 그린벨트 해제기준은 다음과 같았다.

그린벨트 조정대상지역
3-1-1. 도시관리계획 입안권자는 다음의 지역에 대하여 개발제한구역의 해제를 위한 도시관리계획을 입안할 수 있다.
(1) 개발제한구역 중 보전가치가 낮게 나타나는 지역으로서 도시용지의 적절한 공급을 위하여 필요한 곳 및 도시의 균형적 성장을 위하여 기반시설의 설치 및 시가화 면적 조정 등 토지이용의 합리화를 위하여 필요한 곳으로서 제2절의 기준에 부합되는 지역
(2) 주민이 집단적으로 거주하는 취락(이하 "집단취락"이라 한다)으로서 주거환경 개선 및 취락정비가 필요한 지역으로서 제3절의 기준에 부합되는 지역
(3) 소규모 단절토지
(4) 경계선 관통대지

반면 2005년도의 신문기사에는 다음과 같이 되어 있다.

그린벨트, 집단취락지역 655개소 우선해제

3천7백만평에 이르는 대단위 그린벨트지역이 전면 해제된다. 건설교통부는 최근 수도권 광역도시계획안에 따라 서울과 수도권지역의 개발제한구역 3천7백54만평에 대한 개발제한규제를 해제한다고 밝혔다. 이번 조치로 규제가 해제되는 지역은 ▶집단취락 655개소 1,158만평 ▶일반조정가능지역 130개소 1,982만평 ▶국책사업지역 12개소 308만평 ▶지역현안사업지역 26개소 306만평이며, 이중 주민의 생활불편 해소를 위해 집단취락이 우선 해제된다.

우선 해제대상으로 지정된 곳은 집단취락지역으로 인천과 경기지역은 20가구, 서울은 1백가구 이상 모여 사는 집단취락 중 선정됐으며, 이들 지역에 대해서는 올 7월경부터 개발이 가능할 것으로 보인다.

이번에 우선해제 대상으로 선정된 집단취락의 규모는 1천1백58만평으로 전체 개발제한구역 해제 면적의 31%에 해당된다.

우선 해제되는 집단취락에서는 지구단위의 계획을 수립하면 전용주거지역이나 제1종 일반주거지역으로의 변경이 가능하다. 이에 반해 지구단위의 계획을 수립하지 않고 해제하는 경우에는 보전녹지로 지정되지만 도시기반시설이 공급돼 있는 경우에는 자연녹지지역이나 제1종 전용주거지역 그리고 제1종 일반거주지역 중 해당지역의 여건에 부합되는 용도를 부여하기로 했다.

(2) 그린벨트 투자는 주택 근린생활시설이나 대지 농지 등을 주 대상으로 한다.

그린벨트 지정 당시부터 대지 지목을 가진 땅은 주택신축이 가능하고, 용도변경 범위도 확대되었으므로 투자가치가 있다. 그러나 이축권 행사 후의 주택이 있었던 땅은 대지 지목으로 남아 있더라도 이미 다른 용도(도로 등)로 전용 예정이므로 투자가치는 전혀 없다. 즉 이축권이 행사되어 다른 곳에 건축물을 이축한 후 남은 대지는 건축이 허용되지 않는다. 따라서 그린벨트 지정 당시부터 대지라 할지라도, 이축권 행사 후에 철거예정인 건물의 혹은 철거된 후의 대지는 새로 건축물을 올릴 수 없는 점을 유의하여야 할 것이다. 그린벨트 임야는 활용이 어려워 투자대상으로 피해야 한다.

제46장
지상권주택

1. 지상권주택 미등기주택 무허가주택

강원도 충청도 등 지방에서 토지중개를 하는 분들이 올린 물건 중에 지상권주택이라는 농가주택이 있다. 지상권주택은 업계에서는 흔히 쓰는 용어이며, 전국에 그 숫자는 헤아릴 수 없이 많다. 그런데 지상권주택은 법률관계가 애매모호하여 정상적인 거래물건으로는 적당하지 않고, 많은 분쟁과 사고의 우려가 있는 위험물건이다. 그럼에도 불구하고 거래가 되는 것은 이 물건은 우선 싸기 때문이며, 또한 개울가 하천부지 상수원보호구역이나 깊은 계곡의 산속에 있는 경우가 많아 의외로 주변환경이 좋기 때문이다. 글을 쓰거나 그림을 그리는 사람들, 건강문제로 휴양을 하려는 이들이 이런 물건을 선호한다. 그런데 이런 주택은 값싸게 자연풍광이 좋은 곳에서 그냥 살다가 가는 것이지 재테크로서는 전혀 가당치 않은 물건이다. 사람들이 법적위험성을 대강 알고 있어서 땅이 없는 이런 집은 되팔기가 대단히 힘들기 때문이다.

지상권주택이란 주택이 건설된 부지의 소유권이 타인인 경우를 말한다. 주택의 등기 여부를 떠나서 주택의 소유자와 땅(주택부지)의 소유자가 다른 경우를 모두 묶어 지상권주택이라고 한다. 쉽게 말하자면 남의 땅에 집 짓고 사는 것이다. 가장 흔한 예가 종중 땅에 지어 살던 종중원의 집을 사서 주말농가주택으로 쓰고 있는 경우다. 이 때 주택은 등기가 되어 있어 소유권이전을 받은 경우도 있고, 등기는 없고 그냥 건축물대장만 있는 경우도 있다. 어떤 주택은 아예 건축물대장조차 없는 완전 무허가건물인 경우도 있다. 이런 여러 가지 경우를 정리해 보면 다음과 같다.

① 주택등기가 있는 지상권주택(협의의 지상권주택)......A
② 주택등기가 없는 지상권주택(미등기 지상권주택)
　㉮ 건축물대장이 있는 지상권주택......B
　㉯ 건축물대장도 없는 지상권주택

- 건축허가를 받은 적이 있는 주택......C
- 완전 무허가주택.......D

사례와 설명의 편의 상 다음과 같이 분류해 본다.
A Case : 주택등기가 있는 지상권주택(협의의 지상권주택)
B Case : 주택등기가 없고 건축물대장만 있는 지상권주택(미등기 지상권주택)
C Case : 주택등기와 건축물대장 모두 없으나, 과거 건축허가를 받고 지었으나
  가옥대장작성과 보존등기를 하지 않은 경우
D Case : 주택등기와 건축물대장 모두 없는 완전 무허가주택

2. 케이스별 사례 검토

(1) A Case (중개 실화)

 10여년 전에 투지중개를 할 때 강원도 영월의 경치좋은 개울가에 있던 등기된 지상권주택의 매도를 의뢰받아 현지를 방문한 적이 있었다. 주택부지는 한 60평 내지 70평 되는 작은 종중 땅인데 그 지상에 지은 12평짜리 조립식주택이었다. 원래 종중원의 후손이 20여년 전에 지어 살다가 팔아서 지금의 의뢰인이 휴양을 하려 3년전쯤 매입한 것이었다. 그러나 병세가 가중되어 서울 큰 병원에 통원치료를 해야 할 형편에 급매로 매도의뢰를 해온 것이었다. 집값도 당초 매입한 가격인 1천8백만원만을 받아 달라고 했다. 땅에 대한 지료(도지)로는 땅 주인에게는 1년에 쌀 한가마 값인 20만원을 낸다고 했다. 마당가에는 각종 과수가 심어 있었고, 뒤편은 산이라서 취나물 고사리 등 산채가 사시사철 난다고 했다. 집앞으로는 깨끗한 물이 흐르고 있어, 그야말로 휴양지와 간이별장으로 손색이 없었다. 광고를 해서 두세명의 원매자를 인도해 현장을 보여주었다. 그러나 오는 사람마다 고개를 흔드는 것이었다. 주변이나 집은 다 좋은데, 땅이 없으니 싫다는 것이었다. 종중에서는 땅을 분할하여 팔 수는 없다는 것이고....집이 오래되어 무너지거나 불이 나면 새로 지을 수 있느냐도 물었다. 의뢰인은 등기 난 집이기 때문에 내가 사는 데까지 마음대로 살 수 있고, 땅주인이 함부로 집을 비우고 나가란 소리를 할 수 없는데, 무엇이 문제냐고 불만이었다. 오히려 주변 땅은 내 텃밭같이 공짜로 쓰는데, 작은 돈으로 이만한 집을 구해 살 수 있느냐고 반문도 했다.

 그러나 1년이 지나도록 그 집은 안 팔렸고, 결국 필자도 중개를 포기하였다. 그리고 지금 다시 생각해 본다. 집주인인 의뢰인의 말이 다 옳은가? 매수희망자의 의문에 대한 정답은 무엇일가 하고......

[가야컨설팅 의견]
결국은 집주인의 땅에 대한 권리(임차권)를 지속할 수 있느냐 하는 문제인 듯하다. 주택에 민법상 지상권 설정이 안 되어 있고, 법정지상권도 없으며, 향후 땅주인이 땅을 팔지도 않을 것이고, 지상권 설정도 해줄리 만무하다면, 이 집은 앞으로도 계속 땅주인의 의사에 따라 매년 묵시적으로 임차권기간을 연장하면서 살아 갈 수 밖에 없는 불안한 입장임에는 틀림이 없는 듯하다. 만약에 이 집이 불이 나거나 홍수에 휩쓸려가 재축을 하려 할 때 땅주인이 임차권 기간연장을 거절하게 되면, 집만 날라가고 더 이상 이곳에 머무를 수 없어 떠나야 하는 운명이 될 것 같다는 생각이 든다.(법적으로 맞는지는 좀 더 연구해 보아야 할 듯....)

(2) B Case (매도희망자의 의문)

(이 글은 네이버 지식IN에 나온 질문사항을 인용하였다.)
무등기 지상권주택으로, 지은지 70년이 조금 넘어요, 건축물대장엔 처음 지은사람이 이름이 나와 있습니다. 저희가 구입한지 10년 되었는데 이전에도 매매는 한 두번 정도 있었던 것 같은데...저희가 땅주인에게 지료를 1년에 한 번 내고 있습니다.
건축물대장에 지상권 기한 설정이 없이 계속 지료만 내어왔던 집이고, 저희도 영구적으로 저희 집으로 사용할 수 있는 것으로 알고 구입했습니다. 이런 경우 땅 소유주가 권리행사를 맘대로 할 수 있는지 궁금합니다. 예를 들면 갑자기 나가라는 식으로 말이죠.. 저희가 등기를 해 보려니까 절차가 너무 까다로워서 이대로 등기를 하지 않고 계속 살아도 좋을 지 궁금해서 여쭤봅니다.

[가야컨설팅 의견]
이 Case는 주택등기는 없고 건축물대장만 있는 지상권주택 즉 미등기 지상권주택에 관한 상담인 듯하다. A Case와의 차이는 지상권주택에 등기만 안되어 있다는 점과, 건축물대장은 오래 전 이 집을 최초로 지은 사람의 명의로 되어 있다는 점이다. 주택의 등기 여부에 불문하고 땅주인과의 관계는 A Case와 동일하다고 본다.
다만 이 경우 A Case에 비해 훨씬 위험한 것은 현재 주택에 살고 있는 매도희망자가 주택에 대해서 완전한 소유권을 가지고 있다고 보기 어렵기 때문에(소유권등기가 없어서) 땅주인의 주택 명도 혹은 철거요청에 법률적으로 완벽하게 대항하기가 쉽지 않을 것으로 보인다. 결국 해결방법은 답변 변호사의 의견대로 토지소유자를 상대로 지상권 설정등기를 요구하거나 지상건물을 등기해야 하지만, 건축물을 최초지은 대장등록자로부터 승계한 자는 직접 보존등기를 청구할 수 없고, 최초등록자 또는 그 상속인을 상대로 판결을 받아야만 등기할 수 있어, 등기 내는 것도 사실상 불가능할 것으로 보인다. 또 최초등록자가 원 토지 소유자였다면 법정지상권 문제도 생길 수 있으므로 이에 대한 검토도 필요할 것이다.

(3) C D Case (무허가주택)

등기는 물론 건축물대장도 없는 지상권주택은 과거 합법적인 건축허가를 받아 지었으나 건축물대장을 작성하지 않고 보존등기도 안 낸 주택과 완전히 남의 땅에 허가나 승낙 없이 무단으로 지은 무허가주택의 두 가지로 볼 수 있다. 두 가지 경우 공통적인 것은 건축물을 적법한 절차없이 신축하였으므로, 주택부지는 대지일 수도 있지만, 원래 지목대로 전 답 등 농지나 임야로 남아 있을 수도 있을 것으로 추정된다. 허가를 받았지만 짓고 나서 준공검사나 사용승인과정에서 건축법이 정하는 건폐율과 용적율에 맞지 않아 사용승인이 거부된 결과 무허가주택으로 남아 있는 시골집들도 적지 않다. 무허가주택은 또 건축물을 지을 수 없는 규제가 있는 지역인 군사시설보호구역, 상수원보호구역, 구 보안림(산림보호구역), 하천구역, 도로구역 등에 지은 집인 경우도 있을 것이다. 이런 곳은 지목변경이 되지 않아 전혀 등기를 낼 수 없을 것이다.

타인의 토지에 승낙을 받았던, 무단으로 지었던지 간에 무허가주택은 집에 대한 소유권, 법정지상권, 토지소유자와의 관계 등으로 보아, 위의 A B 케이스에서 설명한 사항들이 모두 적용되는 외에도, 불법건축물로서 관공서의 철거요구나 강제이행금, 벌금 등의 제재까지 나올 수 있으므로, 아예 거래대상에서 제외해야 할 것이다.

- 도지

임차 주택지나 경작지에 대해 지주에게 연 1회 지급하는 사용료로서 벼로 지급할 때는 도조(賭租), 금전으로 지급할 때는 도전(賭錢)이라 하였으며, 이를 묶어 흔히 도지라고 부른다.

3. 지상권주택 매입 시 유의사항

(1) 매매계약서에 주택건물에 대한 특약조항 기재

지상권주택의 매매계약서에는 지상권주택임을 밝혀 건축물대장과 토지 및 건축물등기부의 존재 여부와 각 소유자에 대한 현황을 분명히 명기하고, 필요 시 지상권설정 여부, 임차료(도지)에 대한 사항을 특약으로 기재한다.

(2) 재산세 납부자 명의변경

등기 안 된 지상권주택이나 무허가주택의 경우 입주 후 토지소재지 시, 군에 가서 무허가건물이전신고서와 재산세 승계신고서를 제출해 두어야 한다.

지방세법 제120조(신고의무) ① 다음 각 호의 어느 하나에 해당하는 자는 과세기준일부터 10일 이내에 그 소재지를 관할하는 지방자치단체의 장에게 그 사실을 알 수 있는 증거자료를 갖추어 신고하여야 한다.
1. 재산의 소유권 변동 또는 과세대상 재산의 변동 사유가 발생하였으나 과세기준일까지 그 등기가 되지 아니한 재산의 공부상 소유자

(3) 무허가 농가주택이 있는 농지 경매 시 농지취득자격증명 발급 문제

법원경매 물건으로 낡은 무허가 농가주택인 제시외 건물이 지상에 있는 농지가 나왔다. 법원의 경매특별조건에는 농지취득자격증명의 발급이 조건으로 되어 있다.

최저가로 낙찰을 받고서 농지소재지 면사무소에 가서 농취증 발급을 신청하니, 무허가건물에 대해 소유주와의 건물철거합의서를 가져 오라고 한다. 그러나 소유주는 잠적한 상태이고, 설혹 인근에 살라도 합의를 해줄리는 만무하고.......

법원에서는 지목상 전이고 현황상 대지라 하더라도, 경매공고에 농지로 나갔으니 농지취득자격증명서는 꼭 필수라고 원칙대로 농취증을 요구하고.....

현황지목은 대지인데도, 양측 모두 법상지목을 내세워 농취증을 요구한다.

낙찰자는 이러지도 저러지도 못하고, 농취증 제출기일인 7일은 닥아 오고 있다.

입찰보증금을 모두 떼일 판이다. 이런 경우 농취증을 발급받거나, 혹은 농취증없이 낙찰받을 수 있는 방법은 없는 것일까?

[해결방안]
실무상 가능한 다음과 같은 네가지 방안이 있겠으나, 모두 실현가능성이 희박하고, 만만치 않음을 유의하여야 한다.

1. 농지 및 농가주택 소유자로부터 건물철거합의서를 받아서, 이를 첨부, 농취증을 신청.
2. 담당공무원에게 낙찰 후 무허가 농가주택의 철거 및 농지 원상복구 각서를 내고, 농취증 발급을 추진한다.
3. 일단 농취증을 신청하여, 발급불가사유로 지상에 무허가 건물이 있어서, 원상복구의 필요가 있어 농취증 발급이 불가하다는 사실을 가록하여 달라고 한 다음, 법원에 이를 제출하고, 처분을 기다린다.
4. 농가주택의 건축일자를 확인하고, 만일 1973년 1월 1일 이전의 것이라면, 국토

무허가건물이전신고서

무허가건물이전신고서

대장번호 :

접수번호		

이동구분									
과세물건지	적용내역		용도	면적(㎡)	취득가액	취득구분	취득년월일	비고
	구조	지붕						

첨부서류 : 1. 매매(증여)계약서 1부
2. 매도인의 **부동산매도용** 인감증명서(본인서명사실확인서) 1부. 끝.

※ 매도인과 매수인은 건축물대장 및 건물등기에 등재여부를 확인하신 후 신고하셔야 합니다.

지방세법 제120조의 규정에 의하여 위와 같이 신고합니다.

201 . . .

전소유자 주　　　소 :
　　　　　주민등록번호 :　　　　　-
　　　　　성　　　명 :　　　　(서명 또는 인) ☎

신소유자 주　　　소 :
　　　　　주민등록번호 :　　　　　-
　　　　　성　　　명 :　　　　(서명 또는 인) ☎

원 주 시 장 귀 하

처리사항	건축과 경유(건축물대장 무등재임)	(인)	취득세경유	(인)

지방세별 시행규칙[별지 제64호서식]

■ 지방세법 시행규칙[별지 제64호서식] (앞쪽)

재산세 [납세의무자( ) 과세대상( )] 변동 신고서		처리기간
		즉시

납세의무자	① 성명(법인명)		② 주민(법인)등록번호	
	③ 상호(대표자)		④ 사업자등록번호	
	⑤ 주소(영업소)			
	⑥ 전화번호	(휴대전화:)	⑦ 전자우편주소	

⑧재산소재지	⑨재산종류	⑩용도/구조 (지목)		⑪면적 (수량)	⑫취득일자	⑬변동사유		⑭소유자	
		공부상	현황			연월일	사유	사실상	공부상

「지방세법」 제120조제1항에 따라 위와 같이 재산세 [납세의무자( ) 과세대상( )] 변동사항을 신고합니다.

년   월   일

신고인   (서명 또는 인)

시장·군수·구청장 귀하

※ 첨부서류 납세의무자 또는 과세대상 재산의 변동 내용을 입증할 수 있는 증거자료	수수료
	없음

210mm×297mm(일반용지 60g/㎡(재활용품))

지리정보원의 항공촬영사진을 구하여 농가주택이 나오는 것을 확인하고 농취증없이 처리한다.

(4) 건축물대장이 없는 건물에 관하여 판결로 소유권보존등기를 신청할 수 있는지(소극)

아직 건축물대장이 만들어지지 않은 건물에 대해서는 판결로 소유권보존등기를 신청할 수 없다는 대법원 판결이 나왔다. 대법원 민사3부(주심 박시환 대법관)는 2011. 11. 10. 기술신용보증기금이 "채무를 대신 변제해 준 I회사의 건물에 근저당권설정등기를 할 수 있도록 소유권보존등기를 해달라"며 화순군을 상대로 낸 구상금 등 청구소송 상고심에서 각하판결을 한 원심을 확정했다.

> 【대법원 2011. 11. 10. 선고 2009다93428 판결 [구상금등]】
>
> 【판시사항】
> 건축물대장이 생성되지 않은 건물에 대하여 구 부동산등기법 제131조 제2호에 따라 소유권보존등기를 마칠 목적으로 제기한 소유권확인청구의 소에 확인의 이익이 있는지 여부(소극)
>
> 【판결요지】
> 구 부동산등기법(2011. 4. 12. 법률 제10580호로 전부 개정되기 전의 것, 이하 '구법'이라 한다) 제131조 제2호에서 판결 또는 그 밖의 시·구·읍·면의 장의 서면에 의하여 자기의 소유권을 증명하는 자가 소유권보존등기를 신청할 수 있다고 규정한 것은 건축물대장이 생성되어 있으나 다른 사람이 소유자로 등록되어 있는 경우 또는 건축물대장의 소유자 표시란이 공란으로 되어 있거나 소유자 표시에 일부 누락이 있어 소유자를 확정할 수 없는 등의 경우에 건물 소유자임을 주장하는 자가 판결이나 위 서면에 의하여 소유권을 증명하여 소유권보존등기를 신청할 수 있다는 취지이지, 아예 건축물대장이 생성되어 있지 않은 건물에 대하여 처음부터 판결 내지 위 서면에 의하여 소유권을 증명하여 소유권보존등기를 신청할 수 있다는 의미는 아니라고 해석하는 것이 타당하다. 위와 같이 제한적으로 해석하지 않는다면, 사용승인을 받지 못한 건물에 대하여 구법 제134조에서 정한 처분제한의 등기를 하는 경우에는 사용승인을 받지 않은 사실이 등기부에 기재되어 공시되는 반면, 구법 제131조에 의한 소유권보존등기를 하는 경우에는 사용승인을 받지 않은 사실을 등기부에 적을 수 없어 등기부상으로는 적법한 건물과 동일한 외관을 가지게 되어 건축법상 규제에 대한 탈법행위를 방조하는 결과가 된다. 결국 건축물대장이 생성되지 않은 건물에 대해서는 소유권확인판결을 받는다고 하더라도 그 판결은 구법 제131조 제2호에 해당하는 판결이라고 볼 수 없어 이를 근거로 건물의 소유권보존등기를 신청할 수 없다. 따라서 건축물대장이 생성되지 않은 건물에 대하여 구법 제131조 제2호에 따라 소유권보존등기를 마칠 목적으로 제기한 소유권확인청구의 소는 당사자의 법률상 지위의 불안 제거에 별다른 실효성이 없는 것으로서 확인의 이익이 없어 부적법하다.

(5) 미등기 무허가건물 양수인의 법정지상권 취득 여부(소극)

그런데 미등기·무허가건물을 위한 관습법상 법정지상권취득이 가능한지 판례를 보면, 대지와 그 지상의 건물이 동일한 소유자에게 속하였다가 토지 또는 건물이 매매나 기타 원인으로 인하여 양자의 소유자가 다르게 된 때에는 그 건물을 철거하기로 하는 합의가 있었다는 등 특별한 사정이 없는 한 건물소유자는 대지소유자에 대하여 그 건물을 위한 관습법상의 지상권을 취득하게 되고, 그 건물은 반드시 등기가 되어 있어야만 하는 것이 아니고 무허가건물이라고 하여도 상관이 없다고 하였는데(대법원 1991. 8. 13. 선고 91다16631 판결), 이 판례는 미등기·무허가 건물을 자기가 축조하여 원시취득 한 경우에 관한 판례로 보입니다.
그러나 미등기·무허가건물의 양수인의 지위에 관하여 판례를 보면, 미등기·무허가건물의 양수인이라도 그 소유권이전등기를 마치지 않는 한 그 건물의 소유권을 취득할 수 없고, 소유권에 준하는 관습상의 물권이 있다고도 할 수 없으며, 헌법상 사실상의 소유권이라고 하는 포괄적인 권리 또는 법률상의 지위를 인정하기도 어렵다고 하였으며(대법원 2006. 10. 27. 선고 2006다49000 판결), 미등기건물의 양수인이라도 그 소유권이전등기를 마치지 않는 한 그 건물에 대한 소유권을 취득할 수 없고, 헌법상 사실상의 소유권이라거나 소유권에 준하는 사용·수익·처분권이라는 어떤 포괄적인 권리 또는 법률상의 지위를 인정하기도 어렵다고 하였습니다(대법원 2008. 7. 10. 선고 2005다41153 판결). 또한, 미등기·무허가건물을 대지와 함께 양도받아 소유하다가 대지의 소유권만이 이전된 경우에 관하여는 미등기·무허가건물의 양수인이라 할지라도 그 소유권이전등기를 마치지 않는 한 건물에 대한 소유권을 취득할 수 없고, 그러한 건물의 취득자에게 소유권에 준하는 관습법상의 물권이 있다고 볼 수 없다고 하였습니다(대법원 1996. 6. 14. 선고 94다53006 판결).

제47장
경사도가 심한 산

1. 임야 경사도조사서는 산지전용 허가서류

임야의 개발행위의 허가기준의 하나로 반드시 점검하여야 할 것으로 땅의 경사도가 있다. 산지개발을 하고자 하는 경우에는 그 용도를 정하여 산지전용허가를 받아야 하며, 구비서류에는 산지전용허가를 받고자 하는 산지의 평균경사도조사서도 포함되어 있다. 경사도란 어떤 지형을 이루는 지면의 경사를 각도 또는 퍼센트로 나타낸 것을 말한다. 어느 임야를 개발하고자 할 때 그 임야가 소재한 지자체 조례에서 정한 경사도보다 가파른 산지는 개발행위허가가 나지 않으므로 각별한 주의를 요한다.

현행 산지관리법 상 개발가능한 임야의 평균경사도는 최대 25도로 되어 있다.
그러나 이러한 규정이 아니더라도 실제로 산지개발에 있어서 경사도가 높으면 공사비가 많이 들고, 산사태 위험 판정에 불리하여 산지복구비가 많이 부과되는 등 불리하거나 어려운 점이 많으므로, 산의 구입과 개발에 있어서 경사도는 반드시 사전에 짚어보아야 할 매우 중요한 사항이라고 할 수 있다.

■ 산지전용허가 신청 시 첨부서류

1. **사업계획서**(산지전용의 목적, 사업기간, 산지전용을 하고자 하는 산지의 이용계획, 입목·죽의 벌채를 통한 이용 또는 처리 계획, 토사처리계획 및 피해방지계획 등이 포함되어야 한다) 1부
2. **산지전용타당성조사에 관한 결과서** 1부. 이 경우 해당 결과서는 허가신청일 전 2년 이내에 완료된 산지전용타당성조사의 결과서를 말한다.
3. 산지전용을 하고자 하는 산지의 소유권 또는 사용·수익권을 증명할 수 있는 서류 1부(토지 등기사항증명서로 확인할 수 없는 경우에 한정하고, 사용·수익권을 증명할 수 있는 서류에는 사용·수익권의 범위 및 기간이 명시되어야 한다)

4. 산지전용예정지가 표시된 축척 2만5천분의 1 이상의 지적이 표시된 **지형도**(「토지이용규제 기본법」 제12조에 따라 국토이용정보체계에 지적이 표시된 지형도의 데이터베이스가 구축되어 있지 아니하거나 지형과 지적의 불일치로 지형도의 활용이 곤란한 경우에는 지적도) 1부
5. 축척 6천분의 1 내지 1천200분의 1의 **산지전용예정지실측도** 1부
6. **산림조사서** 1부(수목이 있는 경우에 한정하고, 제4조제2항제4호에 따라 산림조사서를 제출한 경우와 660제곱미터 이하로 산지를 전용하려는 경우에는 제출하지 아니한다)
   가. 임종·임상·수종·임령·평균수고·입목축적이 포함될 것
   나. 산불발생·솎아베기·벌채 후 5년이 지나지 아니한 때에는 그 산불발생·솎아베기·벌채 전의 입목축적을 환산하여 조사·작성한 시점까지의 생장율을 반영한 입목축적이 포함될 것
   다. 허가신청일 전 2년 이내에 조사·작성되었을 것
7. **복구계획서** 1부(복구하여야 할 산지가 있는 경우에 한한다)
8. **표고 및 평균경사도조사서**(수치지형도를 이용하여 표고 및 평균경사도를 산출한 경우에는 원본이 저장된 디스크 등 저장장치를 포함한다) 1부. 다만, 660제곱미터 이하로 산지를 전용하려는 경우에는 평균경사도조사서를 제출하지 아니한다.
9. 농지원부 사본 1부(신청인이나 신고인이 제7조제1호에 따른 농업인임을 증명하여야 하는 경우만 해당한다)

2. 개발가능한 임야의 평균경사도는 25도

현행 산지관리법 상 개발가능한 임야의 평균경사도는 최대 25도로 되어 있다. 다만 스키장과 광업채굴을 위한 광이나 채석장은 35도까지로 허용한다. 골프장도 역시 25도의 규제를 받는다. 개간사업에 있어서는 대상 임야의 경사도가 21도로 제한되며, 그린벨트 개발에 있어서도 21도 미만으로 개발행위 제한을 받는다.

또 전용하려는 산지를 면적 100㎡의 지역으로 분할하여 각 분할지역의 경사도를 측정하였을 때 경사도가 25도 이상인 지역이 전체 지역의 40% 이상인 경우 역시 개발행위 제한을 받는다. 다만, 스키장업의 시설을 설치하는 경우는 제외한다

그러나 25도 경사제한 규정은 법이 정한 최고한도일 뿐, 각 지방자치단체 조례에 위임하여 그 이상(25도 미만)으로 강화하여 규제하도록 할 수 있게 하였다. 즉 경사도 25도는 최대 허용한도이며, 지자체에서는 이 한도를 기준으로 강화할 수는 있으나, 완화

할 수는 없도록 하고 있다. 실제로 대부분의 광역시, 시, 군에서 도시계획조례에서 이 기준을 강화하는 규정을 두고 있다. 예를 들면 고양시에서는 임야나 농지를 개발하려면 경사도가 15도, 광주시 20도, 파주시 23도로 지자체별로 강화되어 있는 경우가 있다.

3. 경사도 제한 적용 특칙

(1) 경사도 25도 이상 지역은 40% 미만일 것

전용하려는 산지를 면적 100㎡의 지역으로 분할하여 각 분할지역의 경사도를 측정하였을 때 경사도가 25도 이상인 지역이 전체 지역의 40% 이하일것. 다만, 스키장업의 시설을 설치하는 경우는 제외한다.

(2) 단독주택 공동주택 수련시설 숙박시설 공장의 경우 특칙(2012.10.26 신설)

평균경사도가 아니라 산정부와의 경사도가 25도로 제한되는 경우도 있다.
목적사업이「건축법 시행령」별표 1에 따른 단독주택, 공동주택, 수련시설, 숙박시설 또는 공장의 신축인 경우에는 아래와 같이 형질변경되는 부지의 최대폭의 2배거리만큼 산정부 방향으로 수평투영한 지점에 해당하는 원지반까지의 경사도가 25° 이하여야 한다. 다만, 형질변경되는 부지 상부 비탈면의 모암(母巖) 또는 산림의 상태가 안정적이어서 토사유출이나 산사태가 발생할 가능성이 낮은 경우에는 그렇지않다.

[예 시]

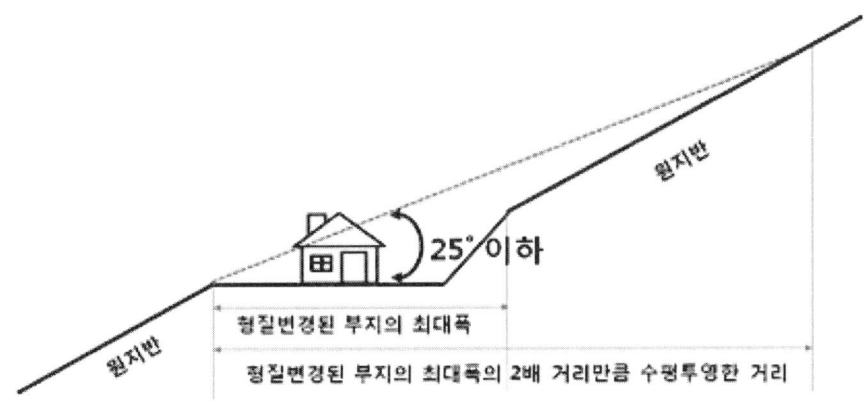

(3) 660제곱미터 미만의 산지전용에는 적용하지 않는다

이러한 경사제한은 660제곱미터(200평) 미만의 산지전용에는 적용하지 않는다.

그러나 660제곱미터 미만이라 할지라도 해당 산지의 필지를 분할하여 660제곱미터 미만으로 산지전용하고자 사업계획을 수립한 것으로 인정되는 경우에는 평균경사도 완화 혜택은 없다.

4. 지자체 조례에서 평균경사도 요건을 강화하는 사례

광역시를 비롯한 조례에서는 개발행위의 경사도를 제한하는 규정이 있다.

지자체 조례상 개발행위 경사도기준(2015.4.1 현재)

임야 평균경사도 제한

임야 경사도	적용 지자체
10도	광주광역시, 수원(녹지)
11도	김포(보전용도)
15도	서울(녹지지역), 고양, 시흥, 화성, 평택
30%(16.7도)	인천, 부산, 대구, 울산, 대전
17.5도	용인(수지, 기흥구)
18도	김포(시가화 및 유보용도)
20도	세종시, 남양주, 포천, 광주, 용인(처인구)
21도	서울
23도	파주
25도(산지관리법)	양평, 여주, 이천, 안성, 연천

5. 경사도를 표시하는 두가지 방법

위에서 보듯이 각 지자체 조례에 따르면 경사도를 규제하는데는 **도(度)와 %**의 두 가지 방법을 쓰고 있다. 대부분의 시 군 구에서는 15도에서 25도 까지로 규제하지만, 인천광역시 등 대부분의 광역시에서는 30% 이하로 규정한다. 참고로 일반도로의 최대 경사도는 12%(6.84도)이며, 임도(林道) 등 산지(山地)도로는 13~17%(9.64도)로 본다. 산지는 경사도에 따라 다음과 같이 분류하기도 한다.
- 완경사지(완) : 경사 15°미만
- 경사지 (경) : 경사 15~20°미만
- 급경사지(급) : 경사 20~25°미만
- 험준지 (험) : 경사 25~30°미만
- 절험지 (절) : 경사 30°이상

경사도 측정에 있어서 도와 %의 차이
아래 그림에서 θ는 경사도(각도)이며, 경사도 %는 b/a(%)다.

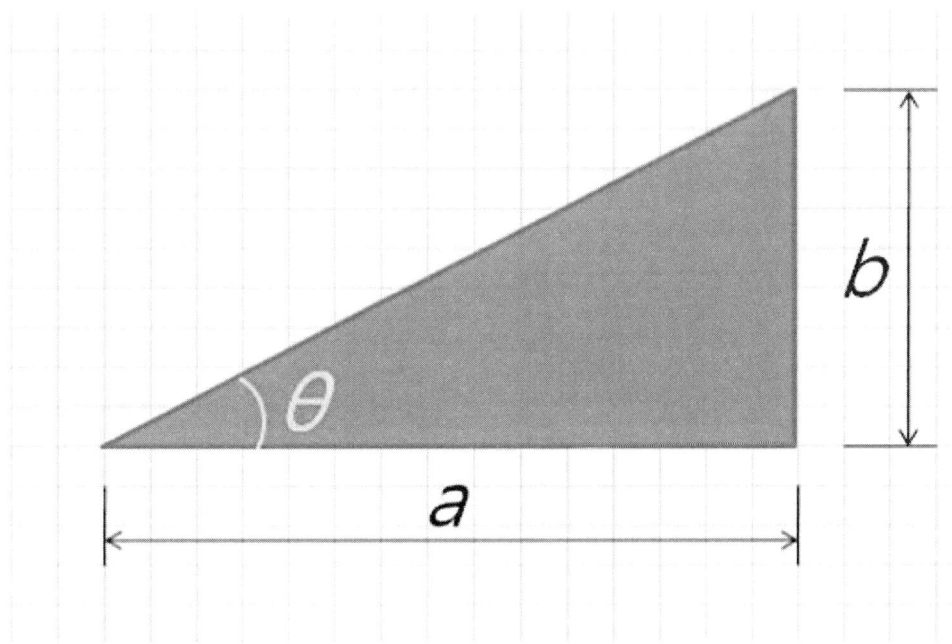

경사도를 표시하는데 있어서 %와 도를 환산한 표는 다음과 같다.
예컨대 산지관리법 상 25도는 46.63%가 되며, 경사도 45도는 100%가 된다.

경사도 % 와 경사각과의 관계표

슬로프경사도- 각도와 퍼센트(%)와의 관계

경사각 : %				% : 경사각			
경사각	%	경사각	%	%	경사각	%	경사각
1도	1.75	39	80.68	1%	0.35	39	21.19
2	3.49	40	83.91	2	1.09	40	21.49
3	5.24	41	86.93	3	1.44	41	22.18
4	6.99	42	90.04	4	2.18	42	22.47
5	8.75	43	93.25	5	2.52	43	23.17
6	10.51	44	96.57	6	3.27	44	23.45
7	12.28	45	100.00	7	4.01	45	24.14
8	14.05	46	103.55	8	4.35	46	24.43
9	15.84	47	107.24	9	5.09	47	25.11
10	17.63	48	111.06	10	5.43	48	25.39
11	19.44	49	115.04	11	6.17	49	26.07
12	21.26	50	119.18	12	6.51	50	26.34
13	23.09	51	123.49	13	7.25	51	27.02
14	24.93	52	127.99	14	7.59	52	27.29
15	26.79	53	132.70	15	8.32	53	27.56
16	28.67	54	137.54	16	9.06	54	28.23
17	30.57	55	142.81	17	9.36	55	28.49
18	32.49	56	148.26	18	10.36	56	29.15
19	34.43	57	153.99	19	10.46	57	29.41
20	36.40	58	160.03	20	11.19	58	30.07
21	38.39	59	166.43	21	11.52	59	30.33
22	40.40	60	173.21	22	12.25	60	30.58
23	42.45	61	180.40	23	12.58	61	31.23
24	44.52	62	188.07	24	13.30	62	31.48
25	46.63	63	196.26	25	14.03	63	32.13
26	48.77	64	205.03	26	14.35	64	32.78
27	50.95	65	214.45	27	15.07	65	33.02
28	53.17	66	224.60	28	15.39	66	33.26
29	55.43	67	235.59	29	16.11	67	33.50
30	57.74	68	247.51	30	16.42	68	34.13
31	60.09	69	260.51	31	17.14	69	34.37
32	62.49	70	274.75	32	17.45	70	35.00
33	64.94	71	290.42	33	18.16	71	35.23
34	67.45	72	307.77	34	18.47	72	35.46
35	70.02	73	327.09	35	19.18	73	36.08
36	72.65	74	348.74	36	19.48	74	36.31
37	75.36	75	378.21	37	20.19	75	36.53
38	78.13	76	401.08	38	20.49	76	37.15

■ **한계농지의 경사도는 15%**

참고로 농어촌정비법은 한계농지의 구별기준으로 농지의 경사도가 15%로 규정하여, 경사도가 15% 이상으로 농업생산성이 현저하게 떨어지는 농지를 한계농지로 부른다. 농지법 상 영농여건불리농지도 15%를 기준으로 한다. 경사도 15%는 8.5도로 환산된다. 자칫 경사도 15도 이상을 한계농지로 잘못 알고 있는 경우가 있는데, 15%와 15도는 갑절 가까운 차이가 나므로 주의를 요한다.

6. 평균경사도 산출방법

평균경사도의 산정방법에는 실측에 의한 방법과 수치지형도를 이용하는 두가지 방법이 있다. 원칙적으로 평균경사도는 수치지형도(축적 1/5,000 지형도의 수치전산파일을 말한다)를 이용하여 측정한다. 다만, 수치지형도가 현실과 맞지 않거나 수치지형도가 없는 지역은 측량을 하여 수치지형도를 작성한 후 이를 이용하여 평균경사도를 측정한다. 평균경사도 측정을 위한 격자는 10m×10m의 크기로 설정하고, 격자의 시점은 측정대상지의 서쪽 경계 접선과 북쪽 경계 접선의 교점으로 한다.

수치지형도에 공간분석 프로그램을 이용하여 불규칙삼각망을 생성한 후 격자 내 삼각면의 경사도에 면적비율을 적용하여 측정대상지의 평균경사도를 산출한다.

① 수치지형도에 의하는 경우

수치지형도에 의하는 경우에는 국토지리정보원에서 발급한 축적 1/5,000 지형도의 수치전산파일을 이용하여 분석한다. 다만, 1/5,000 지형도의 수치전산파일이 없는 지역은 1/25,000 지형도를 이용한다. 평균경사분석도에는 축척과 방위를 표시하며, 10m×10m 격자를 기준으로 평균경사도를 산출한다.

② 실측에 의한 경우

평균경사도를 측정하려면 허가를 받고자 하는 지역의 일정 경사지역 2~3개소의 경사를 측정하여 평균값을 산정한다. 조사요령은 허가를 받고자 하는 지역을 10m×10m 격자로 구분하고, 각각의 10m×10m 안의 경사값을 측정하고 산정된 각각의 경사값들의 합을 격자수로 나누어 평균값을 구한다.

제48장
연접개발 제한을 받는 임야

1. 연접개발 제한을 받는 임야는 개발허가가 나지 않는다

산지전용허가를 받고자 하는 지역(허가예정지)의 경계와 종전의 산지전용허가지역의 경계가 직선거리 250미터 이내에 있는 경우에는 허가예정지의 면적과 종전의 산지전용허가지역의 면적을 합산한 면적이 3만 제곱미터 이하인 경우에는 산지전용허가를 받을 수 없다. 이것을 임야의 연접개발제한이라고 한다.

연접개발제한이란 일단의 토지개발에 있어서 일정 면적 혹은 일정 거리 내에서의 연속적인 개발행위를 금지 혹은 제한하는 것으로서, 개발사업에 있어서 대단히 주의를 요하는 부분이다. 연접개발제한제도의 기본적인 취지는 난개발 방지를 위해 개별적 개발행위허가면적을 합산하여 심사함으로서, 법이 예정하는 개발행위허가 규모 이내로 개발행위를 제한하자는 것이다. "선 계획 후 개발"이라는 국토개발정책에 기한 것이라고 볼 수 있다.

그러나 연접개발은 그 규정이 애매모호하고, 지자체에 따라 자의적으로 운용되는 폐해가 있어 많은 문제점이 야기되고 제도개선이 요구되어 왔다. 연접개발의 문제는 일반인에게 공시가 되지 않고 형평성 및 예측곤란으로 지속적인 민원이 야기된다는 사실이다. 연접개발은 토지이용계획확인서 등에 전혀 나타나지 않고, 실제 개발인허가 신청서 접수 후에 공무원의 심사과정에서 나타나는 것이기 때문에 일반인의 입장에서는 미리 알 수가 없다. 따라서 외형상 혹은 권리 상 전혀 흠이 없는 토지인데도, 오로지 주위토지의 개발속도에 따라 인허가를 받을 수 없어 토지를 전혀 이용할 수 없는 결정적인 제약이 되어, 부당하게 재산권이 침해된다는데 심각한 문제가 있는 것이다.

그 결과 임야의 연접개발에 대한 거리제한이 종전 500m에서 250m로 완화되고 (2008년7월), 국토계획법 상 연접개발은 원칙적으로는 폐지하는 것으로 하였다(2011년3월).

2. 현행법 상 연접개발 제한의 종류

연접개발의 제한은 현행법 상 세 군데서 규정하는데, 각기 근거법과 취지가 다르고, 그 제한하는 내용이나 예외가 다르다.

첫째는 국토계획법 상의 연접개발 제한이다.
정확하게는 용도지역별 개발행위허가규모의 제한이며, 이 규정은 녹지지역, 관리지역, 농림지역과 자연환경보전지역에서만 적용되며, 도시지역의 주거 상업 공업지역에서는 적용되지 않는다. 기반시설이 부족한 녹지지역 및 관리지역 농림지역 자연환경보전지역 등 비도시지역에서 수차에 걸쳐 개발하는 경우 이를 제한하고자 하는 취지다.
근거 : 국토계획법 제58조, 동 시행령 제56조

둘째, 산지관리법 상 임야의 연접개발제한이다.
임야라는 지목에 한해서 적용되는 연접개발제한은 산지관리법에 근거규정을 둔다. 일단의 임야개발에 있어서, 기존에 30,000㎡의 개발이 이루어진 일단의 지역의 경계선으로부터 250m 이내의 거리에서는 30,000㎡ 이상의 추가개발을 허용하지 않는다는 내용이다. 이격거리는 처음에는 500m였다가 2008년7월16일 250m로 완화되었다. 무한히 연속한 임야의 단절을 방지하고, 산지를 보호한다는 취지다. 처음에는 시행령의 포괄적 규정으로 운용하다가 근래 시행령 별표로 명문화하였다.
근거 : 산지관리법 및 동 시행령(시행령 별표 4의3)

셋째는, 수도권 자연보전권역에서의 연접개발제한이다.
수도권정비계획법에 기하여, 수질보전 등을 위해 자연보전권역 에 한하여 연접개발 제한에 관한 별도의 지침을 두고 있다. 자연보전권역 내 연접한 전원주택단지와 창고 등의 난립을 막기 위하여, 여러 개의 다른 개발사업이 주차장과 진입도로를 함께 쓰는 경우에는 이를 일단의 개발사업으로 보아, 연접개발을 적용한다는 특칙이다. 자연보전권역에서 개발사업을 할 때 수도권정비위원회의 심의를 통과한 개발만 허용되기 때문에 사업시행자들이 사업지를 분리해 개발하는 편법을 사용하는 것을 봉쇄하기 위한 추가 조치라고 볼 수 있다.
근거 : 자연보전권역 내 연접개발에 대한 세부 적용지침
　　　　(건설교통부고시 제 2006-174호(06.6.5 제정)

3. 산지관리법 상 임야의 연접개발제한

(1) 산지관리법 상 연접개발 제한

산지전용허가를 받고자 하는 지역(허가예정지)의 경계와 종전의 산지전용허가지역의 경계가 직선거리 250미터 이내에 있는 경우에는 허가예정지의 면적과 종전의 산지전용허가지역의 면적을 합산한 면적이 3만제곱미터 이하이어야 한다. 기존허가지의 면적은 산지전용허가의 신청을 받은 허가권자가 허가를 한 면적(관계 행정기관의 장이 허가권자와 협의하여 다른 법령에 따라 산지전용허가가 의제되는 행정처분을 한 면적을 포함한다)을 기준으로 한다.

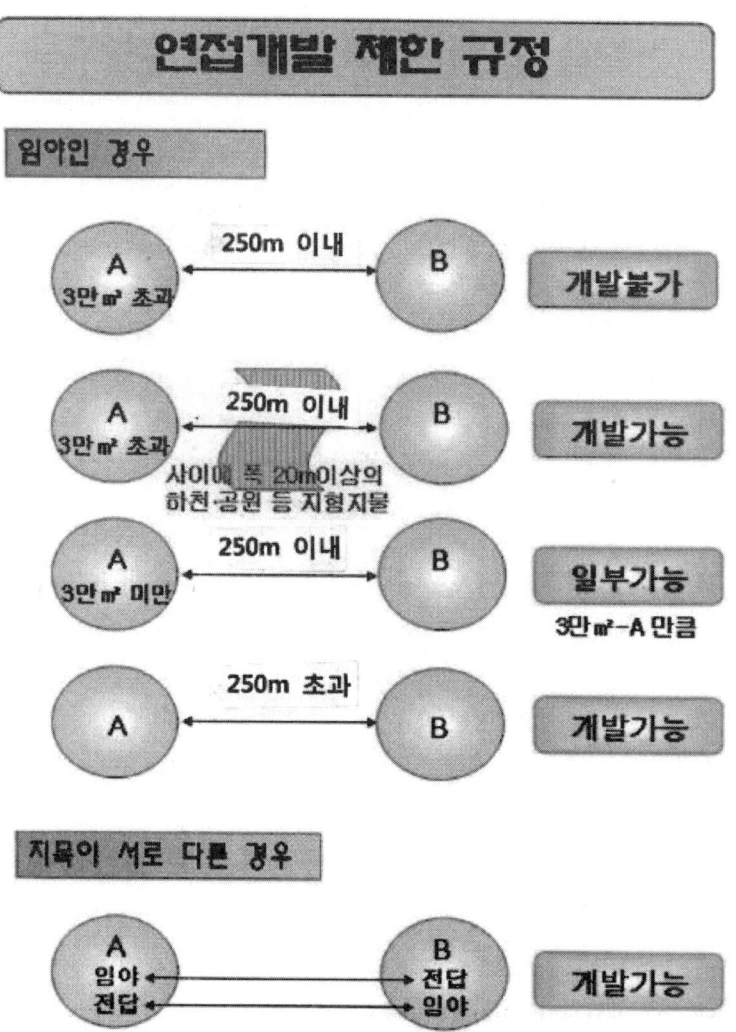

(2) 현행 임야 연접개발제한 근거규정
임야 연접개발제한 근거규정은 산지관리법시행령[별표 4의2] 〈신설 2010.12.7〉 산지의 면적에 관한 허가기준에 명문화 되어 있다.

4. 임야 연접개발제한 적용 배제

인접지와의 중간에 자연공원, 도시공원, 고속철도, 도로, 하천, 소하천 등이 있을 경우에는 연접개발제한을 적용하지 않는다. 또 계획관리지역, 공장 증개축, 1종근생, 660㎡ 이내의 단독주택 등에는 적용이 배제된다

(1) 중간에 지형물이 있는 경우
자연공원, 도시공원, 철도 및 고속철도, 소하천, 자연공원, 도시공원, 주간선도로, 보조간선도로, 면도, 또는 도로법 상 도로에 직접 연결된 2차선 이상의 도로

(2) 계획관리지역 등 적용 배제
주거지역·상업지역·공업지역·녹지지역 및 계획관리지역에서 산지전용을 하는 경우 공장의 증·개축, 660제곱미터 미만의 본인 거주 목적의 단독주택, 제1종근린생활시설, 초지조성, 광물채굴 등의 경우에는 연접개발제한을 적용하지 않는다.

임야 연접개발제한규정 폐지(2015.11.11.)

1. 취지
연접개발제한규정이 기득권지(기허가자)에 지나치게 유리하고, 공시가 되지 않아 인접 소유자의 개발을 제한하고, 투자를 어렵게 하는 문제점에 대한 지적이 많았음.

2. 폐지내용
산지전용허가 기준에서 산지전용 허가 시 250m 이내에서는 기존 허가지를 포함하여 3만 제곱미터(약 9천평) 이상의 연속적인 산지전용을 제한하는 산지관리법시행령 별표 규정을 삭제하여, 기존 허가지의 면적을 합산하지 않도록 개정함.

3. 시행일
2015년 11월 11일부터

4. 관련규정
산지관리법시행령 별표 4의2(산지의 면적에 관한 허가기준)

제49장
장기미집행 도시계획시설

1. 도시계획시설이란?

도시계획시설이란 도시관리계획으로 결정된 54개 도시계획시설을 국토의 계획 및 이용에 관한 법률의 절차에 따라서 설치하는 시설로서 기반시설 중 도시관리계획으로 결정된 시설이다.

▶ 도시계획시설의 종류 (54개)

구 분	시 설 명
교통시설 (11개)	도로, 철도, 항만, 공항, 주차장, 자동차정류장, 궤도, 삭도, 운하, 자동차 및 건설기계검사시설, 자동차 및 건설기계운전학원
공간시설 (5개)	광장, 공원, 녹지, 유원지, 공공공지
유통·공급시설 (9개)	유통업무설비, 수도공급설비, 전기공급설비, 가스공급설비, 열공급설비, 방송·통신시설, 공동구, 시장, 유류저장 및 송유설비
공공·문화체육시설 (10개)	학교, 운동장, 공공청사, 문화시설, 체육시설, 연구시설, 공공직업훈련시설, 도서관, 사회복지시설, 청소년수련시설
방재시설 (8개)	하천, 유수지, 저수지, 방화설비, 방풍설비, 방수설비, 사방설비, 방조설비
보건위생시설 (7개)	화장시설, 공동묘지, 봉안시설, 자연장지, 도축장, 장례식장, 종합의료시설
환경기초시설 (4개)	하수도, 폐기물처리시설, 수질오염방지시설, 폐차장

2. 장기미집행 도시계획시설의 현황과 문제점

장기미집행 도시계획시설이란 지방자치단체의 도시관리계획으로 결정된 도로·공원 등 도시계획시설 예정부지가 10년 이상 사업집행이 안되고 있는 시설이다. 장기 미집행 도시계획시설은 지자체는 재정부족으로 장기간 미집행하고 있어, 토지소유자의 개발행위를 제한당하고 매각도 어려운 형편에 세금만 꼬박꼬박 내고 있는 상태로서, 극심한 민원이 다발적으로 발생하고 있다.

미집행도시계획시설의 통계를 비교하면, 총 미집행 도시계획시설은 2008년에 2001.6㎢에서 2013년에는 6640.6㎢로 세배 이상 증가하였다. 이 중 장기미집행 도시계획시설을 보면 가장 면적이 많은 것이 공원과 도로로서, 지주의 불만도 그만큼 많다. 공원은 2008년 미집행시설면적 중 차지하는 비중이 54.3%(1,035.2㎢)로 전체 면적의 51.7%를 넘었으나, 당시 집행된 실적은 20.3%에 불과하여 약 80%(823.7㎢)가 미집행상태로 방치되어 있었음을 알 수 있다. 장기미집행된 공원구역은 이후 5년 후인 2013년말 통계에서도 600.9㎢로 나와, 5년 전인 823.7㎢에 비해 약간 감소했을 뿐이다. 2013년 기준으로 10년 이상 미집행되고 있는 공원은 총공원결정면적의 60%를 넘고, 10년 이상 미집행되고 있는 총시설면적의 55.5%를 점하여 토지소유자의 가장 극심한 불만의 대상이 되고 있는 실정이다.

공원 다음으로 많은 면적을 차지하는 것이 도로인데, 2008년도에는 전체 미집행시설에서 도로가 25.6%였는데 2013년에는 25.23%로 그 비중은 비슷하지만, 2013년 미집행면적은 383.7㎢로 오히려 늘어났다.

■ **시설별 미집행 면적**

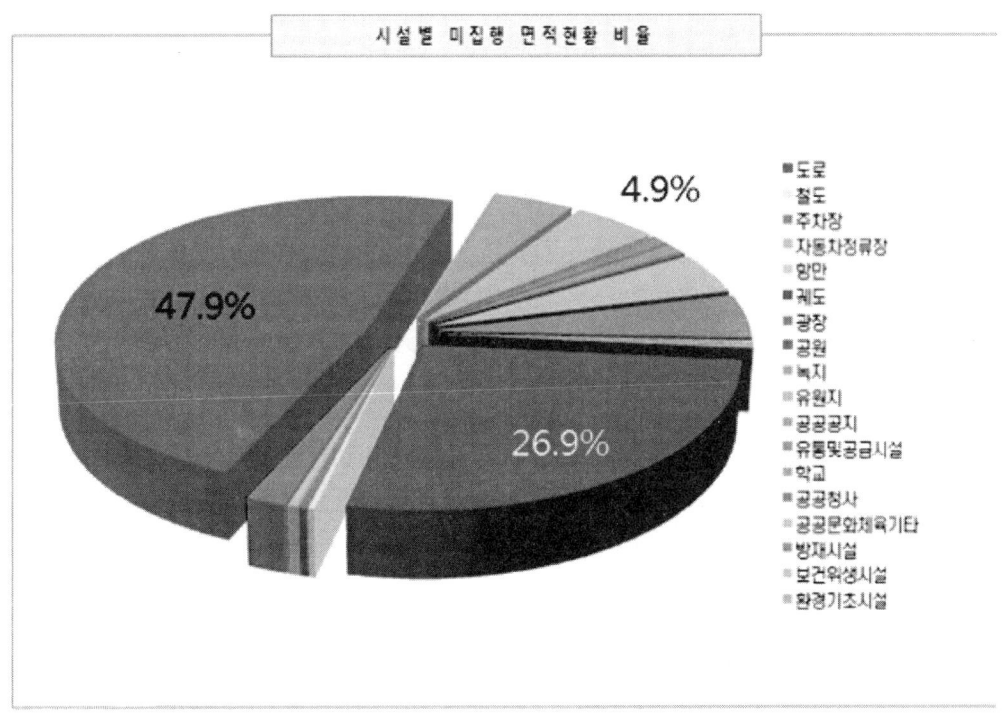

■ 미집행도시계획시설 현황(2008)

시설별 미집행 현황 ('08.12.31)

(단위 : ㎢ (%), 조원)

구분 (시설명/비율)	결정면적	시행면적	미시행		
			면적계	소요액	
				전체	10년이상
계	2,001.60	485.3	1,516.30	204.9	136.1
	100	100	100	100	100
도로	511.5	157.3	354.1	102.5	69.8
	25.6	32.4	23.4	50	51.3
광장	26.5	4.7	21.8	4.4	2
	1.3	1	1.4	2.2	1.5
공원	1,035.20	211.5	823.7	58.6	46.7
	51.7	43.6	54.3	28.6	34.3
녹지	69	8.9	60.1	7.6	5
	3.4	1.8	4	3.7	3.7
유원지	109.5	26	83.6	8.8	5.9
	5.5	5.4	5.5	4.3	4.3
학교	30	12.1	17.9	5.4	2.4
	1.5	2.5	1.2	2.6	1.8
기타	219.9	64.8	155.1	17.6	4.3
	11	13.3	10.2	8.6	3.1

※ 출처 : 국토해양부, 2008 도시계획현황

3. 장기미집행 도시계획시설의 대응책

국가가 도시계획시설예정부지로 결정 지정하면 토지소유자는 토지를 이용할 수 없다.

따라서 그 토지의 땅값은 많이 떨어지고 팔리지도 않아 지주는 큰 고통을 당한다. 그럼에도 불구하고 정부는 도시계획시설로 묶고 보상도 하지 않은채 세월만 보내자 이에 토지소유자들이 위헌소송을 제기했으나 번번히 패소를 했다. 그러다가 1999년 헌법재판소는 헌법소원 판결에서 아무런 제한도 없는 사유지를 도시계획시설로 묶는 것은 위헌이라고 선고했다. 이를 시발점으로 정부는 법을 제정하여 두 가지 제도를 도입하게 되었다. 하나는 실효제도 혹은 자동일몰제이고, 또 하나는 매수청구권제도다.

(1) 자동일몰제

10년 이상 미집행시설은 지자체가 5년마다 재검토하여 불필요한 시설은 해제하도록 되어 있고, 시설 결정의 고시일로부터 20년 동안 그 시설의 설치에 관한 사업이 시행되지 않는 경우, 그 시설결정은 자동실효하도록 되어 있다.(국토계획법 제48조제1항, 부칙 제16조제1항) 다만 2000년 7월1일 이전에 이미 도시계획시설로 묶였던 토지는 2020년7월1일에 실효된다는 경과규정도 신설되었다.

국토계획법 제48조(도시·군계획시설결정의 실효 등) ① 도시·군계획시설결정이 고시된 도시·군계획시설에 대하여 그 고시일부터 20년이 지날 때까지 그 시설의 설치에 관한 도시·군계획시설사업이 시행되지 아니하는 경우 <u>그 도시·군계획시설결정은 그 고시일부터 20년이 되는 날의 다음날에 그 효력을 잃는다.</u> 〈개정 2011.4.14.〉
② 시·도지사 또는 대도시 시장은 제1항에 따라 도시·군계획시설결정이 효력을 잃으면 대통령령으로 정하는 바에 따라 지체없이 그 사실을 고시하여야 한다. 〈개정 2011.4.14.〉

국토계획법(2002. 2. 4 개정시) 부칙 제16조(도시계획시설결정의 매수청구 및 실효기산일에 관한 경과조치) ①이 법 시행 당시 종전의 도시계획법에 의하여 결정·고시된 도시계획시설로서 부칙 제15조제1항의 규정에 의하여 도시계획시설로 보는 시설의 결정의 실효에 관한 결정·고시일의 기산일은 제48조의 규정에 불구하고 다음 각호에 의한다.
<u>1. 2000년 7월 1일 이전에 결정·고시된 도시계획시설의 기산일은 2000년 7월 1일</u>
2. 2000년 7월 2일 이후에 결정·고시된 도시계획시설의 기산일은 당해 도시계획시설의 결정·고시일

(2) 토지매수청구권

과거 도시계획법 제6조 위헌소원(1999. 10. 21. 97헌바26 전원재판부)에서 도로, 공원, 학교 등 도시계획시설로 지정된다는 것은, 당해 토지가 매수될 때까지 시설예정부지의 가치를 상승시키거나 계획된 사업의 시행을 어렵게 하는 변경을 해서는 안된다

는 내용의 '변경금지의무'를 토지소유자에게 부과하는 것을 의미한다는 취지로, 입법자는 매수청구권이나 수용신청권의 부여, 지정의 해제, 금전적 보상 등 다양한 보상 가능성을 통하여 재산권에 대한 가혹한 침해를 적절하게 보상하여야 한다고 했다. 이후 이런 취지로 장기미집행 도시계획시설에 토지매수청구권이 법률에 규정되었으나 결정 후 10년이 경과한 지목이 대지인 토지에 국한함으로서 그 실효성이 거의 없는 형식적인 입법에 그치고 말았다. 그러나 대법원은 10년 이상 도시계획시설로 묶여 있는 토지소유자의 도시계획시설부지 폐지제안을 행정청이 거부하면 행정소송을 할 수 있다고 하면서 토지소유자에 대한 승소판결을 선고했다.

(3) 미집행시설에 대한 지방의회의 해제권고제도

2011년 4월에는 미집행시설에 대한 지방의회의 해제권고제도도 도입되었다. 의회의 해제권고를 받은 지자체장은 특별한 사유가 없으면, 해제권고를 받은 날부터 1년 이내에 해제를 위한 도시·군관리계획을 결정하여야 한다.

이러한 배경에서 2014년12월30일에 나오는 다음의 장기미집행 도시계획시설 관련 가이드 라인이 발표되었다. 이 가이드 라인은 특히 미집행면적이 총 미집행면적의 50%가 넘는 도시공원부분에 중점을 둔 것이다.

4. 장기미집행 도시계획시설 해제 가이드라인

위와 같은 장기미집행도시계획시설에 대한 국민의 원성과 불만이 누적됨에 따라, 정부에서는 2014년12월 다음과 같은 해제 가이드라인을 발표하였다.

"장기미집행 도시·군계획시설 해제 가이드라인" 마련
-지자체는 가이드라인에 따라 장기미집행 시설의 해제 절차에 착수-
2014년 12월 30일(화)

도로·공원 등 도시계획시설로 결정된 후 10년이 지나도록 집행이 되지 않고 있는 장기미집행 도시·군계획시설(이하 장기미집행 시설)의 해제가 촉진될 전망이다.

국토교통부는 지자체가 여건변화를 감안하여 현 시점에서 불합리하거나 집행가능성이 없는 시설들을 재검토하여 해제하거나 조정할 수 있도록 하는 2014년12월30일 "장기미집행 도시·군계획시설 해제 가이드라인"을 마련하여 지자체에 시달했다. 이번에 마련된 가이드라인은 지자체가 장기미집행 시설의 집행가능성을 물리적 요소, 재정적 요소 등을 감안하여 판단할 수 있도록 객관적 기준과 절차를 제시하고 있다.

도시·군계획시설로 결정된 지 10년이 지난 장기 미집행 시설은 2013년말 기준으로 931㎢로 서울면적의 약 1.54배로서, 국토부는 이번 해제가이드라인을 통해 지자체가 적극적으로 장기미집행 시설을 해소한다면 토지이용의 비효율성과 국민의 재산권 제한으로 인한 문제를 해결할 수 있을 것으로 전망했다. 또한, <u>2020년 7월 1일 도래 예정인 장기미집행 시설의 대규모 실효로 인한 사회적 혼란을 막고 도시의 기능을 유지하기 위한 선제적인대비</u>도 가능할 것으로 예상했다. 해제가이드라인의 주요내용은 다음과 같다.

지자체는 2015년 12월 말까지 ⅰ)우선해제시설의 분류, ⅱ)단계별 집행계획의 수립, ⅲ)비재정적 집행가능시설을 분류하는 절차를 진행하고, 2016년 1월부터 ⅳ)관리방안을 포함하여 해제를 위한 도시·군관리계획 수립절차를 진행하여야 한다. 먼저 지자체는 장기미집행 시설 전체에 대한 현황조사를 통해 법적, 기술적, 환경적인 문제로 사업시행이 곤란한 장기미집행 시설을 우선해제시설로 분류하여 해제절차를 진행한다.

우선해제시설을 제외한 모든 미집행 중인 도시·군계획시설에 대하여 필요성과 재정수요의 추정 범위 내에서 투자우선순위를 정하여 단계별 집행계획을 수립하여야 하고, 단계별 집행계획은 지자체의 중기 재정계획상 도시·군계획시설의 사업예산을 기초로 수립하고, 1단계(1~3년차), 2-1단계(4~5년차), 2-2단계(6년차 이후)로 구분한다.

지자체의 재정사업으로 집행할 수 없는 시설 중 민간투자사업과 도시·군계획사업과의 연계 등을 통해 비재정적인 방법으로 집행이 가능한 시설은 별도로 검토하여 단계별 집행계획에 포함할 수 있도록 한다. 단계별 집행계획상 실효 전까지 사업이 시행될 수 없는 장기미집행 시설은 해제를 위한 도시·군관리계획 절차를 진행하여야 하고, 해제되는 도시·군계획시설에 대해서는 시설별로 m설치목적과 기능을 고려하여 그 시설의 해제에 따른 관리방안을 마련해야 한다.

도시·군계획시설 해제에도 불구하고 계획적 관리가 가능하도록 해제지역을 중심으로 지구단위계획을 수립하거나, 난개발 방지를 위해 개발행위 허가 운영기준을 일부 조정하는 등 해당 지자체별로 관리방안을 마련하여야 한다.

이번 가이드라인은 각 지자체에서 장기미집행 도시·군계획시설의 해제를 검토할 때 활용되며, 미집행 중인 시설에 대한 집행력 제고와 함께 향후 새로운 도시·군계획시설

의 결정이 신중하게 이루어질 것으로 기대된다. (국토부 보도자료)

참고 2 　 도시·군계획시설 미집행 현황

가. 미집행 현황

구 분	미집행 시설		
	계	10년 미만	10년 이상
면적	1,405.9㎢	474.8㎢	931.1㎢
	100%	33.8%	66.2%
소요액	200.8조원	61.6조원	139.2조원
	100%	30.7%	69.3%

※ 출처 : 국토교통부, 2013 도시계획현황('14.7)

나. 시설별 미집행 현황

(단위 : ㎢ (%), 조원)

구 분 (시설명/비율)	총 면적	집행면적 / 집행비율	미집행			
			면적계		소요액	
			전체	10년이상	전체	10년이상
계	6,640.6	5,234.7	1,405.9	931.1	200.8	139.2
	100	78.83	100.0	100.0	100.0	100.0
도로	1,675.2	1,291.5	383.7	246.3	101.5	73.7
	25.23	77.09	27.3	26.5	50.5	52.9
광장	133.8	106.5	27.3	13.8	3.5	2.3
	2.01	79.59	1.9	1.5	1.7	1.7
공원	1,004.7	403.8	600.9	516.4	49.1	40.8
	15.13	40.19	42.7	55.5	24.5	29.3
녹지	190.9	119.2	71.7	43.5	7.8	5.6
	2.88	62.44	5.1	4.7	3.9	4.0
유원지	164.9	95.4	69.5	59.1	9.2	7.9
	2.48	57.85	5.0	6.3	4.6	5.7
학교	343.9	329.8	14.1	7.9	4.1	2.4
	5.18	95.9	1.0	0.8	2.1	1.7
기타	3,127.2	2,888.5	238.7	44.1	25.6	6.5
	47.09	92.37	17.0	4.7	12.7	4.7

※ 출처 : 국토교통부, 2013 도시계획현황('14.7)

다. 시도별 미집행 현황

(단위 : ㎢(%), 조원)

도시별	총면적	집행면적	집행비율	미집행 면적계 전체	미집행 면적계 10년이상	미집행 소요액 전체	미집행 소요액 10년이상
총계	6,640.6	5,234.7	78.83	1,405.9	931.1	200.8	139.2
서울특별시	390.6	326.3	83.54	64.3	59.6	5.9	4.3
부산광역시	213.9	136.0	63.58	77.9	68.5	17.5	14.0
대구광역시	136.8	97.5	71.27	39.3	36.2	12.6	11.2
인천광역시	372.5	315.3	84.64	57.2	36.1	2.0	1.5
광주광역시	126.0	103.1	81.83	22.9	16.6	8.5	6.2
대전광역시	100.0	81.0	81	19.0	15.2	4.8	4.1
울산광역시	128.8	79.3	61.57	49.5	34.2	12.5	10.3
세종특별자치시	105.8	103.7	98.02	2.1	1.5	0.3	0.1
경기도	1,260.5	1,044.5	82.86	216.0	112.0	47.3	26.2
강원도	500.9	422.0	84.25	78.9	57.1	14.9	7.7
충청북도	369.2	260.0	70.42	109.2	72.1	8.4	5.9
충청남도	393.6	301.1	76.5	92.5	55.2	12.9	8.4
전라북도	368.9	286.5	77.66	82.4	54.7	6.9	5.8
전라남도	718.8	603.8	84	115.0	82.8	12.4	8.4
경상북도	715.4	547.8	76.57	167.6	103.9	15.1	11.0
경상남도	612.2	426.9	69.73	185.3	103.5	15.8	11.2
제주특별자치도	126.7	99.9	78.85	26.8	21.9	3.0	2.9

※ 출처 : 국토교통부, 2013 도시계획현황('14.7)

제7부

토지매매계약의 덫

1. 공인중개사 배제(당사자 직접) 계약
2. 매수의향서
3. 매도의향서
4. 계약서상 매수인측 외 1인의 정체
5. 교환계약의 활용
6. 인감증명서의 필요성과 유효기간
7. 특약조항의 유용성과 활용

제7부

토지매매계약의 덫

토지매매계약의 덫

　제7권의 마지막인 제7부 매매계약의 덫은 안전한 토지매매계약을 위해, 토지매매과정에서 쓰는 중요한 특약과 특별서식 7가지를 소개하는 것이다. 이러한 토지매매계약의 덫은 수십만평 또는 수십억 이상의 큰 땅의 매매를 추진함에 있어서 특히 유의하여야할 사항이다.

　　1. 공인중개사 배제(당사자 직접) 계약
　　2. 매수의향서
　　3. 매도의향서
　　4. 계약서상 매수인측 외 1인의 정체
　　5. 교환계약의 활용
　　6. 인감증명서의 필요성과 유효기간
　　7. 특약조항의 유용성과 활용

1. 공인중개사 배제(당사자 직접) 계약

(1) 토지매매계약의 일반적 주의사항

부동산 계약 전 꼭 확인하세요

주민등록증
(신분증)위조
	◆ 주민등록증 진위 전화확인 - (ARS)1382
	◆ 인터넷으로 신분증 확인
	   ○ 주민등록증 확인 - 전자정부민원24시 (http://www.minwon.go.kr)
	   ○ 운전면허증 확인 - 도로교통공단 (http://www.koroad.or.kr)
	◆ 계약시 등기권리증 확인

등기부사항 증명서 미확인	◆ 계약시 등기사항증명서, 각종 공부 등을 확인하여 거래당사자에게 확인·설명서를 작성하여 교부 ◆ 중도금 및 잔금 지급시 등기사항증명서를 확인한 후 권리변동 사항이 있을 경우 거래계약서 또는 확인·설명서에 추가 기재하고 중도금 또는 잔금 지급 보류 등의 조치 ◆ 별도등기가 있는 경우는 반드시 별도 등기사항증명서 확인 ◆ 신탁등기가 있는 물건은 신탁원부 발급받아 신탁계약 내용 및 실권리자 확인 ◆ 근저당권이 설정되어 있는 경우 포괄근저당인지의 여부 확인 ◆ 가압류, 가처분, 예고등기가 되어 있는 경우 실권리관계를 정확히 파악 ◆ 등기사항증명서에서 확인이 안되는 다가구, 단독주택 임차의 경우 주민등록 전입세대 열람(임차인의 가구수의 보증금 등)을 임대인에게 요청(확정일자의 부여기관에 차임 및 보증금 정보제공 요청)하여 계약서에 기재
대리권 미확인	◆ 대리인 계약시 위임장 및 인감증명서, 대리인의 신분증을 필히 확인한 후 복사하여 보관 및 교부 ◆ 중개의뢰인의 입회하에 위임인과 통화 또는 직접 방문 등을 통하여 위임장의 진정성을 확인(확인사항을 거래계약서 및 확인·설명서에 기재)
중개대상물 확인·설명서 미작성	◆ 중개대상물에 대하여 매도·임대의뢰인 등에게 중개대상물의 상태에 관한 자료 요구 ◆ 부동산관련 세금에 대해서는 확인·설명서 기재 내용(취득시 부담할 조세의 종류 및 세율)에 대해서만 간단하게 설명 ◆ 해당사항이 없는 경우 "해당없음" 표시(빈칸 없게 작성) ◆ 중개의뢰인이 요구하는 건축물용도에 적합한지 시·군·구 해당과에 문의한 후 중개
입금계좌 확인	◆ 거래대금(보증금, 계약금, 중도금, 잔금)은 매도인 또는 임대인 계좌입금을 원칙 ◆ 타인명의 계좌 입금 요구 시 각별한 주의요망

[자료출처 한국부동산뉴스 2014.10. www.kar.or.kr]

토지구입 시 꼭 작성하는 매매계약서의 법정양식은 없으나 공인중개사의 중개를 거쳐 매입하는 경우에는 대개 한국공인중개사협회에서 제공하는 양식을 쓰고 있어서 별 문제는 없다. 그러나 중개사무소를 통하지 않고 매도인과 직거래를 하거나 무자격중개인과 거래하는 경우에는 특히 유의하여야 할 몇 가지 사항을 정리해 본다.

① 지적공부와 토지등기부의 확인
계약 전에 필히 지적공부와 토지등기부를 발급받아 확인하고, 특히 토지대장과 토지등기부의 기재사항이 완전하게 일치하는지를 비교, 확인한다. 토지등기부는 잔금 당일 잔금 지급 직전에 다시 한번 확인해 보는 것이 좋다.

② 매도인이 등기부상 소유자인가
매도인이 등기부 상 소유자인지 확인하라. 매도인인 계약당사자는 계약서에 날인하고 계약금을 수수하는 자로서 등기부 상의 소유자이어야 한다. 본인 여부는 주민등록증과 등기권리증 등으로 확인한다. 만일 본인이 아닌 타인이 나오는 경우 본인 인감증명서와 위임장을 지참한 정당한 대리인인지를 확인하고, 본인과 연락을 취하여 본인의사를 확인해 두어야 한다. 이 경우 인감증명서는 부동산매도용으로서 반드시 소유자 본인이 직접 발급받은 것을 확인하도록 한다. 계약 시 인감증명서의 유효기간은 없지만 1개월 이전에 발급된 것은 일단 확인절차를 거치는 것이 좋다. 기타 부부지간, 부자지간이거나 종중의 대표라고 자칭하더라도 위임장과 인감증명 그리고 위임인의 인감날인이 정확한지 보아야 한다. 내가 매수인으로서 계약금을 주어야하는 경우에는 특히 이 점을 유의한다.

③ 위조문서를 유의한다
흔한 일은 아니지만, 지방의 임야에 있어서 간혹 토지문서위조사기단에 의해 허위서류(가짜 등기권리증이나 등기부등본)로 매매계약을 체결하고, 계약금만 따먹히는 경우도 있다. 최근에는 신분증도 위조해 나오는 경우도 있다.

④ 계약목적 토지는 필지와 면적을 병기한다
계약서 상에 기재하는 매매목적 토지는 필지를 부번 동호수까지 명기하며, 필지뿐 아니라 면적을 등기부에 나온대로 ㎡ 단위로 정확히 기재한다.

⑤ 특약사항의 기재
임야의 구입 시에는 지상에 생육 중인 입목에 대한 소유권 관계나, 분묘의 처리비용 등에 관한 특약사항을 별도로 기재하는 것이 좋다. 기타 필요 시 특약사항을 명문으로 기재해 넣어야 후일의 분쟁을 피할 수 있다.

(2) 당사자 직접계약의 위험성

토지거래에 어느 정도 경험이 있는 이들은 중개수수료를 아끼려고 공인중개사를 배제하고 직접 매매당사자와 컨택하고, 계약은 "당사자 직접'으로 하는 경우가 있는데, 이럴 경우 당장 중개비는 아끼겠지만 후일의 리스크는 부담해야 할 것이다. 가장 중요한 것은 매매계약이나 계약목적물에 하자가 있는 경우 후일 바로 거래상대방(매도인 또는 매수인)과 맞닥뜨려야 하는데, 상대방이 책임을 회피하던지 해결을 미루는 때가 가장 난감한 경우다. 공인중개사를 끼고 계약을 하면 이런 경우 중개사가 거중조정역할을 잘 해주거나, 여차한 경우 공제증서(한도액 1억원)로 배상을 받을 수 있어 안전하다.

[기사에 나온 무자격 중개업자와 거래 피해사례]

생활정보지에는 무자격 중개업자들의 광고가 판을 친다. 이들은 대개 허위 매물로 수요자를 유인한 뒤 계약금만 받아 달아나거나, 비싸게 팔아주겠다며 매도자에게 접근해 높은 수수료를 요구한다. 또 중개수수료를 거래 가격의 10%를 요구하는 일도 있다. 이렇게 수수료를 턱없이 많이 부르는 사람은 대개 무자격 중개업자며, 이들에게 거래를 맡길 경우 거래사고가 발생해도 피해보상을 받을 수 없으므로 거래 전에 공인중개사 자격을 반드시 확인해야 한다. 인터넷 직거래 장터 등을 통해 매도자에게 접근한 뒤 시세감정서·감정평가서 등의 서류를 발급하거나, 광고료 명목으로 선금을 받아 달아나는 경우다. 부동산감정평가를 하면 집값을 더 받을 수 있다며 감정평가 법인을 사칭하여 수수료를 챙기는 사기도 있다. 비정상적인 매물을 급매물로 위장해 파는 일도 종종 벌어진다. 권리관계가 복잡한 매물을 시세보다 30~40% 싸게 판다며 수요자를 현혹하는 것이다. 전화사기(보이스피싱)도 유행이다. 땅에 대한 지식이 부족한 일반인을 상대로 분할이 안 되는 땅을 쪼개 팔거나, 실제로는 경사진 땅인데 인근 평지를 보여주고 팔기도 한다. 사기는 물론 무자격 중개인의 불법거래에 속으면 그 피해는 고스란히 계약자에게 돌아갈 수밖에 없다.

2. 매수의향서

큰 규모의 토지나 매각개상 토지가 다수의 소유자가 있어 의견통일이 어려운 경우, 계약 교섭단계에서 매도인 측에서 매수희망자에게 매수의향서를 문서로 요구하는 경우가 있다. 배수의향서를 요구하는 경우는 대체로 다음과 같은 경우다.

1. 큰 땅이거나 10억원 이상의 거액의 땅일 경우
2. 매도자가 매수의사와 능력이 없는 브로커로부터 여러번 시달림을 받았을 경우
3. 매도자가 수인이 되어 의견통일을 보지 못할 때 매수의사를 밝혀 올 경우

4. 자칭 매도자의 관리인이나 대리인 등 중간에 사기꾼이 끼어 있을 경우
5. 매도인이 법인 종중이거나 종교단체인 경우

매수의향서는 정해진 영식이 없지만, 샘플을 보면 다음과 같다.

토지 매수 의향서

수 신 : 1. 토지소유자
    2. OO공인중개사사무소 대표 공인중개사 OOO

본인은 아래 토지를 매입할 의사가 확실히 있기에 본 매수의향서를 제출하오며, OO인중개사사무소를 통하여 본 토지의 매매조건 등에 대한 원활한 협의를 부탁드립니다.

- 아 래 -

1. 대상토지

소재지	지번	지목	면적(㎡)	용도지역
경기도 용인시 원삼면 맹리		대지 전 임야	㎡ (약 38,000평)	계획관리지역 18,000평 농림지역 20,000평

2. 매입조건 : 매수희망금액 S0억원

2012년 5월 25일

매수의향서 제출인

   성명(주민등록번호) :   인
   주소
   전화번호
   첨부 : 인감증명서 1부

매 수 의 향 서

대상토지 : 경기도 용인시 처인구 백암면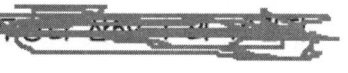
         임야 대략 20만평

매수희망자는 상기 토지물건에 대하여   용도로 개발하고자
매수의사가 있음을 확인하면서, 향후 매도인(지주)과의 중개 및 가격조정 등
대상토지에 관한 매매계약 관련 업무를 귀 중개사무소와 협력할 것을 확약
하며, 본 매수의향서를 제출합니다.

                                         2014년 2월   일

매수희망인   [성명]
            [전화번호]
            [주소]

        경기도 용인시 처인구 양지면
        공인중개사 대표 공인중개사   귀하

3. 매도의향서

매 도 의 향 서

부동산의 표시

구분	지 번	공부상 면적	매도 면적	소 유 자
1		㎡	㎡	
2		㎡	㎡	
3		㎡	㎡	
계		㎡	㎡	

상기 본인은 아래와 같은 조건으로 부동산을 매도할 의향이 있음을 의향서로 제출합니다.

- 아 래 -

1. 매도의향금액 :   원
2. 매도의향면적 :   ㎡
3. 유 효 기 간 : 의향서 제출일로부터 _____ 개월한
4. 대금지급조건 : 계약 시에 계약금 10%
   잔금은 _____ 개월 이내 일시불로 지급
5. 특 약 사 항 : 본 의향서는 단순한 매도희망의견으로서 법률적으로 매도인에게는 아무런 의무와 책임이 없습니다.
   (1)
   (2)
   (3)

2011 년   월   일

매도의향자   성   명 :   (인감인)
(소유자)   주민등록번호 :
         주   소 :
         ※ 첨 부 : 인감증명서 1통
매수희망자   성   명 :   (인)
         주민등록번호 :
         주   소 :

매 도 의 향 서

_____ 귀중

매각대상 토지
경기도 양평군 강상면 ~~○○리 ○○○~~
임야 ~~○○○○○○○○○○○○~~

본인은 상기 임야의 1/2 지분 소유자로서 위 토지의 처분을 원하고 있는바, 평당 3만원(매각대금 약 744,240천원)으로 매각하여도 이를 수용하기로 하며, 만일 귀하가 이 금액(평당 3만원)을 초과하여 매입하는 매수인을 추천하는 경우에는 초과 매도액에 대해 매수인이 해당부분 양도소득세를 부담하는 등 아래 조건을 충족하는 범위 내에서 귀하가 지정하는 매수인과 직접 매매계약을 체결할 의향이 있음을 통보 드립니다.

매매계약조건
1. 매매계약 당사자인 매수인은 귀하가 지정하는 매수희망자(개인 또는 법인)에 대하여 1회에 한하여 허용한다.
2. 본 매도의향서의 유효기간은 날인 후 1개월로 하며, 그 이후에는 무효로 한다.
3. 매수인은 매매계약금, 중도금 및 잔금 지급 시에는 실 매매가액에 따라 계산한 매각대금 전액을 매도인측이 지정하는 구좌로 직접 입금하기로 한다.
4. 매도인은 양도금액에서 당초 평당 3만원으로 계산한 매매가액과 평당 3만원 기준 양도소득세를 초과하는 양도세 상당액(매도인이 지정하는 세무사가 계산 발급한 양도소득세 계산내역에 따름)을 공제한 잔액을 잔금수령 후 2거래일 내에 귀하가 지정하는 구좌로 입금한다.
5. 매매계약서는 당사자가 직접 체결하는 형식으로 하며, 계약서는 귀하와 매도인측 전속대리인이 공동으로 작성하며, 실제 거래된 가격으로 기재한다.
6. 매매 후 실거래가 신고는 실제 거래되고, 매매계약서에 기재된 금액으로 하되, 매도인측 전속대리인과 귀하가 공동으로 매매당사자의 명의로 양평군에 신고하는 것으로 한다.

　　　　　　매도인(1/2 지분소유자)

　　　　　　경기도 성남시 분당구 ~~○○○○○○~~

4. 계약서상 매수인측 외 1인의 정체

　토지매매계약에서 매도인(갑)은 확정되었으나, 매수인 측에서 계약당사자로 매수인을(○○○)외 1인(병)이라고 해줄 것을 요구하는 경우가 있다. 이 때 이것이 소위 미등기전매가 되는 것은 아닌지, 다른 분쟁의 요인이 되는지 염려하여 거리는 경우가 있다. 그러나 이것은 미등기전매가 아니며, 법적으로 문제될 것은 없다고 해석한다.

　매매계약은 계약 후 잔금을 지급하여 완결되기 전까지는 당사자간 협의로 계약내용을 얼마든지 변경할 수 있는 것이므로, 계약 후 매도인과 매수인의 합의 하에 실제 잔금을 치르고 명의를 이전하는 사람(외 1인)에게 동일한 계약금액을 기재하고 매매계약을 새로 체결한 후 잔금을 받고 소유권이전등기서류를 건넨다면 매도인의 입장에서는 이를 거부할 이유가 없다. 그리고 이것은 계약의 변경(혹은 민법상 경개 更改)이지 불법인 소위 미등기전매는 아니라고 해석할 수 있다.

　실제로 매도인의 입장에서는 부동산을 매도하는 것이 목적이므로, 매수인 중 외1인이 을이 되었건 병이 되었건 잔금까지 치르는 사람에게 잔금을 받고 명의이전해 주면 된다. 미등기전매를 우려할 수도 있지만, 미등기전매란 당초 매도한 가격보다 더 큰 금액으로 제3자에게 등기없이 전매하는 경우이므로, 만일 외1인에게 당초 매매금액 이상을 허용하지 않으면 외1인 때문에 문제될 것은 없다고 보여진다.

　완결된 매매계약도 당사자간에 합의하면 얼마든지 취소 변경할 수 있는 것이므로, 만약 을이 잔금을 치른 후, 병에게 동일한 매매금액으로 소유권이전해 주기를 희망한다면, 당초 갑을간의 매매계약을 취소하고 갑과 병(외1인)간의 매매계약을 다시 체결하는 형식으로 진행한다면 무리가 없을 것으로 본다.
[위 사항은 가야컨설팅의 법률해석으로 법률전문가의 다른 의견이 있을 수 있습니다]

5. 교환계약의 활용

　교환의 경우 현금을 주고받지 않았다 하더라도 현금 대신 다른 자산(교환자산)으로 사실상 대금을 지급한 것이므로 사실상 유상으로 양도된 것으로 보아 양도소득세를 내야한다.

　교환계약 시 교환물건에 대한 평가에 관하여는 다음과 같은 대법원판례가 있어 주의를 요한다.

부동산교환계약서

부동산교환계약서

"甲"과 "乙"은 상호 합의하에 아래와 같이 부동산 교환계약을 체결한다.

"甲"소유 물건소재지	경기도 용인시 양지면 평창리 000-00(대)
교환대상물건 설명	첨부 지적도 상 동 번지 우측 상단 부분 6평
"乙"소유 물건소재지	경기도 용인시 양지면 평창리 000-0(전)
교환대상물건 설명	첨부 지적도 상 동 번지 좌하측 100평

제1조 위 교환계약을 체결함에 있어 계약당사자간의 합의하에 교환차액을 아래와 같이 지불하기로 한다.

교 환 차 액	金	0 원정(무상교환)
계 약 금	金	원정은 계약시에 지불하고 영수함.
중 도 금	金	원정은 년 월 일에
잔 금	金	원정은 년 월 일에 지불한다.

제2조 "甲"과 "乙"은 각자 책임으로 상기 갑 을 대상 분할대상지에 대한 측량 및 토지분할등기를 2012년   월   일까지 완료하여야 한다. 본 계약체결 후 이 절차진행은 공인중개사에게 위임하기로 하되, 소요비용은 각자 부담하기로 한다.

제3조 토지분할등기가 경료된 후 3일 이내에 "甲"과 "乙"은 본 교환계약에 의거하여 분할한 토지의 소유권 이전 등기서류를 상대방에게 상호 교부하기로 한다.

제4조 각종 세금 및 제반공과금 등은 소유권이전등기일을 기준으로 "甲"의 물건에 대하여는 "甲"이, "乙"의 물건에 대하여는 "乙"이 부담하기로 한다.

제5조 "甲"과 "乙"은 상호 교환하기로 약정한 토지의 면적 및 평가액에 관하여 이의를 제기하지 않기로 한다.

제6조 ① "甲" 또는 "乙"이 본 계약 제2조 및 제3조의 정한 기일 내에 약속을 이행하지 않는 경우 상대방은 불이행을 한 자에 대하여 서면으로 이행을 취소하고 계약을 해제할 수 있다.
② 계약이 해제된 경우 "甲"과 "乙"은 각각 상대방에 대하여 손해배상을 청구할 수 있다. 이 경우 위약 손해배상액의 예정금액은 금 1천만원으로 약정한다.

제7조 ① 공인중개사의 중개수수료는 본 계약의 체결과 동시에 "甲" 또는 "乙" 쌍방이 각각 전액 지불한다.
② 공인중개사는 "甲" 또는 "乙" 본 계약상의 채무불이행에 대해서는 책임을 지지 않는다.
공인중개사의 고의나 과실없이 "甲 또는 "乙"의 사정으로 본 계약이 해제되어도 이미 지급한 중개수수료는 반환하지 않는다.

※특약사항 :

본 계약에 대하여 "甲"과 "乙"은 이의없음을 확인하고 서명 또는 날인 후 "甲", "乙", 공인중개사 각1통씩 보관한다.
2012년 8월 20일

甲	주 소					
	주민등록번호		전 화		성 명	印
乙	주 소					
	주민등록번호		전 화		성 명	印
중개사무소	사무소소재지					
	허 가 번 호			사무소명칭		
	전 화 번 호			대표자성명		印

[소유권말소등기등 · 손해배상(기)등][공2002.10.15.(164),2308]

[판시사항]
[1] 교환계약의 당사자가 목적물의 시가를 묵비한 경우 기망(사기)에 해당하는지 여부(소극)

[판결요지]
[1] 일반적으로 교환계약을 체결하려는 당사자는 서로 자기가 소유하는 교환 목적물은 고가로 평가하고 상대방이 소유하는 목적물은 염가로 평가하여 보다 유리한 조건으로 교환계약을 체결하기를 희망하는 이해 상반의 지위에 있고, 각자가 자신의 지식과 경험을 이용하여 최대한으로 자신의 이익을 도모할 것이 예상되기 때문에, 당사자 일방이 알고 있는 정보를 상대방에게 사실대로 고지하여야 할 신의칙상의 주의의무가 인정된다고 볼 만한 특별한 사정이 없는 한, 어느 일방이 교환 목적물의 시가나 그 가액 결정의 기초가 되는 사항에 관하여 상대방에게 설명 내지 고지를 할 주의의무를 부담한다고 할 수 없고, 일방 당사자가 자기가 소유하는 목적물의 시가를 묵비하여 상대방에게 고지하지 아니하거나 혹은 허위로 시가보다 높은 가액을 시가라고 고지하였다 하더라도 이는 상대방의 의사결정에 불법적인 간섭을 한 것이라고 볼 수 없다. (대법원 2001. 7. 13. 선고 99다38583 판결 참조).

[대법원 2001.7.13, 선고, 99다38583, 판결]

[판시사항]
교환계약의 당사자가 목적물의 시가를 묵비하거나 허위로 높은 가액을 시가라고 고지한 경우 불법행위가 성립하는지 여부(소극)

[판결요지]
일반적으로 교환계약을 체결하려는 당사자는 서로 자기가 소유하는 교환 목적물은 고가로 평가하고, 상대방이 소유하는 목적물은 염가로 평가하여, 보다 유리한 조건으로 교환계약을 체결하기를 희망하는 이해상반의 지위에 있고, 각자가 자신의 지식과 경험을 이용하여 최대한으로 자신의 이익을 도모할 것이 예상되기 때문에, 당사자 일방이 알고 있는 정보를 상대방에게 사실대로 고지하여야 할 신의칙상의 주의의무가 인정된다고 볼만한 특별한 사정이 없는 한, 일방 당사자가 자기가 소유하는 목적물의 시가를 묵비하여 상대방에게 고지하지 아니하거나, 혹은 허위로 시가보다 높은 가액을 시가라고 고지하였다 하더라도, 이는 상대방의 의사결정에 불법적인 간섭을 한 것이라고 볼 수 없으므로 불법행위가 성립한다고 볼 수 없다.

6. 인감증명서의 필요성과 유효기간

(1) 인감증명서의 필요성

인감증명서는 문서에 찍은 도장이 증명청 등에 등록되어 있는 것임을 증명하기 위하여 사용되는 서식이다. 부동산매매계약 대출신청 등기신청 등 법적으로 중요한 분서에는 반드시 계약당사자 혹은 신청자의 도장은 임감일 것을 요구하는데, 그 이유는 입증책임의 전환에 있다. 즉 인감도장을 찍은 당사자는 일단 본인의 의사와 책임으로 계약한 것으로 추정되며, 이후 이것이 아니라고 주장하려면 본인이 그와 다른 사실을 입증해야 하는 것이다. 이것을 소위 입증책임의 전환 혹은 거증책임의 전환이라고 한다. 그래서 중요 거래에는 인감도장의 날인을 요구하는 것이다.

(2) 인감증명서의 유효기간

부동산 거래 시 요구되는 인감증명서의 유효기간에 대하여는 인감증명법에는 아무런 규정이 없다. 그러나 부동산등기와 상업등기에 관하여는 공히 3개월의 유효기간을 두고 있다.

먼저 부동산등기에 있어서는 부동산등기규칙 제62조(인감증명 등의 유효기간)에서부동산등기신청서에 첨부하는 인감증명, 법인등기사항증명서, 주민등록표등본·초본, 가족관계등록사항별증명서 및 건축물대장·토지대장·임야대장 등본은 발행일부터 3개월 이내의 것이어야 한다고 규정하고 있다.

다음에 상업등기에 관하여도 상업등기규칙에서는 상업등기신청서에 첨부하는 인감증명은 발행일로부터 3개월 이내의 것이어야 한다고 규정하고 있다. 상업등기란 상호등기, 법인등기 등을 말한다.

> 상업등기규칙 제35조(인감의 제출) ① 인감 또는 개인감(改印鑑)을 제출하는 신고인 또는 그 대리인은 인감제출자에 관한 사항을 적고 사용할 인감을 날인한 인감신고서 또는 개인(改印)신고서를 관할 등기소에 출석하여 제출하는 방법으로 한다. 다만, 대법원예규로 정하는 경우에는 인터넷을 이용하여 제출할 수 있다.
> ② 등기소에 제출하는 인감신고서 또는 개인신고서에는 「인감증명법」에 따라 신고한 인감을 날인하고 그 인감증명(발행일로부터 3개월 이내의 것이어야 한다. 이하 같다)을 첨부하거나 등기소에 제출한 유효한 종전 인감을 날인하여야 한다.

따라서 등기에 첨부되는 인감증명서를 제외한 일반적인 인감증명서(보증, 매매계약, 각서용 등)는 원칙적으로는 법상 유효기간은 없다고 본다. 다만 금융기관 대출 시에는 은행별 관련 내규로 통상 3월 이내의 것을 요구하는 등 기관에 따라 내규로 유효기간을 정해놓은 경우는 있다.

다만 유의할 것은 인감증명서를 타인의 위임장 및 동의서에 의해 대리로 발급받는 경우에는 그 유효기간은 동의 또는 위임일로부터 6월 이내이어야 한다는 규정이 인감증명법시행령 제13조제7항에 있어 주의를 요한다. 예컨대 법원경매에서 입찰대리를 할 때 첨부하는 위임장과 인감증명서는 발급 후 6월 이내의 것이어야 한다는 것이다.

[정리]
1. 부동산등기신청시 첨부 인감증명서 : 신청 3개월 이내 발급분
2. 상업등기신청시 첨부 인감증명서 : 신청 3개월 이내 발급분
3. 인감증명서를 타인의 위임장 및 동의서에 의해 대리로 발급받는 경우 : 6개월 이내 발급분(예 : 경매입찰 시 위임장, 공증 시 위임장)
4. 기타 일반 인감증명서 : 유효기일 없음(예 : 토지사용승락서, 토지매매위임장)

(3) 매매시에는 매도자 본인 직접 발급 인감증명으로

부동산 매도시 본인이 나오지 않고 대리인과 함께 계약서를 작성하는 경우에는, 본닝의 위임장과 함께 인감증명서를 징구하게 된다. 이 경우 매도자 본인의 인감증명서는 가급적 매도자 본인이 직접 발급받은 인감증명서를 받도록 해야 한다. 출석한 대리인이 위임을 받아 발급받은 본인의 인감증명서가 법적으로 문제가 있는 것은 아니지만, 후일 본인이 도난 혹은 분실된 인감에 의해 작성된 위임장이라고 항변하는 경우도 있기 때문에, 분쟁을 예방하기 위하여는 가급적 매도자 본인이 직접 발급받은 인감증명서를 첨부해 줄 것을 요구하는 것이 좋다.

매수인인 경우에는 계약금을 지불하는 입장이므로 날인하는 도장이 인감일 필요가 없음은 물론이다.

7. 특약조항의 유용성과 활용

(1) 토지 내 분묘 이장에 관한 합의서

```
            토 지 내 분 묘 이 장 에 대 한 합 의 서


    매도인과 매수인은 2013년 5월 23일자 임야매매계약서 특약조항 제7호에
    따라, 토지 내 묘지에 대한 이장 등에 관해 다음과 같이 합의한다.

    1. 본 토지상의 분묘는 매수인이 지정하는 토지 내 위치로 소유권 이전등기
    후 1개월 이내에 이장하기로 매도인과 매수인은 합의한다.

    2. 상기 묘지 이장에 대한 대가로 매도인은 잔금 수령 시 금 1천만원을 매
    수인에게 지급한다.

                                              2013년 5월    일


          매도인    성 명 :
                   주 소 :

          매도인의 연대보증인  성 명
                              주 소

          매수인    성 명
                   주 소
```

(2) 저당채무 승계

" ○○ 은행에서 ○○○○년 ○ 월 ○ 일 접수 제 ○○○○ 호로 설정된 근저당권(채권최고액 금○○○○○ 원)은 잔금일 기준으로 정산하고 매수인이 이를 승계하며 그 대출금은 매매금에서 공제한다."

(3) 현 시설상태에서의 인도

① 매매목적물은 현 시설상태에서 인도한다.
② 기타 사항은 일반관례에 따른다.

아무런 특약이 없다면 계약당사자 쌍방이 차후 주장하는 내용이 서로 상반된다거나, 이해관계가 발생하는 경우 분쟁과 다툼으로 해결이나 중재가 어렵다. 그러한 문제들을 사전에 예방하고 문제가 발생하더라도 어떤 기준을 두어 해결할 수 있으므로 상기와 같은 특약을 기재한다. 현존시설의 목록을 만들거나 사진을 찍어 두는 것도 한 방법이다.

(4) 분할납부 중인 자사관리공사 공매물건 매매특약

온비드를 통해 낙찰받은 자산관리공사의 공매토지를 분할납부 중에 매각할 수 있다. 이때의 매매계약서 특약은 잔금지급과 동시에 자산관리공사의 승인을 받아 등기명의를 이전해야 하기 때문에 동시이행해야 하는데, 이럴 때 공인중개사와 이전등기를 담당하는 법무사사무실의 긴밀한 협조가 필요하다. 다음의 예는 그런 경우의 특약조항이다.

특약사항

1. 매매대금 지급방법
 매도인은 아직 완납하지 않은 자산관리공사의 낙찰물건을 매도하는 것이므로 다음과 같이 대금수령절차를 이행한다.

 가. 매수인으로부터 수령하는 계약금 3,000만원에 대하여는 매도인이 영수증을 발행하되, 금원은 매수인의 등기이전 완료시까지 ○○공인중개사사무소 ○○○ 대표가 책임 보관하기로 한다.(매도인 앞 보관확인서)

 다. 매도인과 매수인 간의 매매계약금액에서 계약금(30,000,000원)을 제외한 잔액은 매수인 앞으로 소유권이전등기접수 가능일 오전 9시 30분까지 ○○부동산 ○○○ 대표에게 지급하고 매도인명의의 영수증을 발행한다.

 다. 자산관리공사의 부과 이자, 매도인의 취·등록세, 법무사수수료 등은 계약금에서 우선 지급하기로 한다.

 라. 매도인은 잔금일 3일전까지 소유권이전등기에따른 제반서류를 법무사 ○○○사무소 사무장에게 작성 제출한다.

부록

부록 1

지목의 구분

1. 전

물을 상시적으로 이용하지 않고 곡물·원예작물(과수류는 제외한다)·약초·뽕나무·닥나무·묘목·관상수 등의 식물을 주로 재배하는 토지와 식용(食用)으로 죽순을 재배하는 토지

2. 답

물을 상시적으로 직접 이용하여 벼·연(蓮)·미나리·왕골 등의 식물을 주로 재배하는 토지

3. 과수원

사과·배·밤·호두·귤나무 등 과수류를 집단적으로 재배하는 토지와 이에 접속된 저장고 등 부속시설물의 부지. 다만, 주거용 건축물의 부지는 "대"로 한다.

4. 목장용지

다음 각 목의 토지. 다만, 주거용 건축물의 부지는 "대"로 한다.
    가. 축산업 및 낙농업을 하기 위하여 초지를 조성한 토지
    나. 「축산법」 제2조제1호에 따른 가축을 사육하는 축사 등의 부지
    다. 가목 및 나목의 토지와 접속된 부속시설물의 부지

5. 임야

산림 및 원야(原野)를 이루고 있는 수림지(樹林地)·죽림지·암석지·자갈땅·모래땅·습지·황무지 등의 토지

6. 광천지

지하에서 온수·약수·석유류 등이 용출되는 용출구(湧出口)와 그 유지(維持)에 사용되는 부지. 다만, 온수·약수·석유류 등을 일정한 장소로 운송하는 송수관·송유관 및 저장시설의 부지는 제외한다.

7. 염전

바닷물을 끌어들여 소금을 채취하기 위하여 조성된 토지와 이에 접속된 제염장(製鹽場) 등 부속시설물의 부지. 다만, 천일제염 방식으로 하지 아니하고 동력으로 바닷물을 끌어들여 소금을 제조하는 공장시설물의 부지는 제외한다.

8. 대

가. 영구적 건축물 중 주거·사무실·점포와 박물관·극장·미술관 등 문화시설과 이에 접속된 정원 및 부속시설물의 부지
나. 「국토의 계획 및 이용에 관한 법률」 등 관계 법령에 따른 택지조성공사가 준공된 토지

9. 공장용지
    가. 제조업을 하고 있는 공장시설물의 부지
    나. 「산업집적활성화 및 공장설립에 관한 법률」 등 관계 법령에 따른 공장부지 조성공사가 준공된 토지
    다. 가목 및 나목의 토지와 같은 구역에 있는 의료시설 등 부속시설물의 부지

10. 학교용지
학교의 교사(校舍)와 이에 접속된 체육장 등 부속시설물의 부지

11. 주차장
자동차 등의 주차에 필요한 독립적인 시설을 갖춘 부지와 주차전용 건축물 및 이에 접속된 부속시설물의 부지. 다만, 다음 각 목의 어느 하나에 해당하는 시설의 부지는 제외한다.
    가. 「주차장법」 제2조제1호가목 및 다목에 따른 노상주차장 및 부설주차장(「주차장법」 제19조제4항에 따라 시설물의 부지 인근에 설치된 부설주차장은 제외한다)
    나. 자동차 등의 판매 목적으로 설치된 물류장 및 야외전시장

12. 주유소용지
다음 각 목의 토지. 다만, 자동차·선박·기차 등의 제작 또는 정비공장 안에 설치된 급유·송유시설 등의 부지는 제외한다.
    가. 석유·석유제품 또는 액화석유가스 등의 판매를 위하여 일정한 설비를 갖춘 시설물의 부지
    나. 저유소(貯油所) 및 원유저장소의 부지와 이에 접속된 부속시설물의 부지

13. 창고용지
물건 등을 보관하거나 저장하기 위하여 독립적으로 설치된 보관시설물의 부지와 이에 접속된 부속시설물의 부지

14. 도로
다음 각 목의 토지. 다만, 아파트·공장 등 단일 용도의 일정한 단지 안에 설치된 통로 등은 제외한다.
    가. 일반 공중(公衆)의 교통 운수를 위하여 보행이나 차량운행에 필요한 일정한 설비 또는 형태를 갖추어 이용되는 토지
    나. 「도로법」 등 관계 법령에 따라 도로로 개설된 토지
    다. 고속도로의 휴게소 부지
    라. 2필지 이상에 진입하는 통로로 이용되는 토지

15. 철도용지
교통 운수를 위하여 일정한 궤도 등의 설비와 형태를 갖추어 이용되는 토지와 이에 접속된 역

사(驛舍)·차고·발전시설 및 공작창(工作廠) 등 부속시설물의 부지

16. 제방

조수·자연유수(自然流水)·모래·바람 등을 막기 위하여 설치된 방조제·방수제·방사제·방파제 등의 부지

17. 하천

자연의 유수(流水)가 있거나 있을 것으로 예상되는 토지

18. 구거

용수(用水) 또는 배수(排水)를 위하여 일정한 형태를 갖춘 인공적인 수로·둑 및 그 부속시설물의 부지와 자연의 유수(流水)가 있거나 있을 것으로 예상되는 소규모 수로부지

19. 유지(溜池)

물이 고이거나 상시적으로 물을 저장하고 있는 댐·저수지·소류지(沼溜地)·호수·연못 등의 토지와 연·왕골 등이 자생하는 배수가 잘 되지 아니하는 토지

20. 양어장

육상에 인공으로 조성된 수산생물의 번식 또는 양식을 위한 시설을 갖춘 부지와 이에 접속된 부속시설물의 부지

21. 수도용지

물을 정수하여 공급하기 위한 취수·저수·도수(導水)·정수·송수 및 배수 시설의 부지 및 이에 접속된 부속시설물의 부지

22. 공원

일반 공중의 보건·휴양 및 정서생활에 이용하기 위한 시설을 갖춘 토지로서 「국토의 계획 및 이용에 관한 법률」에 따라 공원 또는 녹지로 결정·고시된 토지

23. 체육용지

국민의 건강증진 등을 위한 체육활동에 적합한 시설과 형태를 갖춘 종합운동장·실내체육관·야구장·골프장·스키장·승마장·경륜장 등 체육시설의 토지와 이에 접속된 부속시설물의 부지. 다만, 체육시설로서의 영속성과 독립성이 미흡한 정구장·골프연습장·실내수영장 및 체육도장, 유수(流水)를 이용한 요트장 및 카누장, 산림 안의 야영장 등의 토지는 제외한다.

24. 유원지

일반 공중의 위락·휴양 등에 적합한 시설물을 종합적으로 갖춘 수영장·유선장(遊船場)·낚시터·어린이놀이터·동물원·식물원·민속촌·경마장 등의 토지와 이에 접속된 부속시설물의 부지. 다만, 이들 시설과의 거리 등으로 보아 독립적인 것으로 인정되는 숙식시설 및 유기장(遊技場)의 부지와 하천·구거 또는 유지[공유(公有)인 것으로 한정한다]로 분류되는 것은 제외한다.

25. 종교용지

일반 공중의 종교의식을 위하여 예배·법요·설교·제사 등을 하기 위한 교회·사찰·향교 등 건축물의 부지와 이에 접속된 부속시설물의 부지

26. 사적지
문화재로 지정된 역사적인 유적·고적·기념물 등을 보존하기 위하여 구획된 토지. 다만, 학교용지·공원·종교용지 등 다른 지목으로 된 토지에 있는 유적·고적·기념물 등을 보호하기 위하여 구획된 토지는 제외한다.

27. 묘지
사람의 시체나 유골이 매장된 토지, 「도시공원 및 녹지 등에 관한 법률」에 따른 묘지공원으로 결정·고시된 토지 및 「장사 등에 관한 법률」 제2조제9호에 따른 봉안시설과 이에 접속된 부속시설물의 부지. 다만, 묘지의 관리를 위한 건축물의 부지는 "대"로 한다.

28. 잡종지
다음 각 목의 토지. 다만, 원상회복을 조건으로 돌을 캐내는 곳 또는 흙을 파내는 곳으로 허가된 토지는 제외한다.

    가. 갈대밭, 실외에 물건을 쌓아두는 곳, 돌을 캐내는 곳, 흙을 파내는 곳, 야외시장, 비행장, 공동우물

    나. 영구적 건축물 중 변전소, 송신소, 수신소, 송유시설, 도축장, 자동차운전학원, 쓰레기 및 오물처리장 등의 부지

    다. 다른 지목에 속하지 않는 토지

부록 2

용도별 건축물의 종류(제3조의4 관련)

건축법시행령[별표 1] 〈개정 2019.10.22〉
용도별 건축물의 종류(제3조의4 관련)

1. **단독주택**[단독주택의 형태를 갖춘 가정어린이집·공동생활가정·지역아동센터 및 노인복지시설(노인복지주택은 제외한다)을 포함한다]
    가. 단독주택
    나. 다중주택: 다음의 요건을 모두 갖춘 주택을 말한다.
        1) 학생 또는 직장인 등 여러 사람이 장기간 거주할 수 있는 구조로 되어 있는 것
        2) 독립된 주거의 형태를 갖추지 아니한 것(각 실별로 욕실은 설치할 수 있으나, 취사시설은 설치하지 아니한 것을 말한다. 이하 같다)
        3) 연면적이 330제곱미터 이하이고 층수가 3층 이하인 것
    다. 다가구주택: 다음의 요건을 모두 갖춘 주택으로서 공동주택에 해당하지 아니하는 것을 말한다.
        1) 주택으로 쓰는 층수(지하층은 제외한다)가 3개 층 이하일 것. 다만, 1층의 바닥면적 2분의 1 이상을 필로티 구조로 하여 주차장으로 사용하고 나머지 부분을 주택 외의 용도로 쓰는 경우에는 해당 층을 주택의 층수에서 제외한다.
        2) 1개 동의 주택으로 쓰이는 바닥면적(부설 주차장 면적은 제외한다. 이하 같다)의 합계가 660제곱미터 이하일 것
        3) 19세대 이하가 거주할 수 있을 것
    라. 공관(公館)
2. **공동주택**[공동주택의 형태를 갖춘 가정어린이집·공동생활가정·지역아동센터·노인복지시설(노인복지주택은 제외한다) 및 「주택법 시행령」 제3조제1항에 따른 원룸형 주택을 포함한다]. 다만, 가목이나 나목에서 층수를 산정할 때 1층 전부를 필로티 구조로 하여 주차장으로 사용하는 경우에는 필로티 부분을 층수에서 제외하고, 다목에서 층수를 산정할 때 1층의 바닥면적

2분의 1 이상을 필로티 구조로 하여 주차장으로 사용하고 나머지 부분을 주택 외의 용도로 쓰는 경우에는 해당 층을 주택의 층수에서 제외하며, 가목부터 라목까지의 규정에서 층수를 산정할 때 지하층을 주택의 층수에서 제외한다.

 가. 아파트: 주택으로 쓰는 층수가 5개 층 이상인 주택
 나. 연립주택: 주택으로 쓰는 1개 동의 바닥면적(2개 이상의 동을 지하주차장으로 연결하는 경우에는 각각의 동으로 본다) 합계가 660제곱미터를 초과하고, 층수가 4개 층 이하인 주택
 다. 다세대주택: 주택으로 쓰는 1개 동의 바닥면적 합계가 660제곱미터 이하이고, 층수가 4개 층 이하인 주택(2개 이상의 동을 지하주차장으로 연결하는 경우에는 각각의 동으로 본다)
 라. 기숙사: 학교 또는 공장 등의 학생 또는 종업원 등을 위하여 쓰는 것으로서 1개 동의 공동취사시설 이용 세대 수가 전체의 50퍼센트 이상인 것(「교육기본법」 제27조제2항에 따른 학생복지주택을 포함한다)

3. 제1종 근린생활시설

 가. 식품·잡화·의류·완구·서적·건축자재·의약품·의료기기 등 일용품을 판매하는 소매점으로서 같은 건축물(하나의 대지에 두 동 이상의 건축물이 있는 경우에는 이를 같은 건축물로 본다. 이하 같다)에 해당 용도로 쓰는 바닥면적의 합계가 1천 제곱미터 미만인 것
 나. 휴게음식점, 제과점 등 음료·차(茶)·음식·빵·떡·과자 등을 조리하거나 제조하여 판매하는 시설(제4호너목 또는 제17호에 해당하는 것은 제외한다)로서 같은 건축물에 해당 용도로 쓰는 바닥면적의 합계가 300제곱미터 미만인 것
 다. 이용원, 미용원, 목욕장, 세탁소 등 사람의 위생관리나 의류 등을 세탁·수선하는 시설(세탁소의 경우 공장에 부설되는 것과 「대기환경보전법」, 「수질 및 수생태계 보전에 관한 법률」 또는 「소음·진동관리법」에 따른 배출시설의 설치 허가 또는 신고의 대상인 것은 제외한다)
 라. 의원, 치과의원, 한의원, 침술원, 접골원(接骨院), 조산원, 안마원, 산후조리원 등 주민의 진료·치료 등을 위한 시설
 마. 탁구장, 체육도장으로서 같은 건축물에 해당 용도로 쓰는 바닥면적의 합계가 500제곱미터 미만인 것
 바. 지역자치센터, 파출소, 지구대, 소방서, 우체국, 방송국, 보건소, 공공도서관, 건강보험공단 사무소 등 공공업무시설로서 같은 건축물에 해당 용도로 쓰는 바닥면적의 합계가 1천 제곱미터 미만인 것
 사. 마을회관, 마을공동작업소, 마을공동구판장, 공중화장실, 대피소, 지역아동센터(단독주택과 공동주택에 해당하는 것은 제외한다) 등 주민이 공동으로 이용하는 시설
 아. 변전소, 도시가스배관시설, 정수장, 양수장 등 주민의 생활에 필요한 에너지공급이나

급수·배수와 관련된 시설

4. 제2종 근린생활시설
　가. 공연장(극장, 영화관, 연예장, 음악당, 서커스장, 비디오물감상실, 비디오물소극장, 그 밖에 이와 비슷한 것을 말한다. 이하 같다)으로서 같은 건축물에 해당 용도로 쓰는 바닥면적의 합계가 500제곱미터 미만인 것
　나. 종교집회장[교회, 성당, 사찰, 기도원, 수도원, 수녀원, 제실(祭室), 사당, 그 밖에 이와 비슷한 것을 말한다. 이하 같다]으로서 같은 건축물에 해당 용도로 쓰는 바닥면적의 합계가 500제곱미터 미만인 것
　다. 자동차영업소로서 같은 건축물에 해당 용도로 쓰는 바닥면적의 합계가 1천제곱미터 미만인 것
　라. 서점(제1종 근린생활시설에 해당하지 않는 것)
　마. 총포판매소
　바. 사진관, 표구점
　사. 청소년게임제공업소, 복합유통게임제공업소, 인터넷컴퓨터게임시설제공업소, 그 밖에 이와 비슷한 게임 관련 시설로서 같은 건축물에 해당 용도로 쓰는 바닥면적의 합계가 500제곱미터 미만인 것
　아. 휴게음식점, 제과점 등 음료·차(茶)·음식·빵·떡·과자 등을 조리하거나 제조하여 판매하는 시설(너목 또는 제17호에 해당하는 것은 제외한다)로서 같은 건축물에 해당 용도로 쓰는 바닥면적의 합계가 300제곱미터 이상인 것
　자. 일반음식점
　차. 장의사, 동물병원, 동물미용실, 그 밖에 이와 유사한 것
　카. 학원(자동차학원 및 무도학원은 제외한다), 교습소(자동차 교습 및 무도 교습을 위한 시설은 제외한다), 직업훈련소(운전·정비 관련 직업훈련소는 제외한다)로서 같은 건축물에 해당 용도로 쓰는 바닥면적의 합계가 500제곱미터 미만인 것
　타. 독서실, 기원
　파. 테니스장, 체력단련장, 에어로빅장, 볼링장, 당구장, 실내낚시터, 골프연습장, 놀이형시설(「관광진흥법」에 따른 기타유원시설업의 시설을 말한다. 이하 같다) 등 주민의 체육 활동을 위한 시설(제3호마목의 시설은 제외한다)로서 같은 건축물에 해당 용도로 쓰는 바닥면적의 합계가 500제곱미터 미만인 것
　하. 금융업소, 사무소, 부동산중개사무소, 결혼상담소 등 소개업소, 출판사 등 일반업무시설로서 같은 건축물에 해당 용도로 쓰는 바닥면적의 합계가 500제곱미터 미만인 것
　거. 다중생활시설(「다중이용업소의 안전관리에 관한 특별법」에 따른 다중이용업 중 고시원업의 시설로서 독립된 주거의 형태를 갖추지 않은 것을 말한다. 이하 같다)로서 같은 건축물에 해당 용도로 쓰는 바닥면적의 합계가 500제곱미터 미만인 것
　너. 제조업소, 수리점 등 물품의 제조·가공·수리 등을 위한 시설로서 같은 건축물에 해

당 용도로 쓰는 바닥면적의 합계가 500제곱미터 미만이고, 다음 요건 중 어느 하나에 해당하는 것
  1) 「대기환경보전법」, 「수질 및 수생태계 보전에 관한 법률」 또는 「소음·진동관리법」에 따른 배출시설의 설치 허가 또는 신고의 대상이 아닌 것
  2) 「대기환경보전법」, 「수질 및 수생태계 보전에 관한 법률」 또는 「소음·진동관리법」에 따른 배출시설의 설치 허가 또는 신고의 대상 시설이나 귀금속·장신구 및 관련 제품 제조시설로서 발생되는 폐수를 전량 위탁처리하는 것
- 더. 단란주점으로서 같은 건축물에 해당 용도로 쓰는 바닥면적의 합계가 150제곱미터 미만인 것
- 러. 안마시술소, 노래연습장

5. 문화 및 집회시설
   가. 공연장으로서 제2종 근린생활시설에 해당하지 아니하는 것
   나. 집회장[예식장, 공회당, 회의장, 마권(馬券) 장외 발매소, 마권 전화투표소, 그 밖에 이와 비슷한 것을 말한다]으로서 제2종 근린생활시설에 해당하지 아니하는 것
   다. 관람장(경마장, 경륜장, 경정장, 자동차 경기장, 그 밖에 이와 비슷한 것과 체육관 및 운동장으로서 관람석의 바닥면적의 합계가 1천 제곱미터 이상인 것을 말한다)
   라. 전시장(박물관, 미술관, 과학관, 문화관, 체험관, 기념관, 산업전시장, 박람회장, 그 밖에 이와 비슷한 것을 말한다)
   마. 동·식물원(동물원, 식물원, 수족관, 그 밖에 이와 비슷한 것을 말한다)

6. 종교시설
   가. 종교집회장으로서 제2종 근린생활시설에 해당하지 아니하는 것
   나. 종교집회장(제2종 근린생활시설에 해당하지 아니하는 것을 말한다)에 설치하는 봉안당(奉安堂)

7. 판매시설
   가. 도매시장(「농수산물유통 및 가격안정에 관한 법률」에 따른 농수산물도매시장, 농수산물공판장, 그 밖에 이와 비슷한 것을 말하며, 그 안에 있는 근린생활시설을 포함한다)
   나. 소매시장(「유통산업발전법」 제2조제3호에 따른 대규모 점포, 그 밖에 이와 비슷한 것을 말하며, 그 안에 있는 근린생활시설을 포함한다)
   다. 상점(그 안에 있는 근린생활시설을 포함한다)으로서 다음의 요건 중 어느 하나에 해당하는 것
     1) 제3호가목에 해당하는 용도(서점은 제외한다)로서 제1종 근린생활시설에 해당하지 아니하는 것
     2) 「게임산업진흥에 관한 법률」 제2조제6호의2가목에 따른 청소년게임제공업의 시설, 같은 호 나목에 따른 일반게임제공업의 시설, 같은 조 제7호에 따른 인터넷컴퓨터게임시설제공업의 시설 및 같은 조 제8호에 따른 복합유통게임제공업의 시설로서 제2

종 근린생활시설에 해당하지 아니하는 것
8. 운수시설
    가. 여객자동차터미널
    나. 철도시설
    다. 공항시설
    라. 항만시설
    마. 삭제 〈2009.7.16〉
9. 의료시설
    가. 병원(종합병원, 병원, 치과병원, 한방병원, 정신병원 및 요양병원을 말한다)
    나. 격리병원(전염병원, 마약진료소, 그 밖에 이와 비슷한 것을 말한다)
10. 교육연구시설(제2종 근린생활시설에 해당하는 것은 제외한다)
    가. 학교(유치원, 초등학교, 중학교, 고등학교, 전문대학, 대학, 대학교, 그 밖에 이에 준하는 각종 학교를 말한다)
    나. 교육원(연수원, 그 밖에 이와 비슷한 것을 포함한다)
    다. 직업훈련소(운전 및 정비 관련 직업훈련소는 제외한다)
    라. 학원(자동차학원 및 무도학원은 제외한다)
    마. 연구소(연구소에 준하는 시험소와 계측계량소를 포함한다)
    바. 도서관
11. 노유자시설
    가. 아동 관련 시설(어린이집, 아동복지시설, 그 밖에 이와 비슷한 것으로서 단독주택, 공동주택 및 제1종 근린생활시설에 해당하지 아니하는 것을 말한다)
    나. 노인복지시설(단독주택과 공동주택에 해당하지 아니하는 것을 말한다)
    다. 그 밖에 다른 용도로 분류되지 아니한 사회복지시설 및 근로복지시설
12. 수련시설
    가. 생활권 수련시설(「청소년활동진흥법」에 따른 청소년수련관, 청소년문화의집, 청소년특화시설, 그 밖에 이와 비슷한 것을 말한다)
    나. 자연권 수련시설(「청소년활동진흥법」에 따른 청소년수련원, 청소년야영장, 그 밖에 이와 비슷한 것을 말한다)
    다. 「청소년활동진흥법」에 따른 유스호스텔
13. 운동시설
    가. 탁구장, 체육도장, 테니스장, 체력단련장, 에어로빅장, 볼링장, 당구장, 실내낚시터, 골프연습장, 놀이형시설, 그 밖에 이와 비슷한 것으로서 제1종 근린생활시설 및 제2종 근린생활시설에 해당하지 아니하는 것
    나. 체육관으로서 관람석이 없거나 관람석의 바닥면적이 1천제곱미터 미만인 것
    다. 운동장(육상장, 구기장, 볼링장, 수영장, 스케이트장, 롤러스케이트장, 승마장, 사격

장, 궁도장, 골프장 등과 이에 딸린 건축물을 말한다)으로서 관람석이 없거나 관람석의 바닥면적이 1천 제곱미터 미만인 것

14. **업무시설**
    가. 공공업무시설: 국가 또는 지방자치단체의 청사와 외국공관의 건축물로서 제1종 근린생활시설에 해당하지 아니하는 것
    나. 일반업무시설: 다음 요건을 갖춘 업무시설을 말한다.
        1) 금융업소, 사무소, 결혼상담소 등 소개업소, 출판사, 신문사, 그 밖에 이와 비슷한 것으로서 제2종 근린생활시설에 해당하지 않는 것
        2) 오피스텔(업무를 주로 하며, 분양하거나 임대하는 구획 중 일부 구획에서 숙식을 할 수 있도록 한 건축물로서 국토교통부장관이 고시하는 기준에 적합한 것을 말한다)

15. **숙박시설**
    가. 일반숙박시설 및 생활숙박시설
    나. 관광숙박시설(관광호텔, 수상관광호텔, 한국전통호텔, 가족호텔, 호스텔, 소형호텔, 의료관광호텔 및 휴양 콘도미니엄)
    다. 다중생활시설(제2종 근린생활시설에 해당하지 아니하는 것을 말한다)
    라. 그 밖에 가목부터 다목까지의 시설과 비슷한 것

16. **위락시설**
    가. 단란주점으로서 제2종 근린생활시설에 해당하지 아니하는 것
    나. 유흥주점이나 그 밖에 이와 비슷한 것
    다. 「관광진흥법」에 따른 유원시설업의 시설, 그 밖에 이와 비슷한 시설(제2종 근린생활시설과 운동시설에 해당하는 것은 제외한다)
    라. 삭제 〈2010.2.18〉
    마. 무도장, 무도학원
    바. 카지노영업소

17. **공장**
    물품의 제조·가공[염색·도장(塗裝)·표백·재봉·건조·인쇄 등을 포함한다] 또는 수리에 계속적으로 이용되는 건축물로서 제1종 근린생활시설, 제2종 근린생활시설, 위험물저장 및 처리시설, 자동차 관련 시설, 분뇨 및 쓰레기처리시설 등으로 따로 분류되지 아니한 것

18. **창고시설**(위험물 저장 및 처리 시설 또는 그 부속용도에 해당하는 것은 제외한다)
    가. 창고(물품저장시설로서 「물류정책기본법」에 따른 일반창고와 냉장 및 냉동 창고를 포함한다)
    나. 하역장
    다. 「물류시설의 개발 및 운영에 관한 법률」에 따른 물류터미널
    라. 집배송 시설

19. **위험물 저장 및 처리 시설**

「위험물안전관리법」,「석유 및 석유대체연료 사업법」,「도시가스사업법」,「고압가스 안전관리법」,「액화석유가스의 안전관리 및 사업법」,「총포·도검·화약류 등 단속법」,「유해화학물질 관리법」 등에 따라 설치 또는 영업의 허가를 받아야 하는 건축물로서 다음 각 목의 어느 하나에 해당하는 것. 다만, 자가난방, 자가발전, 그 밖에 이와 비슷한 목적으로 쓰는 저장시설은 제외한다.

  가. 주유소(기계식 세차설비를 포함한다) 및 석유 판매소
  나. 액화석유가스 충전소·판매소·저장소(기계식 세차설비를 포함한다)
  다. 위험물 제조소·저장소·취급소
  라. 액화가스 취급소·판매소
  마. 유독물 보관·저장·판매시설
  바. 고압가스 충전소·판매소·저장소
  사. 도료류 판매소
  아. 도시가스 제조시설
  자. 화약류 저장소
  차. 그 밖에 가목부터 자목까지의 시설과 비슷한 것

20. **자동차 관련 시설**(건설기계 관련 시설을 포함한다)
  가. 주차장
  나. 세차장
  다. 폐차장
  라. 검사장
  마. 매매장
  바. 정비공장
  사. 운전학원 및 정비학원(운전 및 정비 관련 직업훈련시설을 포함한다)
  아. 「여객자동차 운수사업법」,「화물자동차 운수사업법」 및 「건설기계관리법」에 따른 차고 및 주기장(駐機場)

21. **동물 및 식물 관련 시설**
  가. 축사(양잠·양봉·양어시설 및 부화장 등을 포함한다)
  나. 가축시설[가축용 운동시설, 인공수정센터, 관리사(管理舍), 가축용 창고, 가축시장, 동물검역소, 실험동물 사육시설, 그 밖에 이와 비슷한 것을 말한다]
  다. 도축장
  라. 도계장
  마. 작물 재배사
  바. 종묘배양시설
  사. 화초 및 분재 등의 온실
  아. 식물과 관련된 마목부터 사목까지의 시설과 비슷한 것(동·식물원은 제외한다)

22. **자원순환 관련 시설**
    가. 하수 등 처리시설
    나. 고물상
    다. 폐기물재활용시설
    라. 폐기물 처분시설
    마. 폐기물감량화시설
23. **교정 및 군사 시설**(제1종 근린생활시설에 해당하는 것은 제외한다)
    가. 교정시설(보호감호소, 구치소 및 교도소를 말한다)
    나. 갱생보호시설, 그 밖에 범죄자의 갱생·보육·교육·보건 등의 용도로 쓰는 시설
    다. 소년원 및 소년분류심사원
    라. 국방·군사시설
24. **방송통신시설**(제1종 근린생활시설에 해당하는 것은 제외한다)
    가. 방송국(방송프로그램 제작시설 및 송신·수신·중계시설을 포함한다)
    나. 전신전화국
    다. 촬영소
    라. 통신용 시설
    마. 그 밖에 가목부터 라목까지의 시설과 비슷한 것
25. **발전시설**
    발전소(집단에너지 공급시설을 포함한다)로 사용되는 건축물로서 제1종 근린생활시설에 해당하지 아니하는 것
26. **묘지 관련 시설**
    가. 화장시설
    나. 봉안당(종교시설에 해당하는 것은 제외한다)
    다. 묘지와 자연장지에 부수되는 건축물
27. **관광 휴게시설**
    가. 야외음악당
    나. 야외극장
    다. 어린이회관
    라. 관망탑
    마. 휴게소
    바. 공원·유원지 또는 관광지에 부수되는 시설
28. **장례시설**
    가. 장례식장[의료시설의 부수시설 (「의료법」제36조 1호에 따른 의료기관의 종류에 따른 시설을 말한다)에 해당하는 것은 제외한다]
    나. 동물 전용의 장례식장

29. 야영장 시설

「관광진흥법」에 따른 야영장 시설로서 관리동, 화장실, 샤워실, 대피소, 취사시설 등의 용도로 쓰는 바닥면적의 합계가 300제곱미터 미만인 것

비고

1. 제3호 및 제4호에서 "해당 용도로 쓰는 바닥면적"이란 부설 주차장 면적을 제외한 실(實) 사용면적에 공용부분 면적(복도, 계단, 화장실 등의 면적을 말한다)을 비례 배분한 면적을 합한 면적을 말한다.
2. 비고 제1호에 따라 "해당 용도로 쓰는 바닥면적"을 산정할 때 「집합건물의 소유 및 관리에 관한 법률」에 따라 건축물의 내부를 여러 개의 부분으로 구분하여 독립한 건축물로 사용하는 경우에는 그 구분된 면적 단위로 바닥면적을 산정한다. 다만, 다음 각 목에 해당하는 경우에는 각 목에서 정한 기준에 따른다.
   가. 제4호너목에 해당하는 건축물의 경우에는 내부가 여러 개의 부분으로 구분되어 있더라도 해당 용도로 쓰는 바닥면적을 모두 합산하여 산정한다.
   나. 동일인이 둘 이상의 구분된 건축물을 같은 세부 용도로 사용하는 경우에는 연접되어 있지 않더라도 이를 모두 합산하여 산정한다.
   다. 구분 소유자가 다른 경우에도 구분된 건축물을 같은 세부 용도로 연계하여 함께 사용하는 경우(통로, 창고 등을 공동으로 활용하는 경우 또는 명칭의 일부를 동일하게 사용하여 홍보하거나 관리하는 경우 등을 말한다)에는 연접되어 있지 않더라도 연계하여 함께 사용하는 바닥면적을 모두 합산하여 산정한다.
3. 「청소년 보호법」 제2조제5호가목8) 및 9)에 따라 여성가족부장관이 고시하는 청소년 출입·고용금지업의 영업을 위한 시설은 제1종 근린생활시설 및 제2종 근린생활시설에서 제외한다.
4. 국토교통부장관은 별표 1 각 호의 용도별 건축물의 종류에 관한 구체적인 범위를 정하여 고시할 수 있다.

가야컨설팅 토지시리즈 제5권

토지개발과 토지리모델링으로 돈 버는 현장실무

토지개발의 기초인 진입도로와 형질변경에서 출발하여 지목변경 용도변경 토지분할과 개간 벌채 등 토지리모델링의 핵심과 지적불부합지와 비오톱1등급토지 등 토지거래함정 사례를 현재 법령에 의거 정확하게 해설한 토지개발 종합 가이드

제1부 토지리모델링
토지리모델링, 토지개발절차와 비용, 개발부담금, 개정 환경영향평가제도,
지적불부합지. 부재지주

제2부 도로
현황도로와 관습상 도로, 도로저촉, 맹지탈출 작전, 토지사용승락서, 도로연결,
구거점용허가, 주위토지통행권, 완충녹지와 접도구역

제3부 토지개발 실무
가설건축물, 용도변경, 형질변경, 매립 간척, 지목변경, 토지분할과 합병,
용도지역 변경, 농업진흥지역과 보전산지 해제. 그린벨트 해제기준

제4부 토지공법의 핵심 규제
수질오염총량제 수변구역 특별대책지역, 배출시설설치제한지역, 토지거래허가구역, 그린벨트, 도시자연공원구역, 상대정화구역, 비오톱1등급 토지를 주의하라

제5부 토지경매와 토지중개
토지경매 체크 리스트, 지분경매 공유물분할, 토지매수청구권
풍수지리, 토지거래의 덫과 함정

**책 구입을 원하시는 분은 책 대금을 온라인 입금하시고,
배송주소를 문자(저자 010-3841-0242)로 보내시면, 입금 확인 후 익일 우체국택배로 우송합니다.**
■ 입금계좌 국민은행 561437-04-000958 (예금주 가야컨설팅)
각권 4.6배판 500페이지 분량 / 정가 35,000원

책에 대한 상세소개와 내용은 네이버에 〈가야컨설팅〉이라고 치시면 잘 보실 수 있습니다.

Gaya 가야컨설팅

가야컨설팅 토지시리즈 제6권

농지 임야의 활용으로 돈 버는 현장실무

국토의 85%인 농지와 임야의 각종 농림사업과 유용한 개발 활용방법을 주제로 임도, 산림경영관리사, 폐구거 대책, 무허가 농가주택, 토림, 그린벨트 이축권, 국유림 대부, 수종갱신과 벌채허가, 오토캠핑장 등 실제로 비도시지역과 귀농 시 부딪치는 실무문제들을 명쾌하게 해설한 농지 산지 분야 개발 가이드

제1부 귀농 귀촌과 농림사업
한계농지와 영농여건불리 농지, 주말농장과 도시농업
농막과 이동식소형주택, 축사 신축, 관광농원, 농업법인

제2부 농지취득과 개발요령
법인의 농지취득, 농지 자경의무, 농지원부, 농지전용
피해방지계획서, 농지 타용도일시사용허가, 농지개량

제3부 농지의 특별한 활용방안
농업인주택, 농지임대차, 농지연금, 그린벨트 농지, 그린벨트 이축권,
무허가 농가주택, 국공유지 불하, 하천부지 점용허가, 폐천부지 불하, 폐구거 대책

제4부 산지개발의 기초
임도 개설, 토림과 등록전환, 조림사업, 산림복합경영
귀농자는 임업용산지를, 공익용산지도 쓸모있는 경우가 있다

제5부 산지개발의 전문가 되기
산지전용, 산림조서, 산림경영계획서, 평균경사도, 입목축적과 입목본수도,
고도제한, 연접개발제한, 개간, 토석채취, 토사반출, 수종갱신과 벌채허가

제6부 임야의 활용방안
산림경영관리사, 자연휴양림과 수목원 청소년수련원, 수목장, 분묘기지권,
연수원 박물관 미술관, 오토캠핑장, 승마연습장, 국유림 대부, 폐교의 입찰 불하

책 구입을 원하시는 분은 책 대금을 온라인 입금하시고,
배송주소를 문자(저자 010-3841-0242)로 보내시면, 입금 확인 후 익일 우체국택배로 우송합니다.
■ 입금계좌 국민은행 561437-04-000958 (예금주 가야컨설팅)
각권 4.6배판 500페이지 분량 / 정가 35,000원

책에 대한 상세소개와 내용은 네이버에 〈가야컨설팅〉이라고 치시면 잘 보실 수 있습니다.

Gaya 가야컨설팅

가야컨설팅 토지시리즈 제9권

토지개발인허가(상) 이론 실무 사례 판례

인허가유형, 프로세스 비용 개발부담금 건축허가 진입도로 인허가
지목변경 용도변경 토지분할 등에 관한 인허가 안내서

제1부 인허가 개론
인허가 서설 토지개발인허가 영업인허가 법인 단체설립인허가
부동산거래 인허가 신분 자격의 면허 등록 임허가

제2부 토지개발인허가 총론
토지개발인허가 유형 규제법체계 토지개발 프로세스
토지개발의 리스크와 함정 토지개발인허가 비용 개발부담금

제3부 개발행위허가 건축허가
개발행위허가 건축허가 건축물의 용도변경 공장설립인허가
공장등록 주택건설사업계획승인

제4부 진입도로
부 진입도로
도로법상 도로와 건축법상 도로 진입도로개설허가
도로연결허가 현황도로를 이용한 건축허가
사도 예정도로 폐도로 제방도로 맹지탈출

제5부 토지리모델링
지목변경 토지용도변경 용도지역변경 종상향
토지분할 합병 교환 농지개량 개간 벌채 토림과 등록전환

제6부 불법용도변경
불법용도변경과 위법건축물 농지 산지 불법용도변경
위법건축물 불법용도변경 양성화조치

[부록] 인허가 관련 주요 행정심판

책 구입을 원하시는 분은 책 대금(5만원 10% 할인 4만5천원)을 온라인 입금하시고,
배송주소를 문자(저자 010-3841-0242)로 보내시면,
입금 확인 후 익일 우체국택배로 우송합니다.
■ 입금계좌 국민은행 561437-04-000958 (예금주 가야컨설팅)

책에 대한 상세소개와 내용은
네이버에 〈가야컨설팅〉이라고 치시면 잘 보실 수 있습니다.

Gaya 가야컨설팅

가야컨설팅 토지시리즈 제10권

토지개발인허가(하) 이론 실무 사례 판례

농지 산지인허가 그린벨트 국공유지 도로 구거 점용허가와
행정제재 구제 이의신청 행정심판을 해설한 인허가 안내서

제7부 농지 산지개발 인허가
　　　농지 산지 목장용지 초지개발 인허가
　　　농림사업 인허가 농어촌문화관광 인허가

제8부 국공유지 관련 인허가
　　　국공유지 용도폐지 불하 대부 교환 완충녹지
　　　도로 하천 구거 공유수면 매립 간척 점용허가

제9부 특수지역 토지개발 인허가
　　　그린벨트 상수원관리지역 문화재 교육환경 인허가
　　　수도권 제주도 지역개발 규제
　　　사업인정 토지보상 재개발 재건축

제10부 토지개발 인허가 처분
　　　토지개발인허가처분 절차 인허가 기준
　　　인허가 기간연장 갱신 승계 당사자 명의변경

제11부 제재적행정처분
　　　영업정지 이행강제금 과징금 변상금 과태료
　　　양벌규정

제12부 인허가 구제
　　　이의신청 고충민원 헌법소원 행정심판
　　　행정사의 인허가업무 대리 대행

[부록] 인허가 관련 행정소송 주요판례

책 구입을 원하시는 분은 책 대금(5만원 10% 할인 4만5천원)을 온라인 입금하시고,
배송주소를 문자(저자 010-3841-0242)로 보내시면,
입금 확인 후 익일 우체국택배로 우송합니다.
■ 입금계좌 국민은행 561437-04-000958 (예금주 가야컨설팅)

책에 대한 상세소개와 내용은
네이버에 〈가야컨설팅〉이라고 치시면 잘 보실 수 있습니다.

Gaya 가야컨설팅